中世東アジアの周縁世界

天野哲也・池田榮史・臼杵勲　編

同成社

はじめに

本書は、平成十五〜十八年度科学研究費補助金（特定領域研究）『中世考古学の総合的研究』の中の、北東アジア、日本列島北部、南島、東南アジアなどの地域を対象とした諸研究班による共同研究の成果である。従来の東アジア史研究では、中国、あるいは都の存在した日本列島中央部など、主として政治・経済・文化等の中心地からの視点から歴史叙述がなされてきた。しかし、そこではそれらの北方・南方に広がる周縁地域は、一方的に中心からの影響をうむる後れた地域、あるいは中心地の富を略奪する地域などと、きわめて一方的な視点から評価されてきた傾向がある。しかし、近年、ウイグルやモンゴル帝国などの北方集団が東アジアや世界史全体に及ぼした影響が再評価されるなど、周縁に位置した集団が実は全体を牽引する役割を果たし、唐帝国などの中心地がすでに実態を失っていたことも指摘されるようになった。

本書は、上記の問題意識をさらに発展させながら一〇〜一七世紀の東アジアとその周辺地域を再考し、従来の各国史・地域史の枠を越えた新たな歴史観を形成しようとする試みである。つまり、周縁地域社会の様相から東アジア全体を一つのシステムとして見つめ直し、中央・周縁（この言葉がふさわしいものかも疑問であるが）を含めた全体の共通性と、地域別の差異、それぞれの全体における役割を明らかにし、それらが生じた過程・要因を探ろうとするのである。そのため、本書は研究に参加した各時代・分野の多様な専門家の論文から全体が構成されている。また、論文とともに、研究内容の理解を助けるために、研究・分析方法や関連遺跡の内容等を紹介するコラムを配置し、論文の補足を行っている。そして全体として、従来の日本史・中国史のような各国史・個別地域史としてではなく、地域の枠を取り払い有機的に各地域・集団を関連させながら、歴史を概観できる構成をとった。母体となった研究の構成上、本書の各章では、北東アジア・東南アジア・南島・北海道島などの地域を中心とした論考が多いが、それぞれは決して個別地域史にとどまるものではなく、周辺地域との関係や東アジア全体が考慮された内容としている。

さらに、共同研究では史料の少ない周辺地域の実態と中央との関係を具体的に明らかにするため、物質史料を扱う考古学を主軸におき、そこに文献史学、人類学、文化財科学、情報科学などの関連諸科学が参加し新たな史料・資料を掘り起こすための学融合的研究を意図した。年代、産地、技術、環境などについて、多くの情報がそれらの方法から明らかにされ、歴史叙述への活用が可能となっている。また、資料の分析・整理、研究成果の公開には、ＧＩＳ、データ・ベース、ＣＧなどの情報科学の方法を用いて、前進を見せている。本書では、それらの研究自体について詳しく述べた論考はないが、論文・コラムの双方に、このような新しい資料学的研究の成果を取り入れている。

全体の構成を述べておこう。第一章では、中世に各地域で成立した都市とそれを繋げる交通路を取り上げ、琉球・モンゴル等における事例から中世におけるそれらの特色をさぐった。特に、大規模な交易・交流を可能にした港湾・水運などに注目した。第二章では、都市・交通路を通じて展開された生産・流通の事例を取り上げた。特に土器・陶磁器生産と金属器生産に注目し、土器生産の消滅や陶磁器などの広域流通に示されるような、古代末から中世への生産システムの変換を考察した。また、また東アジア全域に関わる銭貨流通や、中央と周辺の関連を考察する好事例である北海道の擦文・アイヌ文化の交易の意義も述べられている。第三章では、移動手段としての船舶の具体的考察、宗教・文化など交易・生業以外の分野で行われた交流とそれらが各地域・社会で果たした役割を考察することを意図した。第四章では、中世東アジア各地に、それぞれの社会状況に応じてさまざまな形態で現われた城郭について比較検討し、それらの社会的意義を考察することを目的とした。そこで、北海道・北東アジア・沖縄の城郭を取り上げ、遺跡の具体例を示しながら、中国・日本列島との比較も併せて、考察を進めた。さらにモンゴル高原を中心とした契丹の城郭を例に比較研究の視点をしめした。第五章では、東アジア周縁地域に形成された集団や領域を考察した。アイヌ、琉球列島人の形成、女真人における政治体制と集団の関係、そして屯田や商人町などの移民の事例を取り上げ、それぞれの具体的な内容に加え、周辺地域や中心地との関連も考察した。

なお、個々の研究班の個別の研究すべてを本書に取り上げることは、あまりに多岐にわたり不可能であった。そのため、本書では編者を中心に課題の設定を行い、全体の構成にしたがって多くの研究成果の中から、内容を選択した。研究実施中の共同研究会等において議論・検討した成果を生かした結果である。ここで取り上げることのできなかった個々の成果については、すでに発表されたものに加え、今後発表される論文・書籍等で公開されていくことになるはずである。それらも、ぜひ一読していただくことを望むものである。

目 次

中世東アジアの周縁世界

第一章　都市と交通路

第一節　琉球における港湾と都市

池田榮史

一　日本古代国家と琉球列島

日本の古代国家は九州島の南に点在して連なる島々のことを南島と呼んだ。日本古代国家にとって、南島は東日本とともに、化外の民すなわち夷蛮の人々が住む地域であった。しかし、中国大陸に興った隋や唐の中華思想に倣って、日本古代国家が自らを中国と称した時、南島や東日本は中国たる日本古代国家を成り立たせるための重要な周辺地域という役割を担わされることとなった。

『日本書紀』や『続日本紀』をはじめとする記録には、蝦夷と並記されて、日本古代王権が執り行う新春儀礼に参列する南島人の姿が散見される（三島格 一九八七）。

しかしながら、日本古代国家にとっての南島には、現在の琉球列島の島々のすべてが含まれていたわけではない。九州島に近い屋久島、種子島を示すと思われる「掖玖・夜勾・夜久」や「多禰・多褹」をはじめとして、ここから南下した奄美大島や徳之島、久米島、石垣島と考えられる「阿麻弥・菴美・奄美」、「度感」、「球美」、「信覚」など、限られた島名が登場するにすぎない。この中で、もっとも頻度の高い島は、やはり種子島であり、これに屋久島、奄美大島が続く。このことから日本古代国家にとっての南島とは、九州島に近い種子島・屋久島を中心として、その先に奄美諸島の島々があり、さらにその南にいくつかの島々が存在するといった程度の認識であったことが知れる。

二　南島からキカイガシマへ

南島に関する文献記録は八世紀半ばを過ぎると、日本古代国家の正史に見えなくなる。これについては、日本古代国家が南島および南島人への関心を次第に喪失したことに起因すると考えられてきた。南島の島々が再び記録に登場するのは、一〇世紀末のことである。『日本紀略』長徳三（九九七）年の記録によれば、大宰府管内の諸国に南蛮が来襲し、人や物を略取したという。この南蛮人について、日記『小右記』を残した藤原実資は「奄美人」と記している。また、『日本紀略』には長徳四（九九八）年に大宰府から「貴駕島」に対して「南蛮」を捕進するよう下知が下され、翌長保元（九九九）年には大宰府より平安京へ「南蛮賊」を追捕したという報告がなされている。

これらの記録は一〇世紀末の段階で、九州各地で海賊的行為を働く南蛮と称される人々の集団があり、彼らのことを当時の貴族達は奄美人と捉えていたこと、さらには大宰府の指示の下にこれらの南蛮人を追討する「貴駕島」という機関が存在したことを示している。

これらの記録を手掛かりとして、貴駕島について検討を加えた永山修一は一〇世紀から一三世紀頃までの文献には、貴駕島の他に、貴賀之島、貴海島、貴賀井島、貴賀島、鬼海島、鬼界島などの島名が見えることを明らかにした。その上で、これらは同じ島のことを指すものと判断し、これらの島名標記において、一二世紀頃までの記事には「貴」の文字が用いられるのに対して、一三世紀以降になると「鬼」という文字へ変化することを指摘した。その理由について永山は、一二世紀頃までの日本では南島からの珍重物を産出する島と位置付けられていたことから「貴」の文字が用いられたのに対し、一三世紀以降は異域としての印象が増幅されて「鬼」の文字へ変化したと考えている。

また、永山は『平家物語』諸本を検討し、その中では「キカイガシマ」と「イオウガシマ」は同じ島々を示す別名であり、さらに口（端）五島と奥七島の合計十二島の総称であることを明らかにした。そして、「口（端）五島は以前から日本に属すものの、奥七島は未だ日本に属していない」と記されていることを紹介している。永山は口（端）五島に屋久島、口之永良部島、硫黄島、黒島、竹島、奥七島に口ノ島、中ノ島、臥蛇島、平島、諏訪之瀬島、悪石島、宝島を想定している。口（端）五島に比定された島々は大隅諸島、奥七島はトカラ列島に属する島々である。ただし、『平家物語』諸本の中には、十二島の中に「白石、阿世納、阿世波、えらぶ、おきなは、きかいか島」などの島名を上げているものがあり、この時期の日本においてトカラ列島よりも南に位置する沖永良部島、沖縄島などが知られていた可能性がないわけではない。しかし、一二・一三世紀頃において、日本の行政的権限が及ぶ範囲としてはトカラ列島から喜界島あたりまでと考えられていたことが推測される（永山一九九三・一九九七）。

三　琉球国の出現

永山に続いて、中世段階の琉球列島について所論を述べたのは村井章介である。村井は鎌倉幕府の御家人であり、北条得宗家の被官でもあった千竈時家の「譲状」（嘉元四〔一三〇六〕年）と、朝鮮国で製作された日本および琉球に関する地誌『海東諸国紀』（一四七一年）を検討し、一四・一五世紀における琉球列島、中でも奄美諸島の位置付けについて述べている（村井一九九七）。

これによれば、北条得宗領である薩摩国河辺郡の地頭兼代官であった千竈時家は、一三〇六年に所領を分譲するにあたって「譲状」を作成した。その中には、千竈家の本貫地であった尾張国千竈郷の所領および薩摩国河辺郡内の所領に加えて、琉球列島のいくつかの島々が記されている。その島名をあげると、「口五島、わさの島、喜界島、（奄美）大島、永良部島、（奥）七島、徳之島、屋久島」である。この中のわさの島には現存する島の中に該当するものがなく、口五島と永良部島については、村井と先の永山では比定する島が異なる。しかし、少なくとも、喜界島、奄美大島、徳之島など奄美諸島に属する島々が千竈家の所領として捉えられていたことは明らかである。これらの島々に対する千竈氏の所領としての権益内容について、村井はそれぞれの島々で採取される魚や硫黄などの産物や交易によって得られる利潤を想定している。

もう一つの『海東諸国紀』については、採録された絵地図の中の「日本西海道九州之図」を題材として、その成立年代である一四七一年頃には沖縄島に琉球国が存在しており、トカラ列島北端に位置する臥蛇島あたりが日本と琉球の境界であると記されていることを指摘する。村井は「千竈時家譲状」が作成された一三〇六年の段階から、『海東諸国紀』が作成された一四七一年までの間に琉球国が成立し、次第に奄美諸島を支配下に組み込んで、日本との間の境界領域をトカラ列島北端の臥蛇島辺りにまで北上させたと考えている。村井は得宗家の支配の下に置かれていた奄美諸島の権益について、鎌倉幕府滅亡後、いったんは島津氏の手に帰したものの、琉球国の成立とその後の活動によって次第に切り取られ、琉球国の版図に組み込まれたことを想定しているのである。

四　『海東諸国紀』に記された琉球の港湾

琉球国は中国明朝および清朝との冊封関係に基づく朝貢貿易を中心として、同じように朝貢関係を結んだ東南アジア各地の国々や日本との交易活動を盛んに行なったことで知られる。このような琉球国における対外交易の拠点となったのは那覇港である。那覇港は現在でも沖縄と各地を結ぶ重要な港湾として機能している。しかしながら、中世の那覇港に関する情報はきわめて少ない。琉球における神歌を集めた『おもろそうし』などに断片的な記載が見えるのみであり、その具体的様相についてはよく解らないことが多い。このため、中世段階の那覇港の姿を復原する際には、近世の段階で書き記された記録や絵画資料などを参考にすることが一般的に試みられている。

このような作業を踏まえれば、もともと那覇港は琉球列島の島々で発達するサンゴ礁内の小島を利用して作られた港であった。小島周辺の礁湖内は潟地であり、一四五一年ここに王城がある首里との間を結ぶ、石橋を含んだ通路（長虹堤）が作られ、首里城の外港としての機能が拡充された。同じ頃、那覇港に隣接した石灰岩の岩礁を利用して、貿易品を収蔵するための施設である御物城が作られている。那覇港が作られた小島には交易に携わる閩（福建）地方出身を中心とする中国系人が多く住み着き、久米村という集落を形成していた。また、那覇港と久米村の間には後に「親見世」と呼ばれた公庫が置かれていた。先に上げた『海東諸国紀』に採録された絵地図の一つである「琉球国之図」では、これらについてそれぞれ「那波皆渡」、「石橋」、「寶庫」、「九面村」、「国庫」と標記している。ここに記された内容は、一五世紀中頃の段階において、那覇港が国際的な交易港として広く知られていたことを示している（申叔舟・田中健夫　一九九一）。

なお、『海東諸国紀』「琉球国之図」には那覇皆津の他に、沖縄島内に「河尻泊」、「雲見泊」があり、「雲見泊」には「要津」と記されている。雲見泊は運天港に比定され、重要な港湾と認識されていたことが知れる。河尻泊は比定地が不詳である。この他、「賀通連（勝連）城」と「五欲（越来）城」の間、および「越法具足（大城グスク）城」と「玉具足（玉城）城」の間に、「浦」と記されており、ここにも何らかの港湾施設があったことが推測される。前者は勝連城下に位置する南風原港、後者は大里城下の馬天港に比定できるかもしれない。また、沖縄島の北西に接して描かれた島に「世世九浦　有人居」と記されており、瀬底島に比定されている。

港湾施設以外では、首里城と首里の町並みを示す「琉球国都」と北部の「国頭城」が大きく描かれている。国頭城については、明確な比定地がない。また、「賀通連（勝連）城」、「五欲（越来）城」、「越法具足（大城グスク）城」、「玉具足（玉城）城」の他、「伊麻奇時利城」、「那五城」、「白石城」、「奇羅波城」、「浦傍城」、「島尾城」、「阿義那之城」、「鬼具足城」、「中貝足城」、「池具足城」の城（グスク）も見え、これらは今帰仁グスク、名護グスク、読谷村白石、恩納村久良波、浦添グスク、南山グスクもしくは豊見城グスク、瀬長グスク、オニグスク、中城グスク、名護市イケグスクと考えられている。グスクは沖縄島内各地域の行政、経済、軍事などの拠点的役割を果していたものと考えられる[1]。

ところで、『海東諸国紀』「琉球国之図」には、沖縄島の周辺に鬼界島（喜界島）、大島（奄美大島）、度九島（徳之島）、輿論島（与論島）、小崎恵羅部島（沖永良部島）、郡島（古宇利島）、通見島（津堅島）、有見島（宇堅島）、思何未（加計呂間島須子茂）、鳥島（硫黄鳥島）、恵平也山（伊平屋島）、伊是那（伊是名島）、泳島（伊江島）、師子島（不祥）、粟島（粟国島）、九米島（久米島）、花島（花嶼島?）、計羅婆島即百島（慶良間諸島）が記載されている。また、「琉球国之図」とともに採録されていた「日本国西海道九州之図」には「琉球国之図」に記載されていた島々の北方に位置する九州島およびその周辺の島々と大隅諸島、トカラ列島の島々の絵地図が描かれている。「琉球国之図」や「日本西海道九州之図」に描かれた島々には、上松浦（佐賀県唐津市から伊万里市辺り）あるいは近隣の島からの距離（里数）や、日本、琉球への帰属状況などが記載されている。ただし、これらの島々には沖縄島に見られたような港やグスクに関する標記は認められない。このため、各島々における港湾施設やグスクなどの存在についてはまったく解らない。しかしながら、島名が記載されている島々には何らかの港湾施設や居住地があったものと考えられ、これらが琉球列島の近海を航行する船舶にとっての寄港地および交易地となっていたものと考えられる。

なお、『海東諸国紀』に採録された「琉球国之図」には、沖縄島の西南方向にあって、後に琉球国の版図に組み込まれる宮古・八重山諸島が記載されていない。このことは『海東諸国紀』の編集が朝鮮国で行なわれ、琉球国王都までの交通路に関心が向けられていたことによるものと考えられる。また、『海東諸国紀』が編集された一四七一年の段階では、宮古・八重山諸島の情報が詳らかでなかったのかもしれない。

五　考古学による琉球の都市

『海東諸国紀』などの検討によって、文献史料から垣間見える一五世紀頃の琉球列島の様相が概観された。これに対して、考古学的調査・研究では、琉球列島における一〇世紀頃から一五世紀頃までの状況についての検討を積極的に進めている。これはこの時期が琉球国の成立とその後の展開時期にあたり、一四世紀後半代から出現する文献記録を手掛かりとせざるを得ない琉球史研究の前史を解明し、その後の文献記録の不足を補う役割が考古学に期待されていることによる。この時期は一般にグスク時代と呼ばれ、琉球史研究では沖縄諸島に成立した琉球国が北の奄美諸島と、南西の宮古・八重山諸島を支配下に治める過程と位置付けられる。文献史学ではこの時期の琉球列島全域において、ほぼ足並みを揃えたような社会変動が起こり、その帰結として沖縄島に興った琉球国が琉球列島全域を統合したとする歴史解釈論を提示してきた。しかし、近年の考古学的調査・研究成果はその過程について、島々ごとの異なった様相を明らかにしつつある。

その一つが奄美諸島の北端に位置する喜界島城久遺跡群の発掘調査成果である。城久遺跡群は喜界島のほぼ中央部の標高一三〇～一六〇メートルの台地上に分布する遺跡群の総称であり、喜界町字山田と字城久の両地区にまたがって広がる。平成十五年度に実施された県営圃場整備事業に先立つ確認調査で発見され、以後現在（平成二一年度）まで、山田中西遺跡、山田半田遺跡、半田口遺跡、小ハネ遺跡、前畑遺跡、大ウフ遺跡、半田遺跡の確認および本調査が続けられている。現在の段階で、遺跡群の総面積は一三万平方メートル以上に及ぶ大規模遺跡であることが判明しつつある。この中の山田中西遺跡の一部については、発掘調査報告書が刊行されており、約五〇〇平方メートルの範囲から掘立柱建物四棟、土坑墓三基、土坑五基、焼土を伴う土坑二基、焼土跡二基の遺構が検出された。掘立柱建物の柱穴内覆土から日本産土師器や須恵器、カムィヤキ、滑石製石鍋片が出土した他、土坑墓からは焼骨とともに白磁椀（大宰府分類Ⅷ－2類）、カムィヤキ壺、滑石製品などが出土した。本調査区域について、報告書では一二世紀頃の年代を想定している（喜界町教育委員会 二〇〇六）。

現在、調査が進められている城久遺跡群のその他の遺跡では、八～一四世紀頃までの遺物とともに、多数の掘立柱建物や土坑墓、敷石遺構、製鉄関係遺構などが確認されつつある。その過程では、報告書が刊行された山田中西遺跡に見られるように、一一世紀後半から一二世紀にかけての段階の遺物と遺構の密度が高いことが看取される。奄美諸島に対するこれまでの文献史学の理解論は、沖縄島に成立した琉球国の軍事的圧力を受けて、一五世紀代に喜界島が服属するとされてきた。城久遺跡群の発見とその調査成果は、一五世紀以前の段階で喜界島が果していた役割の重要性と、琉球国による征圧を受けることとなる前史について、重要な情報を提供する。八世紀代から形成される城久遺跡群の遺構や遺物の組み合わせは従来の琉球列島には見られなかったものであり、一〇世紀末の文献記録に大宰府からの下知を受ける機関として登場する「貴駕島」との関係を含めて、遺跡群の内容が注目されるところである。仮に城久遺跡群が大宰府と関連する官衙的な遺跡となれば、グスク成立前後の段階の琉球列島社会に対して、日本古代国家との関係が大きく影響した可能性が高い。また、掘立柱建物の規模や構造、配置、墳墓である土坑墓や生産遺構である製鉄関係遺構との位置関係などについても、古代から中世にかけて形成された日本本土の遺跡との比較検討が行ない得ることとなる。今後の調査成果の公表が期待されるところである（大和書房　二〇〇七）。

これに続く、一三・一四世紀代については、沖縄島のグスクとその周辺の遺跡のあり方に注意が払われはじめている。中でも琉球国の王城が首里城へ移動する以前の段階の王城であったと考えられている浦添城については、浦添市教育委員会によって「浦添城跡整備基本計画」に基づく発掘調査と復原整備事業が進められつつある。これに携わった安里進は浦添城が一四世紀から一五世紀初期の段階で大規模な切石積み城郭に拡充され、石積み内部には高麗瓦葺き建物が建てられた他、石積み城郭の外側に物見状郭、堀切、堀、柵列などの施設も構築されていたことを指摘した。また、安里は浦添城の北方に禅宗寺院である極楽寺と王陵である浦添ようどれ、および西側に想定される魚小堀が配置されていた状況を復原的に考察し、次の王城となる首里城と同じ城郭空間の配置が浦添城において、すでに具現化されていたことを指摘している。文献史料に基づく琉球国の登場は一三七二年明朝の招諭に応えて朝貢を行なった察度王に始まるが、その察度王の王城であったとされる浦添城の城郭構造が一四世紀代に拡充されていることは、王権を支えた王城の都市機能の拡充時期がこの頃であることを示している（安里　一九九七）。

一四〇六年察度王統を滅ぼした第一尚氏王統は王城を首里城に移し、以後、首里城が琉球国の王城として用いられる。第一尚氏以降における首里城および周辺の空間配置には、城郭を中心としてその周辺を取り巻いて分布する寺院だけではなく、街路や居住地域までをも整備した都市としての発達した状況が観察される。しかし、その基本的な空間配置が一四世紀代の浦添城において、ほぼ整っていることは明記してよいと考えられる。

なお、同じ沖縄島にあって、一四一六年に第一尚氏王統によって滅ぼされたとされている今帰仁グスクの調査に関わる宮城弘樹は、これまでの調査によって、今帰仁グスクが一三世紀末から一四世紀初め頃に、土留めの石積みと版築によって造成された基盤の上に、柵列に囲まれた大型掘立柱建物を有する構造を持って構築されはじめ、一四世紀中頃には単郭式の石垣を巡らし、郭内に基壇建物を有する城郭へと発達し、一四世紀部中頃から一五世紀前半にかけて城郭が多郭化して最大規模にまで発達したことを述べている。その上で、今帰仁グスクが最大規模に発達した段階における周辺遺跡との関係をモデル化し、王権を象徴する階層（按司）が居住するグスク内の主郭を中心とした地域、家臣団が居住するグスクの外郭地域、グスクの城下町的居住集落、グスクから離れた今帰仁村内の一般集落という四つの階層に区分することを試みている。宮城が試みたモデル化作業が他のグスクの場合にも適応できるかどうかについては、個々の遺跡の評価のあり方など方法論的な検証が必要と考えられるが、一四世紀後半頃のグスクを中心とした一定地域において、遺跡群の階層化が看取されるという指摘とその具体的作業は重要である（宮城　二〇〇六）。

このことは先述した浦添城における城郭構造の拡充とその後の王城である首里城の空間配置への展開を含めて、今後のグスクを中心とした都市論や琉球列島の社会構造論に深く関わることが推測される。

おわりに

琉球列島における港湾および都市について、文献史学および考古学的研究成果を踏まえながら概観してきた。しかしながら、文献史学、考古学ともに、港湾施設や都市に関する具体的な資料の例示とこれに対する分析方法の不足が否めない状況にある。中でも、港湾施設に関しては、海水面を利用する施設であるという遺跡の性格もあり、考古学的な調査例がほとんどなく、文献史料に残された港湾の姿を確認した事例がほとんどない。また、都市についても、拠点的施設であるグスクの調査事例は多いものの、一定地域内における集落とグスクとの関係のあり方を探る調査・研究はきわめて少ない。

しかしながら、これらに迫るための情報と具体的調査研究方法については、これまで述べてきたように次第に増加しつつある。琉球列島においては、一一世紀後半から一二世紀頃に大きな歴史的転換があり、これを踏まえて一四世紀中頃から後半にかけて、王権の成立が図られることはほぼ共通した認識となっており、港湾や都市はその変化の表象であると言える。

註

（1）『海東諸国紀』に記載された島名やグスクなどの比定については、村井の論考（村井　一九九七）と東恩納寛惇の論考（東恩納　一九四一）年を参考にした。ただし、勝連町南風原港と南城市馬天港については、両論考には触れられていない。

参考文献

安里進　一九九七「文化財レポート　首里城以前の王城・浦添グスクの調査」『日本歴史』第五八五号　吉川弘文館

喜界町教育委員会　二〇〇六「―喜界島通信所整備事業に伴う埋蔵文化財発掘調査報告書―城久遺跡群　山田中西遺跡Ⅰ」『喜界町埋蔵文化財発掘調査報告書』（八）

申叔舟著・田中健夫訳注　一九九一「海東諸国紀―朝鮮人の見た中世の日本と琉球―」『岩波文庫』三三―四五八―一　岩波書店

鈴木靖民・池田榮史編　二〇〇七「特集　古代・中世の日本と奄美・沖縄諸島」『東アジアの古代文化』一三〇号　大和書房

永山修一　一九九三「キカイガシマ」・イオウガシマ考」『日本律令制論集』下巻　笹山晴生先生還暦記念会　吉川弘文館

永山修一　一九九七「古代・中世における薩摩・南島間の交流―夜久貝の道と十二島―」『境界の日本史』山川出版社

東恩納寛惇　一九四一『黎明期の海外交通史』帝国教育出版部、その後、一九六九年に琉球新報社より再版

三島格　一九八七「大宰府と南島」『岡崎敬先生退官記念論集　東アジアの考古と歴史』下　同朋社、のちに三島格「南島考古学―南島・大和および華南・台湾―」『南島文化叢書』一〇　第一書房　一九八九に所収

宮城弘樹　二〇〇六「グスクと集落の関係について（覚書）―今帰仁城跡を中心として―」『南島考古』第二五号　沖縄考古学会

村井章介　一九九七「中世国家の境界と琉球・蝦夷」『境界の日本史』山川出版社

第二節　モンゴル帝国における都市の形成と交通路
――カラコルム首都圏を中心に――

白石典之

一　史料に残る君主の季節移動

ユーラシア大陸の大部分を征服したイェケ＝モンゴル＝ウルス（モンゴル帝国）の第二代君主ウゲデイは、一二三五年、カラコルムに囲壁都市を造営し、国都とした。イェケ＝モンゴル＝ウルスで初めて築かれた本格的な都市である。現在、カラコルムの遺跡は、モンゴル国の中部、ウブルハンガイ県ハルホリン郡にある。この地域は南北一〇〇キロ、東西三〇キロの盆地となっていて、その南端に遺跡は位置する。盆地の西および南側にはハンガイ山地の三〇〇〇メートル級の山々がそびえ、盆地を縦断するようにオルホン河が南から北へと流れている（図1）。

カラコルム遺跡は、南北四キロ、東西三キロの範囲に及ぶ。そのほぼ中央には、南北一四五〇メートル、東西一一三〇メートルの土壁に囲まれた部分があり、さらに、土壁に囲まれた区域の西南隅には、宮殿「万安宮」跡と考えられている大型建物跡が残る(1)（図2）。遺跡内には多くの建物遺構が残っている。そこに大規模な市街地があり、多くの住民が居住し、さまざまな生産活動に従事していたことが明らかにうかがえる。

しかしながら、文献史料によると、ウゲデイ、第三代グユク、第四代モンケといった君主たちは、カラコルム

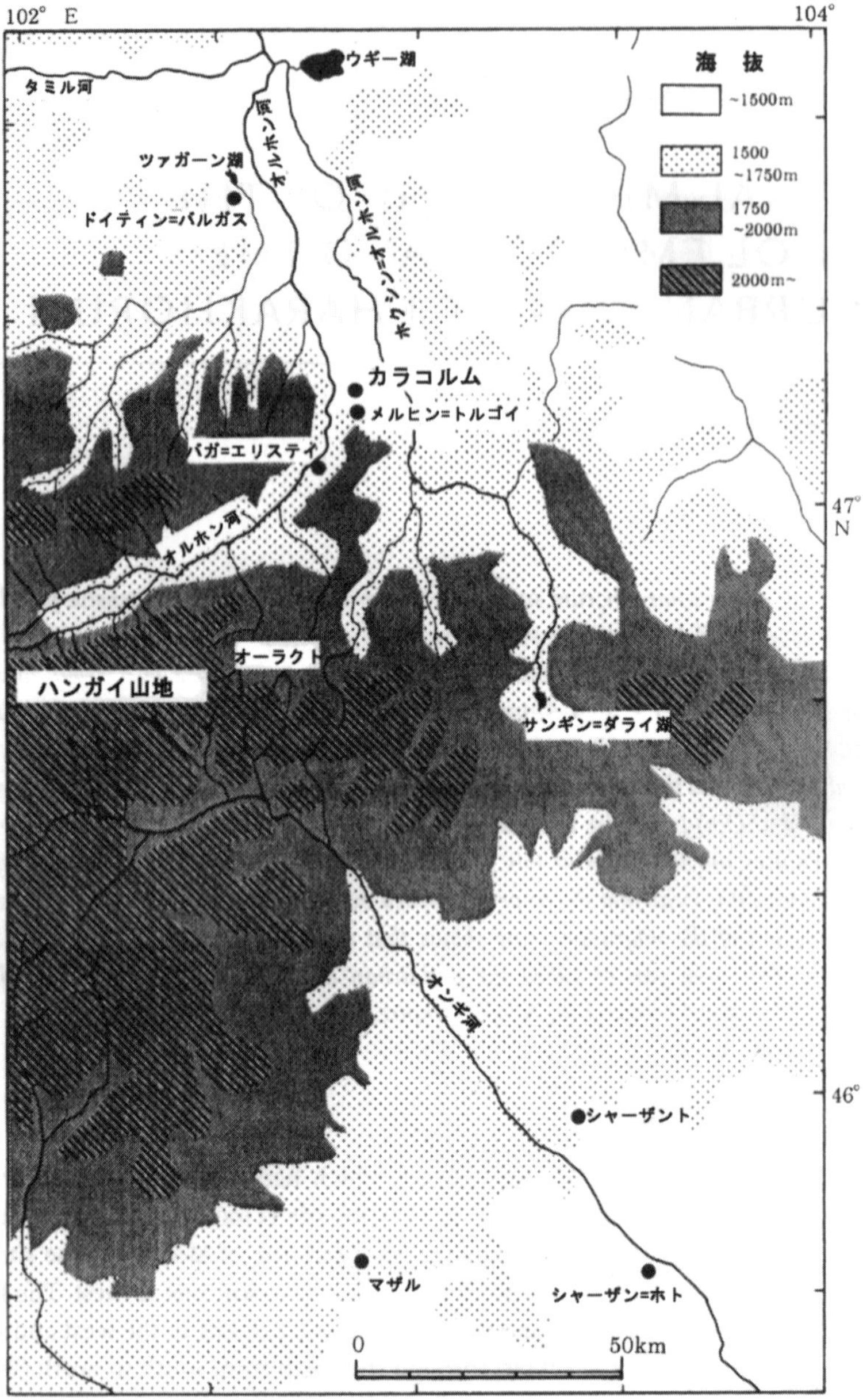

図１　カラコルム周辺地形図

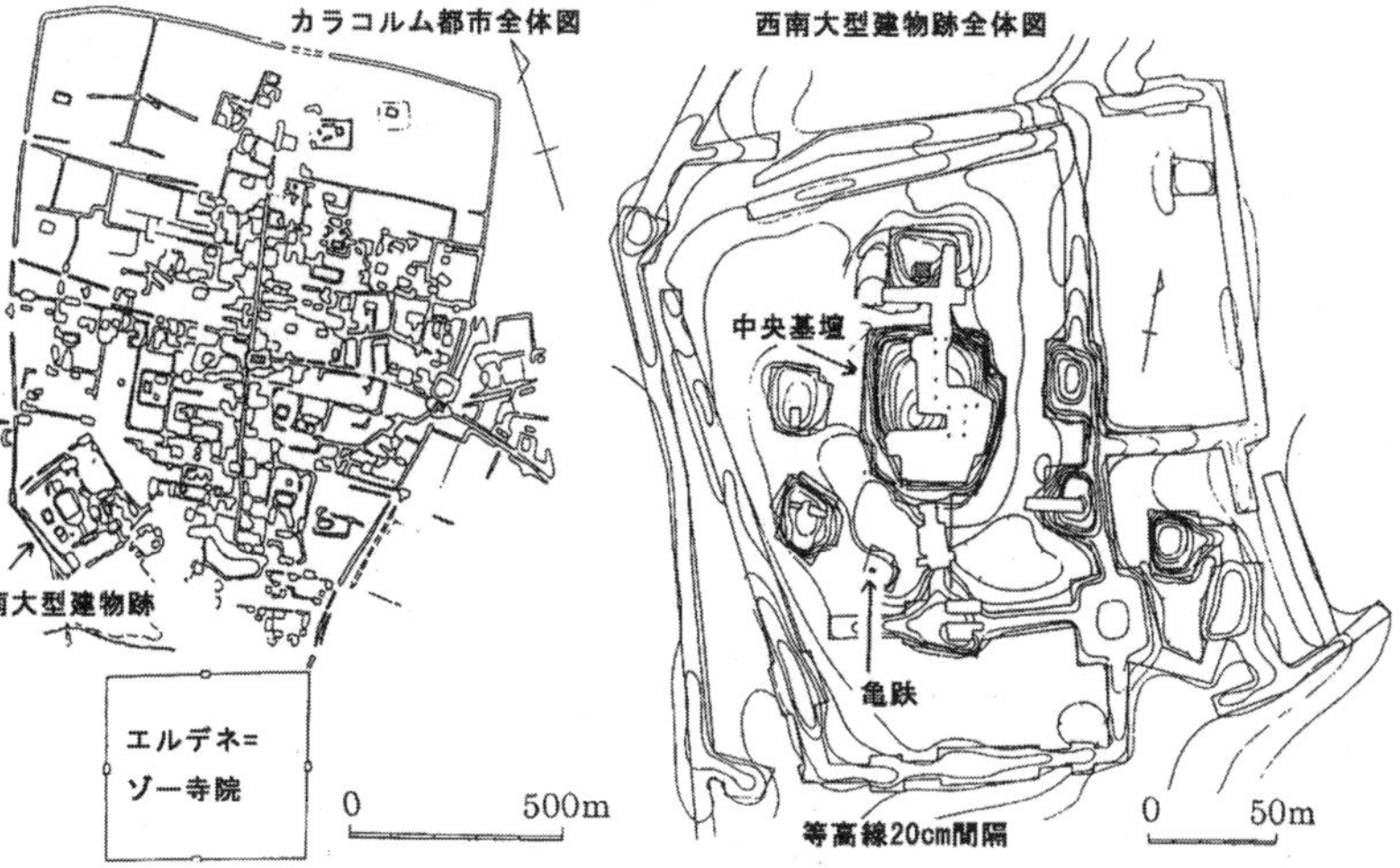

図２　カラコルム遺跡遺構図

には常住していなかったことがわかる。滞在したのは春先と夏の始めの二回で、しかも数日だけであった(2)。それでは君主たちはどこで暮らしていたのか。彼らはカラコルム周辺に、春夏秋冬それぞれの季節営地（離宮）を造り、それらを一年間かけて周回していた。

そのようすをジュワイニーは『世界征服者の歴史』のなかで、つぎのように記している。ウゲデイが建てた春の離宮は「ハルシ＝スリ」と呼ばれた。建築に携わった技術者はイスラム教徒の工匠であった。そこは前面に湖があり、ウゲデイは鷹狩で水鳥を捕らえて楽しんでいたという。彼はそこで四〇日過ごした後、カラコルムを経由し、「カラコルムから二マイル離れた丘の上にある小宮殿」に四～五週間滞在し、山地中にある夏営地へと移動した。夏営地の「シラ＝オルド」には冷たい水と豊かな草地があった。さらに、具体的な地名は記されていないが、ウゲデイは冬営地へと移動して行った。春になり、冬営地からカラコルムに戻る途中、ウゲデイはカラコルムから東へ二ファラサング（約一五キロ）離れた山裾に建てた「トズグ＝バリグ」に立ち寄った。

また、ラシード＝アッディーンは『集史』のなかで、つぎのように伝えている。春営地は「カル＝チャガン」[3]という。そこはカラコルムから一日行程離れた所で、ウゲデイはそこで鷹狩をした。夏には「オルメゲト」[4]という所に、千人も収容できる天幕「シラ＝オルダ」[5]を建て過ごした。秋にはカラコルムから四日行程（別の箇所では一日行程）の「クシェ＝ノル」[6]に滞在し、四〇日間を過ごした。冬には「オング＝ヒン」[7]に滞在し、狩猟を行った。春になりカラコルムに戻るとき、カラコルムから二ファルサング離れた宮殿「トルグ＝バリク」で一日を過ごした。[8]

さらに、『元史』には、ウゲデイは一二三七年に「掃隣城を築き、迦堅茶寒殿を作った」とある。「迦」は「伽」とも作り、「和林（カラコルム）の北七十余里」の所にあった。「掃隣」は『世界征服者の歴史』にある「ハルシ＝スリ」の「スリ」に、「茶寒」は『集史』の「カルチャガン」の「チャガン」に対応するとみることができ、同一の場所だと理解されてきた（ボイル　一九七四）。つづく一二三八年には「図蘇湖城を築き、迎駕殿を作った」とある。これは「図蘇胡迎駕殿」とも作り、「和林から三十余里」の所にあった。ここは、『世界征服者の歴史』の「トズグ＝バリグ」、『集史』の「トルグ＝バリク」と同じ場所だと考えられている（ボイル　一九七四）。

二　カラコルム周辺の歴史的意義

このようにイェケ＝モンゴル＝ウルスの君主は、カラコルムという都市を建設したのちにも、伝統的な遊牧民の季節移動生活を脱しきれなかった。季節営地では君主の即位式や遠征などの重要な政治的決定もなされた。イェケ＝モンゴル＝ウルス史解明のためには、カラコルムと同じように、季節営地の研究も重要である。那珂通世、箭内亙、J・A・ボイルらは、前述の史料から、営地の所在地の推定と、それに基づく君主の季節移動ルートの復元を試みた（那珂　一九四三、箭内　一九六六、ボイル　一九七四）。しかしながら、それらの復元案は現地調査に基づいていなかったので、推測の域にとどまった。

一方で、モンゴル人のKh・ペルレーやD・マイダルはフィールドワークを行い、遺跡からモンゴル君主の季節営地跡を特定しようと試みた（ペルレー　一九六一、

マイダル　一九七〇）。しかし、遺跡の年代決定法が未確立であったことや、史料の誤解によって、目的を達成できなかった。

そのような中で、陳得芝や吉田順一などにより、カラコルムとその周辺とを総合的に捉えようとする研究が現れた（陳　一九七八・八五、吉田　一九八三）。それを進めて杉山正明は「カラコルム首都圏」という概念を設定し、そこがイェケ＝モンゴル＝ウルスの興隆に大きな役割を果したと指摘した（杉山　一九八九・九二）。しかし、具体的な生産活動や史料に登場する場所の特定など、細部にわたる復元には至らなかった。

その後、L・モーゼスとC・グレールも「都市圏」という概念を用いて、カラコルム周辺の人口や、農工業の生産関係の復元を試みた（モーゼス・グレール　一九九八）。研究方向は興味深いものではあるが、論文中に図示されたカラコルムの位置、および離宮の想定位置は、考古学的根拠のない誤ったもので、歴史地理的研究としては評価できない。「カラコルム首都（都市）圏」の復元には、史料に登場する地名を、具体的な遺跡として正しく特定することが、まず行われるべきである。

ようやく最近になり、文献史学者と考古学者が共同した季節営地の所在地の特定作業が、カラコルム周辺で本格的に行われるようになった。その結果の初例として、松田孝一は、カラコルム遺跡南およそ三キロの丘陵上にあるメルヒン＝トルゴイ遺跡が、『世界征服者の歴史』にある「カラコルム南三マイルにある丘の上の宮殿」であることを明らかにしたことがあげられる（松田　一九九四）。

筆者は一九九五年からカラコルム地域でフィールド調査を行っている。その結果、春と冬の営地を特定し、さらに、夏と秋の営地の候補地を、ある程度絞りこむことに成功した。また、営地以外にも、イェケ＝モンゴル＝ウルス期の新たな遺跡を発見した。そして、このような成果をもとに、「カラコルム首都（都市）圏」と呼ばれる地域の実態と、そこでの生産活動の復元を試みた（白石　二〇〇四）。本稿では、近年の動向を収録しつつ、これについて再論してみたいと考えている。

三　春と冬の営地

春営地跡はドイティン＝バルガス遺跡である。この遺跡はアルハンガイ県ホトント郡のツァガーン湖の南にある。湖面から五〇メートル高い丘の頂上にあり、周囲には大小の湖水が存在している。

『元史』には「伽堅茶寒殿は和林の北約七十里（の所）にある」と記されている。一三世紀前半期、カラコルム造営当時の七〇里は、およそ四〇キロである（白石 二〇〇二）。カラコルムからこの遺跡までの距離は北方向に四二キロであった。史料とほぼ一致する。『世界征服者の歴史』には、春の離宮の「前面に」湖があると書いてあった。遺跡の周囲には多くの湖がある。しかも、その一つの湖名は「ツァガーン」であり、『集史』にある呼び名「カル＝チャガン」、あるいは『元史』の「茶寒」と対応する。

この遺跡からは中国陶磁器を採集できた。時代は宋・元代と考えられる。また、在地系の灰色陶器も出土した。それはカラコルム出土のものと、器形・焼成ともに同様である。この遺跡の年代は一三世紀頃と想定できる。

建物にはタイルとレンガが使用されているが、屋根瓦は使用されていない。屋根瓦を使った中国風のカラコルムの宮殿「万安宮」とは明らかに異なる。ジュワイニーの『世界征服者の歴史』にある「イスラム教徒の工匠によって建てられた」という記述と符合する。

東西二五〇メートル、南北一五〇メートルの範囲に大小の建物基壇が残るが、その中央にある最大規模の建物は、基礎部分が一辺四一メートルの正方形になるように設計されていた。これは「万安宮」と考えられている建物規模と、まったく同じである。それが宮殿級の建物であったことがわかる。

冬営地跡はシャーザン＝ホト遺跡である。この遺跡はカラコルム遺跡から南に約一七〇キロの、ウブルハンガイ県バヤン＝ゴル郡にある。オンギ河から五〇〇メートル離れた西岸の微高地上に位置する。遺跡は、東西四〇〇メートル、南北七〇〇メートルの範囲に広がり、大小さまざまの建物跡が分布している。筆者がこの遺跡を冬営地跡と断定した根拠は、すでに公開済みである（白石 二〇〇二・〇四）。

遺跡からは宋・金・元代の陶磁器、北宋銭などが出土した。これらはカラコルム出土のものと同じで、遺跡の機能した期間はカラコルムと並行していたと考えられる。遺跡の最北部に、土壁で囲まれた方形区画がある。その中心に一辺二五メートル、高さ一メートルの基壇がある。その上には、一辺が四〇センチもある大型のカコウ岩製の礎石が二つ残っていて、大型建物があったと想定できる。さらに、当時は特別な建物だけに用いられた緑釉の屋根瓦が出土している。ここが宮殿だったと考える。

四　夏と秋の営地

夏と秋の営地は、いまだ特定できない。

夏営地の所在地は、『至元弁偽録』に「鶻林城の南の昔剌行宮」という記述がある。「鶻林城」とは、別の個所では「合剌鶻林」とも書かれ、和林、すなわちカラコルムのことだと考証されている（箭内　一九六六）。「オルド」あるいは「オルダ」は宮殿のことで、「行宮」はその漢訳である。すなわち「昔剌行宮」とは、『世界征服者の歴史』の「シラ＝オルド」、『集史』の「シラ＝オルダ」のことだと理解できる。すると、それはカラコルムの南方にあったということが読み取れる（箭内　一九六六）。

すでに述べたように、この「シラ＝オルダ」は「オルメゲト」という所にあった。筆者の踏査の結果、カラコルム遺跡から南約三〇キロ地点、ウブルハンガイ県ホジルト郡南部に「オーラクト」という場所があった。「オーラクト」は「オルメゲト」と発音上きわめて類似しており、七〇〇年以上の間に転訛した可能性がある。

ジュワイニーは、「シラ＝オルダ」は山の中の冷たい水と草が豊かな場所にあり、木製の格子造りの壁を持つ大型テント（パビリオン）であった、と書いている。オーラクト地域は、山間で森林が多く、木材を得やすい。冷たい水の湧く泉があり、牧草の豊富な所である。現在の遊牧民も夏営地として使い、近くには都市生活者用の別荘もある。ここは夏の営地の有力候補地といってよい。しかしながら、イェケ＝モンゴル＝ウルス期の遺跡は、今のところ見つかっていない(9)。

一方、秋営地のあった「クシェ＝ノル」はどこなのか。

「ノル」はモンゴル語で湖の意である「ノール」のことだと考証されている(ボイル　一九七四)。近くに湖があったことがわかる。夏の営地のある「オルメゲト」がカラコルムの南にあり、すでに検討したように、冬の営地がシャーザン＝ホト遺跡であったとするならば、秋営地は、夏営地から冬営地への移動コース上にあったと想定できる。秋営地もカラコルムから南の方向にあったと考えられる。

いまのところ夏と秋の営地と考えられる遺跡は発見されていない。今後、文献史学者と協力しながら、それらの位置の特定調査を進めていかなければならない。

五　カラコルム首都圏

夏と秋の営地の位置は不明ながら、最北端の春営地と、最南端の冬営地とが確定したことによって、君主の年間移動コースは、つぎのように復元できる。

君主は、早春にカラコルムを発して、オルホン河沿いに北上し、ドイティン＝バルガスで、野鳥の狩猟を楽しみ、春を過ごした。初夏に南下し、カラコルムを経由して、ハンガイ山地中で夏を過ごした。そして秋営地に移動し、初冬になるとオンギ河沿いに南下し、シャーザン＝ホトで越冬した。狩猟は南のゴビ地帯で行ったのだろう。そして春を迎える頃、北上してカラコルムに戻った(図3)。

この年間移動コースの全行程は約四五〇キロとなる。これが当時のイェケ＝モンゴル＝ウルス君主の年間移動距離ということになろう。我が国で比較すると、東京—盛岡間に匹敵する。また、そのコース上で遊牧に適した土地の範囲は、高山を除くと、約一万四〇〇〇平方キロとなる。ほぼ岩手県の面積に相当する。この範囲が君主の直轄の領域と考えられる。

その範囲には、オルホンとオンギという二つの大きな河川を取り入れている。その豊かな水量は牧草の生育に良いだけではなく、農耕にも適している。一二四七年、この地方を旅行した張徳輝は、その記録『嶺北紀行』のなかで、ウギー湖西のオルホン河畔で、雑穀や野菜が栽培されていたのを目撃したと記している(姚　一九六二)。ウギー湖はドイティン＝バルガスから北東二〇キロにある。

また、領域内には草原のほかに山岳地帯も多く、豊かな森林が含まれている。木材は燃料として必需品であるだけでなく、建築にも重要である。カラコルム遺跡には相当数の木造建築があったとみられる。そのためにも身近に森林地帯を有することは重要であったはずだ。同時に建築には多量の石材も使われた。カラコルムの南西一五キロのオルホン河畔にあるバガ＝エリステイ遺跡では、カコウ岩の巨大な露岩が点在し、その表面にクサビの痕がいくつも認められる。製作途中の亀趺が今も残っている。カラコルム造営に必要な石材を切り出した場所と考えられる。

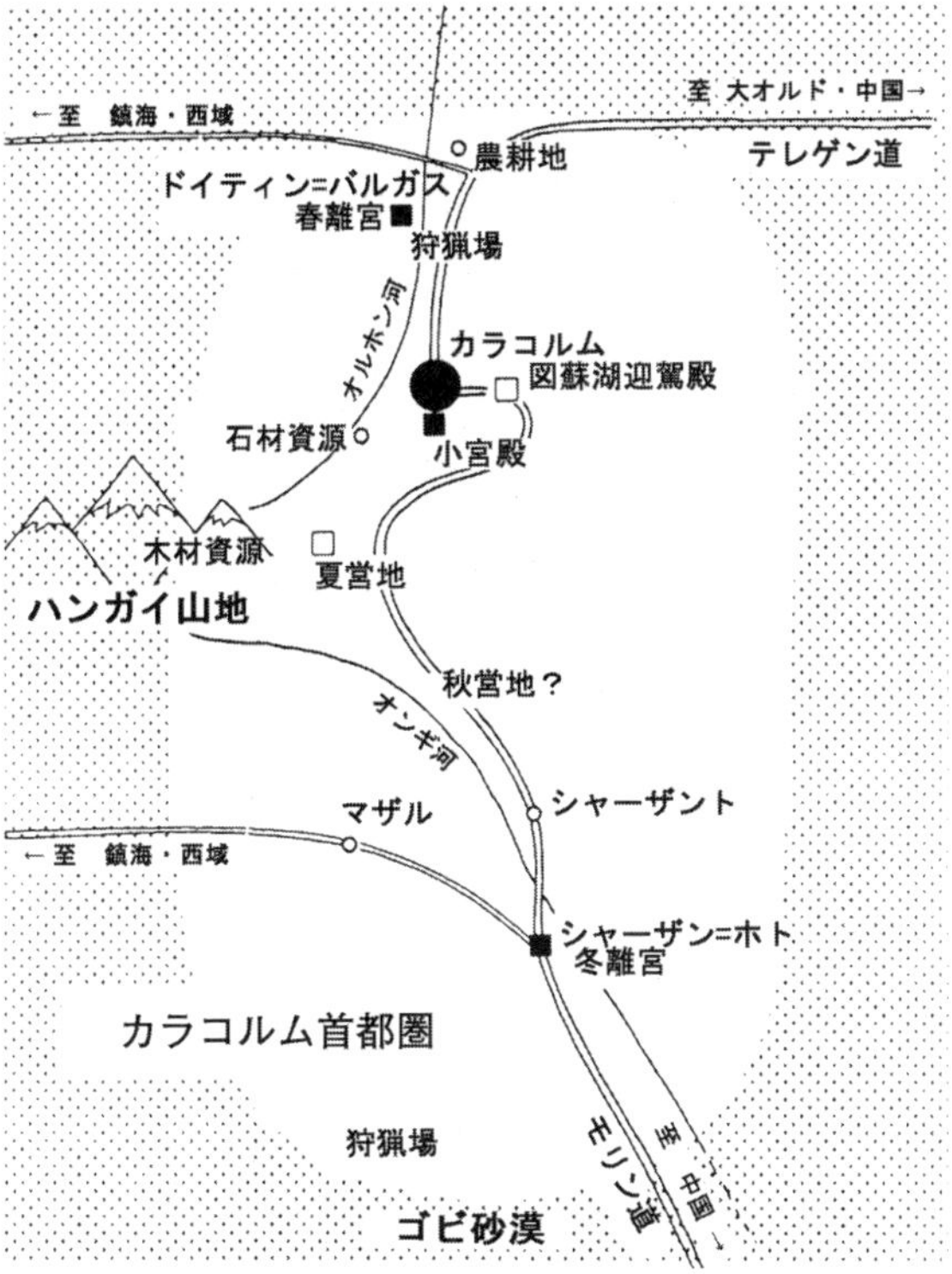

図3　カラコルム首都圏

その他にも、領域内にはさまざまな施設や生産拠点が置かれていた。ウブルハンガイ県ハイルハン＝ドラーン郡マザル遺跡は、冬営地の西五五キロの地点にあり、大量の宋・金・元代の中国陶磁器や鉄製品が五〇〇メートル四方の範囲から出土した。そこには多数の建物跡が残っている。大規模な市場か工房が存在したとみられる。「マザル」とは一般的にイスラム聖人の墳墓のある場所で、多くの場合聖地となっている。ここからはまだ墳墓らしき遺構は発見されていないが、イスラム系住民の居住区であった可能性もある。

同じように、ウブルハンガイ県バヤンゴル郡のシャーザント遺跡でも、南北二〇〇メートル、東西二キロにわたり延々と宋・金・元代の中国陶磁器が散乱している。そのなかに大型建物基壇が集中する場所があった。宮殿や工房の造りとは異なる。文献史料によると、オンギ河には「昔宝赤八剌哈孫倉」という倉庫があったことが知られている（陳　一九八九―九〇）。遺跡もオンギ河の東河岸段丘上にあり、その倉庫跡の可能性がある。オンギ河を三五キロ下れば冬営地と想定したシャーザン＝ホト遺跡に達する。シャーザント遺跡は君主の移動ルート上にあったと考える。

このように営地（離宮）・生産拠点どうしは、君主の季節移動ルートと、カラコルムと漢地の中心とを直結する主要駅伝道「モリン道」と「テレゲン道」によって、(10)さらに、アルタイ山脈北麓にあった鎮海（稱海）城(11)を経て西方へ至る駅伝道とも、有機的に結びつけられていたと考えられる。

このようにカラコルム周辺には、遊牧伝統、先進技術、国際性をとりあわせた、イェケ＝モンゴル＝ウルスの政治・経済・文化の中枢部が形成された。そこには遊牧地だけでなく、君主が狩猟を楽しむ場所、農地・工房などの生産拠点が配置され、それらが駅伝道で結ばれていた。筆者はそれら全体を、考古学成果をもとに、改めて「カラコルム首都圏」と呼ぶことを提唱したい。その地域の調査・研究を深化させることが、イェケ＝モンゴル＝ウルスの国家構造と、強大化の背景を解明することに有効であると考える。

註

（1）この建物に関しては、宮殿なのか寺院なのかで、近年論争が起こっている（白石・ツェヴェーンドルジ 二〇〇七）。

（2）『世界征服者の歴史』（ボイル訳 一九九七）より。

（3）ローマ字転写はYu・P・ヴェルホフスキーのロシア語訳より行った。なお原文は「KHZ-ČAΓAN」（『集史』露訳四一頁註五二）である。

（4）当該部分の原文は「AWRMKTW」（『集史』露訳四一頁註五三）。ローマ字転写はボイル（一九七四）による。

（5）当該部分の原文は「SYRH-AWRDW」（『集史』露訳四一頁註五五）。ローマ字転写はボイル（一九七四）による。

（6）ローマ字転写はヴェルホフスキーのロシア語訳より行った。原文は「KWSH-NAWWR」（『集史』露訳四一頁註五六）。

（7）ローマ字転写はヴェルホフスキーのロシア語訳より行った。原文は「AWNKQY」（『集史』露訳四一頁註五七）。

（8）この部分は原文では「TZΓW」と綴られており、ボイルは「トゥズグ＝バリク（Tuzyu-Baliq）」と復元している（ボイル一九七四)。

(9) モンゴル国立教育大学のアルタンゲレル氏のご教示によると、筆者が想定するよりも北西の、オルホン河岸に、清代に「オルメクト」と呼ばれた場所があったという。また、国立エルデネ＝ゾー博物館長のナイガル氏によれば、ホジルト郡の中心より東南約三〇キロの地点にも「オルメクト」という場所があるという。

(10) 駅伝道の想定ルートは陳得芝の研究に拠った(陳　一九七七)。

(11) これはアルタイ県シャルガ郡ハルザン＝シレグ遺跡と考えられている(村岡　二〇〇六)。

参考文献

【史料】

『至元弁偽録』([元]如意祥邁撰):『大日本校訂大蔵経』弘教書院、一九八四年

『元史』([明]宋濂撰):中華書局、北京、一九七六年

『集史(*Jāmi‘ al-Tavārīkh*)』(Rashid al-Dīn):Verkhovskii,Yu.P.(trans.)Верховский,Ю.П.(пер.), *Сборник Летописей*. Том2, Академия Наук СССР, Москва-Ленинград, 1960

『世界征服者の歴史(*Tarīkh-i-Jahān Gushāy*)』('Atā-Malik Juvainī):Boyle,J.A.(trans.) *Genghis Khan-The History of the World-Conqueror*. Manchester Univ. & UNESCO,1997(一九五八年初版)

【著書・論文】

〈日本語文献〉

白石典之　二〇〇一　『チンギス＝カンの考古学』同成社

白石典之　二〇〇二　『モンゴル帝国史の考古学的研究』同成社

白石典之　二〇〇六　『チンギス・カン～"蒼き狼"の実像～』(中公新書)中央公論社

白石典之、D・ツェヴェーンドルジ　二〇〇七　「和林興元閣新考」『資料学研究』四号

杉山正明　一九八九　「モンゴル帝国における首都と首都圏」『イスラムの都市性　研究報告』(研究報告編第三四号)東京大学東洋文化研究所

杉山正明　一九九二　「草原のメトロポリス　カラコルムの復元」『大モンゴル』二、角川書店

那珂通世[訳註]　一九四三　『成吉思汗実録』筑摩書房(初版は大日本図書一九〇七年)

松田孝一　一九九四　「第二の宮殿守る?:ハーンの石亀」『朝日新聞』一二月二日夕刊、朝日新聞大阪本社

村岡倫　二〇〇六　「チンカイ屯田と長春真人アルタイ越えの道」『中世北東アジア考古遺蹟データベースの作成を基盤とする考古学・歴史学の融合(成果報告書)』

箭内亙　一九六六　『蒙古史研究』刀江書院(一九三〇年初版)

吉田順一　一九八三　「モンゴル帝国時代におけるモンゴル人の牧地と移動」『内陸アジア・西アジアの社会と文化』、山川

出版社
〈中国語文献〉
陳得芝　一九七七「元嶺北行省諸駅道考」『元史及北方民族史研究集刊』第一期
陳得芝　一九七八「元和林城及其周囲（一）」『元史及北方民族史研究集刊』第三期
陳得芝　一九八五「元嶺北行省建置考（上）」『元史及北方民族史研究集刊』第九期
陳得芝　一九八九－九〇「元嶺北行省建置考（下）」『元史及北方民族史研究集刊』第一二-一三期
姚従吾　一九六二「張徳輝「嶺北紀行」足本校註」『国立台湾大学文史哲学報』一一号
〈モンゴル語文献〉
マイダル　一九七〇:Майдар, Д.(1970)*Монголын хот тосгоны гурван зураг*. Улаанбаатар.
ペルレー　一九六一:Пэрлээ,Х.(1961)*Монгол ард улсын эрт, дундад. Үеийн хот суурины товчоон.* Улаанбаатар
〈英語文献〉
ボイル　一九七四:Boyle,J.A.(1974)The seasonal residences of the Great Khan Ögedei. ***Sprache, Geshichte und Kultur der altaischen Völker.*** pp.145-151, Berlin
モーゼス・グレール　一九九八:Moses,L.,C.Greer (1998) Kara Korum and its Peri-Urban Environment. ***Eurasian Studies Yearbook***. 70, pp.105-122.
白石　二〇〇四:Shiraishi,N.(2004) Seasonal Migrations of the Mongol Emperors and the Peri-Urban Area of Khara-khorum. ***International Journal of Asian Studies,*** 1-1, pp.105-119.

コラム１

女真の水運

臼杵　勲

金を建国した生女真の故地である中国東北部東部とロシア極東では、金・東夏代の城郭が水系に沿って分布している。特にアムール川、松花江、ウスリー江、綏芬河、豆満江などの主要水系とその支流に集中度が高い。また、ロシア沿海地方ではシホテアリン山脈を流れる中小の水系にも城郭が存在する。特に北部では河口付近に築造されることが多い。これらの城郭は、河川、水系と水系間をつなぐ峠越えの街道、河口付近の港を結ぶ水路で連結していたと思われる。

ウスリー江の支流イマン川沿いの丘陵上に立地するノヴォパクロフカ二城址は、周長約二千メートルの中型城郭である。この規模の城郭は周辺に無く、ここが流域の中心と考えられる。ここには川に面して門や平場が築かれており、物資を運びこむ船着場が存在したようだ。その下流約五〇キロには、小型城郭であるゴゴレフカ城址が川沿いに築造されており、両者は川によって結ばれていた。一方、日本海に注ぐスウチャン川流域では、大型城郭であるニコラエフカ城址とシャイガ城址などの城郭が川沿いに数十キロの距離を置いて分布している。川の河口は良港として知られるナホトカであり、ここでは海と川による交通路が存在した可能性が高い。例えば、シャイガ城址から上流に約一〇キロのセルゲエフカ村の河岸段丘上で、金・東夏期の瓦窯が発見されており、ここの瓦がニコラエフカ城址とシャイガ城址に運ばれたことが確かめられている（Артемьева 1998）。この運搬にも、当然川が利用されたであろう。また、シャイガ城址出土の土器には外洋船と思われる船の線刻があり、シャイガ城址で多数発見されている中国陶磁器などは、海を介してもたらされた可能性が高い（Шавкунов 1989）。

一一世紀ころから現在の沿海地方付近に居住していた東女真はたびたび高麗を船で襲い（高井　二〇〇四）、その一部が「刀伊の賊」として九州まで来寇したことが知られている（池内　一九三三、同一九三七）。刀伊は一艘に数十人が乗る規模の船で船団を組んでいた。また、『吾妻鏡』には貞応二（一二二三）年に、越後国寺泊浦に船が漂着し、その乗員が銀牌を所持していた記事がある。銀牌に記された文字の写しが記録にあるが、シャイガ城址から出土した銀牌のものとまったく同じである（川崎　二〇〇二）。これは東女真の地を領域に含めた東夏の船と考えられ、東夏も外洋船団を有していたことを示している。

このように女真は金建国前から水運を発達させ、金・東夏期にもそれを受け継いだ。金・東夏の城郭では、鉄器生産など多様な生産活動が行われ、貨幣による商業活動も盛んであったらしい。当然これらの前提となる物資の運搬にも水運が大きな役割を果たしただろう。内水面・外洋の双方で、政治・軍事・流通などに水運が活用されていたのである。

参考文献

〈邦文〉
池内　宏　一九三三　『満鮮史研究　中世第一冊』岡書院
池内　宏　一九三七　『満鮮史研究　中世第二冊』座右寶刊行会
川崎　保　二〇〇二　「『吾妻鏡』異国船寺泊浦漂着記事の考古学的考察」『信濃』第54巻第9号
高井康典行　二〇〇四　「一一世紀における女真の動向―東女真の入寇を中心として」『アジア遊学』七〇号
〈ロ文〉
Артемьева, Н.Г. 1998 Домостроительство чжурчженей Приморья(XII-XIII вв.). Владивосток
Шавкунов. Э.В. 1989 Об изображении парусника на сасуде шз Шайгинского городища // Новые материалы по средневековой археологии Дальнего Востока СССР, с.147-149, Владивосток

コラム2

サンタン交易路の成立

中村　和之

一八五〇年代にアムール河流域を調査したレオポルト・フォン・シュレンクは、『アムール地方の紀行と調査』という大著を残したが、その第三巻『アムール地方の諸民族』は、アムール河下流域からサハリン島にかけての地域の民族誌として、不滅の価値を持つ。シュレンクは、この調査に際して、出版されたばかりのシーボルト『日本』を携帯していた。間宮林蔵の『東韃地方紀行』と『北夷分界余話』のドイツ語訳が掲載されていたからである。事実、シュレンクの叙述には、「我らが林蔵」とか「偉大な林蔵」という表現がしばしば見られる。

一八〇九年、間宮林蔵は間宮海峡の西岸に位置するデ・カストリ湾で上陸し、舟を引きずって丘を越え、キジ湖に流れ込むタバ川に至り、ここから舟に乗ってキジ湖に出た。一行は、キジ湖からアムール河に出て、満洲仮府のあるデレンに至ったのである。このように、キジ湖を利用すれば、アムール河の河口まで北上することなく、行程を短縮することができたのである。間宮林蔵『東韃地方紀行』巻之上には、

> （七月）同五日には昨日明置たる空船を盪挽《とうばん》し、其程二十町余もありける山路を越へ、タバマチーと称せる小川に至り、船を川中へ浮め置、帰り来て荷物何くれと負担し、夷と共に其処に運送し、其日一日中往返のみして、夕陽の頃ようやく船に積終りければ、其夜は此処に泊しぬ。

とあり、またこれに続いて、つぎのように述べている。

一　東韃の属夷は論なく、其他東南の海岸四百余里の間に住める諸韃種の夷人、デレンに至て交易する者は、悉く此処に来りて陸上挽船《ばんせん》する事、皆如レ斯する事なれば、此処の山路は街道の如く、且夏月中は往反の諸夷も大抵絶る間もなく、林蔵此処に至りし時もケャッカラ・キムンアイノなど称せる異類の夷、其外にも種々の夷船八、九艘泊し在しと云。

林蔵の旅行から約五〇年後、同じ場所を調査したシュレンクは、『アムール地方の諸民族』の「第一〇章　交易」に、つぎのように書いている（訳は奥村博司氏による）。

デ・カストリ湾の北方、小さなタバ湾のほとりで、アムール河の本流から海岸にいたるオルチャの分布領域の中心を通る自然にできた最短路は終わっている。この道は、アムール河本流から遥か東の方へ分岐しているキジ湖と、北東からその湖に流れこんでいるタバ細流を通っている。この細流は、沼地の部分もある細長い狭い土地でタバ湾から隔てられているだけである。ここは、すでに古い時代に、おそらくオルチャによって地面に横にならべた角材の列がおかれており、その上をオルチャの舟がタバ細流から海へと曳かれ

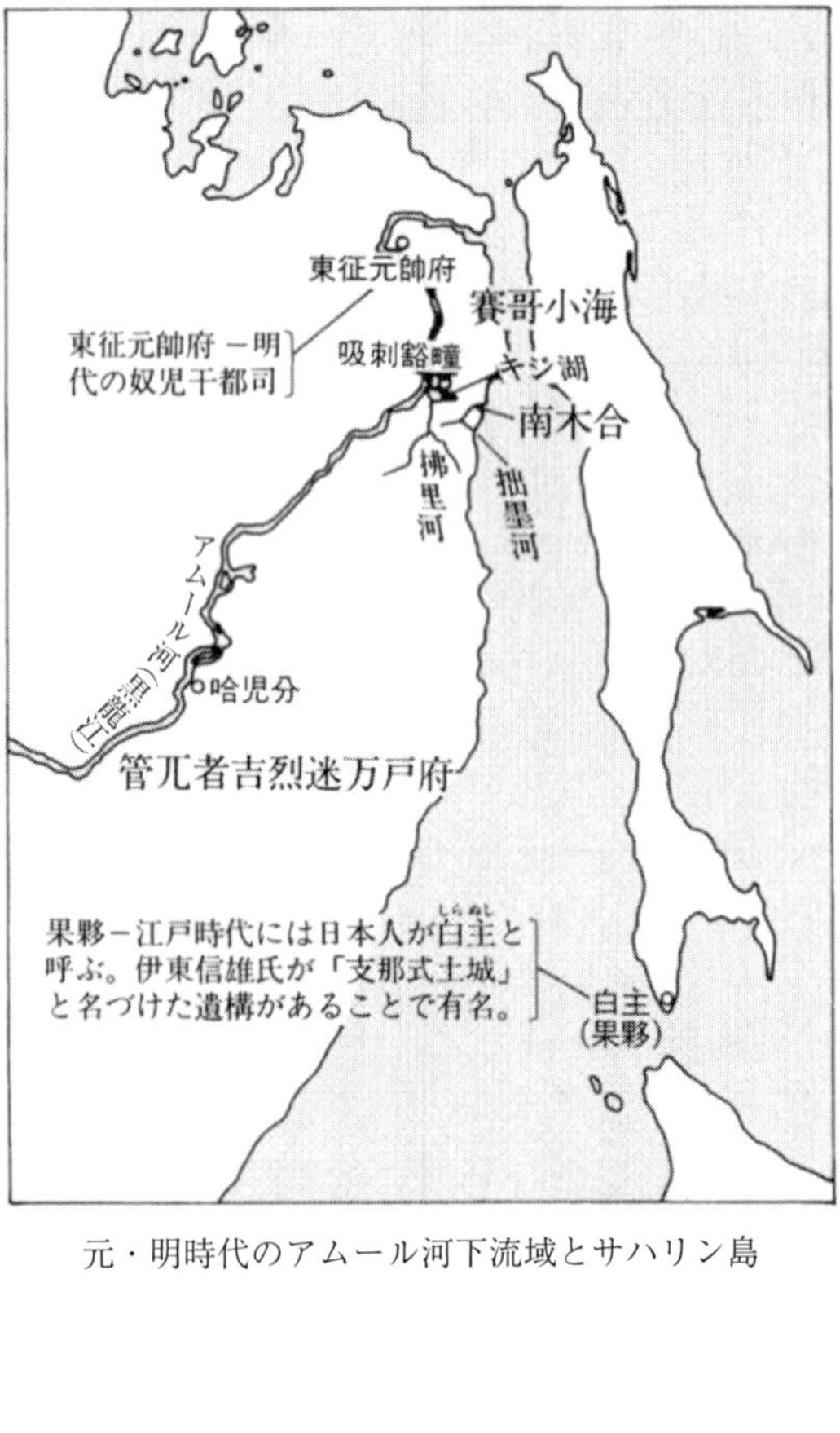

元・明時代のアムール河下流域とサハリン島

ていたのである。この道の上を、あの「ビチ」（ビチュのゴルディ）もアムール河からデ・カストリ湾へやって来たのである。

シュレンクが報告している角材の列が、林蔵の時代にすでにあったかどうかは不明だが、大塚和義氏のご教示によれば、一九九〇年ころにアムール河沿いのブラワ村で、この角材の道のことを知っている老人から聞き取りをしたことがあるとのことである。

さて、キジ湖を経由する道について、最も古い記述は、間宮林蔵よりさらに五百年ほど遡る。モンゴル帝国は、アムール河下流域に進出し、現在のティル村に東征元帥府を置いた。モンゴル帝国はサハリン島にも勢力をのばし、北上してくるアイヌとの間に紛争が続いた。元代の中国史料には、骨嵬《クイ》についての記述が散見されるが、これはアイヌのことである。

モンゴル帝国と骨嵬との紛争に関わって資料に登場する地名は、その多くが現在のどこに当たるのか明らかではない。しかし、位置がわかる地名がいくつかあり、そのうち四つの地名がキジ湖周辺にある。しかもこれらの地名は、いずれも骨嵬が侵入してきた経路として史料に登場する。このように、キジ湖を経由する交易路は、一三世紀末にはすでに知られていたことがわかるのである。

第二章　生産と流通

1　ロクロ土器の生産と普及①

第一節　パクロフカ文化における陶質土器の展開

木山克彦

パクロフカ文化・アムール女真文化は、アムール下流域の靺鞨文化に後継するロシア極東の中世文化である。名称の違いは、同文化を担う集団に関する見解の相違から生じたもので、資料内容は同じである。アムール河右岸の中国領内における遼代の綏濱三号文化類型や金代の資料に対応し、分布領域は松花江下流域まで広がる（図1）。またサハリンや北海道オホーツク海沿岸でも同文化に比定しうる資料が出土し、靺鞨文化とオホーツク文化間で認められた交渉関係が継続していたことが明らかになりつつある。存続年代については諸説あるが、最長で約六〇〇年の長期の存続が想定されるパクロフカ文化は、当時の政治情勢や周辺文化との関係の中で幾度かの文化的変遷を経たとみられている(1)。筆者は以前、同文化の土器を整理し、その編年について検討を加えた（木山二〇〇六）。尚詳細な分析と修正を要するが、基本的な検討内容は妥当と考えている。本稿では、パクロフカ文化の編年案を再提示しながら、各段階の土器組成と同文化を特徴づける陶質土器に見られる周辺文化との関係を検討する。なお、文化名称はロシア側と中国側あるいは研究者間で異なるが、本稿では「パクロフカ文化」と統一する。

一　パクロフカ文化の陶質土器の位置付けと生産様相

パクロフカ文化の土器は、ロシアでは焼成、成形、胎土の点で大きく二種類に分類されている。すなわち、①回転台利用の灰色、黒色系の色調を呈した高温・還元炎焼成の土器（станковая 土器）と、②非回転台利用の褐色、黒色系の色調を呈する比較的低温焼成の土器（Лепная 土器）、である。分類手法が異なるため、完全一致はしないが、中国側で報告される泥質灰陶が①と、夾砂陶が②と概ね対応する（木山 二〇〇六）。本稿では①の土器（станковая 土器と泥質灰陶）を「陶質土器」とする。日本で言えば、須恵器に近い質である。①と②の中間的資料もあり、その検討も重要だが、資料制約が大きいため、二大別で説明を進める。

陶質土器と非回転台利用・低温焼成の土器は、時期によってその割合が変化する。陶質土器は、同文化内に出現して以降、時間経過とともに土器全体に対する数量が増加し、最後にはそのほとんどを占める。また陶質土器と非回転利用・低温焼成の土器の割合は、器種によってもある程度の多寡がある。その要因としては器種ごとに出現時期の違いがあり、後半に現れる器種ほど陶質土器の割合が高くなる。またいわゆる「靺鞨罐」に属する深鉢は、回転台を利用した調整も一部で見られるが、すべて非回転台成形で低温焼成の土器である。靺鞨罐は七世紀以降中国東北部から極東全域に斉一性を持って展開する器種であり、渤海領内やゼヤ川、ブレヤ川流域等より西方にも認められる。そして大局的に見れば、靺鞨罐に陶質土器が伴うという構成自体も極東全域で共通する。この地域の陶質土器は高句麗から渤海へ、渤海からアムール流域へと徐々に北方に拡大・普及する。そのため、陶質土器の形態・技術的特徴は各地域の土器文化の特徴を反映するとともに、その流入時期や波及・拡散過程の検討は当該地域の交流関係や社会状況を示すものといえる。

しかしながら、パクロフカ文化の陶質土器生産の実態は、生産遺跡に関する調査例がなくまったくの不明である。南接する渤海領内でも不明な点は多いが、いくつかの土器窯、瓦窯が調査されている（小嶋 一九九九、中澤 二〇〇六）。その構造は地下式の平窯であり、窯壁を

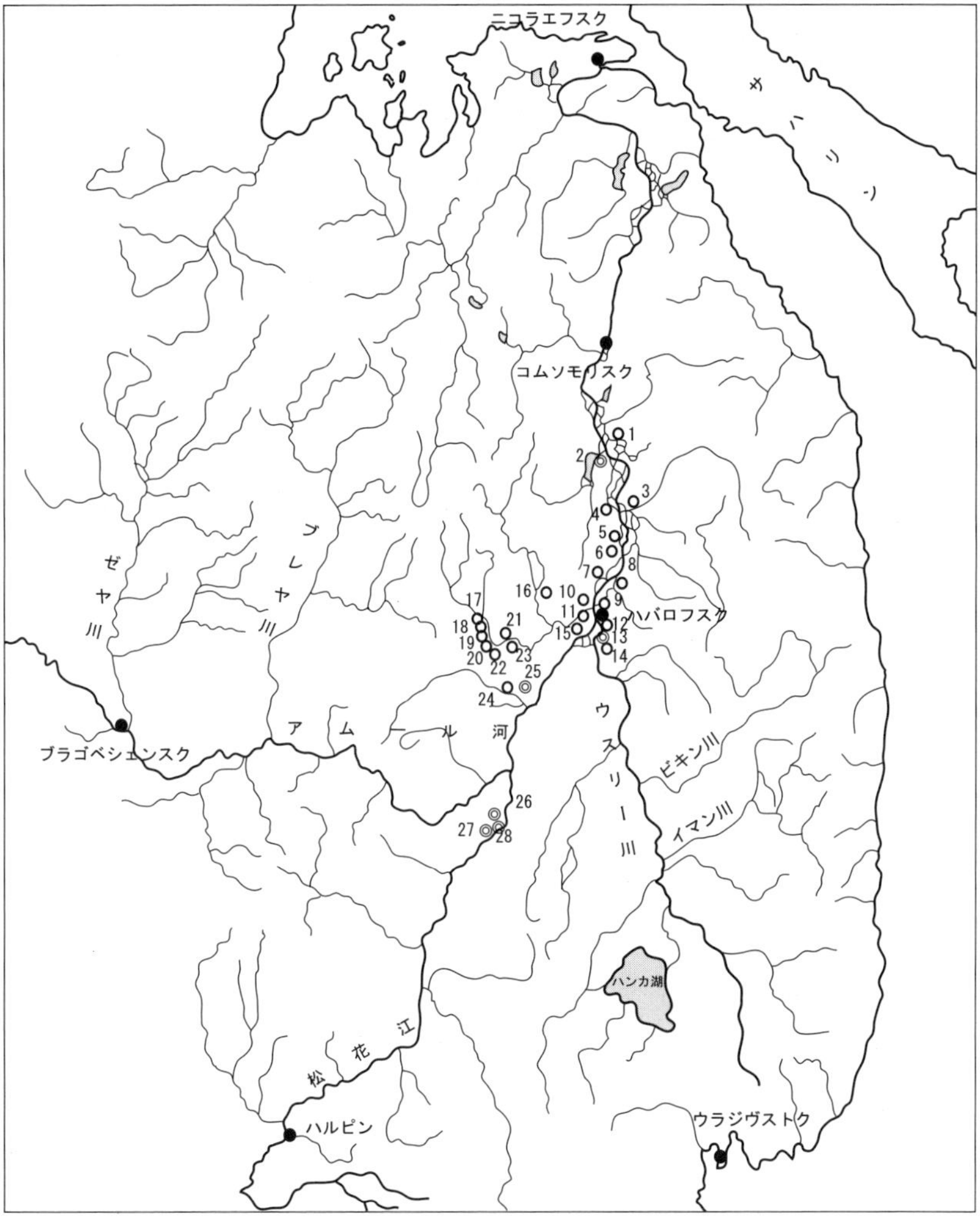

図1　アムール女真・パクロフカ文化の主要遺跡（Васильев2005 より。一部加筆・修正）

1．ヴェルフニィ・ネルゲン　2．ボロニ湖　3．アニュイ、プラトーカ・スベトラヤ　4．ムィシヌィ・ザリフ
5．ガレチナヤ・カサ　6．パダレヴォ　7．ナザチェフキー　8．ペトロパヴロフスク
9．ベレゾヴィ、ザオゼルィ、フェドロフスキィ　10．チェプチキ　11．ドゥボヴァヤ・レェルカ
12．プラトカ・ゴリヂンスカヤ　13．コルサコフ　14．チルキ　15．ダニロフスキィ　16．クラスノクロフスキ
17．チャルブフ1、同2　18．ルダンニコヴァ・ソプカ　19．パルスチィ・ホル　20．テジョノ湖
21．クラスヌィ・ヤル　22．ボロトフスキ　23．ドゥボヴォエ　24．スミドビッチ
25．ナデジンスコエ、モルチャニハ　26．中興古城、中興墓　27．永生　28．奥里米古城、奥里米墓

石組みとする例もある。集落、城郭といった消費地内あるいはこれと近接して構築される例と独立して構築される例とがあり、数基から十数基の単位で検出されることもある。パクロフカ文化の陶質土器は、形態・技術的に見て渤海からの影響で生産が開始される（木山 二〇〇六）。そのため、窯の構造も大きく異なることはないと予想される。陶質土器は質的に集落内各戸での独立生産ではなく、専門工人集団による集約的生産と考えられる。ただし、生産や供給領域の規模が、単独集落等を単位とした自家消費程度か、一定地域を対象とした規模なのかは、消費地遺跡の調査例も少ないため、出土土器からも検討できない。一方で、以下に見るように、パクロフカ文化の陶質土器に周辺文化の資料とは異なる独自性が認められることから、その生産地が同文化圏内に存在し、製品の嗜好や生産技術の管理も独自のものであったと推測できる。

二　パクロフカ文化土器の展開

次に、パクロフカ文化の土器の変遷過程について概観する。その器種は多様であるが、主要器種である靺鞨罐、壺、盤口壺、広口罐、盂、盆、短頸瓶を中心に、器種組成と文様構成の変遷について概観する。対象は、コルサコフ遺跡（Медведев 1982, 1991の内、土器を伴う墓壙一三九基）、ナデジンスコエ遺跡（Медведев 1977）、ボロニ湖遺跡（オクラドニコフほか 一九七五、Медведев 1977）、綏濱永生遺跡（黒龍江省文物考古工作隊 一九七七a、譚英傑ほか 一九九一b、田ほか 一九九二）、奥里米墓（黒龍江省文物考古工作隊 一九七七c、胡秀傑 一九九五）、中興古城墓（黒龍江省文物考古工作隊 一九七七b、胡ほか 一九九一）で出土した資料である。いずれの遺跡も墓群であり、一部を除き層位的に新旧関係が判明していない。そのため、以下に述べる新旧関係の判断は、墓壙内の器種組成あるいは遺跡での器種組成を比較して排他的な関係を見出し、遺跡間の相対関係と型式学的な相対関係によって行った。詳細は拙稿（木山 二〇〇六）を参照されたい。

Ⅰ期―八世紀前半　コルサコフ遺跡14、19、50、68号墓等が当る（図2―1、2）。

靺鞨罐のみで構成される。頸部が伸張し長胴の深鉢である。口縁部隆帯はほとんどが無文で肩部に水平の隆帯が付く。なお、Ⅱ期で認められる坏はこの段階以前の靺鞨文化にも存在するため、この段階にも坏は伴うと考えられる。

Ⅱ期—八世紀後半から九世紀前半　コルサコフ遺跡29、89、164、167、277号墓等が当る（図2—3～7）。

靺鞨罐に陶質土器が加わる段階。靺鞨罐はⅠ期と同様の特徴である。長頸壺、盂、短頸瓶が主体で盆、坏が加わる。長頸壺の文様は肩部に巡る水平の隆帯か沈線が主体である。短頸瓶では胴部全体にスタンプ列が巡る。

この段階の器種組成は、盂、盆、短頸瓶が特徴的であり、年代推定の参考となる。類似資料は、いずれも渤海領内に認められ、これらの器種が揃う初限は六頂山遺跡である（図3—13～19）[2]。同遺跡は貞恵公主墓（七八〇年没）を含む貴族墓群である。いずれの墓壙もその形態と出土資料から、概ね同時期の八世紀代とされている。そのため、Ⅱ期も少なくとも八世紀以降と推定できる。ただし、盆の中には、劉氏等の渤海土器編年（劉ほか二〇〇三）において、六頂山遺跡より新しい段階の資料と類似するものもある。現段階では幅をみて八世紀後半から九世紀前半頃と考えておく。Ⅰ期は、Ⅱ期における靺鞨罐の類似から直接的な先後関係を持つと思われるので八世紀前半頃となろうか。

Ⅲ期—九世紀後半から十世紀前半　コルサコフ遺跡43、50、170、234、320号墓等が当る（図2—8～19）。

器種が多様となり、一墓壙内に副葬される陶質土器も多くなる。陶質土器の製作・使用が本格化する段階である。靺鞨罐、長頸壺、盂、短頸瓶、碗、盆に加え、短頸壺、広口罐が主体となる。長頸壺の数量は減少する。靺鞨罐は、頸部の屈曲は弱まり器高が低く寸胴の器形となる。口縁部直下に隆帯が付き、口唇が外折し二重口縁となる。胴部文様は水平隆帯を持つか無文が主体である。靺鞨罐以外の文様帯は肩部を中心とし、個体内で二種類以上の文様種が使用されるようになる。また沈線や隆帯により区画し、その間をスタンプや格子文を充填する意匠が施文され始める。頸部に縦方向の沈線列または暗文列が施文され始める。スタンプ文が短頸瓶以外にも付されるようになる。橋状の把手や突起が出現する。底部に印文が付されるようになるのもこの段階以降である。

Ⅳ期—十世紀前半から中葉　コルサコフ遺跡42、48、

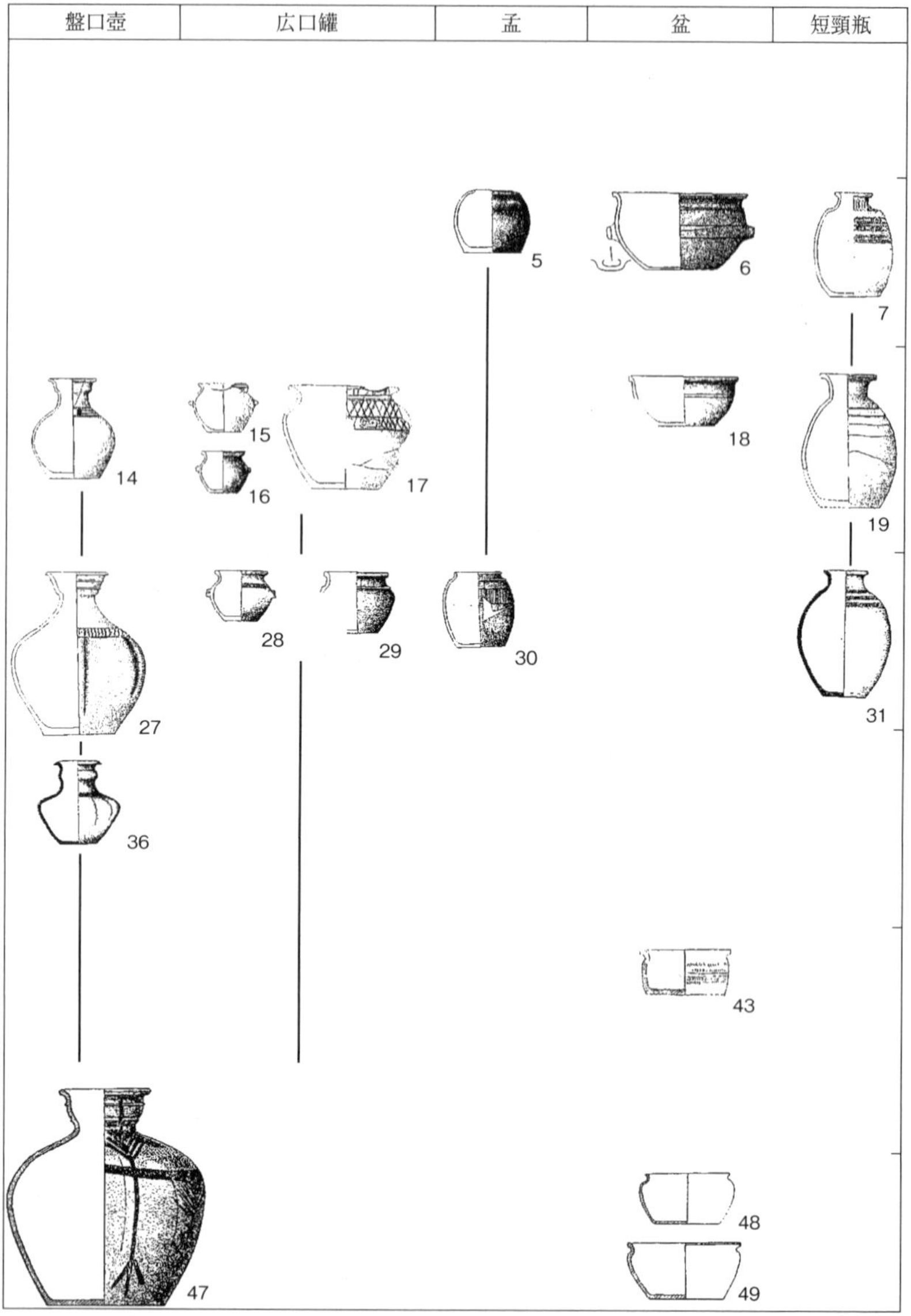

出典：１～31；コルサコフ遺跡（Медведев1982）、32～36；ナデジンスコエ遺跡（Медведев1977）
37・39；ボロニ湖遺跡（オクラドニコフほか1975）38・40～43；永生遺跡（田ほか1992）
44・45・47～49；中興古城墓（胡ほか1991、47のみ黒龍江省文物考古工作隊1977a）
48；奥里米古城墓（黒龍江省文物考古工作隊1977b）

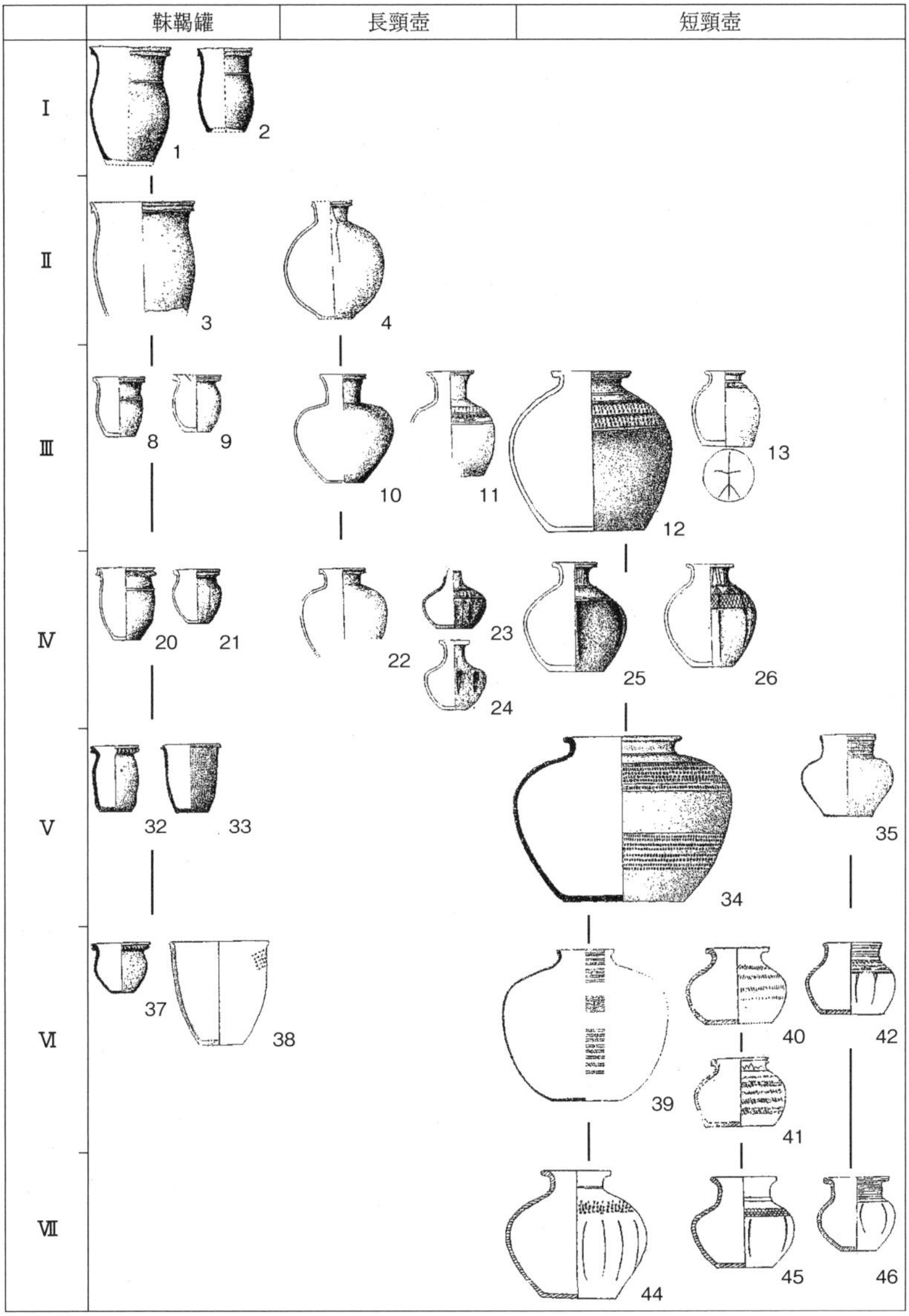

図2　パクロフカ文化の土器変遷（縮尺：約1／16）

87、90、154号墓等を代表とする（図2―20～31）。

器種組成はⅢ期と同様である。長頸壺、短頸瓶はこの段階まで存在するが、数量は前代に比べてきわめて少ない。文様の特徴も前代と同様であるが、胴部に縦方向の四～八条の沈線あるいは凹みをつけた「瓜棱文」が加わる。瓜棱文を持つ盤口壺（図2―27）（以下、盤口瓜棱壺とする）によって年代推定が可能である。類似資料は遼代の契丹土器にある。両地域の土器を比較すると、底部周辺にヘラ圧痕列が存在する点や杯状に広がる口縁部形状に差がある資料がある以外は、共通性が高い（図3―20、21、24）。耶律羽之墓（九四一年没）（内蒙古文物考古研究所ほか　一九九四、蓋　二〇〇四）等で出土し、十世紀前半から中葉頃に盛行する。その共通性から盤口瓜棱壺を含むⅣ期も概ね同時期と考えられよう。Ⅲ期は、瓜棱文以外はほぼ同じ組成であるのでⅣ期と近く、Ⅱ期との間を繋ぐ年代と推定できる。

なお、綏濱三号文化類型の標識遺跡である三号遺跡は、発掘概報しかないので不明な点が多いが、公表されている資料を見ると（干ほか一九八四、譚英傑ほか一九九一a）、Ⅲ期、Ⅳ期を中心とするようである。

Ⅴ期―十世紀後半から十一世紀代　ナデジンスコエ遺跡出土資料の一部を代表とする（図2―32～36）。

ナデジンスコエ遺跡は共伴関係が不明であるため、Ⅳ期とⅥ期を型式的に繋ぐ内容を抽出して設定した。その特徴は以下の通りである。筒形の靺鞨罐が卓越する。頸部はほとんど作出されず、胴部下半から口縁に向かってほぼ直立するか、外にやや開いて立つ。口唇部の端面から外に張り出す隆帯を持つものもある。胴部文様はなく、方格の叩き目文を残すものが多い。蛇腹状口縁の短頸壺が出現する。Ⅳ期以前では短頸瓶にのみ認められた胴部全体に及ぶスタンプ列が、他の器種にも施文されるようになる。盤口壺では口縁の碗状部分が崩れ、頸部との境が不明瞭となる。Ⅶ期の盤口壺への移行過程を示すものと思われる。鉄製吊鍋も見られ、次のⅥ期の萌芽も見出せる。

Ⅵ期―十一世紀後半～十二世紀中葉か？　ボロニ湖遺跡、永生遺跡が当る（図2―37～43）。

靺鞨罐が減少し、陶質土器の割合が明確に高まる。永生遺跡では墓壙出土土器二三点中二〇点が陶質土器である。容器組成の中に鉄製吊鍋が入るが、数量は少ない。

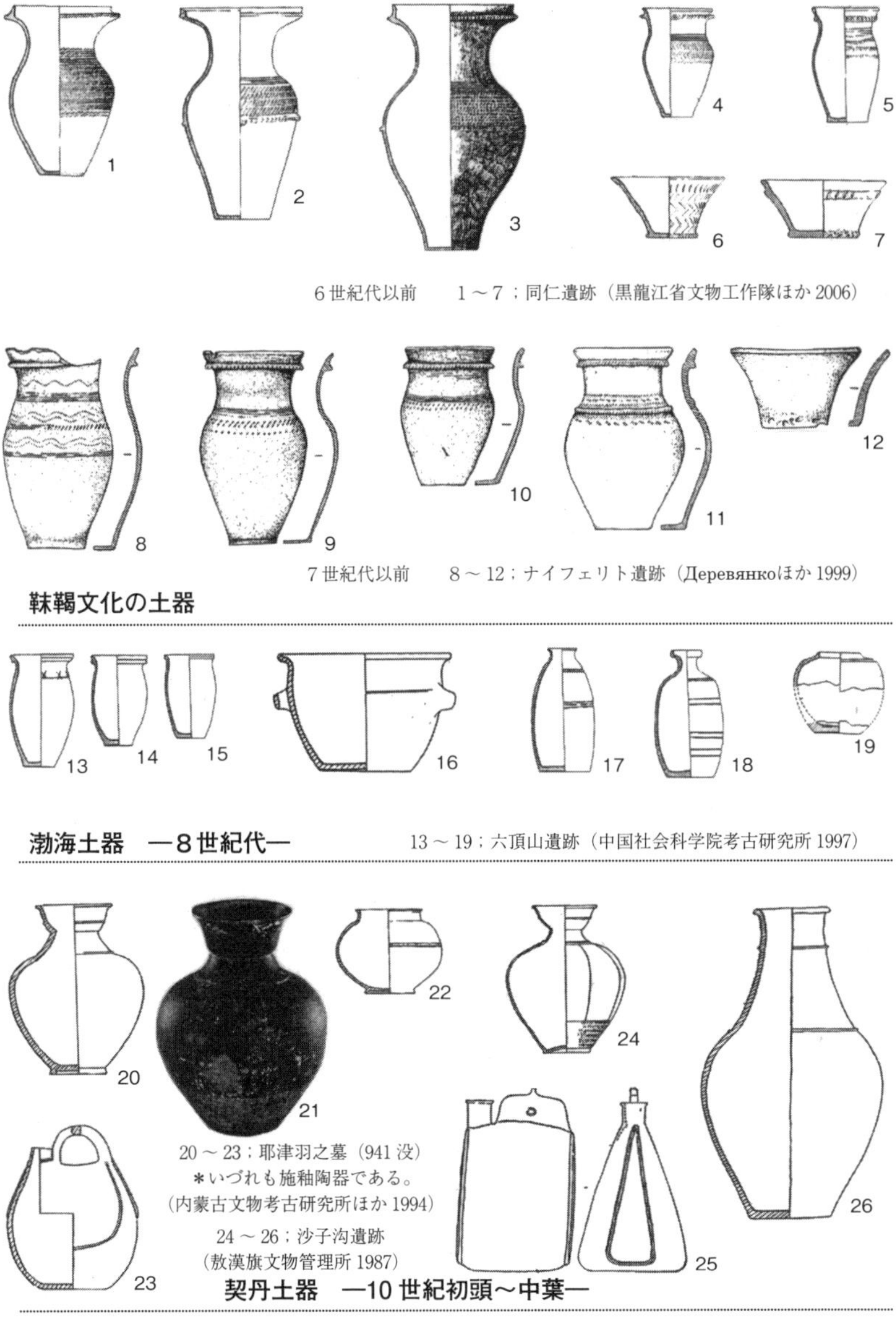

6世紀代以前　　1～7；同仁遺跡（黒龍江省文物工作隊ほか 2006）

7世紀代以前　　8～12；ナイフェリト遺跡（Деревянкоほか 1999）

13～19；六頂山遺跡（中国社会科学院考古研究所 1997）

20～23；耶津羽之墓（941 没）
＊いづれも施釉陶器である。
（内蒙古文物考古研究所ほか 1994）
24～26；沙子沟遺跡
（敖漢旗文物管理所 1987）

図3　靺鞨文化・渤海・契丹土器（縮尺：21－不明、6・7－約1／8、他－約1／16）

表１　パクロフカ文化の遺跡出土の銭貨

遺跡	遺構	出土銭	上限
ナデジンスコエ	51・54・68号墓	至道元寶（995）、咸平元寶（998） ＊左記墓壙のいずれか、またはすべてで出土。	10c
ボロニ湖（1968年調査）	２号墓	祥符元寶（1008）、元豊通寶（1078）	11c
永生	８号墓 10号墓 11号墓	景祐元寶（1038） 咸平元寶（998） 祥符通寶（1008）	11 c
中興墓	２号墓 ５号墓 ８号墓 ９号墓 11号墓	祥符通寶（1008）、皇宋通寶（1039） 至道通寶（995） 大定通寶（1178） 紹興通寶（1094） 大観通寶（1107）	12c 後半
奥里米墓	22号墓 24号墓	正隆元寶（1157） 政和通寶（1111）	12c 後半

（　）内初鋳年

データ典拠：ナデジンスコエ（Медведев1977）、ボロニ湖（オクラドニコフほか1975）
永生（田ほか1992）、中興（黒龍江省文物考古工作隊1977b、胡ほか1991）
奥里米（黒龍江省文物考古工作隊1977c）

靺鞨罐と短頸壺を主体とする。他に蛇腹状口縁の短頸壺、広口罐、鉢がある。靺鞨罐は前代から継続した筒形と、口縁部肥厚帯も欠如した単純な深鉢がある。短頸壺は、器高が低く扁平な器形が主体となる。肩部に複数の文様帯を持つ例と頸部文様は減少する。頸部は、縦の沈線列から横の波状沈線に変わる。肩部に複数の文様種を用いる例が減少する。個体内の文様種と文様帯が単純化するといえる。代わって複数のスタンプ文列が胴部に横冠する文様が主要な位置を占めるようになる。なお、スタンプの原体は前代に比べ小型化するようである。瓜棱文は継続して施文される。

Ⅶ期──十二世紀後半以降　奥里米墓、中興古城墓、ジャリ城址等が当る（図２―44～49）。

奥里米墓と中興古城墓では、時期差があり後者の方が新しいと思われるが、一括する。靺鞨罐はなくなり、陶質土器が主体を占める。青銅製や鉄製の三脚付羽釜、陶磁器が一定量出土しており、容器組成は変容を遂げる。頸部が消失した盤口壺が出現する以外は、Ⅵ期と類似した器種組成、文様構成を示す。複数の文様帯を肩部に持つ資料や頸部文様は見られなくなる。Ⅵ期と総合すると、時間経過とともに肩部文様は減少傾向にある。スタンプ文が主要な位置を占める。この他、ジャリ城址では、複数条のスタンプ列と橋状把手を持つ胴部片や羽釜の模倣品が出土している（Медведев 1986）。

Ⅵ期からⅦ期の年代は、遺跡出土銭貨から上限を、各期の相関関係から存続期間を類推している（表1、木山二〇〇六）。

Ⅶ期以後、更に鉄製鍋や陶磁器が容器組成の中の割合が増加するとみられる。しかし、この段階でも陶質土器は一定量存在しているため、パクロフカ文化の伝統上にある陶質土器は、この後ある程度時間を経ても、継続して製作、使用されると推測できる。陶質土器の生産・使用の下限については、今後の課題である。

三　土器変遷に見る周辺諸文化との関係

靺鞨罐のみで構成されるパクロフカ文化の初期は、文様、製作技法から見て前代の靺鞨文化の土器に系譜があるのは明らかである(3)（図3―1～12）。Ⅱ期段階で、陶質土器が容器組成に編入されるが、その生産技術は自らの伝統には存在していなかった(4)。初期の陶質土器は渤海の資料と対比でき、その起源も同領内にあると考えられる。しかし、形態的・技術的な特徴に相違も多く、渤海の陶質土器の全器種が、パクロフカ文化に認められるわけではない。このため、陶質土器の製作技術はパクロフカ文化の初期に渤海領内から移入されたが、土器自体は独自製作と考えられる。Ⅲ期以後に独自の土器組成を形成している点からも追認できよう。

Ⅳ期にアムール流域で盛行する盤口瓜棱壺は、渤海領内では一部を除いて出土しない。一方で、遼代の契丹土器とは高い共通性を有している。盤口瓜棱壺の起源については、遼とパクロフカ文化のどちらに求めるのか議論が分かれるが（喬 二〇〇四）、いずれにせよ、一〇世紀前半から中葉頃に契丹とパクロフカ文化の陶質土器生産においてあるレベルでその関係を深めたといえる。ただし、遼代の契丹土器とも相違点は存在する。契丹土器の瓜棱文は盤口壺にのみ施文される文様種であるが、パクロフカ文化においては短頸壺にも多用される。また遼では一〇世紀後半以降には瓜棱文が姿を消すが（今野 二〇〇二、彭 二〇〇三）、パクロフカ文化では、瓜棱文は一二世紀後半以降にも使用される。また盤口瓜棱壺以外の鶏腿瓶、鶏冠壺といった契丹土器を特徴づけるものは、パクロフカ文化に編入されない。前代から続く器種組成の中に盤口瓜棱壺が入るのみである。さらにこの時期の遼代の容器組成はすでに陶磁器や鉄鍋が貴族層には普及しており、容器組成が両地域では異なっている。以上からすると一〇世紀前半から中頃に契丹からの影響を受けたとしても、一部を取り込む形であったと考えられる。

このようにパクロフカ文化の土器製作は、自らの土器生産技術の中に他地域から土器製作技法や器種、文様を、随時、選択的に取り入れながらも、独自性を保持しながら展開したといえる。

パクロフカ文化の分布地域は、その初期においては黒水靺鞨の住地に当たる。南接する渤海とは敵対し独立した関係にあったが、九世紀初頭、第八代大仁秀の治世において支配を受ける。しかし、間接的な支配に留まり、遼によって渤海が滅ぼされた後は、再び勢力を強めたようである。遼代では五国部に比定される（干ほか　一九八四）が、この地域集団は、一一世紀初頭には遼への朝貢や遼が求める海東青を巡り女真と争う等、遼や西側地域との関係が一定度深まる。土器製作集団やその技術の拡散が具体的にどのように連動するかは現段階では言及できないが、このような社会背景は、陶質土器の生産技術の導入や共通器種の製作といった嗜好の類似に影響を与えたと推測されよう。遼代に関しては、遼が渤海を攻める東進時に一致する。またⅦ期―十二世紀後半以降では鉄鍋、陶磁器の使用が顕著となるが、この段階からパクロフカ文化圏内にも城郭が築かれ、金の統治下に入る⑸。このような状況下で鉄製品、陶磁器等の新たな流通網に編入され、容器組成に大きな変化を生じたと考えられる。

おわりに

本稿では、パクロフカ文化の土器の変遷過程と細分案を示した。土器の変化した背景には、同文化を取り巻く周辺諸文化との関係や時代背景があると推測した。取り扱う資料に量・質的な問題があり、土器そのものに関する分析や生産状況の復元、各段階での内容、年代の確定といった基本的な課題が多く残る。また本稿では形態的な類似に基づく周辺資料との比較に終始したが、今後、上記の基礎的分析を集積した上で、改めて周辺の文化や国家とのモノ・技術・ヒトの交流復元を試みる必要がある。

註

（1）　パクロフカ文化の年代と土器編年に関する研究は、Дьякова（1984・1993）、Медведев（1977）、シャフクーノフほか（一九九三ほか）、趣ほか（二〇〇〇）、喬（二〇〇四）、臼杵（二〇〇四）、等が代表的である。紙幅の都合上、諸氏の研究にほとんど言及できないが、研究略史は拙稿（木山 二〇〇六）で纏めたため、参照されたい。

（2）　渤海土器の編年に関しては拙稿（木山 二〇〇七）に纏めた。参照されたい。

（3）　ここで言う「前代の靺鞨文化」とはアムール下流域周辺・パクロフカ文化分布域の資料を指している。同じく「靺鞨文化」であるアムール中流ベラヤ川のトロイツコエ遺跡（Деревянко1977）は含まない。同遺跡からは本稿のⅣ期頃までの靺鞨罐と共通した特徴の土器が出土するため、パクロフカ文化と併行関係にあると考えられる。ただし、陶質土器は出土するものの（Дьякова1984）、少量で器種組成にも差がある。同遺跡の周辺地域でも七世紀代の土器は共通性が高いため、陶質土器の技術導入や展開過程で生じた地域差である。また陶質土器が工人集団による生産・供給ならば、この差は社会や文化背景にも及ぶだろう。「前代の靺鞨文化」という記載は、両文化が時期的に前後関係にあると誤解を招くものであろうが、その関係は上記のように考えている。

（4）　図3—1～7と同段階のブラゴスロベンノエ遺跡出土の波状沈線を持つ壺（Дьякова1984, таб.37-1）と団結遺跡出土の同様の文様を持つ深鉢（李一九八九、図二—一）は陶質土器である。しかし数点のみで、この時期の構成土器ではないだろう。文様と形態からみて高句麗領内からの搬入品である可能性が高い。

（5）　奥里米古城・中興古城は遼代に築城され金代まで機能したと報告されるが、公表される城内出土遺物を見る限り、遼代以前に遡るものはない。

引用文献

今野春樹　二〇〇二「遼代契丹墓出土陶器の研究」『物質文化』七二　二一—四二頁
臼杵勲　二〇〇四『鉄器時代の東北アジア』同成社
オクラドニコフ・メドヴェヂェフ　一九七五「ボロニ湖の古代墓地—アムール下流の女真文化遺跡—」『シベリア極東の考古学　1極東編』四〇四—四〇九頁
木山克彦　二〇〇六「アムール女真文化の土器に関する基礎的整理と編年について」『北東アジア中世遺跡の考古学的研究

平成十七年度成果報告書』三四―四九頁

木山克彦　二〇〇七「渤海土器の編年と地域差について」『北方圏の考古学Ⅰ』四七―六一頁

喬梁　二〇〇四「靺鞨陶器の地域区分・時期区分および相関する問題の研究」『北東アジア国際シンポジウム　サハリンから北東日本海域における古代・中世交流史の考古学的研究　第一分冊』八五―九八頁

小嶋芳孝　一九九九「渤海の産業と物流」『アジア遊学』第六号　六五―八一頁

シャフクーノフ・E・V、ワシーリェフ・Yu・M（天野哲也訳）一九九三「アムール流域のパクロフカ文化：年代推定と民族解釈の問題」『北海道考古学』第二九輯　二九―三六頁

中澤寛将　二〇〇六「中世東北アジアにおける生産・物流システムの変遷と構造―渤海・女真（金）・東夏期を中心として―」『考古学研究会第十三回東京例会』発表要旨

ワシーリェフ・Yu・M　一九九四「パクロフカ文化の葬制―九世紀～十二世紀―」『一九九三年度「北の歴史・文化交流事業」中間報告』九七―一〇九頁

Васильев, Ю.М.2005 Покровская культура Приамурья. (IX-XIIIвв. н.э.). *Российский Дальний Восток в Древности и Средневековье открытия, проблемы, гипотезы.* С.592-614 Владивосток.

Деревянко,А.П.,Богданов,Е.С. ,Нестеров,С. П. 1999 *Могильник Найфельд.* Новосибирск.

Деревянко, Е.И.1977 *Троицкий могильник.* Новосибирск.

Дьякова,О.В.1984 *Ранне Средневековая керамика Дальнего Востока СССР.* Москва.

Дьякова,О.В.1993 *Происхождение, формирование и развитие Средневековых культур Дальнего Востока* Часть 1-III.

Медведев, В.Е.1977 *Культура Амурских Чжурчэней конец X-XI век.* Новосибирск.

Медведев, В.Е.1982 *Средневековые памятники острова Уссурийского.* Новосибирск.

Медведев, В.Е.1986 *Приамурье в конце I-началеII тысячелетия Чжурчжэньская эпоха.* Новосибирск.

Медведев, В.Е.1991 *Корсаковский могильник.* Новосибирск.

内蒙古文物考古研究所・赤峰市博物館・阿魯科尓沁旗文物管理所　一九九四「遼耶律羽之墓発掘簡報」『文物』一九九六年第一期　四―三二頁

盖之庸　二〇〇四『探尋逝去的王朝　遼耶律羽之墓』内蒙古大学出版社

干志耿・魏国忠　一九八四「綏濱三号遼代女真墓群清理与五国部文化探索」『考古与文物』一九八四年第二期　五九―六九頁

敖漢旗文物管理所　一九八七「内蒙古沙子沟、大横沟墓」『考古』一九八七年第十期　八八九―九〇四頁

黒龍江省文物考古工作隊　一九七七a「綏濱永生的金代平民墓」『文物』一九七七年第四期　五〇―六二頁

黒龍江省文物考古工作隊　一九七七ｂ「黒龍江畔綏濱中興古城和金代墓葬」『文物』一九七七年第四期　四〇―四九頁
黒龍江省文物考古工作隊　一九七七ｃ「松花江下流奥里米古城及其周囲的金代墓葬」『文物』一九七七第四期　五六―六二頁
黒龍江文物考古研究所・吉林考古学系　二〇〇一『河口与振興』科学出版社
黒龍江省文物工作隊・中国社会科学院考古研究所　二〇〇六「黒龍江綏濱同仁遺址発掘報告」『考古学報』二〇〇六年第一期　一一五―一四〇頁
胡秀傑　一九九五「黒龍江省綏濱奥里米古城及其周囲墓群出土文物」『北方文物』一九九五第二期　一二〇―一二三頁
胡秀傑・田華　一九九一「黒龍江省綏濱中興墓群出土的文物」『北方文物』一九九一年第四期　七一―七七頁
趣虹光・譚英傑　二〇〇〇「再論黒龍江中流鉄器時代文化晩期遺存的分期―科薩科沃墓地試析―」『北方文物』二〇〇〇年第二期　十八―二九頁
譚英傑・孫秀仁・趣虹光・干志耿　一九九一ａ「第五章　遼代黒龍江区域考古　四、墓葬（一）綏濱三号墓地」『黒龍江区域考古学』一〇六―一〇九頁
譚英傑・孫秀仁・趣虹光・干志耿　一九九一ｂ「第五章　遼代黒龍江区域考古　四、墓葬（三）永生墓地」『黒龍江区域考古学』一一〇―一一二頁
中国社会科学院考古研究所　一九九七『六頂山与渤海鎮』中国大百科全書出版社
田華・胡秀傑・周美茹　一九九二「黒龍江省綏濱永生墓群原貌」『北方文物』一九九二年第三期　四二―四五頁
彭善国　二〇〇三『遼代陶瓷的考古学研究』吉林大学出版社
李英魁　一九八九「黒龍江省蘿北県団結墓葬清理簡報」一九八九年第一期　十五―十八頁
劉暁東・胡秀然　二〇〇三「渤海陶器的分期，分期与傳承淵源研究」『北方文物』二〇〇三年第一期　二五―三八頁

第二章　生産と流通

1　ロクロ土器の生産と普及②

第二節　カムィヤキの生産と流通

池田榮史

一　琉球列島における文化圏の設定

日本のほとんどの地域では、縄文時代以降、弥生、古墳から明治、大正、昭和へと続く日本史の時代区分にしたがって、自らの地域史を叙述することが可能である。しかし、現在、鹿児島県下に属するトカラ列島および奄美諸島と沖縄県下に属する沖縄諸島、宮古諸島、八重山諸島においては、これがきわめて難しい。なぜならば、これらの島々は日本とは異なった歴史の歩みをたどってきたからである。これらの島々では、日本史において古代社会から中世社会への転換が図られる頃、狩猟・漁労・採集社会から農耕社会へと移行する。それ以前の段階において、日本との間には継続的な往来があったことが考古学的資料によって確認されつつある。しかし、文化的にも社会的にも日本に含み込まれることはなかったのである。このような歴史的背景に加え、海流や動植物相の相違を手がかりとして、奄美諸島から沖縄諸島までを琉球列島中部圏、宮古諸島から八重山諸島までを琉球列島南部圏とし、トカラ列島の北にあって基本的に日本の九州島の影響下にあった大隅諸島を琉球列島北部圏と呼び習わすことも行われている。この場合、トカラ列島は北部圏と中部圏の境目に位置することとなる。

狩猟・漁労・採集に依存していた段階のこれらの島々

では、琉球列島中部圏の沖縄島と南部圏の宮古島の間にさらに大きな文化的断絶があった。すなわち琉球列島中部圏と南部圏では、同じ狩猟・漁労・採集生活を営みながらも双方の間の往来がない、まったく異なる文化圏を形成していたのである。これに対して、農耕社会へ移行する頃から、両文化圏の間では安定的な通交が始まり、次第に同一文化圏を形成し始める。この同一文化圏を形成し始める過程については、日本をはじめとした周辺の東アジア諸国に残る文献史料の中に断片的な情報が残されている。このため、この時期の両文化圏の歩みを復原する作業は、両文化圏で出土した考古学的資料を基にしながら、周辺地域に残る文献史料を援用することが進められている。

二　琉球文化圏の形成とカムィヤキ

農耕社会へ移行する時期、すなわち日本の鎌倉時代が始まる頃の琉球列島中・南部圏では、双方の文化圏に共通して出土する考古学的資料が初めて登場する。それは中国産白磁玉縁碗や日本産滑石製石鍋、琉球列島中部圏の徳之島カムィヤキ古窯跡群で生産されたと考えられるカムィヤキ（類須恵器）などである。

この中で、白磁玉縁碗は宋代の中国で生産された陶磁器であり、日本では大宰府遺跡群をはじめ、西日本の官衙遺跡を中心として出土することが知られる（太宰府市教育委員会 二〇〇〇ほか）。日本産滑石製石鍋は主として九州の長崎県西彼杵半島で産出する滑石を素材として製作された製品で、平安時代末から鎌倉時代にかけての西日本の遺跡から出土する（森田 一九八三、木戸 一九九三）。煮沸容器として用いられるが、蔵骨器や経筒の外容器として、また割れた場合にはその破片を利用した石錘、温石などに転用されることも多い（鈴木 一九九八）。なお、琉球列島にはこの滑石製石鍋の粉末を胎土に混入した滑石混入土器や滑石製石鍋模倣土器も存在する（新里 二〇〇〇）。カムィヤキとは奄美諸島の徳之島伊仙町字検福、伊仙、阿三の山中に分布するカムィヤキ古窯跡群で生産された壺・鉢類を中心とする陶器である。無釉の焼き締め陶器であり、須恵器に似た雰囲気を持つ。生産窯跡であるカムィヤキ古窯跡群が発見されたのは一九八三年六月であるが、これ以前にも琉球列島各地の遺跡ではこの種の遺物が出土することが知られていた。一九七一年に白木原和美がこれを類須恵器と命名し、その後一般に用いられてきた（白木原　一九七一）。しかし、カムィヤキ古窯跡群が発見され、その内容が次第に明らかになるにつれて、類須恵器のほとんどはカムィヤキ古窯跡群で焼成されていた蓋然性が高くなったため、現在ではカムィヤキと呼称することが一般的となりつつある。

これらの製品群の中で、白磁玉縁碗や滑石製石鍋は双方とも琉球列島以外で生産され、交易品として持ち込まれた製品である。これに対して、カムィヤキ（類須恵器）は琉球列島中部圏の奄美諸島に属する徳之島で生産され、ここから琉球列島中部圏一帯だけでなく、南部圏までもたらされた製品である。一部、南九州地域で出土した例もあるが、基本的に琉球列島での流通を念頭に置いて生産が図られたと考えられる点において、他の白磁玉縁碗や滑石製石鍋と異なっている。カムィヤキ（類須恵器）は琉球列島の中部圏と南部圏との間の通交がはじまるとともに、狩猟・漁労・採集段階から農耕社会へと移行し、その後、琉球国が成立するまでの歩みの中で、琉球列島内で生産された初めての広域流通製品である。言ってみれば、カムィヤキ（類須恵器）は後の琉球国の版図を先取りする形で、その分布圏を創出したのである。したがって、類須恵器の分布およびこれを生産したと考えられるカムィヤキ古窯跡群の内容、言い換えればカムィヤキ古窯跡群の成立から衰亡までの過程、さらにはこれに関わる人間集団の動向は中世の交易・交流のあり方を知る手掛かりとなるだけではなく、琉球国の形成にも大きく関わるものと推測される。

三　カムィヤキ（類須恵器）研究のはじまり

戦前および戦後しばらくの間、琉球列島から出土するカムィヤキ（類須恵器）は漫然と日本の須恵器と一連のものとして取り扱われていた。中には、須恵器の古い呼び方である「祝部（式）土器」と呼んだものもある。管見の及ぶ範囲で、これらの名称の初現を確認すれば、「祝部土器」は琉球政府に設けられた文化財保護委員会に籍をおいた多和田眞淳による『琉球政府文化財要覧』一九五六年度版に掲載された論文である（多和田　一九五六）。

また、「須恵器」については、一九五九年に刊行された九学会連合奄美大島共同調査委員会による『奄美―自然と文化―』と思われる。同書に採録された「奄美大島の先史時代」とする報告の中で、笠利町宇宿貝塚からの出土資料に須恵器の名称が見える。宇宿貝塚出土須恵器について、報告者の国分直一は滑石製品と伴うことを指摘し、奄美諸島には「我が古代国家の南島経営開始の事情と関係をもつ」、「旺然たる須恵器の南下広布時代」（国分　一九五九、二四四頁）があると述べている。これを参考にしたと思われるが、多和田は一九五六年度版の補足論文である『琉球政府文化財要覧』一九六一年度版において、祝部土器を改め「須恵器（祝部式土器―瓦器も祝部式に包含した）」（多和田　一九六一）の名称を用いている。これらのことからすれば、この当時の研究者の間では、琉球列島から出土する類須恵器は日本の須恵器の系譜に連なるものであるという認識が共有されていたことが知れる。

この認識を一歩踏み入った形で表現したのは、琉球大学教授であった友寄英一郎である。友寄は一九六四年の論考で、「南島の歴史のなかのいわゆる按司時代（城址時代）」には「土師器はもちろん須恵器などが作られ」と述べた（友寄　一九六四、一九頁）。これに対して、一九六六年、琉球列島の土器文化について述べた三島格は、日本の古墳―歴史時代に相当する段階の琉球列島には、「須恵器・土師器系土器の分布はかなり広範囲で、須恵器は南端先島地方まで見られる。窯跡はない」とし、「須恵器の弘布は、国分が指摘するように、わが古代国家の南島経営と何らかの関連をもつものであろうが、本土（主として南九州）には今のところ類例を見受けない陶質土器しかも器形・施文などが相互に類似する九例が奄美圏において認められるので、供給地と供給時期はやはり今後の問題である。友寄は按司時代の後には、土師・須恵器の生産が琉球で行われたという意見を持っている。朝鮮からの将来も考えられる」（三島　一九六六、五一頁）と記している。三島は琉球列島における須恵器の存在を認め、これが広がる理由としては国分の考え方に賛同しながらも、窯跡が発見されていないことを理由に、その技術系譜を日本の須恵器に求めることや琉球列島で生産したことについては慎重な態度を示したのである。これを受けてか、その後、友寄は琉球列島で須恵器が「作られた」とする表現から「用いられた」に改めている。この間の経緯については一九七一年の三島の論文に詳しい（三島　一九七一）。なお、琉球列島で出土する須恵器について、朝鮮半島との関係を示唆したのは三島が初見であろうと考えられる。

このような中、カムィヤキ（類須恵器）の型式学的分類と編年を試みたのは、熊本大学助手であった佐藤伸二である。佐藤は奄美諸島から沖縄諸島にかけて出土する「南島の須恵器」について、奄美諸島出土資料を対象とした検討を行なった。そして、壺肩部文様の無文化と口縁部の簡略化、器壁の肥厚化を手がかりに、AⅠ、AⅡ、AⅢ、Bの四式に分類し、これを一系統内の変化過程と捉えた。その上で、焼成技術と製作地については国分の見解を発展させて、「焼成地は、沖縄を含む南島のどこにあったと考えている。その源流がどこであるかは確かな答えを持ち合わせていない。一つには、八世紀初めの多褹国の設置とともに本格化する南島経営の中で、南島北部圏に須恵器焼成技術が定着したとすれば、それが南島的に変質しながら、南下したと考えることができるかもしれない。また、遣唐使とともに須恵器焼成技術が南島にったわったとも考えられる」（佐藤　一九七〇、二〇二頁）と述べた。佐藤の論文は南島の須恵器について、分類と編年案を提示した最初の論文であり、その後の研究の方向性を示すこととなった。

白木原が類須恵器の名称を提唱したのは、その翌年の一九七一年のことである。白木原は奄美諸島喜界島志戸桶当地で出土したガラス玉入りの陶質壺の紹介を行った際に、この類の壺の類例をあげ、施文技法や器形などの相違を基に、須恵器に似た焼物の意味で「類須恵器」と仮称した。そして、その系譜については「本土の勢力が薩南の島々に及んだ時、琉球・奄美にも須恵器がもたらされはしたのであろうが、それは島々の文化を揺り動かすほどの量ではなく、若干の時を隔てて後、島々のどこかで、人々の強い独自性のもとに、本土に学んだ類須恵器の生産が開始され、本土で須恵器が廃絶した後も造られ続け、室町に至っていぶし焼の祭具に変容したのではないか」（白木原前出、二六四頁）と述べた。これに続き、白木原は一九七五年に「中国の灰陶の影響下に、高温度で還元焼成されたセメント色の無釉の硬陶が東アジアの各地に分布しており、その一つの分岐である韓国陶質土器の影響下に作製されたわが国の該当品を須恵器と特称するのである。問題の土器が日本本土のものか若しくはその亜流であると明確に主張する者でない限り、須恵器の呼称をそのまま用いることは語義をみだることになる」と述べ、その源流については「韓国の陶質土器である蓋然性が高まったと思う」（白木原　一九七五）とした。なお、白木原は一九七八・一九八五年にも類須恵器に関する所論を述べている（白木原　一九七八・一九八五）。

一九七五年には安里進による類須恵器の分類編年案も提示されている。安里は佐藤の分類編年案を大筋で踏襲しつつ、自らが調査した久米島ヤジャーガマ遺跡資料を対象として、類須恵器をⅠ・Ⅱ類に分類した。そして、Ⅰ類に滑石製石鍋、Ⅱ類に中国産青磁が伴うことから、Ⅰ類を平安時代後期、Ⅱ類を一三世紀代に位置付けた（安里　一九七五）。

四　カムィヤキ古窯跡群の発見とその後の研究

徳之島カムィヤキ古窯跡群が発見・調査されたのは、このような研究状況の中での出来事であった。一九八三年六月、地元の研究者である四本延宏・義憲和は伊仙町阿三の山中で計画された溜池整備事業に伴う掘削現場で陶片を含む灰原と窯跡の一部を確認した（義・四本　一九八四）。その後、確認された窯跡群は第Ⅰ支群七基（うち一基は灰原のみ）、第Ⅱ支群七基、計一四基からなり、翌一九八四年末に第Ⅰ支群七基と第Ⅱ支群一基が調査された。その結果、それまで類須恵器としてよく知られていた肩部に沈線文を施す壺に加えて、甕や鉢、碗、注口製品などが出土し、さらに壺と鉢は四種、碗は二種に分類できることが明らかとなった。また、第Ⅰ支群２・３号窯と第Ⅱ支群４・５・６号窯で熱残留磁気年代測定、第Ⅰ支群一号窯と第Ⅱ支群３・６号窯で放射性炭素年代測定が行われ、前者では一二世紀中頃～一三世紀前半、後者ではそれぞれ西暦一〇五〇年±四五年、一一四〇年±五五年、一二一〇年±一三〇年の年代が得られている。しかし、報告に際して、各窯跡および灰原からの出土資料を基に、器種や組成の相違、器形や製作技法の変化などによる編年を導き出すには至っていない。ただ、窯構造については、一一～一二世紀代とされた熊本県球磨郡錦町下り山窯跡群との類似が指摘され、壺・甕・鉢を主体とする器種構成を含めて、日本中世陶器との類似が強く意識されることとなった。また、この報告の際に、カムィヤキ古窯跡群の名称が初めて用いられている（伊仙町教育委員会 一九八五a・b）。

カムィヤキ古窯跡群の調査によって、琉球列島で出土する類須恵器の生産地は、ほぼ徳之島カムィヤキ古窯跡群と認識されることとなった。一九八七年筆者はそれまでのカムィヤキ（類須恵器）研究史をまとめ、奄美大島から波照間・与那国島までに至る一九〇遺跡の出土地名表を作成した（池田 一九八七）。また、安里進は旧稿を発展させ、一九八七年と一九九一年に大型・中型壺の口縁部形態や頚部の屈曲度合、調整技法の精粗などによって、Ⅰ～Ⅳの四式に分類・編年した（安里 一九八七・一九九一）。この安里の分類・編年については、一九九六年に大西智和が追検証を行っている（大西 一九九六）。

カムィヤキ（類須恵器）研究に新たな一石を投じたのは、赤司善彦による論考である。一九九一年赤司は福岡県博多遺跡群や鴻臚館跡、大宰府遺跡群において、一一世紀後半頃から出土する高麗製無釉陶器についてまとめたが、これを機に、高麗産無釉陶器とカムィヤキ（類須恵器）との類似が意識されることとなった。一九九九年赤司はこれをさらに一歩進め、器形や製作技法などについて比較検討を行い、両者の関係について積極的に評価する姿勢を示した（赤司 一九九一・一九九九）。

なお、一九九一年にはカムィヤキ古窯跡群の中の第Ⅱ支群が鹿児島県史跡に指定され、一九九六～九九年には周辺地域一帯で範囲確認調査が行われた。この結果、新たに第三～一一支群が発見され、第五支群5号窯、第九支群1号窯については試掘調査も行われた。この際、第九支群1号窯では地磁気年代測定が行われ、一九八四年調査時と同様の一二世紀中頃～一三世紀前半の年代が得られている（伊仙町教育委員会 二〇〇一）。さらに、伊仙町教育委員会では二〇〇一～二〇〇四年にかけて、引き続きカムィヤキ古窯跡群の分布範囲確認のための測量調査および物理学的探査、出土資料の自然科学的分析調査を継続しており、二〇〇五年の段階では第一二支群まで確認された。このような調査の進行に伴って窯跡群が増加発見される状況を踏まえ、伊仙町教育委員会では二〇〇五年の報告に際して、窯跡群の名称を字および小字ごとに整理し、阿三亀焼支群（第Ⅰ～Ⅲ地区）、阿三柳田（南）支群（第Ⅰ地区）、阿三柳田（北）支群（第Ⅰ地区）、伊仙東柳田支群（第Ⅰ・Ⅱ地区）、伊仙平スコ支群（第Ⅰ～Ⅲ地区）、検福イヤ川支群（第Ⅰ～Ⅳ地区）、検福ウッタ支群（第Ⅰ～Ⅴ地区）と呼び替えることにした（伊仙町教育委員会 二〇〇五）。伊仙町教育委員会によるこれまでの調査成果に基づけば、カムィヤキ古窯跡群の総窯数は一〇〇基を越すことが予測される。しかし、支群ごとの窯数や窯ごとの出土遺物などが確定したわけではないため、窯跡群がどのような操業の変遷を経たのかについては明確ではない。

このような事情もあり、カムィヤキ（類須恵器）については カムィヤキ古窯跡群の調査資料の分析を踏まえつつ、琉球列島各地の遺跡から出土する資料を加えて、器種分類と編年を試みる作業が進められた。二〇〇二年吉岡康暢は生産技術と器種構成の分析を手がかりに、甕二種二類、壺四種九類、瓶二種四類、鉢七種一〇類、碗二種六類、計一七種三一類に分類した。そして、これをカムィヤキ古窯跡群第一支群調査成果に基づいて前・後期に大別し、さらに前期をⅠ・Ⅱ期、後期をⅢ・Ⅳ期に細分した編年案を提示した。その上で、カムィヤキ古窯跡群が成立する歴史的背景について、東アジア中世史との関わりの中で、予察を述べた（吉岡 二〇〇二）。また、二〇〇三年新里亮人は壺の口縁部形態を手がかりにⅠ～Ⅵ式に分類し、出土遺跡での遺物組成を踏まえて、Ⅰ式：一一世紀後半、Ⅱ式：一二世紀前半、Ⅲ式：一二世紀後半、Ⅳ式：一三世紀前半、Ⅴ式：一三世紀後半、Ⅵ式一四世紀前半という年代観を付与した。なお、新里は二〇〇五年にもこれらの成果をまとめている（新里 二〇〇三・二〇〇五）。

このような調査・研究の進展とともに、二〇〇一年には奄美大島名瀬市教育委員会、二〇〇二年には徳之島伊仙町教育委員会主催によるシンポジウムが開かれ、カムィヤキ古窯跡群についての理解と関心を深めるための社会的啓蒙活動が行われた。双方に関わった筆者は、二〇〇〇年と二〇〇四年に類須恵器に関するこれまでの研究史を概観し、論点の整理を行った。そして、二〇〇二年には再び出土地名表を作成したが、この時点でカムィヤキ（類須恵器）の出土遺跡は一九八七年に地名表を作成した段階に比べてほぼ倍増し、三五〇遺跡ほどになっていた。二〇〇五年には伊仙町教育委員会による二〇〇一〜二〇〇四年の調査に並行して行った各支群表面採集調査資料の分析を行い、カムィヤキ（類須恵器）には支群および地区によって、製品に見られる製作技術や器種の組み合わせが異なる傾向が見られることを明らかにした。その上で、これを従来の型式学的研究成果に照らし合わせて考えれば、カムィヤキ古窯跡群は窯跡群が分布する字阿三、伊仙、検福の三地区の中で、西側に位置する阿三から東側の伊仙、検福へと次第に移動した可能性をもつことを指摘した（池田　二〇〇〇・二〇〇三・二〇〇四・二〇〇五）。

以上、これまでの研究史を振り返って見たが、文頭にも述べた通り、カムィヤキ（類須恵器）についてはその系譜をどこに求めるかという起源の問題を含めて、未だ確立した分類・編年案がない。これはカムィヤキ古窯跡群での窯跡および灰原の発掘件数が圧倒的に少ないため、生産地であるカムィヤキ古窯跡群において、他地域の窯業遺跡で行われているような窯ごとの出土資料の組み合わせ、言い換えれば窯式の設定がなかなかできないことに起因する。また、琉球列島に分布する消費遺跡においても、他の遺物との組み合わせを含む遺構や包含層ごとの遺物の伴出関係が明確に判別できる調査事例が少なく、層序や遺構による器種組成の抽出とその相対的序列化が難しい状況にあることに起因する。このため、カムィヤキ（類須恵器）の分類・編年については、生産地であるカムィヤキ古窯跡群を対象としても、また琉球列島に分布する消費遺跡を対象としても、研究者それぞれの視点と方法に左右され、定まった分類・編年案に収斂することができないのである。

五　カムィヤキ（類須恵器）の歴史的位置付け

これまで述べてきたような研究状況にもかかわらず、カムィヤキおよびカムィヤキ古窯跡群については繰り返しその存在についての歴史的評価が試みられてきた。その背景には、この地域で成立した琉球国の存在を前提とした歴史研究を目的とする琉球史研究からの強い関心と要求が存在する。研究史でも触れたが、カムィヤキは琉球列島を分布域としており、これは後の琉球国の版図にほぼ重なる。すなわち、カムィヤキは後の琉球国の版図を先取りする形で、琉球列島内で生産された初めての流通製品なのである。この点を強く意識する安里進は、カムィヤキの技術系譜が高麗陶器の延長線上に位置付けられる可能性が強いとしながらも、その生産と流通には琉球を市場とする商人、すなわち琉球の商人が存在したことを想定している。琉球の商人について、安里はその出自を明確にしていないが、日本商人と対置する形で用いており、このような陶器生産の開始と製品流通が琉球列島社会の内的発展を前提として成立したとする視点を明らかに提示している（安里　一九九六）。安里の考え方に立てば、琉球列島社会の発展によって、カムィヤキに対する需要が起こり、琉球列島外からの技術導入が図られて、カムィヤキ古窯跡群が成立し、カムィヤキが琉球列島全体にもたらされることとなる。

これに対して、吉岡康暢はカムィヤキ古窯跡群を日本中世における「東日本太平洋域の常滑・渥美両窯、日本海域の珠洲窯、西日本の東播諸窯とともに、南西諸島を一円流通圏とした四大広域中世陶器窯」の一つに位置付ける視点を提示する。吉岡は「広域窯としてカムィ窯をみると、大甕・大壺＝大形貯蔵器の生産が低調、擂鉢の量比が少ない点で変則的であり、列島の中世窯業を東海西部と瀬戸内東部を核とする同心円的展開の構想からすれば、下り山窯は周辺圏の傍系窯、カムィ窯はさらに外辺圏の周縁窯」と評価する。その上で、「古代須恵器生産の伝統を持たない南西諸島の一角で、高麗系陶技をベースに、中国系器種をとりこみ、貯蔵・調理＝「ケ」の機能と壺瓶＝「ハレ」の機能の未分離な合体を思わせるバリエーションと、加飾性を強調する壺を主製品とする地域性の強い複合的な型式群を創出したことは、列島の中世窯の発現に確実に連動しながら、波状文帯で飾った葬祭用の小壺に具象されるような、南西諸島向けの器種組成としてアレンジされたことをうかがわせる。そして、そうした南島型の中世須恵器としての地域性（自立性）が半島・大陸の外来系要素に規定された点で、まさに中世初期の国境界での、〝人・モノ・技〟の交流が生み出した歴史的産物として評価すべきであろう」（吉岡前出　四二八頁）と結んでいる。吉岡の視点はカムィヤキおよびカムィヤキ古窯跡群の存在を日本の中世窯業史の中に位置付け、これを東アジアの交流・交易の中で考えたものである。その文脈の中で、吉岡はカムィヤキ古窯跡群に開窯について、「南薩在地領主が主導し按司層との連係を図り、招寄された高麗陶工の指導をうけて南九州の陶工が在地の土器工人とともに編成され、南島型の中世須恵器は創成された」（吉岡前出　四三二頁）と想定している。

しかしながら、現在の研究状況を振り返るならば、カムィヤキ古窯跡群については地元伊仙町教育委員会が進めている分布調査によって七支群二〇地区二五地点が確認され、一〇〇基以上の窯跡の存在が推測されているにも関わらず、発掘調査が実施された窯跡はわずか一〇基前後に過ぎないという現実が横たわっている。さらに、これらの調査資料や分布調査による採集資料についての詳細な分析は、今のところほとんど行われていないことも否めない事実である。また、消費遺跡を対象とした研究においても、提示されたカムィヤキ編年案について、同一遺構における他の遺物との共伴関係や出土層位を踏まえた型式的研究方法による検証はほとんど行われていない現状にある。

これらのことからすれば、カムィヤキ編年およびカムィヤキ古窯跡群に対する研究では、これまでのカムィヤキ古窯跡群における蓄積資料を踏まえてはいるものの、未調査であるカムィヤキ古窯跡群の内容について目配りしたものにはなっていないことが看取される。また、消費遺跡からの出土資料を用いた研究でも、各遺跡での伴出遺物を含めた器種組成の把握を行ない、これを踏まえて編年や流通システムを復元する試みはほとんど行われていないことに直面する。このことは膨大な窯数の割には調査例が少ないカムィヤキ古窯跡群の調査資料に対して、あるいは膨大な調査数の割には的確な資料情報が不足する消費遺跡の調査資料に対して、これを払拭するのではなく、日本あるいは琉球国の国家史的観点に基づいた歴史解釈論の構築を優先させてきた研究者と、これを受け入れてきた社会的環境のあり方に起因することが明らかである。

このような現況を脱却し、考古学的な研究方法論に基づいたカムィヤキ古窯跡群およびカムィヤキの歴史的評価を確立するためには、今後、生産地であるカムィヤキ古窯跡群についての明確な研究戦略を持った調査を進めるとともに、消費遺跡での蓄積資料に対する綿密な資料論的検討に立脚する地道な考古学的研究を改めて構築することが求められる。

参考文献

赤司善彦　一九九一「朝鮮製無釉陶器の流入―高麗期を中心として―」『九州歴史資料館研究論集』第一六集
赤司善彦　一九九九「徳之島カムィヤキ古窯跡採集の南島陶質土器について」『九州歴史資料館研究論集』第二四集
安里進　一九七五「グスク時代開始期の若干の問題について―久米島ヤジャーガマ遺跡の調査から―」『沖縄県立博物館紀要』第一号
安里進　一九八七「琉球―沖縄の考古学的時代区分をめぐる諸問題（上）」『考古学研究』第三四巻三号
安里進　一九九一「沖縄の広底土器・亀焼系土器の編年について」『肥後考古』第八号（交流の考古学）
安里進　一九九六「大型グスク出現前夜＝石鍋流通期の琉球列島」『新しい琉球史像―安良城盛昭先生追悼論集』榕樹社
池田榮史　一九八七「類須恵器出土地名表」『琉球大学法文学部紀要　史学・地理学篇』第三〇号
池田榮史　二〇〇〇「須恵器からみた琉球列島の交流史」『古代文化』第五二巻第三号
池田榮史　二〇〇三「増補・類須恵器出土地名表」『琉球大学法文学部人間科学科紀要　人間科学』第一一号
池田榮史　二〇〇四「類須恵器と貝塚時代後期『考古学資料大観』第一二巻　貝塚時代後期文化　小学館
池田榮史　二〇〇五「南島出土類須恵器の出自と分布に関する研究」『平成一四～一六年度科学研究費補助金基盤研究(B)―(2)研究成果報告書
伊仙町教育委員会　一九八五a「カムィヤキ古窯跡群Ⅰ」『伊仙町埋蔵文化財発掘調査報告書』(3)
伊仙町教育委員会　一九八五b「カムィヤキ古窯跡群Ⅱ」『伊仙町埋蔵文化財発掘調査報告書』(5)
伊仙町教育委員会　二〇〇一「カムィヤキ古窯跡群Ⅲ」『伊仙町埋蔵文化財発掘調査報告書』(11)
伊仙町教育委員会　二〇〇五「カムィヤキ古窯跡群Ⅳ」『伊仙町埋蔵文化財発掘調査報告書』(12)
大西智和　一九九六「南島須恵器の問題点」『南日本文化』第二九号　鹿児島短期大学南日本文化研究所
木戸雅寿　一九九三「石鍋の生産と流通について」『中近世土器の基礎研究』Ⅸ　日本中世土器研究会
義憲和・四本延宏　一九八四「亀焼古窯跡」『鹿児島考古』第一八号
国分直一・河口貞徳・曾野寿彦・野口義麿・原口正三　一九五九「奄美大島の先史時代」『奄美―自然と文化―論文編』九学会連合奄美大島共同調査委員会編
国分直一　一九五九「史前時代の沖縄」『日本の民族・文化―日本の人類学的研究―』岩波書店
佐藤伸二　一九七〇「南島の須恵器」『東洋文化』四八・四九号合併号　東京大学東洋文化研究所
白木原和美　一九七一「陶質の壺とガラス玉」『古代文化』第

二三巻九・一〇号
白木原和美　一九七五　「類須恵器の出自について」『熊本大学法文論叢』第一号
白木原和美　一九七八　「南西諸島の類須恵器―シナ海半月弧文化圏―」『えとのす』第九号　新日本教育図書
白木原和美　一九八五　「南島二題―古墳文化に関連して―」『論集　日本原史』吉川弘文館
新里亮人　二〇〇〇　「滑石製石鍋の基礎的研究－付　九州・沖縄における滑石製石鍋出土遺跡集成」『平成一一～一三年度科学研究費補助金基盤研究(B)―(2)研究成果報告書　先史琉球の生業と交易―奄美・沖縄の発掘調査から―』（研究代表者　木下尚子）
新里亮人　二〇〇三　「琉球列島における窯業生産の成立と展開」『考古学研究』第四九巻第四号
新里亮人　二〇〇五　「カムィヤキ」『全国シンポジウム中世窯業の諸相～生産技術の展開と編年～』資料集　文部科学省特定領域研究『中世考古学の総合的研究―学融合を目指した新領域創生―』（計画研究『中世土器・陶器の生産技術及び全国編年研究と流通様相の年代的解明』班）
鈴木康之　一九九八　「草戸千軒町遺跡出土の滑石製石鍋」『草戸千軒町遺跡調査研究報告』二
多和田眞淳　一九五六　「琉球列島の貝塚分布と編年の概念」『琉球政府文化財保護委員会文化財要覧』一九五六年度版
多和田眞淳　一九六一　「琉球列島に於ける遺跡の土器、須恵器、磁器、瓦の時代区分」『琉球政府文化財保護委員会文化財要覧』一九六一年度版
友寄英一郎　一九六四　「沖縄考古学の諸問題」『考古学研究』第一一巻一号
三島格　一九六六　「南西諸島土器文化の諸問題」『考古学研究』第一三巻二号
三島格　一九七一　「南島資料(1)」『古代文化』第二三巻第九・一〇号（通巻一五六号）
森田勉　一九八三　「滑石製容器―特に石鍋を中心として―」『佛教藝術』第一四八号
吉岡康暢　二〇〇二　「南島の中世須恵器」『国立歴史民俗博物館研究報告』第九四集（陶磁器が語るアジアと日本）

第二章　生産と流通

1　ロクロ土器の生産と普及③

第三節　五所川原産須恵器の生産と北海道への流入

中澤寛将

「本州最北の須恵器窯」として知られる五所川原窯跡群は、九世紀末葉に津軽に出現し、十世紀後葉まで操業を続ける（図1）。五所川原窯で生産された須恵器（以下、五所川原産須恵器）は、三浦圭介が擦文文化圏へ広く供給されていることを指摘（三浦　一九九四）して以来、北海道と東北地方北部との地域間交流を示す考古資料として注目されてきた。近年、五所川原窯跡群における発掘調査成果がまとめられ（五所川原市教育委員会　二〇〇三・二〇〇四）、五所川原産須恵器の生産の実態が明らかになりつつある。その結果、集落をはじめとする消費遺跡への須恵器の流入に関しても、従来の見解に修正を迫る必要が生じている（拙稿　二〇〇五、藤原　二〇〇三）。

筆者は、かつて五所川原産須恵器の生産とその流通に関する方向性を示したことがある（拙稿　二〇〇五、以下「前稿」とする）。小稿では、前稿であまり触れられなかった周辺諸地域の須恵器生産の動向や集落遺跡への流入状況を踏まえた上で、五所川原窯跡群の生産・物流史的意義について述べたい。

一　五所川原窯跡群における須恵器生産の変遷

五所川原窯における須恵器生産の変遷は、大きく三段階で捉えることが可能である（拙稿　二〇〇五）。以下、

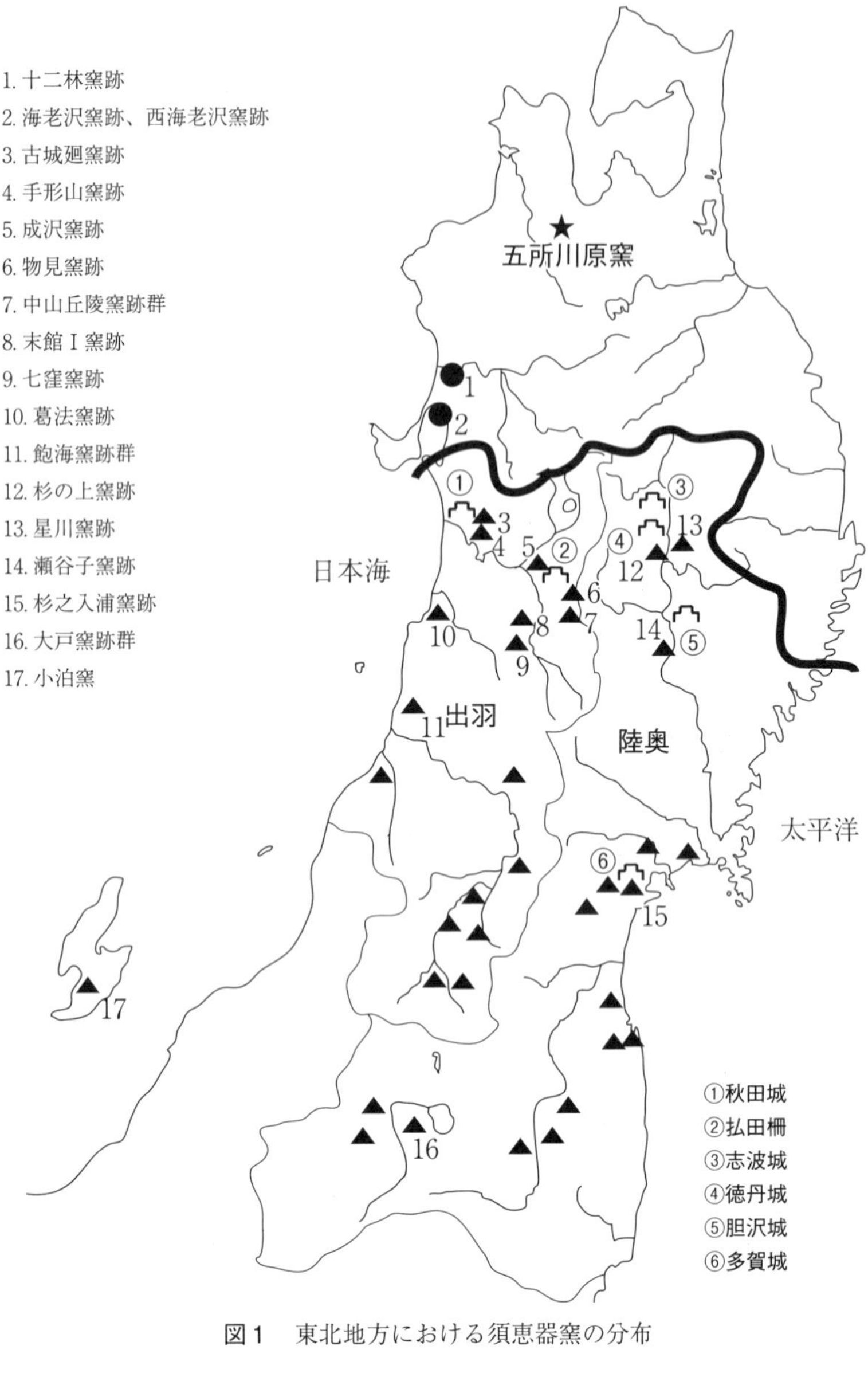

図１　東北地方における須恵器窯の分布

それぞれの段階の特徴について述べる（図2）。

1　須恵器生産技術の導入（第一段階：九世紀末葉～十和田a火山灰降下（九一五年）前後）

出羽・陸奥における須恵器生産は、五世紀中葉の大蓮寺窯（ON四六段階）や金山窯（TK二〇八段階）を除けば、七世紀後半以降に本格化する。須恵器窯は、基本的に城柵官衙や寺院周辺の丘陵地に形成される。生産器種は、各窯跡・時期毎に異なるものの、基本的に坏・高台坏・坏蓋・双耳坏・盤などの食膳具、鉢・長頸壺・短頸壺・甕などの貯蔵具から構成され、食膳具の生産割合が高いことが特徴的である。この地域における窯業生産は、官衙や寺院への供給を主目的としたものであり、官衙・寺院主導による専門的工人集団によって行われたものと推測される。

このような官的性格の強い窯業生産は、九世紀後葉には後退しはじめる。代わって北緯四〇度以北の米代川流域や津軽地方で須恵器生産が開始される。津軽地方では九世紀以降、出羽・陸奥地方からロクロ技術が伝播し、若干量の須恵器坏・高台坏が流入する。また、九世紀後半以降になると、岩木川中流域の浪岡周辺と陸奥湾岸の青森平野において集落数・竪穴建物数が急増する。このような状況下で九世紀末葉に五所川原窯が開窯する。

五所川原窯成立期の須恵器窯は、標高六〇～一〇〇メートルの前田野目台地の高位段丘面上に形成される。須恵器窯は、比較的近距離に複数（二～三基）の窯が築かれる。その構造は半地下式の無階無段構造の窖窯で、窯尻部に向かうにつれて先が窄まる形態をとる。焼成器種は、坏・皿・蓋・鉢・長頸壺・広口壺・中甕・大甕・ミニチュア製品などがある。現在のところ、秋田県北部に所在する海老沢窯跡・西海老沢窯跡で見られるような高台付の坏・皿は認められず、生産器種が限定されていたことを示唆する。法量は、坏が大小の二法量、長頸壺が大中小の三法量を基本とする。器種組成は、坏の生産割合が三～四割程度を占め、長頸壺が一定量（二～四割程度）生産されていることが注目される。この時期、中甕・大甕の生産割合は一～二割程度と少ない。

開窯当初から須恵器は還元硬質で焼成は良好であるが、形態的特徴には多様性が見られる。初現期にあたるKY1号窯では、底部にヘラ削りなどの再調整を施した

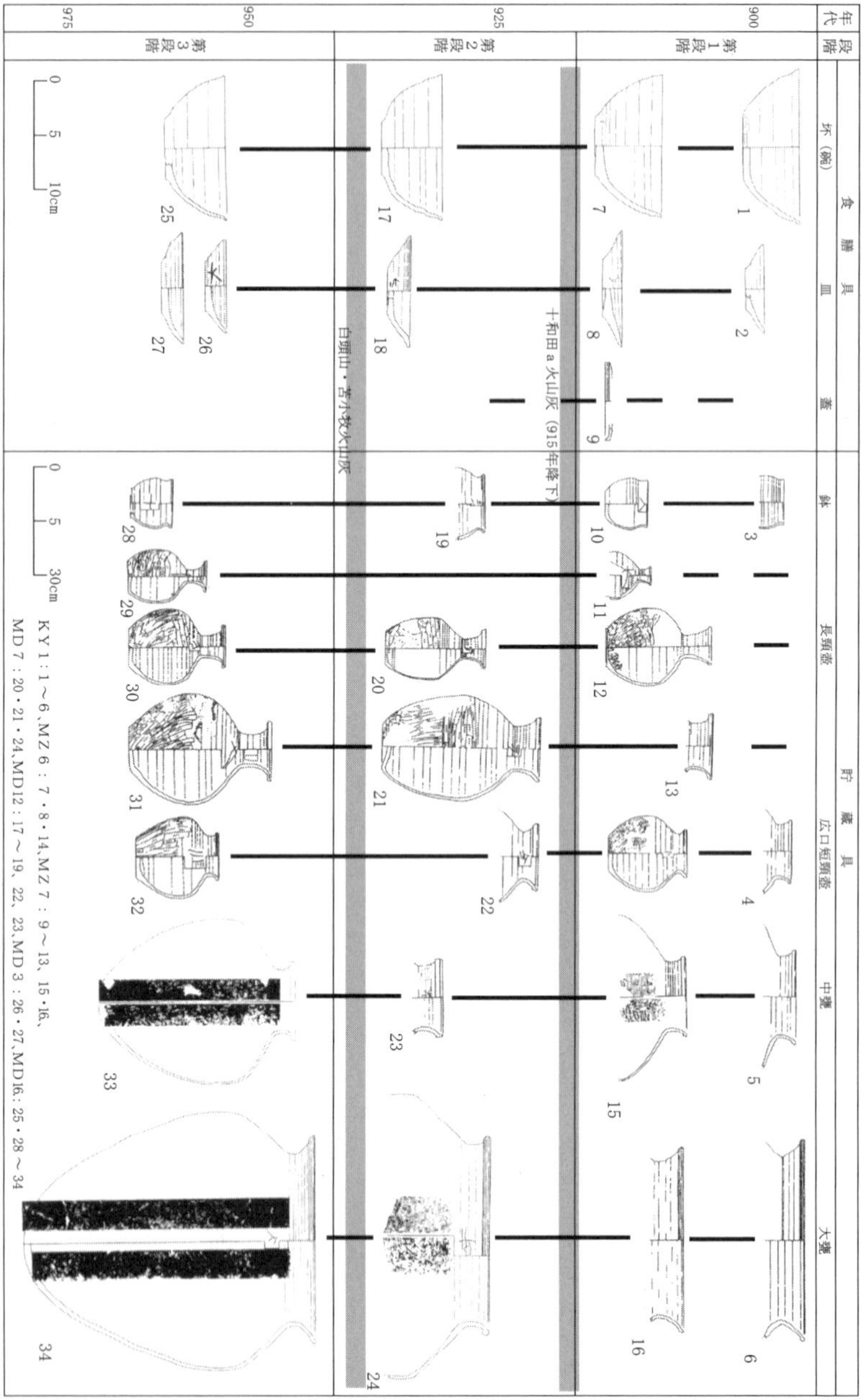

図2　五所川原産須恵器の編年（中澤 2005を改変）

坏が若干量出土している。また、長頸壺は底部にヘラ状工具によって菊花紋を施し、比較的丁寧な作りのものが多い。この段階の須恵器窯跡では、在地の非ロクロ土師器甕と同じ形態・調整技法を有する還元質の土器（土師様須恵器）が出土しており、土師器と須恵器の生産が密接に関わっていたことを示唆する。

開窯当初（ＫＹ１号窯跡段階）の須恵器生産は小規模なものであり、持子沢系の窯跡群の段階から中規模生産となる。五所川原産須恵器を特徴づけるヘラ書きは、第一段階前半には一割程度しか記載されていないものの、第一段階後半から第二段階にかけて三〜四割程度を占めるようになる（拙稿 二〇〇四）。そしてこの段階には、「神」「六」「大佛」などの文字と判断できるヘラ書きが僅かながら存在する。こうした記載内容は、墨書土器と共通するものが多く、須恵器の中には日常的使用を目的とした食器のみならず、祭祀的・儀礼的な機能を持つものも存在した可能性がある。

２　須恵器生産の展開（第二段階：十世紀第２四半期〜白頭山・苫小牧火山灰降下（九三七年前後）前）

五所川原窯では、十和田ａ火山灰降下前後の十世紀前葉に入ると、さらに須恵器生産が活発化するようになる。窯跡は、標高約九五〜一五〇メートルの前田野目台地の高位段丘面上に立地する。ＭＤ７号窯跡・ＭＤ12号窯跡など従来「前田野目系」と呼称された窯跡が代表であり、窯跡分布は散在的になる。窯構造は、前段階と同様に半地下式の無階無段構造の窖窯であるが、平面形は燃焼部から焼成部までほぼ一定の幅で隅丸長方形を呈する。このような形態は、壺・甕の生産に適した形態であるといえる。焼成器種は、坏・皿・鉢・長頸壺・広口壺・中甕・大甕・ミニチュア製品である。この段階は、食膳具の坏と貯蔵具の壺・甕の生産割合がほぼ同等となる。

この段階になると、底部に菊花紋を施した長頸壺が前段階に比べて減少し、砂底・無調整になるなど器種形態の簡略化・再調整の省略が行なわれるようになる。また、口縁部形態などにおいても規格化が進行し始める。

３　須恵器生産の変容と衰退（第三段階：白頭山・苫小牧火山灰降下後〜十世紀後葉）

十世紀中葉以降、五所川原窯の生産構造が大きく転換する。窯跡は、標高約一二〇～二〇〇メートルの丘陵上に立地する。ＭＤ３号窯跡・ＭＤ16号窯跡など、従来「砂田系」と呼称された窯跡群を指標とする。窯跡の分布は散在的な様相を示すものの、いくつかの小規模な群によって構成される。窯構造は半地下式の無階無段構造の窖窯であり、平面形は燃焼部から焼成部までほぼ一定の幅をもつ。焼成器種は、坏・鉢・長頸壺・広口壺・中甕・大甕などである。坏・皿などの食膳具はほとんど生産されなくなり、壺・甕の貯蔵具生産が主体となり、全体の八～九割程度を占める。特に中甕の生産量が前段階と比較して急増する（三～四割程度）。製品は、還元硬質のものだけでなく、焼きが甘い酸化軟質のものが多くなるのが特徴である。

この段階は、前段階から続く形態の簡略化・規格化が一層進むと同時に、ほとんどの器種に縦と横の直線で構成された単純なへラ書きが見られるようになる。特に、第三段階のヘラ書きは長頸壺・中甕・大甕などの貯蔵具に顕著に記載される。このようなヘラ書きは、その記載率に注目すると、生産割合・生産量が多いものに記される傾向があり、生産者側の意図によって用いられた記号であると理解される。

二　消費遺跡出土の五所川原産須恵器

ここでは、東北地方北部から北海道における須恵器の流入状況について概観する（図３）。

1　東北地方北部における五所川原産須恵器と非五所川原産須恵器

五所川原窯成立期の第一段階は、生産地周辺の集落に坏・皿・蓋・鉢・長頸壺・広口壺・中甕・大甕・ミニチュア製品が供給される。生産地周辺では、坏・鉢・長頸壺・中甕が顕著に見られるが、皿・蓋は現在のところ数遺跡でしか確認されていない。一遺跡において一〇個体以上の須恵器が出土する例も少なくない。また、生産地周辺では特定集落のみに須恵器が供給されるという状況は看取されない。一方、太平洋側の鷹架沼・尾鮫沼周辺では、生産地周辺には及ばないものの須恵器坏・長頸壺が一定量出土している。下北半島では、発掘調査例が少ないことも起因していると思われるが、現在確認されている須

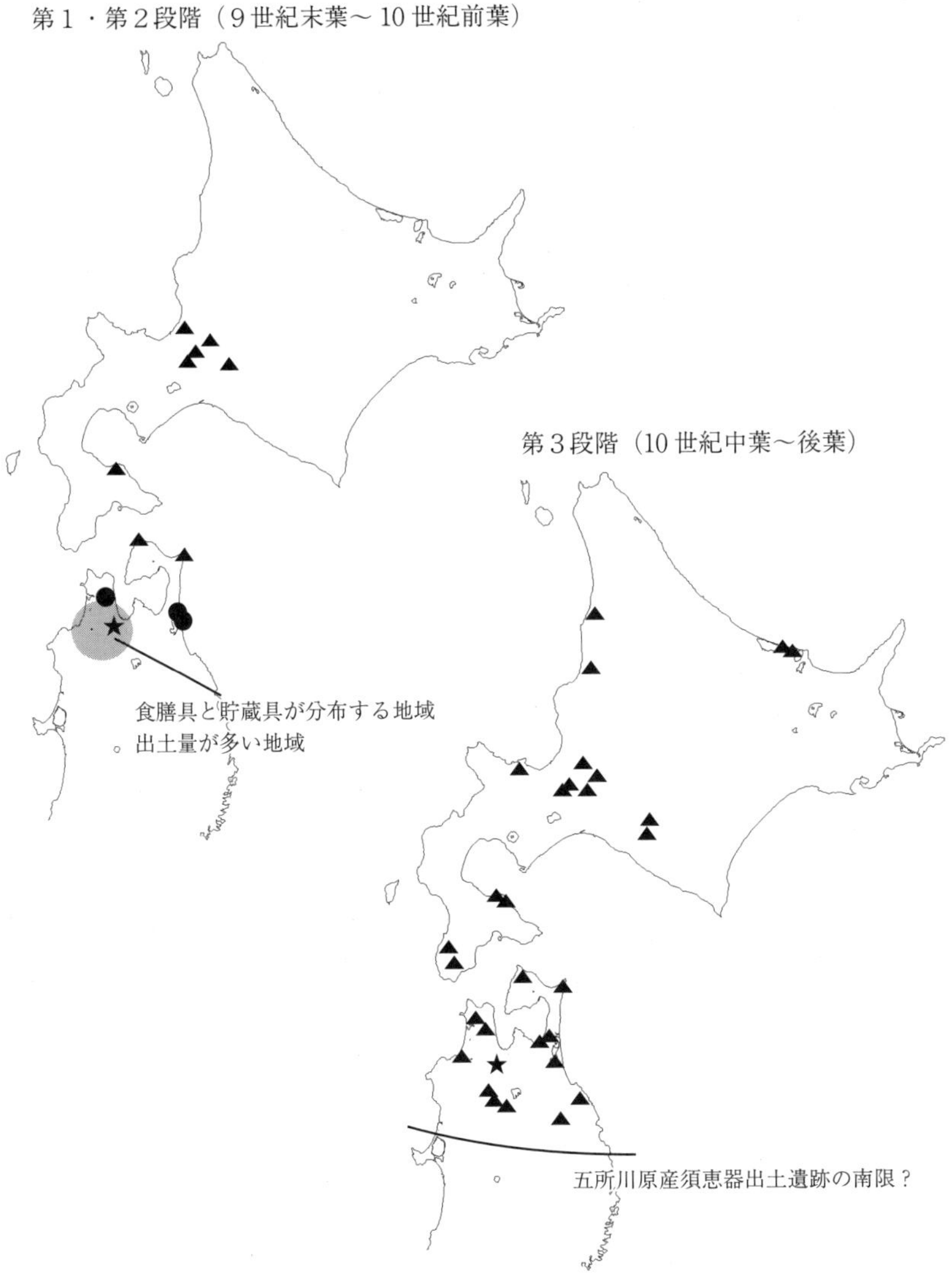

図３　五所川原産須恵器の集落遺跡への流入状況（中澤 2005をもとに作成）
●は食膳具（坏・皿）＋貯蔵具（壺・甕類）出土遺跡、▲は貯蔵具（壺・甕類）出土遺跡を表す

恵器はほとんどが破片資料であり、特に壺・甕が多い。また、同時期の八戸地方では、岩ノ沢平遺跡のように非五所川原産須恵器が流入し、五所川原産須恵器はほとんど見られない。この段階の特徴は、生産地周辺では多様な器種が見られ、それ以外の地域では壺・甕などの貯蔵具に限定されるということである。言い換えれば、五所川原窯跡群周辺では出土器種が生産状況と連動したものであるが、それ以外の地域では必ずしも生産地の動向と対応してはいない。このような傾向は第二段階にも引き続く。

第三段階の須恵器は、生産地周辺を中心として津軽全域、鷹架沼周辺、馬淵川流域に壺・甕類といった貯蔵具が供給される。生産地周辺で一遺跡から数個体出土し、特に岩木川流域の環壕集落において一定量見られる。生産地周辺においても第一・第二段階ほど集中的に出土する状況はなく、藤原弘明の指摘するように一遺跡での供給量は減少する傾向が窺える（藤原　二〇〇三）。坏や鉢・皿などの器種も僅かながら生産されているものの、消費遺跡で出土することは稀であり、基本的に壺・甕しか出土しない。また陸奥湾東岸、下北半島の付け根に位置する向田（35）遺跡では、大型の須恵器長頸壺が出土している。この頃になると、林ノ前遺跡など八戸地方、さらに米代川流域や馬淵川流域の集落へも五所川原産須恵器が散発的に流入する。八戸地方や米代川流域の須恵器をみると、十和田a火山灰降下以前は非五所川原産須恵器が流入し、火山灰降下後に五所川原産の中型長頸壺が客体的に流入する。東北地方北部では、十和田a火山灰降下前には小規模な須恵器窯が存在した可能性はあるが、白頭山・苫小牧火山灰が降下する十世紀中葉までに五所川原窯を除く大半の須恵器窯が廃絶し、それ以降は五所川原窯に集約されるのだろう。

以上のように、五所川原産須恵器は、時期が下るにつれて分布範囲が拡大する傾向があるものの、出土器種が豊富で、出土量が多いのは生産地から半径約二〇キロ圏内にあたる浪岡・五所川原・青森周辺域であり、これ以外の地域では散発的に出土するに過ぎない（拙稿　二〇〇五）。したがって、五所川原窯における須恵器生産は、各段階を通じて、あくまでも津軽地方への供給を目的として行われていたと理解するのが妥当であろう。

2　北海道への五所川原産須恵器の流入

北海道で見られる須恵器は、現在に至るまでそれを生産した遺跡が発見されていないことから、本州から流入したものと認識されている。北海道では、続縄文文化の北大式期から須恵器がみられるが、その出土量はきわめて少ない。当該地域において、須恵器が継続的に伴うようになるのは擦文文化期以降である。

北海道出土の須恵器は、坏・碗類の食膳具と壺・甕類の貯蔵具で分布が明確に異なることが指摘されている（山本　一九八八・二〇〇五）。すなわち、前者は石狩低地帯（道央）から出土し、道東部や上川盆地からは出土しないのに対し、後者は全道一帯に分布する。こうした理解は、現在もなお修正する必要がない。問題は須恵器の流入時期とその範囲がどのように変遷するのかということである。

筆者は、前稿において東北北部から北海道出土の五所川原産須恵器の分布変遷を捉え、分布範囲と流入器種に変化が見られることを指摘した（拙稿　二〇〇五）。その結果、五所川原窯で須恵器生産が開始される九世紀後葉から十世紀前半代は、石狩低地帯（道央地域）を中心として、五所川原産須恵器が散発的に分布する。器種は壺類に限定され、基本的に坏は伴わない。北海道でみられる坏は、ごく少数を除けば五所川原窯成立以前のものである。そして、十世紀中葉以降になると、五所川原産須恵器は北海道全道へ流入する。石狩低地帯（道央地域）の他、苫前・小平などの日本海沿岸北部地域、オホーツク海沿岸域など河川の河口部や下流域、日本海側の道南沿岸部の集落へ壺・甕類（長頸壺・中甕）が散発的に流入する。現在のところ、サハリンや大陸では五所川原産須恵器は確認されていない。

以上のように北海道で見られる五所川原産須恵器は、出土器種が壺・甕類に限られる傾向があり、生産地周辺の津軽地方とは明らかに異なっている。北海道の五所川原産須恵器は、それ自体が交易品として取引されたとは理解し難い。また、十世紀中葉以降の五所川原窯における須恵器生産の転換、特に長頸壺・中甕生産への傾斜は、津軽地方と北海道との地域間交流の活発化と連動するものである。北海道出土の五所川原産須恵器は、交易・交流で交換した穀物や液体物を入れるための貯蔵容器として利用されたと考えられる。また、中甕のなかには、日本中世で見られるように、船を安定的に走行させるための底荷（バラスト）として機能したものも存在した可能性がある（拙稿 二〇〇五）。

三　五所川原窯の生産・物流史的意義

1　五所川原窯の成立要因とその背景

日本列島で須恵器生産が衰退・終焉を迎える九世紀後葉に、なぜ、五所川原窯が開かれたのだろうか。前節において、五所川原窯は、在地社会、つまり津軽へ須恵器を供給することを目的として開窯されたと指摘した。五所川原窯成立期では、食膳具のみならず長頸壺の生産が一定量を占め、また開窯当初から生産器種が限定されていたことは、城柵官衙周辺の須恵器窯の様相とは大きく異なる。

五所川原窯周辺では、数多くの集落遺跡のみならず、土器生産に関わる工房跡も確認されている。なかでも隠川(4)・(12)遺跡では、ロクロピットを備えた竪穴建物跡七棟、土師器焼成坑が検出されている。床面から粘土塊が検出された住居跡もある。津軽地方では、九世紀前葉からロクロ製の土師器坏・甕が生産され、次第に普及する。長胴甕はロクロ製と非ロクロ製が共伴する。当該地方の須恵器とロクロ製の土師器の製作技法は基本的に同じである。このような点は、須恵器生産と土師器生産が密接に関わっていたことを示唆する。

近年、集落や土器様相が日本海側の津軽と太平洋側の八戸周辺で地域差が存在することが指摘されている。土器に関して言えば、津軽地方では赤焼き土師器坏、八戸地域では内黒土師器坏が主体を占めるといった地域差が存在する（宇部 二〇〇七）。津軽地方における赤焼きのロクロ製土師器の存在は、須恵器技術が伝わる基盤が備わっていたことを示す。そして、当該期に見られる計画集落の形成や水稲・農耕の発展等に伴って、耐久性・保水性が高く、物資の貯蔵・保存・運搬に適した須恵器の需要が高まり、須恵器窯が開かれたものと推測される。

確かに五所川原窯の開窯にあたって、築窯技術・製作技法において間接的であるかもしれないが出羽・陸奥国からの影響を想定することは可能である。しかしながら、出羽・陸奥から招聘された須恵器工人はごくわずかであり、基本的には土師器工人を含む在地住民を在地有力層主導のもとで再編成・組織化して須恵器生産に従事させたと推測される。

2　五所川原窯の生産・物流史的意義

五所川原窯の特徴は、生産器種・法量の限定と操業時期の特殊性が挙げられる。東北地方北部では、九世紀後葉以降、五所川原窯における須恵器生産のみならず、岩木山麓の鉄生産、陸奥湾の製塩など手工業生産が活発化するようになる。岩木川という河川交通と津軽平野から青森平野に延びる陸上交通を媒介とした流通網が形成されたと想定される。出羽・陸奥の城柵官衙周辺の手工業生産は、生産地と消費地が密接な関係を有しており、基本的には周辺集落への供給を目的としたものではない。それに対し、五所川原窯の製品は周辺の集落へ供給されている。

十世紀代の須恵器窯は、五所川原窯の他、陸奥北部の瀬谷子窯や陸奥南部の大戸窯などきわめて限られている。これらの窯跡群の製品は、生産地周辺集落への製品供給を主目的としながらも、九世紀後葉から十世紀代にかけて比較的広域に分布する。特に、城柵官衙周辺の須恵器生産が食膳具主体の生産であったのに対し、五所川原窯や大戸窯など十世紀以降のそれは、貯蔵具（壺・甕）主体の生産である。こうした状況は、食膳具主体の律令制下での官窯的な窯業生産から壺・甕・鉢を主要器種とした中世的窯業生産への移行を示すものであり、中世的窯業生産の萌芽が十世紀中葉に見られると捉えられる。それと同時に、製品が比較的広域に分布するという事実は、中規模地域流通圏が形成されていたことを推測させる。

五所川原窯をはじめとする九世紀後葉以降に最盛期を迎える須恵器窯は、十世紀後葉までにその生産を終える。同様の状況は、東北地方や関東でも見られ、十一世紀まで存続する須恵器窯は基本的に存在しない。東北地方で再び窯業生産が開始されるのは、十二世紀中・後葉以降である（東北中世考古学会編　二〇〇三）。五所川原窯が十一世紀以降に存続しない理由は、現在のところ判然としないが、燃料の枯渇以外に、須恵器貯蔵具（特に長頸壺・中甕）を必要としない社会が到来したことを意味する。近年、新田（1）遺跡をはじめとする津軽地方の十世紀後半から十一世紀代の集落遺跡の様相が明らかになりつつある（三浦 二〇〇五）。今後、国家による北方政策や在地豪族の実態も踏まえて検討することで、五所川原窯衰退・終焉の意義を明らかにできるだろう。

おわりに—まとめと今後の課題—

以上、五所川原産須恵器の生産と流通の変遷について概観した。五所川原窯における壺・甕主体生産への傾斜は、この時期の日本列島における窯業生産と連動するものとして捉えられ、壺・甕類の貯蔵具を主体とする中世的な窯業生産の萌芽と理解できる現象である。五所川原窯は、古代から中世への移行段階の様相を示していると考えられ、特に十世紀中葉は、生産・流通構造が大きく変容する画期と捉えることができる。

一方、同時期の日本列島の対岸地域にあたる中国東北地方（吉林省・黒龍江省）・ロシア極東地域（沿海地方・アムール河流域）へ目を向けると、五所川原窯で須恵器生産が開始される九世紀末葉、北海道へ製品が流入する十世紀中・後葉になると、アムール河中流域のパクロフカ文化において胴部に瓜稜線を有し、口縁部が盤状を呈する長頸壺、短頸壺が生産されるようになる。壺類主体のあり方は五所川原窯と同様である。両地域で主要器種となる長頸壺は、東アジア各地で生産され、九・十世紀を特徴づけるものである。そして十二世紀前葉以降、沿海地方から沿アムール流域において、酸化質土器の生産が消滅し、城郭遺跡を中心に陶質土器（壺・甕・鉢）、陶磁器（皿・碗）、鉄鍋からなる食器様式が成立する。

五所川原産須恵器の生産と大陸のパクロフカ文化の陶器生産は、地域はまったく異なるものの、生産の開始および展開が共通していること認識させる。こうした現象の類似性は、生産・物流の構造的特質を東アジア規模で議論する必要があることを示すものである（拙稿 二〇〇八）。今後、両地域における窯業生産と流通構造について比較検討を行い、北東アジア地域の生産・物流システムの構造的特質を解明する必要があるだろう。

引用・参考文献

井出靖夫　二〇〇四「津軽五所川原窯跡群の系譜」『中央史学』第二七号、中央史学会
井出靖夫　二〇〇七「須恵器・鉄生産の展開」熊田亮介・八木光則編『九世紀の蝦夷社会』高志書院

宇部則保　二〇〇七「本州北縁地域の蝦夷集落と土器」熊田亮介・八木光則編『九世紀の蝦夷社会』高志書院
北日本須恵器生産・流通研究会　二〇〇七『五所川原産須恵器の年代と流通の実態』
五所川原市教育委員会・犬走須恵器窯跡発掘調査団　一九九八『犬走須恵器窯跡発掘調査報告書』五所川原市埋蔵文化財発掘調査報告書第二一集
五所川原市教育委員会　二〇〇三『五所川原須恵器窯跡群』五所川原市埋蔵文化財発掘調査報告書第二五集
五所川原市教育委員会　二〇〇四『ＫＹ１号窯跡』五所川原市埋蔵文化財発掘調査報告書第二六集
鈴木琢也　二〇〇四「擦文文化期における須恵器の拡散」『北海道開拓記念館研究紀要』第三二号
東北中世考古学会編　二〇〇三『中世奥羽の土器・陶磁器』高志書院
中澤寛将　二〇〇四「本州最北の須恵器窯の様相―五所川原産須恵器に記されたヘラ書きからの一考察―」『白門考古論叢』匠出版
中澤寛将　二〇〇五「古代津軽における須恵器生産と流通」『中央史学』第二八号、中央史学会
中澤寛将　二〇〇八「中世北東アジアにおける窯業生産・物通システムの変遷と構造」『考古学研究』五四―四
藤原弘明　二〇〇三「第７章　考察」五所川原市教育委員会編『五所川原須恵器窯跡群』五所川原市埋蔵文化財発掘調査報告書第二五集
三浦圭介　一九九四「古代東北地方北部の生業にみる地域差」日本考古学協会編『北日本の考古学』吉川弘文館
三浦圭介　二〇〇五「平安後期の北奥世界―林ノ前遺跡・新田（Ｉ）遺跡の意義―」『東アジアの古代文化』一二五
山本哲也　一九八八「擦文文化に於ける須恵器について」『國學院大學考古学資料館紀要』第四輯
山本哲也　二〇〇五「北海道出土の須恵器・ロクロ土師器の意義―日本海側の交易・交流を考える―」小林昌二編『古代の越後と佐渡』高志書院

コラム3

琉球弧の滑石製石鍋

鈴木康之

石鍋研究のあゆみ

滑石を刳り抜いて鉢形に加工した石鍋は、日本列島の古代末から中世にかけての時期に利用された煮炊容器である。北部九州から瀬戸内・近畿地方にかけての中世遺跡から数多く出土するほか、鎌倉をはじめとする関東、あるいは東北地方の政治的・経済的な拠点と考えられる遺跡からも出土が確認されている。

生産地についての研究も進められており、長崎県西海市を中心とする西彼杵半島一帯や、山口県宇部市域などで生産遺跡が確認されている。とくに、西彼杵半島一帯の生産遺跡は規模や密度において卓越しており、この地域が石鍋生産の中心地であったと考えられる。

石鍋についてのこれまでの研究は、長崎県の生産遺跡を中心に製作手法や製品の分布に関する研究が進められたほか（下川　一九七四・一九九二など）、広島県草戸千軒町遺跡などの消費地においても、型式的な変遷過程の研究が進められてきた（木戸　一九八二、森田　一九八三など）。こうした研究によって、出現期の石鍋は口縁部外面に方形の耳（把手）をもつが、のちには口縁部外面に鍔のめぐるものへと変化することや、鎌倉時代を前後する時期に、西彼杵半島で生産された石鍋が西日本を中心とする広範な地域に流通していた実態などが明らかにされてきた。

石鍋の琉球弧への分布

石鍋の分布域が琉球弧にもおよんでいることは、下川達彌らによって九州・沖縄地方の石鍋出土地名表が作成されるまでの段階で明らかになっていた（下川 一九八四）。また、琉球弧の石鍋は北部九州地域からもたらされたものとみなされ、グスク時代の開始年代をさぐる手がかりとして利用されるほか、奄美諸島の徳之島で生産された焼締陶器であるカムィ焼などとともに、この時代の琉球弧をめぐる交流の実態を示す資料として重要視されてきた（安里 一九九〇など）。また近年は新里亮人によって、九州における石鍋の分布状況から、西彼杵半島一帯で生産された石鍋はいったん博多に集められ、そののちに琉球弧へともたらされた可能性が指摘されている（新里 二〇〇四）。

　琉球弧に分布する石鍋の多くは口縁部外面に耳の付く出現期の製品で、北部九州における消費地での出土事例から、その年代は一一世紀後半から一二世紀前半に位置づけることができる。この時期の製品は、博多・大宰府といった北部九州地域の都市遺跡から集中的に出土しているものの、瀬戸内地域以東での出土例は限られている。一方、口縁部外面に鍔のめぐる一二世紀後半以降の製品は、西日本から東日本にかけて広く分布するようになるものの、琉球弧での出土事例は限定されるようになる。

宋商人の活動と石鍋の分布

　石鍋が出現する一一世紀後半から一二世紀にかけての博多には、この時期の対外貿易をになった宋商人が、「唐房」と呼ばれる居留地を形成し、ここを拠点に貿易活動が展開されたと考えられている。こうした貿易体制は「住蕃貿易」と呼ばれ（亀井 一九八六）、近年の博多遺跡群の発掘調査により、当時の博多には日本列島の他の場所にはみられない独特の生活文化が存在したことが明らかにされつつある（大庭 二〇〇一）。石鍋を製作・使用する風習も、そうした宋商人の生活文化の一部としてもたらされたことが想定できるのである（鈴木 二〇〇六）。

　博多に居留した宋商人の故郷は、中国福建省・浙江省あたりの沿岸部であったと考えられている。琉球弧に石鍋がもたらされたのも、環東シナ海域を文字どおり股にかけて活動する商人たちの活動が、琉球弧にもおよんでいたことを示すものと理解できるだろう。また、一二世紀後半以降の石鍋が琉球列島で激減していく現象も、「住蕃貿易」の変質あるいは解体によって、博多と琉球弧を結ぶ物流体制が変化したことを反映するものと考えられる。

琉球弧にもたらされた石鍋の意味

近年発掘調査が進められている奄美諸島・喜界島の城久遺跡群は、石鍋をはじめとする多様な遺物の出土により、琉球弧における物流拠点の一つであったことが想定できる場所である。この遺跡から出土している石鍋の特長は、出土量の多さにもかかわらず、全形の明らかになる資料がほとんどなく、多くの破片に再加工の痕跡が残されていることにある。こうした状況は、喜界島対岸に位置する奄美大島・奄美市の小湊フワガネク遺跡でも確認されており、池田榮史は、石鍋が破片の状態で奄美諸島にもたらされた可能性を指摘している（池田 二〇〇三）。琉球弧には、石鍋の形態を模し、胎土に滑石の粉末を混入した土器が分布しており、破片としてもたらされた石鍋が、こうした土器の胎土に混ぜる滑石の原材料として利用されたことが想定できるのである。

いずれにせよ、琉球弧における石鍋は単なる煮炊容器として受容されたのではなく、何らかの象徴的な意味をともなって受容され、それが石鍋模倣土器を成立させることに結びついたと考えるべきだろう。

石鍋から見える環東シナ海沿岸地域の交流

このように、石鍋は環東シナ海地域をめぐる古代末期から中世初頭にかけての大きな交流の渦のなかで各地に広がったと考えられるようになった。琉球弧に分布する滑石製石鍋は、日本列島に石製煮炊容器が出現する背景を知る手がかりとして重要であるばかりでなく、琉球弧におけるグスク時代のはじまりを前後する時期の交流と、社会の変容を知る手がかりとして、きわめて重要な位置を占めているのである。

参考文献

安里　進　一九九〇「再検討されるグスク時代開始期」『考古学からみた琉球史』上、ひるぎ社、七五―八九頁
池田榮史　二〇〇三「穿孔を有する滑石製石鍋破片について」『小湊フワガネク遺跡群遺跡範囲確認発掘調査報告書』名瀬市教育委員会、八二―八五頁
大庭康時　二〇〇一「博多綱首の時代―考古資料から見た住蕃貿易と博多―」『歴史学研究』七五六、青木書店、二―一一頁

亀井明徳　一九八六　『日本貿易陶磁史の研究』同朋舎出版

木戸雅寿　一九八二　「草戸千軒町遺跡出土の石鍋」『草戸千軒』一二、広島県草戸千軒町遺跡調査研究所、一―四頁

下川達彌　一九七四　「滑石製石鍋考」『長崎県立美術博物館研究紀要』第二号、長崎県立美術博物館、一九―三六頁

下川達彌　一九九二　「西北九州の石鍋とその伝播」『東シナ海と西海文化』（海と列島文化　第四巻）小学館、三九七―四一〇頁

下川達彌編　一九八四　「滑石製石鍋出土地名表（九州・沖縄）」『九州文化史研究所紀要』第二九号、九州大学九州文化史研究施設、一〇五―一三六頁

新里亮人　二〇〇四　「カムィヤキ古窯の技術系譜と成立背景」『グスク文化を考える　世界遺産国際シンポジウム（東アジアの城郭遺構を比較して）の記録』新人物往来社、三二五―三五二頁

鈴木康之　二〇〇六　「滑石製石鍋の流通と消費」『鎌倉時代の考古学』高志書院、一七三―一八八頁

鈴木康之　二〇〇七　「滑石製石鍋のたどった道」『東アジアの古代文化』大和書房、九六―一〇八

森田　勉　一九八三　「滑石製容器―特に石鍋を中心として―」『仏教芸術』一四八、毎日新聞社、一三五―一四八頁

第二章　生産と流通

2　鉄生産と土器の消滅①

第四節　北東アジアの鉄生産

笹田朋孝

洋の東西を問わず、鉄が人類に与えた影響は大きなものである。鉄の生産には高い技術が必要とされる上に、原料から製品になるまでに様々な工程が存在するため、鉄器は生活に不可欠でありながら貴重品として扱われることもあった。また、鉄器の普及・所有は生産力ならびに軍事力の増大につながり、鉄の入手・管理が国家政策の重要な一翼を担っていた。

とくに本稿で扱う北東アジアでは、鉄資源ならびに製鉄技術の偏在や鉄流通の統制のため、その獲得（交易・略奪）や管理が重要性を増していたことは想像に難くない。そして、それらに起因して社会変動が生じている。

北海道では擦文文化からアイヌ文化への変容は、鉄器の入手をはじめとする交易の拡大に伴う、生業の変化ならびに集団の再構成が要因とされている（瀬川 二〇〇五）。また、モンゴル族の強大化、チンギスによる大モンゴル国の建国の背景には、鉄の存在が大きな位置を占めていたとする見解もある（白石 二〇〇二）。

本稿では、北東アジアの中世の鉄生産について、事例を紹介していくとともに、広く東アジア全体の枠組みの中での鉄生産について概観したい。鉄生産は、「製鉄（製錬）」「精錬」「鍛冶」「鋳造」など様々な工程を含んでいる用語であるが、特に「製鉄」に焦点をあてていく。また、生産された鉄の流通について、近年モンゴルで興味深いデータが得られているので取り上げておきたい。

ところで、本稿では鉄生産に関する専門的な用語を多用している。そのため本題に入る前に、用語の解説を簡単に行っておく。鉄の生産工程は大きく三段階に分けられ、最終工程は鍛造と鋳造の二つに分けられる。鉄鉱石ないしは砂鉄から鉄を作る工程を「製鉄（製錬）」、鉄の成分を調整して精製する工程を「精錬」、ハンマーなどで鍛打することで製品を製作する工程を「鍛冶」、銑鉄を溶融して鋳型に流し込むことにより製品を製作する工程を「鋳造」と呼んでいる。

　鉄は基本的には含まれている炭素の量によって分類される。炭素量の低いものから、おおよそ「錬鉄」「鋼」「銑鉄（鋳鉄）」と分類される。錬鉄は、軟らかく折れにくい。銑鉄は硬いが脆く、溶融温度が低いため、鋳造に適している。鋼はその中間の性質を持ち、刃物の刃先などに適している。ただし、鉄は組織や含有する微量元素により、その性質を変えるため、鍛造に向かない鋼も存在している。たとえば硫黄（S）は、鋳造時に好影響を与えるが、鍛造時には割れを引き起こす。

一　金・東夏の鉄生産

中世の鉄生産については、それぞれの国や地域で調査件数や調査精度の違いがあり、単純には比較できない部分もあるが、学術的な関心の問題からか、製鉄に関する情報は総じて少ない。とくに北東アジア地域では、製鉄に関わる遺構・遺物が調査された事例は少ないといわざるを得ない。参考までにいえば、北海道やサハリン、アムール下流域では現在のところ製鉄に関わる遺跡は確認されていない。現在のところ議論の俎上に載せることができる、製鉄に関わる遺跡は、金・東夏代（一一一五～一二三四）のロシア連邦沿海地方の城址と中華人民共和国黒龍江省阿城近郊で調査された金代の製鉄遺跡である。次に詳細を述べていきたい。

1　金・東夏（ロシア連邦沿海地方）の鉄生産

ロシア連邦沿海地方の鉄生産についてはレニコフ（В. Д. Леньков）の一連の研究がある。それによるとシャイガ城址やラゾ城址、スカリストエ城址で「熔解炉」とされる遺構が調査されている。そのほかの城址においても、鍛冶や鋳造に関わる資料が多く見つかっている（Леньков, В. Д. 1974）。

ここでは、考古資料が最も充実しているシャイガ城址（Шайгинское городище）について触れていく。シャイガ城址は、沿海地方パルチザン地域のスウチャン川の左岸にある丘陵上に位置し、周長三六〇〇メートルの不整形な土塁がめぐらされている（Артемьева, Н. Г. 2005）。

一九六〇年代初頭にシャフクーノフ（Э. В. Шавкунов）が先鞭をつけて以来、継続的に発掘調査が行われており、内城、工房址、堡塁、住居址群が調査されている。城址の規模、内城の大きさ、工房址の存在などから、金代における当該地域の行政・経済の中心的な城と考えられており、東夏代にも機能したと推定されている（Артемьева, Н. Г. 前掲）。

製鉄、精錬および鍛冶関係の遺構は一九六三年から一九七一年までの調査で多く検出されており、一九七四年に刊行されたレニコフの発掘調査報告にまとまって記載されている（Леньков, В. 前掲）。この内容は、松浦茂や村上恭通によって、日本にも紹介されている（松浦一九七六、村上一九九三）。図1は、村上（一九九三）の図を転載したものである。

城内を流れるバタレイニー川左岸の低位のテラス上に鉄関連の作業場（第一作業場～第七作業場）が並んでおり、二種類の熔解炉（大型・小型）、鍛冶炉、鋳造坑などの鉄生産に関連する遺構が検出されている。また、工房に伴う住居址からは坩堝や銀が付着した取鍋、鋳張りなど非鉄金属の加工に関わる資料も検出されている。

大型熔解炉は掻き出し口がやや短い台形で、一号炉（図1上段、P1）では奥行き二六〇センチ、奥壁の幅一六五センチ、掻き出し口側の幅一四〇センチである。礫と粘土で基礎を構築し、その上に煉瓦を積んで炉壁としている。レニコフはこれらの炉が高さ一・一～一・二メートルのアーチ状の天井をもち、自然送風が行われていたと推測している。

小型熔解炉は長方形の掘り込みの中に構築され、奥壁側に石を並べて送風用の孔が設けられている。送風路の中には風量を調整するための鉄製の蓋が検出されている。また、炉外には皮製のフイゴを固定するための柱穴

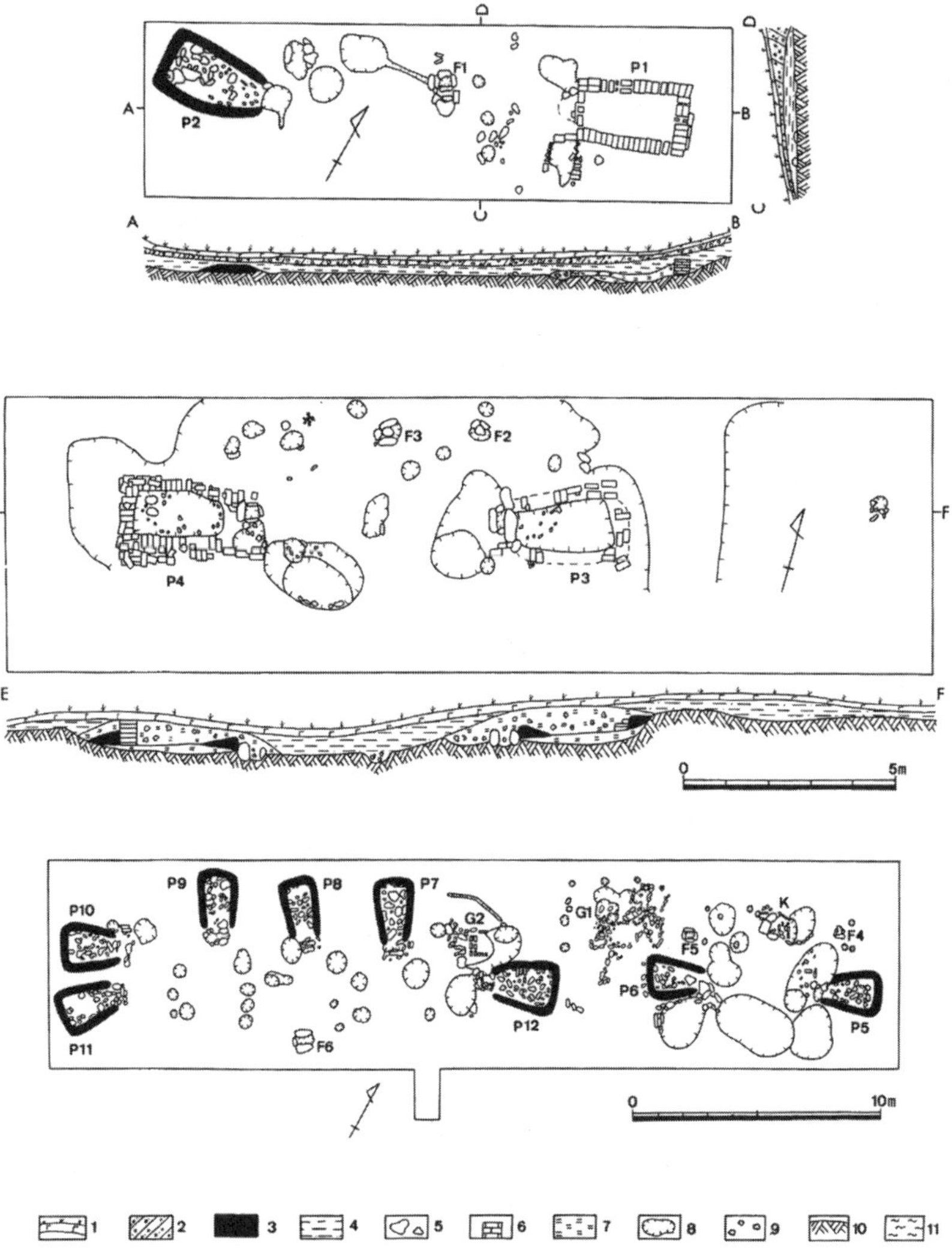

（1．表土　2．砕石層　3．炉壁（粘土）　4．砂質粘土層　5．礫　6．煉瓦積み
7．煉瓦を含む焼けた粘土層　8．土壙　9．鉄滓　10．基盤層　11．灰層）

（上段：第１作業場　中段：第５作業場　下段：第２作業場）
Ｐ１～12：大型溶解炉　Ｇ１～２：小型溶解炉　Ｋ：鍛冶炉　Ｆ１～６：鋳造壙

図１　シャイガ城址の鉄関連遺構（村上 1993による）

が検出されている。

レニコフは論文の中で、スカリストエ城址を除けば、鉄鉱石から鉄を作る製鉄の工程は城外で行われていたと考えており、城内では二次製錬ないしは精錬、鍛冶、鋳造の工程が行われていたと指摘している。それに対して、村上は、大型の熔解炉を炉の規模などから製鉄炉として考えている（村上前掲）。

現時点での情報から判断すれば、炉形と送風方法などから坩堝製鉄法の可能性が一番高いといえる。想定する工程が異なるものの、レニコフも溶鉱炉の最下層の土から坩堝の破片が出土したことを根拠に坩堝を使って熔解していたと判断している。

坩堝製鉄法は、中国では土法製鉄の一つとされる。粘土で造った坩堝の中に、鉄鉱石と木炭（ないしは石炭）を入れて蓋をし、それを炉内に並べて燃焼することで鉄を生産する方法である。「山西舊式錬鐵法」には写真入りで、昭和初期の山西省における坩堝製鉄法について記載されている（門倉　一九四〇）。それによると「方炉」では坩堝の中に鉄鉱石と無煙炭と黒土を入れて蓋をしたのち、燃焼して銑鉄が生産された。「炒炉」では地面を掘り下げ、炉口を地面と同じ高さにしている。ここでは銑鉄の炭素量を下げる工程（精錬）が行われた。この記述と写真とシャイガ城址の図や写真を比較するとシャイガ城址の大型熔解炉を「方炉（悶鉄炉）」、小型熔解炉を「炒炉（炒鉄炉）」と捉えることが可能である。しかしながら、坩堝製鉄法が盛んなインドや中央アジアと比較して、坩堝の出土量が極めて少ないことから、炉の構造とその性格については、類例の増加と鉄滓（生産時に発生する「かす」）などの資料の再検討をとおして再考する必要がある。

城内では鉄鉗や金床などの鍛冶道具も多く出土しているる（Леньков, В. Д1990）。生産された鉄は城内にて、製品へと加工されていった。城内に見られる鉄器製作の一連の工程の存在や鍛冶道具のまとまった出土から、鉄の生産が厳重に管理されていたことが窺われる。

2　金（中国東北地方）の鉄生産

中華人民共和国黒龍江省阿城県で五道嶺製鉄炉、葛家屯製鉄炉、東川製鉄炉などが調査されており、五〇ヶ所以上の製鉄址、一〇ヶ所の坑道が確認されている（図2、

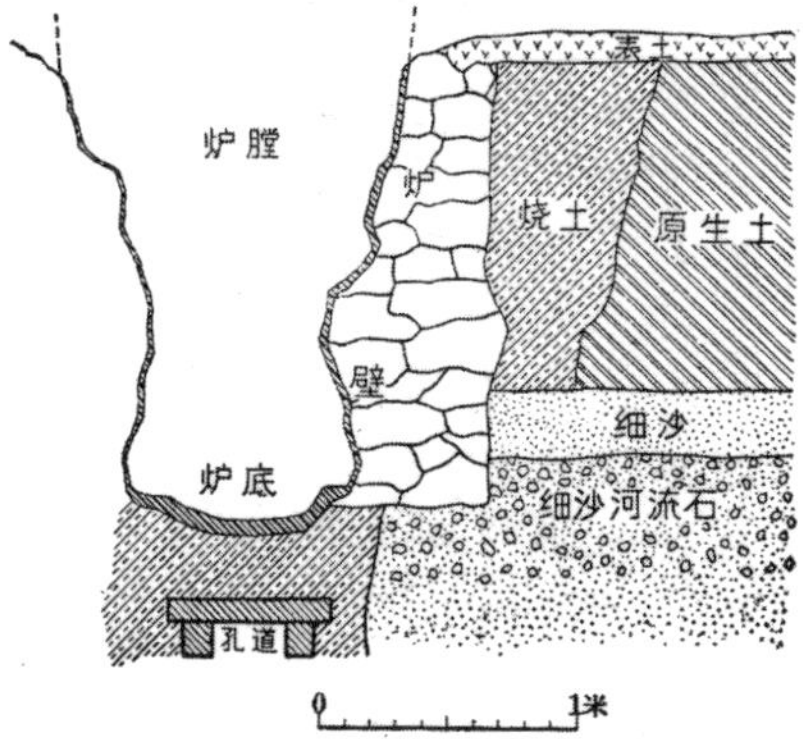

東川２号炉断面図

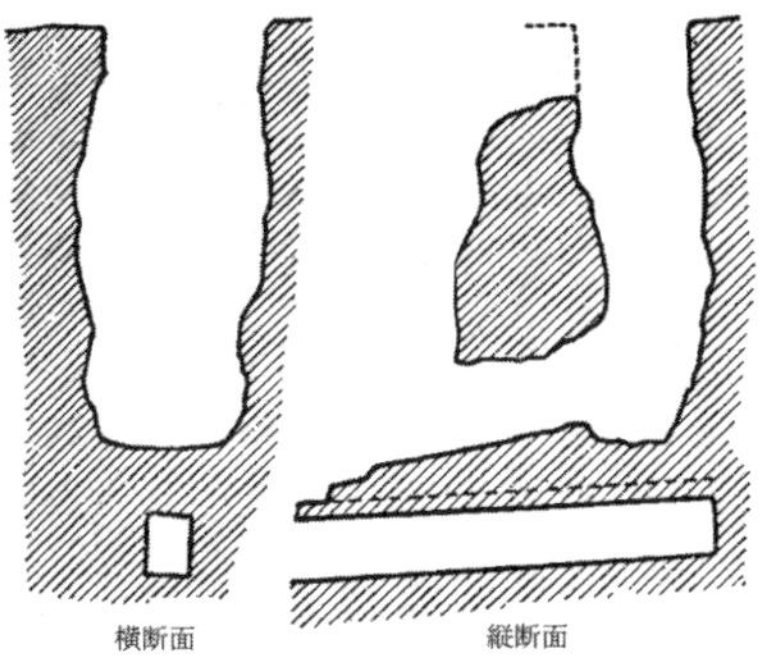

東川５号炉断面図

東川４・５号炉

図２　中国東北地方の製鉄炉（王 1965による）

王　一九六五)。また、発見された鉄鉱山の坑道の規模から、採掘された鉄鉱石の総量は四〇～五〇万トンと試算されている(姚　一九九三)。

製鉄炉は花崗岩や板石で構築し、内壁には粘土を貼っている。また、斜面・崖面を掘削し、その一部を炉体としている。断面形は、内側が方形で、外側が楕円形である。炉内部の長さ・幅は一メートル以下で、残存高は、最大で二・一メートルである。炉のそばから、鉄鉱石、鉄塊、木炭、鉄滓などが多く出土している。その一方で、鋳型や鉄製品はほとんど出土しておらず、鍛冶炉なども報告されていない。

報告された製鉄炉にはいくつかのバリエーションがあるが、炉高の高い、半地下式の竪形炉といえる。残念ながら、生産された鉄の種類や生成した鉄滓などについて報告されていないため、詳細は不明である。

斜面・崖面を利用して、炉高の高い竪形炉で鉄鉱石を原料として製鉄を行ったものと考えられ、炉高から銑鉄が生産された可能性が高い。製鉄遺跡は鉄鉱山の近くに営まれており、別の場所で精錬・鋳造・鍛冶が行われていたと考えられる。

3　小　結

同じ金・東夏代の製鉄遺跡であっても、中国黒龍江省阿城県とロシア連邦沿海地方では様相が異なっている。黒龍江省阿城県では斜面・崖面を利用した竪形炉を採用し、沿海地方では坩堝を用いる煉瓦造りの炉を採用している。また、生産体制においても黒龍江省阿城県では鉄鉱山近辺で製鉄を行い、他の場所で製品化している一方で、沿海地方では製鉄工程から一貫して城内で鉄が生産されている。一般的には、製鉄炉は原料や燃料が入手しやすい場所に営まれる。その意味で言えば、沿海地方における様相は特殊といえる。

渤海(六九八～九二六年)の金属生産については小嶋芳孝氏の研究がある(小嶋　一九九九)。鉄滓の散布地と土城ないしは都城との位置関係から、鉄鉱石と燃料が地域の中心にある土城や都城に運搬され、そこで製鉄が行われていたと推測している。そして、その背景には土城や都城に交易物資が集約される渤海独特の交易構造の存在を指摘している。様相のみを見るのであれば、ロシア沿海地方の金・東夏代の城址でも同様ないしはそれ以上の管理体制にあったと推測される。

表1　唐宋元明代における鉄の税収量（楊 2004による）

时　间	收入项目	铁冶数	国库每年铁的收人数	资料来源
唐宪宗光知初年（约806年）	岁采	5	2 070 000斤	①《新唐书》卷54《食货志》。 ②《文献適考》卷18《征榷》5。
唐宣宗大中年间（847－859年）	岁率	76	532 000斤	
宋太宗至道末年（995－957年）	岁课	4 监、12冶、20务、25场。	5 740 000万	①《宋史》卷185《食货志》下7《坑冶》。 ②《文献通考》卷18《征榷》5。
宋真宗天禧末年（1017－1021年）	岁课		6 293 000斤	
宋仁宗星祐年间（1049－1054年）	岁得		7 241 000斤	③《宋会要辑稿》第137册《食货》33。
宋英宗治平年间（1064－1067年）		77	8 241 000斤	
宋神宗元丰元年（1078年）	诸路坑冶		5 501 097斤	
南宋初年（约1127年）	旧额岁	638	2 162 144斤	
宋孝宗乾道二年（1166年）	岁入		880 300斤	
元世視中统四年（1263年）	岁课、岁输		4 807 000斤 ＋1 037 000斤 5 844 000斤	①《元史》卷 5 《世祖本纪》2。 ②《续文献通考》卷23《征榷》6。
元世祖至元十三年（1276年）	课铁		16 000 000斤	《春明梦夕余录》卷46《工部》1。
元文宗天历元年（1328年）	岁课	江浙、江西、湖广、河南、云南、陕西等省	（银钞1 879锭38两） 铁881 543斤	①《元史》卷94《食货志》。 ②《续文献通考》卷23《征榷》6。
明太祖洪武初年（约1368年）	官冶炼铁	11省	18 475 026斤	《明会典》卷194《冶课》。

二　中国の鉄生産

東アジア世界の中央にあたる中国の鉄生産について簡単に触れておきたい。中国では、他の地域に先駆けて、紀元前六世紀には、鉄生産が開始している。漢代には河北省や河北省を中心として大規模な操業が行われている。

中国の製鉄の一番の特徴は、煉瓦積みの大型の高炉で溶融した銑鉄を炉外に流し出していたことである。原料は鉄鉱石で、燃料は当初は木炭であるが、おそくとも宋代には石炭の利用も始まったとされている。これらは現代の高炉を用いた間接製鉄法をイメージするとわかりやすい。

金に近い時代で、炉形をよく残す製鉄炉としては、河南省南召下村に宋代の製鉄炉が七基現存している。残存している炉高は三・九メートルで、復元炉高は六メートルである。また、河北省邯鄲市鉱山村では炉高六メートル、炉底直径三メートルの宋代の製鉄炉が調査されている（楊　二〇〇四）。これらは、高炉と呼ぶべき規模の竪形の自立炉である。炉の規模は大きく、金・東夏の製鉄炉と比べて二倍以上である。

文献史料を紐解くと、国庫に収められた鉄の税収量は北宋治平年間（一〇六四―一〇六七年）で二二〇〇トン、南宋初年（一一二七年頃）で五五〇トン、元で一二八〇～二五六〇トン、明洪武初年（一三六八年頃）で四七二八トンとある（表1、楊前掲）。南宋初年の生産量が低いのは、金の侵攻により税収が減少したことに加えて、邢州（河北省）・磁州（河北省）・徐州（江蘇省）・袞州（山東省）などの大型鉄鉱山が金の領土に入っていたからである。これらの数値は税収量（主に官営工場の生産高）を示しており、実際の生産高はこれよりも大きいものであった。中国における鉄の生産量は周辺地域をはるかに上回る。

三　鉄の流通

『元史』巻九四・食貨志には、「凡鉄之等不一、有生黄鉄、有生青鉄、有青瓜鉄、有簡鉄。」とある（宋　一九七六）。生産される鉄の種類が同じではなく、様々な性質（長所・短所）をもつ鉄が生産されていたことがわかる。これは元の版図の話であるが、この状況は、広く東アジア世界においても同様である。

大モンゴル国の鉄・鉄器の研究については近年少しずつではあるが解明されつつある。とくに白石典之は、モンゴル帝国の強大化には鉄が重要な役割を担っていたことを重要視している（白石前掲）。中世における広範な生産・流通を考える際の事例としてとりあげておきたい。

モンゴル国ヘンティー県デリゲルハーン郡アウラガ遺跡では、継続的に発掘調査が行われており、チンギスの「大オルド」跡であることが判明している（KATO・SHIRAISHI 2005）。一三世紀前半を中心とする時期の鉄器や鉄滓（椀形滓・流動滓・粒状滓・鍛造剥片など）が多く出土している。

車軸金具や釘などの鉄製品に混じって、一センチ角の棒状鉄製品が出土している。大澤正巳の自然科学的分析結果によると、中華人民共和国山東省金嶺鎮鉱山を産地とする鉄素材である可能性が指摘されている（Osawa 2005）。一三〇〇キロ以上の距離を運ばれて、鉄素材がアウラガ遺跡へと運び込まれたことになる。ロシア連邦ならびにモンゴル国の鉄鉱山のデータが不足しており、まだまだデータの蓄積が必要であるが、鉄製品のみならず、鉄のインゴットも流通している状況はきわめて興味深い。

しかしながら、インゴットの鍛冶だけであれば、鉄滓の出土は極めて少なくなるにも関わらず、精錬工程に伴う鉄滓が多く出土していることから、不純物を多く含む鉄もアウラガ遺跡へと運ばれたようである。モンゴル高原は鉄資源の乏しい場所であり、アルタイ山脈南麓（突厥）、陰山山脈周辺（西夏）、黒龍江省ハルビン周辺（金）、内蒙古自治区赤峰市周辺（金）、エニセイ河上流（ケムケムジュート）、イルティシュ河上流などに鉄山が集中している（白石 二〇〇六）。金の鉄生産については、本稿の一を参照していただきたい。西夏の鉄生産については、敦煌楡林窟に描かれた鍛冶工房の壁画を除いては、当時の様相は不明である。

モンゴルの北西、エニセイ川上流のミヌシンスク盆地のあたりは、当時、ケムケムジュート（謙謙州）と呼ばれ、「良鉄を産する」と漢人に知られていた。スンチュガーシェフ（Я. И. Сунчугашев）の研究によれば、この地域では古くから鉄生産が行われており、検出されている製鉄炉の炉形態は地下式のシャフト炉と呼ばれるものである（Сунчугашев 1979）。中世においても、地面を円形に掘り窪めて、一方向から送風を行っている。村上により紹介されている、ウクライナや黒海近辺に見られる製鉄技術（村上 一九八七・一九八〇）に類似している。この地域で生産される鉄は不純物を含む海綿鉄である可能性が高く、二次製錬ないしは精錬工程が必要とされる。

このように、様々な地域で生産された鉄・鉄製品がアウラガ遺跡へと運び込まれ、アウラガ遺跡内で鍛冶・鋳造が行われていたといえる。鉄製品（とくに鍋・釜などの鋳造品）が広範な流通をしていたことは良く知られているところではあるが、鉄素材も長距離を移動していたことが指摘できる。

おわりに

中世に入るとそれぞれの地域に適応した、様々な製鉄技術が存在している。今回取り上げなかったが、韓半島のセブリタイプの製鉄、日本のたたら製鉄などもこの時期に成立している。

製鉄技術の差異は、技術系譜の違い、原料や燃料の違いなどに規定されるものである。その結果、生産される鉄種に違いが生じていた。とくにこの時代は、さまざまな民族・国々がグローバルな活動をしており、広範な流通を前提とする時代・地域であるのであれば、これらの差異を技術レベルの差と安直に捉えることは危険である。

漢人に「賓鉄」と尊ばれ、周辺地域から中国へと輸入された鉄が文献史料に散見される。当時の人々がそれぞれの土地で生産される鉄の特質（長所・短所）を把握した上で、広範な流通をしていたと考えるのが妥当であろう。

本来であれば、本稿のなかで、技術系譜に関する詳細な検討や生産体制・流通体制に関わる考察を行うべきであった。しかしながら、これらの検討を行うに足る資料がまだまだ少ないというのが現状である。今後の調査・研究の蓄積を俟って責を果たしたい。

参考文献リスト

門倉三能 一九四〇『北支鐵鑛硫黄鑛資源』丸善

小嶋芳孝 一九九九「渤海の産業と物流」『アジア遊学』第六号、勉誠出版

白石典之 二〇〇二『モンゴル帝国史の考古学的研究』同成社

白石典之 二〇〇六『チンギス・カン』中央公論新社

瀬川拓郎 二〇〇五『アイヌエコシステムの考古学』北海道出版企画センター

松浦 茂 一九七六「(書評) 一二世紀・女真の冶金と金属加工―シャイガ城址の調査資料による―」『東洋史研究』第三五巻第一号

村上恭通 一九八七「ウクライナ地方における製鉄の歴史」『たたら研究』第二八号

村上恭通 一九九〇「ソ連・コルヒダにおける古代の鉄生産」『たたら研究』第三一号

村上恭通 一九九三「女真の鉄」『考古論集―潮見浩先生退官記念論文集―』潮見浩先生退官記念事業会

王 永祥 一九六五「黒龍江阿城県小嶺地区金代冶金遺址」『考古』第三期

車 伝仁 二〇〇一「中国各時代の製鉄の変遷とその背景」『ふぇらむ』Vol. 六 No.七

宋 濂(等撰) 一九七六『元史』中華書房

姚 培慧編 一九九三『中国鉄鉱志』冶金出版社

楊 寛 二〇〇四『中国古代冶鉄技術発展史』上海人文出版社

Osawa, M. 2005 One of the Forms of Iron Producing in the Mongol Empire Obtained from Forge-related Objects Found at Avraga Site. ***AVRAGA 1 – New Directions in Mongolian Archaeology***. vol.1, Doseisya

KATO Shimpei & SHIRAISHI Noriyuki 2005 “***Avraga1-Occasional Paper on the Excavation of the Palace of Genghis Khan***” New Directions in Mongolian Archaeology vol.1, Doseisha Publisher

Артемьева, Н. Г. 2005 Города Чжурчжэней Приморья/Российская Дальний Восток в Древности и Средневековье открытия, проблемы, гипотезы.

Леньков, В. Д. 1974 Металлургия и металлообработка у чжурчжэней в века (по материалам исследований Шайгинского городища) Новосибйрск

Леньков, В. Д. Ходзевич, Л. П. 1990 Металлобрабатывающий инструментарий чжурчжэней приморья в XⅡ－XⅢ вв/Материалы по Средневековой Археологии и истории Дальнего Востока СССР Владивосток Сс.

Сунчугащев, Я.И. 1979 Древняя Металлугия Хакасии/Новосибйрск

第二章　生産と流通

2　鉄生産と土器の消滅②

第五節　北海道域における鉄鍋の受容と土器文化の終焉

小野　哲也

鉄鍋は平安期以降、各地で普及し始めたと考えられている（五十川　一九九二）。しかし新たな鉄器の素材として再利用される性質から出土例はきわめて少なく、鉄鍋普及過程の具体的な様相は不明瞭な現状にある。

北海道域を対象とした研究では、土器から鉄鍋への移行の問題について、擦文土器文化終焉の問題に関連して盛んに議論が交わされてきた（宇田川　一九八〇、石附　一九八六、越田　一九八四、鈴木　一九九四）。しかし従来の議論においては、北海道域の社会に鉄鍋が流入した年代に重点が置かれたため、どのような状況の下で鉄鍋が普及し、擦文土器文化が終焉したのかといった、普及過程に関する見解は十分に与えられていない。本稿では鉄鍋の普及過程に重点を置き、北海道域における鉄鍋の受容と、擦文土器文化終焉についての検討を行う。

一　中世後半期における鉄鍋生産・流通の様相

1　鉄鍋製作方法・形態の地域差

鉄鍋の普及過程を検討する上で、生産、流通の様相を実資料からある程度把握できる中世後半期を対象とした研究成果を参考にしたい。

金属製の持ち手を掛ける板状耳を伴う鉄鍋を吊耳鉄鍋と呼称するが、この鉄鍋の耳部とその鋳型の観察により、東日本の日本海側と東北太平洋側とで鋳型造型方法に違

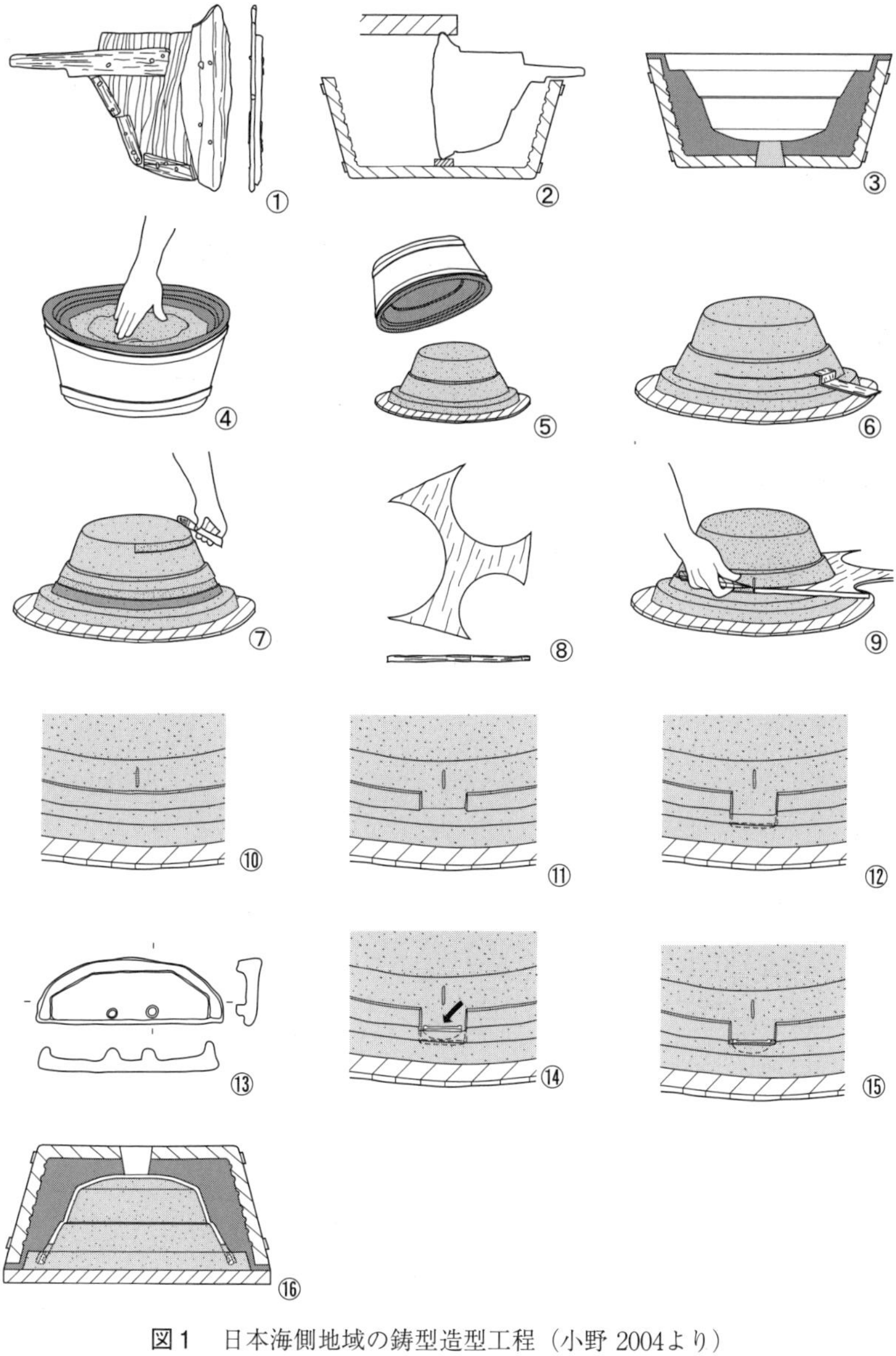

図１　日本海側地域の鋳型造型工程（小野 2004より）

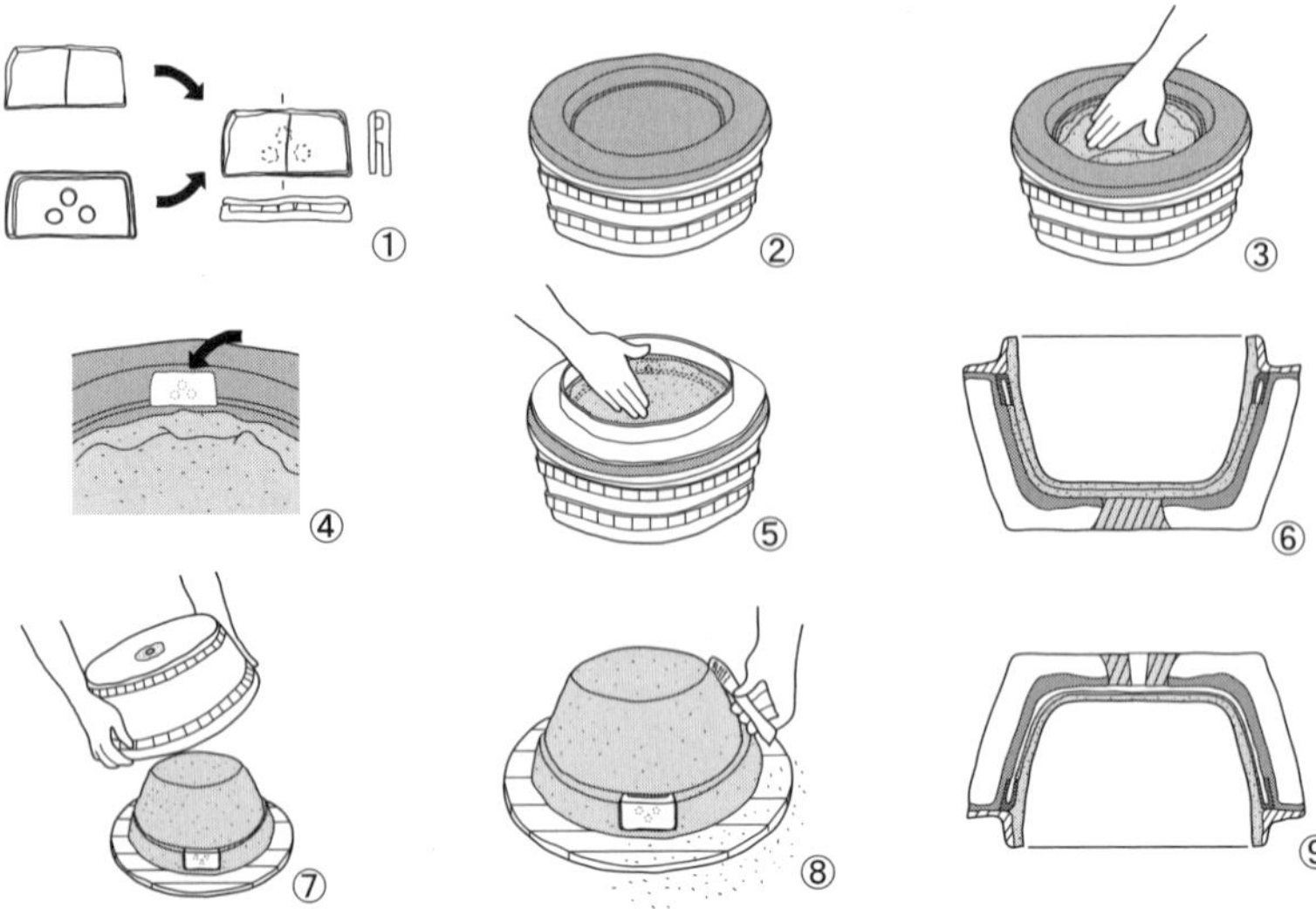

図２　東北太平洋側地域の鋳型造型工程（小野 2004より）

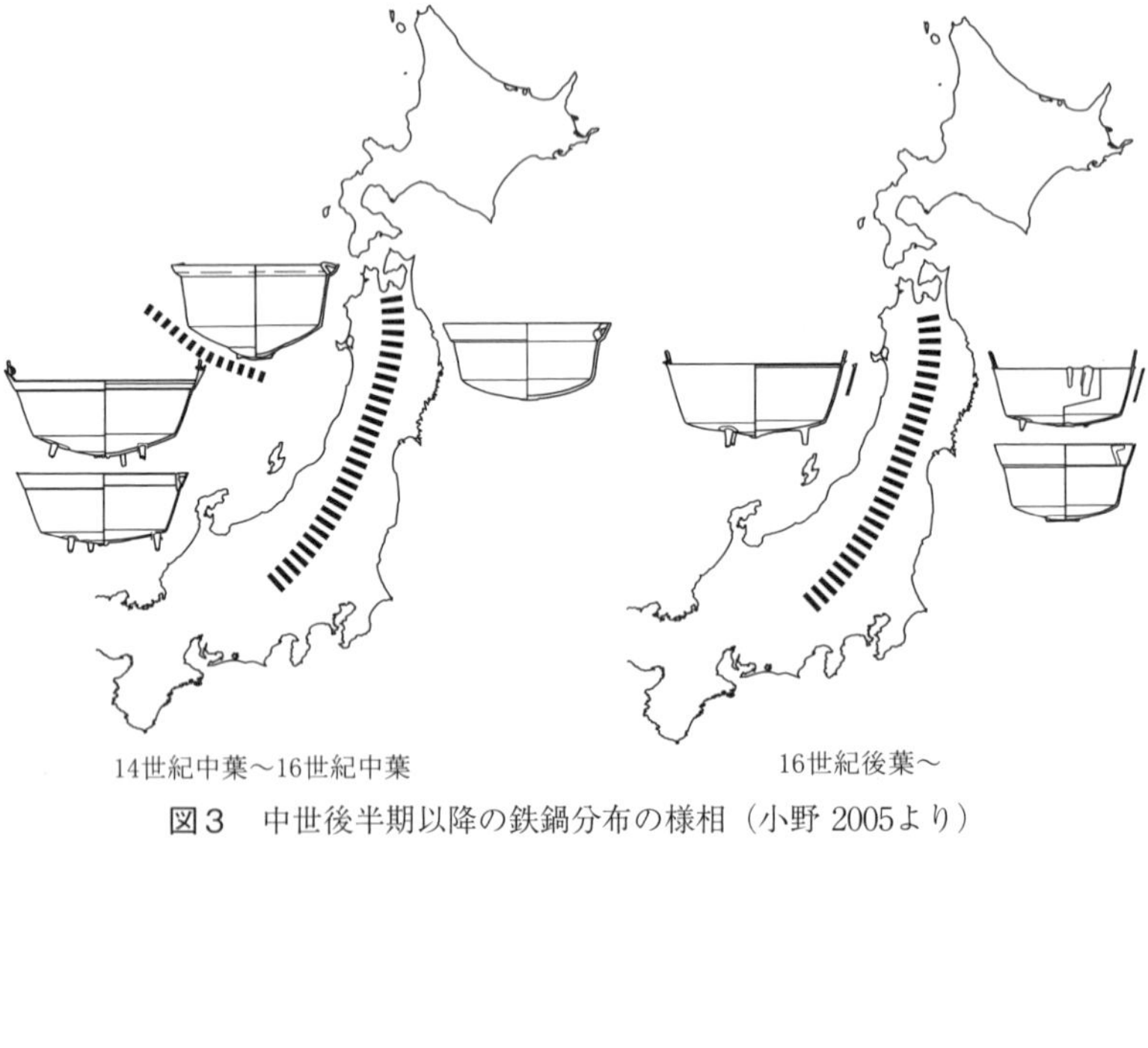

図３　中世後半期以降の鉄鍋分布の様相（小野 2005より）

いがあることが把握されている（小野 二〇〇四）。耳部鋳型を本体の鋳型と組み合わせるタイミングの違いにより、後込め式と先込め式があり、前者は主に日本海側で、後者は東北太平洋側で採用されていた。

また、東日本で主に普及する内耳鉄鍋についても、後込め式吊耳鉄鍋製作時に行われる中子削り始め線の刻み込み工程が行われているか否かで、同様の地域差が確認できる（小野 前掲）。

鋳型造型方法以外に、日本海側では器形において以下の3つのグループによる地域差が認められる。一つは胴部が垂直気味に立ち上がる深い器形のもので、底部に残された湯口跡の形状が一文字形をしたグループであり（Aグループ）、二つ目は胴部が口縁部に向かって開く浅い器形のもので、三脚を持ち、丸形の湯口跡が残るグループである（Bグループ）。そして両者の特徴を併せ持ち、A、Bのいずれにも分類できない一群、あるいは鋳型造型方法が同時期の資料と根本的に異なる例（Cグループ）の三者である（小野 二〇〇七b）。

Aグループは主に富山県東部より北東で、Bグループは富山県西部以西の北陸・畿内で、そしてCグループは富山県東部から新潟県域において生産されていたものと考えられる（小野 二〇〇七b）。

2　北海道域出土鉄鍋の生産地

現在までに行われた北海道内での発掘調査により、道内では四〇〇点を超える数の鉄鍋が出土し、全体の器形を把握できる資料だけでも一〇〇例を下らない数がある。また、時期推定可能な資料を見る限り、いずれも中世後半期に位置づけられる資料である。本州域に比べ非常に豊富な出土数であるが、道内においてこれら製品を生産したことを示す資料は、考古資料・文字史料共に認められないため、すべて本州域から供給されたものと考えられる。従って北海道域は鉄鍋消費地として位置づけられ、複数の生産地から供給されていた可能性を想定しなければならない。ここでは、北海道域で出土する鉄鍋が、前項でみた本州域各地のどの鉄鍋と対応しているのかをみてみたい。

北海道域出土資料をみると、その大半が本州日本海側で生産されたものであることが確認できている（小野 二〇〇五）。しかしその形態的特徴をみると、本州日本

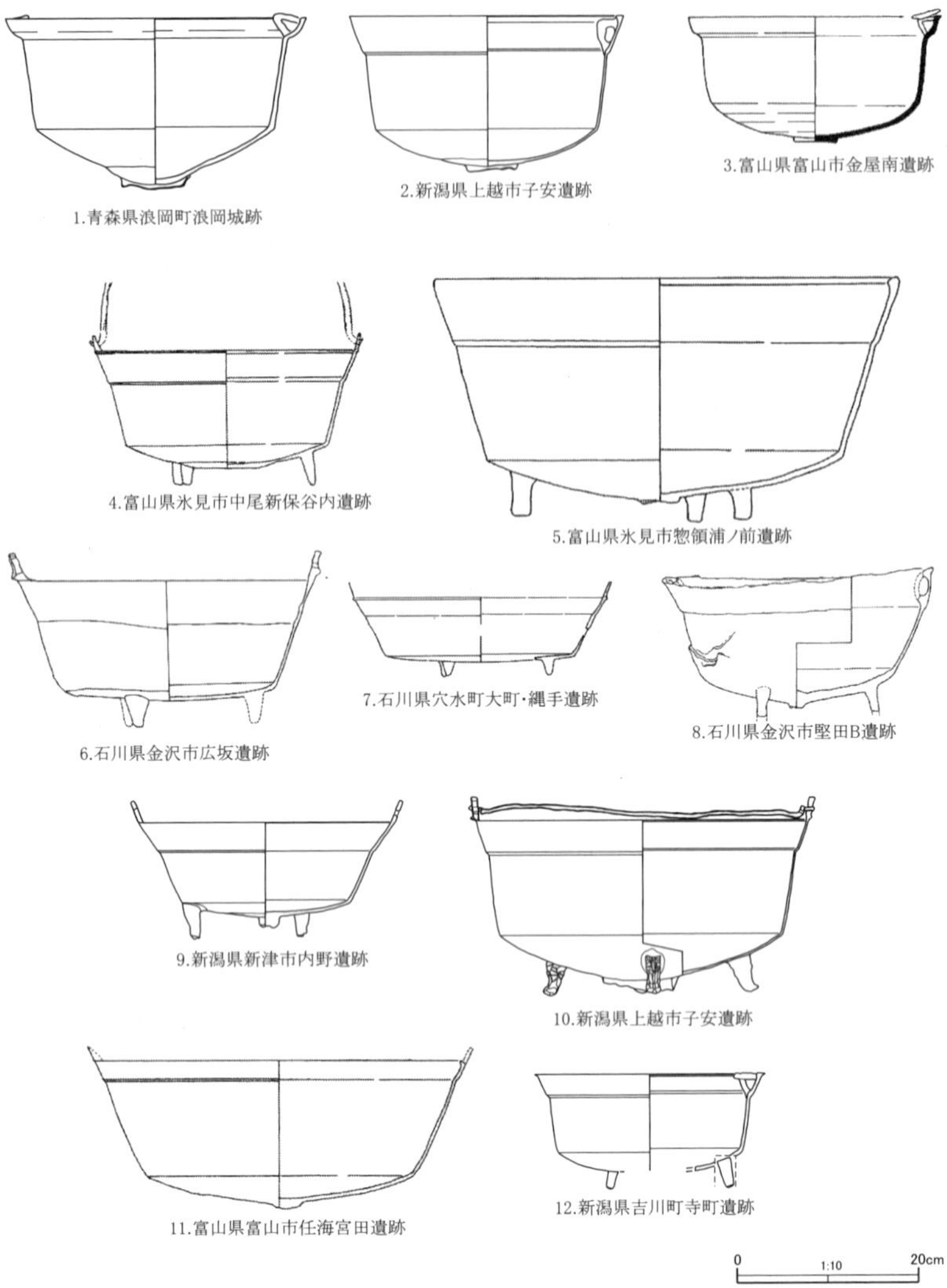

図４　中世後半期日本海側地域の鉄鍋（小野 2007より）

〔1～3: Aグループ　4～8: Bグループ　9～12: Cグループ〕

海側で認められたA～Cグループの三者の内、A・BグループとCグループの出土数が三〇～四〇例以上あるのに対し、Cグループの出土は二例に留まる（小野 二〇〇七b）。そしてこうした出土傾向から、北海道域に鉄鍋を供給した日本海側の鉄鍋生産地は、Cグループ生産地を除く場所である可能性が想定され、東北北部日本海側からAグループ鉄鍋が、北陸からBグループ鉄鍋が供給されていたことが予想された。さらにBグループについては、中世後半期の史料、生産地の立地条件、鉄鍋鋳型造型方法に認められる特徴から、能登半島中居産の鉄鍋である可能性が高いことも想定されている（小野 二〇〇七b）。

一方、日本海側産の鉄鍋以外に、少数ではあるが、東北太平洋側産の鉄鍋も北海道域出土資料の中に認められる。これらの分布は主に噴火湾沿岸や十勝といった道内でも太平洋側に多く認められるが、北海道域と本州域間の交易における製品集散地として捉え得る上ノ国町勝山館跡では出土していない。こうした出土傾向から、東北太平洋側産鉄鍋は、道内太平洋側の人々が道南の城館を介さずに本州域社会と直接交易を行う中で入手したものと考えられる。

以上みたように、中世後半期の北海道域に鉄鍋を供給した生産地として、東北日本海側、北陸、東北太平洋側といった大きく三つの地域が想定された。この時、すでに古代以来東北と密接な関係にあった北海道域からの視点でみると、北陸の供給地としての参入は、中世後半期における市場経済圏拡大の結果として捉えることができよう。一方、東北日本海側、太平洋側地域といった他の生産地は、中世前半期以前から継続して北海道域に製品を供給した地域である可能性が想定されるのである（小野 二〇〇七b）。

二　東北北部中世前半期以前の鉄鍋生産・流通の様相

1　東北北部中世前半期の鋳造工房跡

現在までのところ、東北北部の中世前半期に位置づけられる鋳造遺跡調査例としては、岩手県平泉町柳之御所跡、秋田県本荘市堤沢山遺跡、秋田県琴丘町堂の下遺跡の三例がある。いずれも一二世紀後葉から一三世紀代に稼動したとされるが、これらの操業形態はそれぞれ異なっている。

村上伸二は、柳之御所例を梵鐘鋳型の撞座の意匠に認められる特徴から、河内鋳物師による出吹き工房跡とし、堤沢山遺跡例を関東の金平B遺跡、金井遺跡例と類似する内容であることから、在地鋳物師との協働による河内系鋳物師の出吹き工房跡と想定している。そしていずれも関東において類例が確認できる操業形態であることを指摘している。一方、堂の下遺跡例については、製鉄から鋳造までを一貫して行い、鉄鍋を含む鉄鋳物を中心とする生産を行っていたという操業形態から、北陸系統の工人による工房跡と想定している。このように、東北北部においては関東的操業形態、北陸的操業形態といった多様な様相をもった複数の工房により、重層的な鋳物生産が行われていたことが指摘されている（村上 二〇〇六）。

調査事例は少ないものの、東北北部においても中世前半期には鉄鍋を含む鋳物の生産・供給を行う地盤が出来上がっていたといえ、史料に残されない鋳物師の存在が明らかとなってきている。前節でみたように、この地域の鋳物産地は、中世前半期以前に北海道域に鉄鍋を供給していたことが予想される。今後調査事例が増加していくことで、より具体的な様相が明らかになっていくものと思われる。

2　東北北部中世前半期以前の鉄鍋

東北北部の中世前半期以前に生産された鉄鍋について、実資料として確認できる例はきわめて少ない。現在までに確認されている資料は、一一世紀末から一二世紀初頭に位置づけられるものとして、青森県碇ヶ関村古舘遺跡、青森県蓬田村蓬田大館遺跡、青森県八戸市熊野堂遺跡、岩手県平泉町柳之御所跡の例がある。また一二世紀後半から一三世紀頃に位置づけられるものとして、岩手県奥州市玉貫遺跡の例がある。これらのうち、柳之御所例と古舘遺跡例には、中世後半期の鉄鍋にはみられない特徴がそれぞれ認められる。

柳之御所例は他に例のない緩やかに外反する口縁部形態であり、内耳部分も断面が板状で、通常の鋳型造型に用いられる手法（小野 二〇〇二）とは異なる方法が採用されている。さらに東日本の鉄鍋で通常採用されている一文字形の湯口跡ではなく丸形の湯口跡が残されており、特異な形態的特徴を有している。越田賢一郎はこの

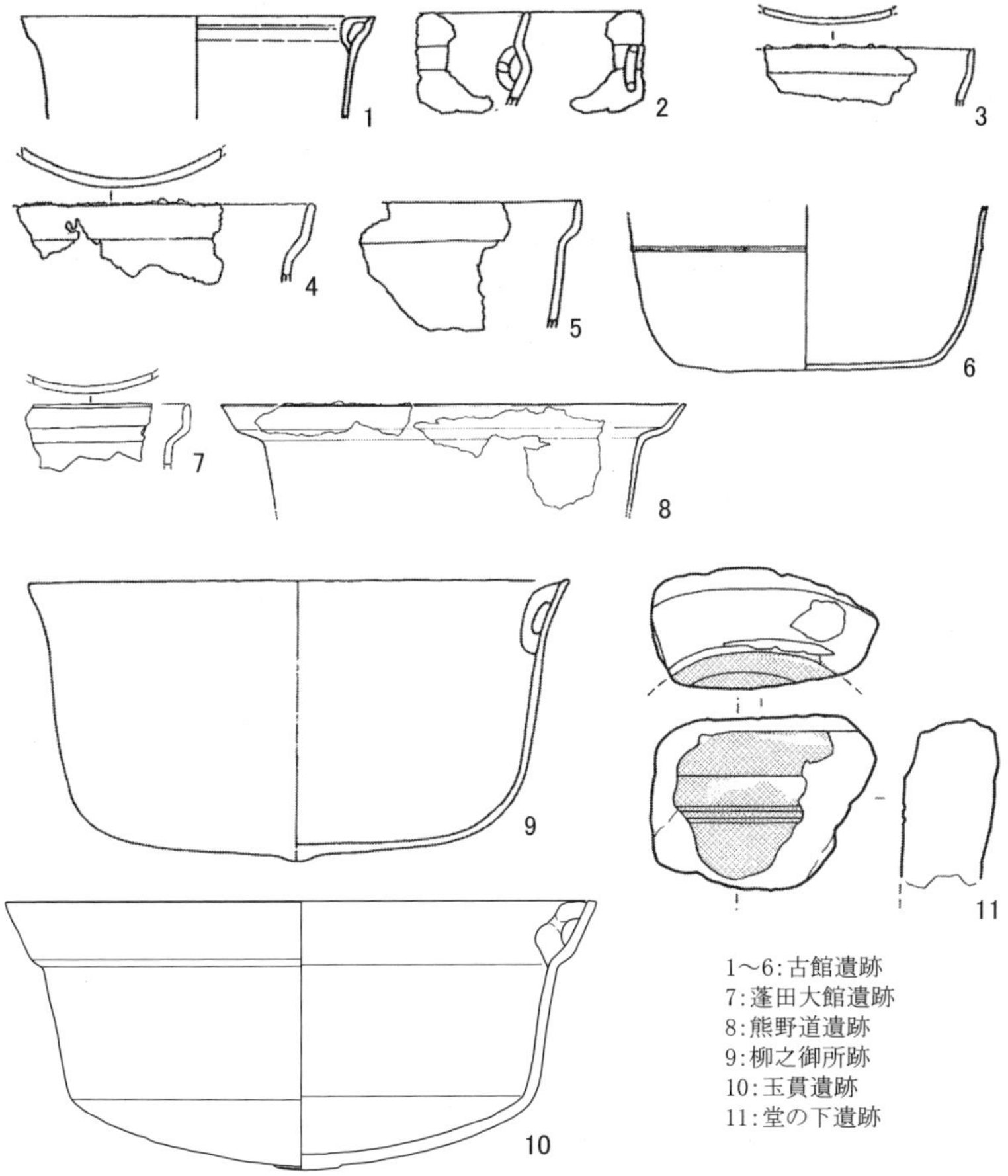

図5　東北北部地域の鉄鍋と鋳型〔S=1/6〕

柳之御所例を西日本から呼び寄せた鋳物師が製作した製品であると指摘しており（越田　一九九六）、この点は先に触れた柳之御所跡における鋳造工房跡の操業形態とも矛盾しない。内耳鉄鍋であることと以外、同時期の資料とも後世の資料とも様相を異にしているため、中世前半期に広く普及した形態とは考え難い資料である。

古舘遺跡例には、胴部中程の外面に筋状の突起が付く例が認められる。この突起は古代の鍋において認められる特徴であり（五十川　一九九二、

越田　一九九六）、その伝統を引く要素と考えられる。そして堂の下遺跡出土の鉄鍋鋳型にも同じ特徴が認められることから、東北北部中世前半期以前に生産・流通した鉄鍋の特徴の一つとして捉えることができよう。

このように東北北部では中世前半期の資料が散見できるが、現在のところ北海道域においては筋状の突起を有する鉄鍋は出土しておらず、確実に中世前半期として位置づけられる資料は確認できない。

3　北海道域における鉄鍋受容の背景

北海道域における鉄鍋の受容は、少なくとも中世後半期までは実資料を基に辿ることができた。一方出土事例の確認できない中世前半期以前については鉄鍋そのものから追求することは難しい状況にある。しかし資料として確認できないことを根拠に、鉄鍋が普及していなかったとはいえない。本州以南での出土数の少なさを考慮すれば、中世後半期の北海道域における出土数の多さが、むしろ特異なのである。そこで本節では、他の資料を手掛かりに、鉄鍋の受容と擦文土器文化終焉の過程について考察する。

先にも触れたように、鉄鍋は本州域からの搬入品であり、北海道域の人々が、自らの社会内部で製作したものではない。本州域内部であれば、広域流通品の利用として捉えることができるが、文化的・社会的に異なる展開を経た地域間において、他地域の製品を受け容れる状況とはどのようなものであったのかが問題となる。

この点について、筆者は北海道域の遺跡から出土する鉄器の組成を基に検討を行った（小野　二〇〇七ａ）。本州域の鉄器組成と比較した結果、北海道域においては刀子や鉄斧といった元来石器で賄われていた道具に対して優先的に鉄器化が進み、木製、骨製の道具は鉄器化しないまま使用され続けていたことが解り、また和鋏のような鉄器文化の中で生み出された道具は基本的に受容されていないことを明らかにした。

このように同時期の本州域出土資料と比較した際、北海道域において出土するもの、しないものとが明瞭に分かれていることから、北海道域の人々が本州域の製品の中から、自らの生活文化にとって必要なもののみを、選択的に受容していたことを読み取ることができ、そこに鉄器受容における　北海道域社会の主体性が認められたのである。

また、擦文文化期と中世段階のアイヌ文化期それぞれの鉄器組成を比較した結果、両者の間は鉄鍋の存在を除き、基本的に同じ鉄器組成であったことも確認できている。したがって鉄器受容の面のみをみた場合、両時期間に起こった変化は、鉄鍋の受容のみであったとみることができ、鉄鍋は北海道域の人々が選択した製品の一つであったと考えることができる。

4　東北北部地域における鉄鍋の普及と北海道域における擦文土器文化の終焉

先にみたように、東北北部の鋳造遺跡は現在までのところ一二世紀後葉まで遡ることが解っている。しかし、古舘遺跡、蓬田大舘遺跡、熊野堂遺跡、柳之御所跡出土資料のように、鋳造遺跡の年代よりも古い時期の鉄鍋や、鉄鍋を模した形の内耳土鍋が少なくとも一一世紀代には存在している。この点を考慮すると、現在確認されている鋳造遺跡の年代が、東北北部地域での鉄鍋生産・流通の開始年代とはいえず、より遡る可能性が高い。ただしこれまでの資料から推察すれば、平安時代後半期のどこかに位置づけられるであろう。

この平安時代後半期は、東北北部地域で擦文土器出土例が増加する時期に相当する（斉藤 二〇〇二）。同じ竪穴住居跡内で擦文土器と土師器が伴出することから、当時両土器文化を担った集団は密接な関係にあったことが把握できる。こうした擦文土器の分布傾向と、前項で検討した鉄器受容の様相を考慮すれば、平安時代後半期に東北北部において鉄鍋の生産・流通が始まった際には、北海道域社会もそれを受け容れる状況ができていたといえ、鉄鍋の普及について津軽海峡を挟んで時間差を考える必要はないと思われる[1]。

この場合、北海道域で中世前半期以前の鉄鍋出土例がない点が問題となる。しかし再利用可能な鉄鍋は、全国的にみても出土例が少ないことが本来の傾向であり、中世前半期以前は北海道域においても鉄鍋の再利用が徹底していたことによると考えたい。今後擦文～アイヌ文化期における鉄器生産関連資料の調査が進むことで、実態が明らかになるであろう。

さて、ここまでに検討したように、北海道域における鉄鍋の普及には、擦文土器文化を担った集団と東北北部

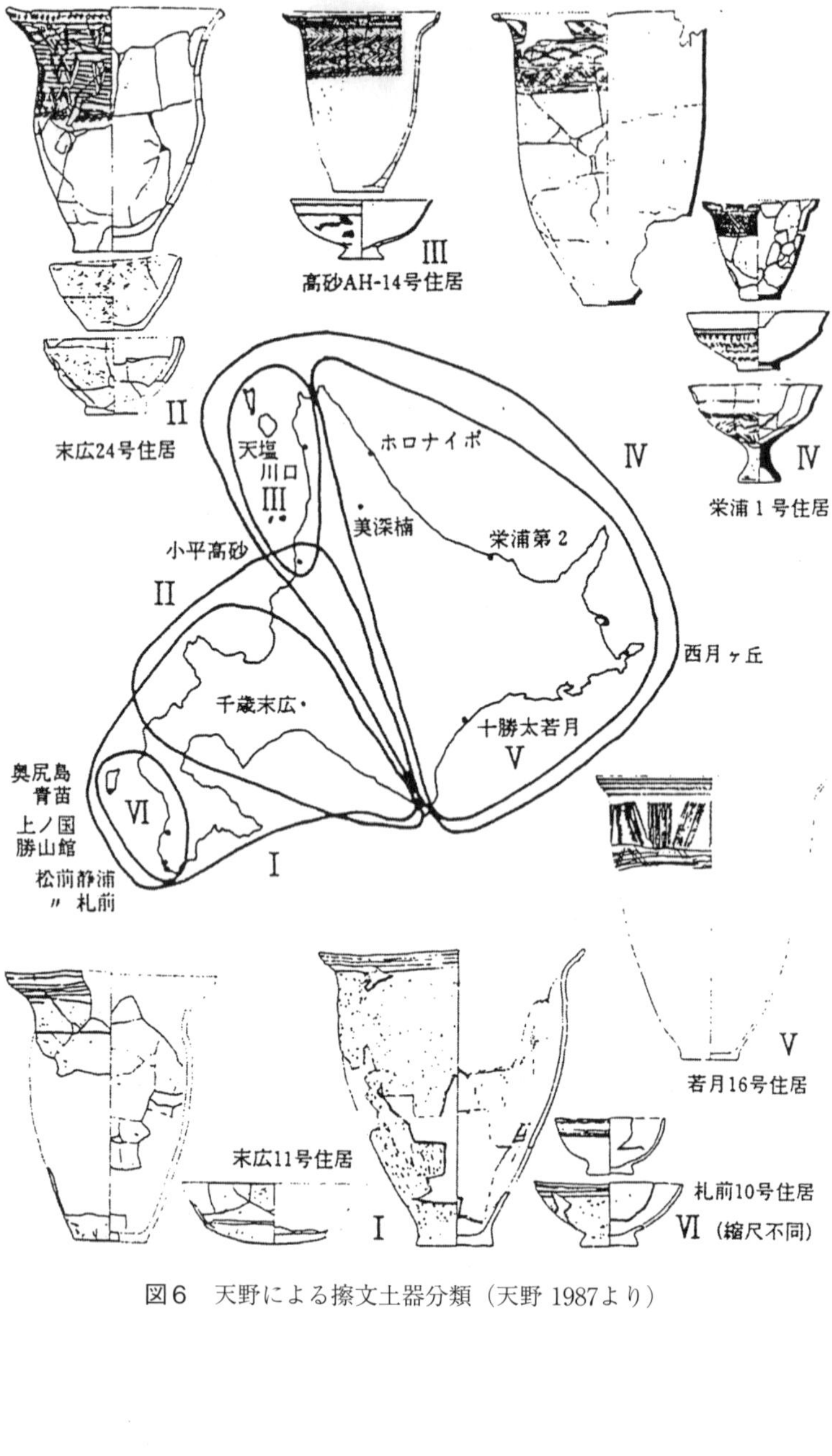

図6　天野による擦文土器分類（天野 1987より）

土師器文化を担った集団との関係のあり方が重要と考えられるのであるが、この点について、天野哲也は興味深い指摘をしている。北海道域の擦文土器をⅥ群に分類した際、主に道東域に分布するⅣ群の土器は、東北北部で出土していないという点である（天野　一九八七）。擦文後半期の土器群を編年の縦軸に位置づけるのではなく、横軸に据えて考えたものであるが、この視点に立つと、北海道域における擦文土器文化を担ったすべての集団が、東北北部と密接な関係を持っていたわけではなかったことになる。この場合、東北北部との関係、北海道域内部での集団間関係の違いにより、北海道域内においては鉄鍋の普及に時間差があった可能性が想定され、擦文土器文化終焉の時期も一様ではなかったことが予想できよう。

おわりに

北海道域における土器から鉄鍋への移行について検討した。すでにみたように鉄鍋、あるいは鋳造遺跡といった実資料からこの問題を追うことができるのは、北海道域においては中世後半期、東北北部においては中世前半期までである。したがって肝心の移行期にあたる時期での鉄鍋の存在は、土器を中心とする他資料を基に間接的に推定するしかなく、いつ鉄鍋が普及し始めたのかについては、地域毎の土器編年に拠る部分が大きい。

しかし現状、北海道域の擦文後半期の土器編年、並びに東北北部平安時代後半期の土器編年は、共に検討の余地を残している。今後両地域の土器編年の検討が進む中で、鉄鍋への移行期の年代観も変動していくであろう。この問題を解決する上でも、両地域における地域差を踏まえた土器編年の確立が望まれる。

註

（1）東北北部地域での鉄鍋普及年代が確定していないため明確ではないが、遅くとも東北北部で実資料として確認できる一一世紀末から一二世紀初頭には、北海道域社会も鉄鍋を受容していたと考えている。

引用・参考文献

天野哲也　一九八七「本州北端部は擦文文化圏に含まれるか」『考古学と地域文化』同志社大学考古学シリーズ刊行会

五十川伸矢　一九九二「古代・中世の鋳鉄鋳物」『国立歴史民

俗博物館研究報告』四六
石附喜三男　一九八六『アイヌ文化の源流』みやま書房
磯村　亨・穴澤義巧・高橋忠彦・足利直哉・菅原ゆかり　二〇〇四『堂の下遺跡Ⅱ　中世篇』秋田県埋蔵文化財センター
宇田川　洋　一九八〇『アイヌ考古学』北海道出版企画センター
小野哲也　二〇〇二「中世・近世における鉄鍋製作方法について」『物質文化』七四
小野哲也　二〇〇三「列島各地における鉄鍋製作方法について」『物質文化』七六
小野哲也　二〇〇四「中世・近世における鉄鍋製作方法の地域差」『物質文化』七七
小野哲也　二〇〇五「北海道域を取り巻く製品流通状況について―鉄鍋の検討による―」『北海道考古学』四一
小野哲也　二〇〇七a「鉄器にみる北海道アイヌ文化期の生活様相」『たたら研究』四三
小野哲也　二〇〇七b「北海道域出土鉄鍋の生産地」『北海道考古学』四三
越田賢一郎　一九八四「北海道の鉄鍋について」『物質文化』四二
越田賢一郎　一九九六a「北日本における鉄鍋―煮沸具の変遷からみた鉄鍋の1出現と定着―」『季刊考古学』五七
越田賢一郎　一九九六b「中世北日本の環日本海交易」『考古学ジャーナル』四一一
越田賢一郎　二〇〇四「鉄鍋再考」『宇田川洋先生華甲記念論文集　アイヌ文化の成立』北海道出版企画センター
斉藤　淳　二〇〇二「本州における擦文土器の変遷と分布について」『市川金丸先生古稀記念献呈論文集　海と考古学とロマン』
鈴木　信　一九九四「中世・近世」『北海道考古学』三〇

2 鉄生産と土器の消滅③

第六節 琉球における土器の諸相

池田榮史

一 琉球列島の中世土器

日本の九州島から中華民国台湾島までの間は、約一二〇〇キロの距離がある。この間には大小二〇〇近い島々が点在するが、大きくは北から種子島・屋久島を中心とする大隅諸島、トカラ列島、奄美諸島、沖縄諸島、宮古諸島、石垣・西表島を中心とする八重山諸島に区分される。これらの島々について、動植物の分布や考古学的知見の上からは、大隅諸島を琉球列島北部圏、奄美諸島から沖縄諸島までを中部圏、宮古諸島から八重山諸島までを南部圏とすることが一般的である。この中で、北部圏は基本的に九州島の影響下にある。中部圏は日本文化の影響を受けながらも独自の歩みを持ち、日本の中世後半に並行する段階には琉球国を成立させるに至った。南部圏はおよそ一〇〇〇年前まで、中・北部圏や日本との文化的交流をまったく持たない。むしろ南方の文化との関わりが推測されているが、一二・一三世紀頃から、次第に琉球列島中部圏との関わりを強める。そして、一六世紀代までの間に中部圏に成立した琉球国の版図に組み込まれ、今日に至る[1]。

この三区分に対して、現在の行政区割りは、中部圏に含まれる奄美諸島と沖縄諸島の間に県境を設け、与論島より北の奄美諸島・トカラ列島・大隅諸島が鹿児島県、徳之島西方の鳥島および伊是名・伊平屋以南が沖縄県となる。これは、一六〇九年に行われた江戸幕府の認可に基づく島津氏による琉球侵略の結果、与論島以北の奄美諸島が、強制的に島津氏の領土へと裂き取られた経緯を反映している。

したがって、日本の中世段階に並行する段階の琉球列島における土器様相を論じるには、現在は鹿児島県に属する奄美諸島から沖縄諸島までの琉球列島中部圏と、従前は別文化圏を形成しながら、次第に中部圏との関係を強めつつあった南部圏の二地域に分けて考えることが必要となる(2)。

二　中部圏の中世土器研究

中部圏においては、日本の古代の相当する段階まで、狩猟・漁労・採集に基盤を置く生活を続けていた。日本の古代末から中世に入る頃に、農耕が定着し、急速な社会変化が起こったと考えられるが、その過程はあまり明確ではない。その原因の一つは、考古学的研究の物指しとなる土器編年が未だ整備されていないことに起因する。これは発掘調査資料の蓄積が少ない奄美諸島だけではなく、沖縄諸島においても同様である。

中部圏における中世相当段階の土器編年の基準とされてきたのは、一九六九年四月に友寄英一郎・嵩元政秀によって報告された、糸満市フェンサ城貝塚出土資料である。フェンサ城貝塚は海岸に面した石灰岩丘陵の先端部に構築されたフェンサ城遺跡の丘陵上とその崖下に形成された貝塚である。三層の土層が確認され、その内の二層と三層を中心として出土した様相の異なる土器群について、それぞれフェンサ上層式土器、フェンサ下層式土器と報告された。フェンサ上層式土器はグスクと呼ばれる城郭的遺跡から多く出土することが知られ（グスク系土器）、平底や丸平底の円球形をなす鉢、壺形土器などからなる。これに対して、フェンサ下層式土器は、従来、狩猟・漁労・採集文化段階のものと考えられていた土器で、多くは海岸砂丘の貝塚から出土する（貝塚系土器）。平底の底部からくびれ気味に胴部が立ち上がり、口縁部はやや開く深鉢形土器を中心とし、わずかながら壺形土器が伴う（友寄・嵩元　一九六九）。フェンサ城貝塚では、フェンサ上層式土器に徳之島カムィヤキ古窯跡群で焼成されたと考えられるカムィヤキ（類須恵器）[3]や中国産青磁、鉄製品が伴うのに対して、フェンサ下層式土器にはカムィヤキのみが伴うとされる。フェンサ城貝塚の調査によって、中部圏の中世土器は、この地域における前代からの系統を引く貝塚系土器のフェンサ下層式土器から、次第にグスク系土器であるフェンサ上層式土器へと変化することが知れたのである。[4]

このフェンサ下層式土器と上層式土器について、細分を試みたのは安里進である。一九七五年、安里は久米島ヤジャーガマ遺跡出土資料を手がかりに、フェンサ下層式土器の前に勝連城南貝塚下層土器、後にヤジャーガマA式土器を設定した。また、グスク系土器であるフェンサ上層式の前には、ヤジャーガマB式土器を設定した（安里　一九七五）。さらに、一九八七年および一九九一年、一九九五年には、グスク系土器群の再検討を行い、フェンサ上層式土器の名称を却下して、山川第六式→ヤジャーガマB式→稲福上御願式→宮平式という編年案を提示した。その上で、これらの土器と伴う類須恵器や滑石製石鍋、中国産陶磁器の編年観を手がかりとして、山川第六式に一〇・一一世紀、ヤジャーガマB式に一二世紀、稲福上御願式に一三世紀、宮平式に一四世紀の年代観を付与している（安里　一九八七・一九九一・一九九五）。安里の土器編年案は滑石製石鍋を模倣した土器の変化過程を手掛かりとして、土器製作技法を加味しながら型式分類したものであった。しかし、標識遺跡における土器の組成は意図的に選択された資料で構成されており、遺構や層序の中で確認することが難しい。このこともあり、沖縄諸島における研究者の広く認知するところとはなっていない。

これに対して、グスク土器の器種分類とその起源を中心とした検討を行った金城亀信は、一九九〇年に西原町我謝遺跡出土資料を手がかりとして、グスク土器の器種を鍋・壺・甕・鉢・碗・皿・瓶の七種に分けた。その上で、これらの器種の祖型・出自について、鍋は滑石製石鍋や鉄鍋、壺はカムィヤキや褐釉陶器、碗は白磁玉縁口縁碗などの輸入陶磁器碗や木器椀、皿や瓶は輸入陶磁器であり、その他の鉢や甕については、土師器とする説もあるが確定できないとした。そして、一二世紀初頭から一三世紀中頃までの間には、甕と滑石製石鍋や鉄鍋を模倣した鍋形土器が主体を占め、中国産陶磁器の輸入が増加した一三世紀中頃から一五世紀には、その影響を受けた碗・皿・瓶・壺などが登場するとしている（金城　一九九〇）。

なお、中部圏の奄美諸島では、沖縄諸島のフェンサ下層式土器と並行する土器として兼久式土器が知られていた。この兼久式土器については、近年高梨修による編年案が発表され、六世紀末から一〇世紀前半頃までの存続期間とその変化過程が提示されている（高梨　二〇〇五）。兼久式土器の最終段階の遺跡からは土師器丸底甕が出土することがあり、少なくとも九世紀から一〇世紀代の使用年代が推定される（池田　二〇〇五）。また、滑石製石鍋の模倣土器も出土しており、これについては森田勉による滑石製石鍋分類のA群を模倣したものと考えられている。滑石製石鍋A群は一一世紀代に製作・流通したことからすれば、その模倣土器は土師器丸底甕に遅れて出現し、用いられたことが考えられる。高梨はこのような奄美諸島の土器様相について、在地系土器である兼久式土器の製作は一〇世紀前半頃をもって一気に終息し、以後は土師器丸底甕や滑石製石鍋模倣土器が流布したものと考えている（高梨　二〇〇四および高梨前出　二〇〇五）。しかし、これらの土器の製作遺跡やその流通システムについては未解明であり、その生起から終息にいたるまでの過程も明確ではない。ただ、前代から引き続き製作されてきた兼久式土器から、土師器丸底甕および滑石製石鍋模倣土器へと変化するあり方は、前代からの土器型式（貝塚系土器）と新たに成立した土器型式（グスク系土器）とを並存させた沖縄諸島に比べると、かなり急速に進んだ印象は拭えない。ここに同じ琉球列島中部圏の中に属しつつも、奄美諸島と沖縄諸島における土器様相の相違が認められるのである。

三　南部圏の中世土器研究

南部圏の中世相当段階の土器については、一九〇四年琉球列島における初めての考古学的調査を行った鳥居龍蔵によって、研究の幕が開けられた。鳥居は石垣島川平貝塚の試掘を行い、中国産青磁出土層の下層から土器を発掘した。この土器には外部に耳状突起があり、鳥居は「外耳土器」と命名した（鳥居　一九〇五）。この外耳土器は一九六〇年の早稲田大学八重山調査団による報告書において、八重山考古学編年の第三期の指標遺物に位置づけられた（早稲田大学八重山調査団　一九六〇）。

これに対し、一九九四年金武正紀は八重山考古編年を作成し、八重山では一二世紀前半を境として、先史時代から歴史時代への転換が図られることを指摘した。その上で、一二世紀前半以前の八重山諸島では土器の製作が行われておらず、一二世紀に入って新里村式やビロースク式土器が登場し、一三世紀末に中森式（鳥居氏による外耳土器）へと変化すると述べた。新里式土器は口縁部外面に四個の長方形縦耳（把手）が付く滑石製石鍋模倣の鍋形土器を主とし、ビロースク式土器は口縁部が「く」の字形に折れる土師器鍋形土器に似た器形を基本とする。中森式土器はビロースク式土器に比べて、口縁部が大きく開き、胴部外面の把手も若干下がり気味となる（金武　一九九四）。これを含めて、金武は八重山諸島における考古学編年の提示を試みており、先史段階では土器が存在したにもかかわらず、いったんは土器を用いない文化に被われた八重山諸島において、日本本土からもたらされたと考えられる滑石製石鍋や土師器鍋形土器の影響によって、再び土器製作が行われるようになる様相を明らかにしつつある。なお、日本本土からの滑石製石鍋や土師器鍋形土器が在地の土器製作に影響を及ぼすあり方は、琉球列島中部圏の奄美諸島や沖縄諸島のあり方にも共通する。このことは琉球列島における中世相当段階の土器変化が日本本土からの強い影響の下に進行したことを物語っている。

一方、沖縄諸島と八重山諸島の間にあり、八重山諸島とともに琉球列島南部圏を形成する宮古諸島では、この時期の土器として八重山諸島の中森式土器に類似する土器が出現する。下地和宏はこれを自らの土器編年観に基づくⅠ期の土器とし、黒色磨研土器とも呼ぶべき堅緻な焼き上がりを見せることを指摘している。下地によれば、これに続いて回転台を用いない粘土紐輪積み成形技法によるる壺形土器を中心とするⅡ期の土器、次いで回転台を用いて成形し、これに波状櫛目文を数条施すことの多いⅢ期の土器が出現する。下地は他の出土遺物の年代観を加味して、Ⅰ期に一二～一四世紀、Ⅱ期に一四・一五世紀、Ⅲ期に一五～一七世紀の推定年代を与えている。なお、Ⅱ・Ⅲ期の壺形土器の器形には、徳之島カムィヤキ窯跡群で生産された壺や貿易陶磁器である褐釉陶器の壺が影響を及ぼしたものと考えている（下地 二〇〇三）。また、宮古諸島ではⅠ期段階の遺跡から中森式土器が伴うことをはじめとして、各期で八重山諸島の土器が出土することも指摘しており、この時期の宮古諸島と八重山諸島の間には土器の移動を含めた交流が存在したことが看取される。

四　琉球列島における中世土器および土器研究の特徴

中部圏沖縄諸島における中世土器については、安里による精力的な編年作業があった。安里の作業は型式学的手法を用いて、各遺跡資料の中から典型例を抽出・類型化し、その相対的な序列を作った上で、他の遺物との組み合わせなどにより、絶対的な年代観を付与する方法を採る。

しかし、この時期の琉球列島の遺跡では、このような型式学的手法によって抽出・類型化された複数の土器型式に含まれる土器が、一つの包含層に混在して検出されることが多い。さらに、琉球列島における考古学的調査の多くでは、全点記録のような遺物出土状況の資料化作業が徹底して行われないため、各遺跡出土資料から編年に用いる資料を選択する際に、遺構に基づく一括遺物を選びだすことはおろか、包含層内での空間的分布状況を手がかりとして、まとまりのある遺物を抽出することも難しい。このため、土器編年の際には出土状況や調査記録の厳密な操作に基づくことなく、研究者の主観による遺物の恣意的選択が行われる傾向に陥らざるを得ない。したがって、一土器型式として提示される器種や器形の組成内容は、各遺跡における遺構や包含層において一括遺物として確認されたものではなく、あくまでも一部資料を抽出した研究者の机上操作に基づく仮説的なものであることが多いのである（池田 二〇〇四）。

この傾向を踏まえた上で、再び琉球列島における中世土器のあり方をみると、中部圏の沖縄諸島に見られた貝塚系土器とグスク系土器の関係、あるいは奄美諸島に見られた兼久式土器と土師器丸底甕や滑石製石鍋模倣土器の関係は、縄文土器研究者である小林達雄のいう異なる様式に含まれる土器群の関係であると理解した方がよい（小林 一九九四ほか）。すなわち、貝塚系土器からグスク系土器、あるいは兼久式土器から土師器丸底甕あるいは滑石製石鍋模倣土器へと推移する様相は、異なる様式をもつ土器群の間の推移過程と捉えられる。また、その際に奄美諸島ではある一定の時間を限って様式間の推移が進行するのに対して、沖縄諸島では新旧の土器様式の間にかなりの併存期間があったことが看取される。このような過程を経て、最終的には移入品の模倣を中心とする土器群が、在地系とも言うべき貝塚系土器群や兼久式土器群を圧倒していくこととなるのである。

このような移入品の模倣を中心とする土器群について、沖縄諸島での研究を進める金城は中部圏以外の地域から持ち込まれた陶磁器や滑石製石鍋がそのモデルになることを指摘していた。とすれば、模倣モデルとなった製品によって、持ち込まれた時期やその後の模倣化状況が異なると考えられ、モデルとなった製品（器種）ごとに、琉球列島へ持ち込まれた時期や、これを模倣した土器の型式的変化を明確化し、これを手がかりとして、複数の遺跡における器種の組み合わせを確認することが必要となる。

その一つである滑石製石鍋の場合には、これを模倣した鍋形土器について、多くの研究者の間に一定の共通理解が存在する。すなはち、はじめ滑石製石鍋模倣土器は、縦耳に象徴される石鍋の形状をきわめて忠実に模倣するが、これが次第に退行し、最終的には口縁部瘤状突起に過ぎなくなり、器形も内湾した鉢状となる。ここで模倣された滑石製石鍋は、森田勉分類によるA群（森田　一九八三）、木戸雅寿分類によるⅡ類（木戸　一九九三）である。森田はA式に一〇・一一世紀、木戸はⅡ類に一一世紀代の出現年代を当てていたが、近年では、この種の滑石製石鍋の全国的な出土量の増加と分布の拡大は、一一世紀後半から一二世紀代にかけて起こったとされる（鈴木　二〇〇六）。この縦耳付滑石製石鍋の忠実な模倣土器は、安里の土器編年ではグスク系土器の最古型式に置かれた山川第六式の標識資料であり、最新型式とした宮平式では縦耳がもっとも退行した瘤状突起となる（前出　安里　一九八七・一九九一・一九九五）。このような縦耳付滑石製石鍋模倣土器の存在は、その変遷過程を手がかりとして、他の遺物との組み合わせを考える基軸の一つになるものである。

なお、この縦耳付滑石製石鍋は南琉球においても模倣の対象となり、金武による八重山編年の中世段階最古型式であった新里村式土器に認められる（前出　金武　一九九四）。新里村式に次ぐビロースク式土器はその退行型式でもあった。この点からすれば、琉球列島中部圏・南部圏とも、縦耳付滑石製石鍋模倣土器がそれぞれの地域における歴史を区切る重要な存在となっていることに気付く。縦耳付滑石製石鍋の流通とその模倣土器が出現する背後には、琉球列島の歴史に大きな変動をもたらす動きが横たわっていると想定されるのである。

註

（1）琉球列島の地域区分や考古学的研究の概要については、拙稿（池田　一九九一・一九九五）などを参照。

（2）琉球列島の文化圏を北・中・南の三文化圏に分けることについては、国分直一（国分　一九五九）に倣った。

（3）類須恵器は琉球列島に広く分布する須恵器に似た硬質陶器であり、白木原和美氏によって命名された。類須恵器については、拙稿（池田　二〇〇〇・二〇〇三）を参照。

（4）沖縄諸島における貝塚系土器からグスク系土器への推移について、宮城弘樹は北谷町後兼久原遺跡での調査事例を基に、きわめて短期間の間に起こったことを想定している（宮城　二〇〇七）。

参考引用文献

安里進　一九七五「グシク時代開始期の若干の問題について—久米島ヤジャーガマ遺跡の調査から—」沖縄県立博物館紀要』第一号

安里進　一九八七「琉球—沖縄の考古学的時代区分をめぐる諸問題（上）」『考古学研究』第三四巻第三号

安里進　一九九一「沖縄の広底土器・亀焼系土器の編年について」『肥後考古』第八号（三島格会長古稀記念号　交流の考古学）

安里進　一九九五「各地の土器様相—沖縄—」『概説　中世の土器・陶磁器』

池田榮史　一九九一「沖縄考古学の現状と課題」『東京国立博物館美術誌　MUSEUM』四八九号

池田榮史　一九九五「南島と古代の日本」『古代王権と交流八—西海と南島の生活・文化—』

池田榮史　二〇〇〇「須恵器からみた琉球列島の交流史」『古代文化』第五二巻第三号

池田榮史　二〇〇三「増補・類須恵器出土地名表」『琉球大学法文学部人間科学科紀要人間科学』第一一号

池田榮史　二〇〇四「グスク時代開始期の土器編年をめぐって」『琉球大学考古学研究集録』第五号

池田榮史　二〇〇五「兼久式土器に伴出する外来系退土器の

系譜と年代」『名瀬市文化財叢書』七（奄美大島小湊フワガネク遺跡群Ⅰ）
木戸雅寿　一九九三「石鍋の生産と流通について」『中近世土器の基礎研究』Ⅸ
金城亀信　一九九〇「グスク土器の出現」『考古学ジャーナル』第三二〇号
金武正紀　一九九四「土器→無土器→土器―八重山考古学編年試案―」『南島考古』第一四号
国分直一　一九五九「史前時代の沖縄」『日本の民族・文化―日本の人類学的研究―』岩波書店
小林達雄　一九九四『縄文土器の研究』小学館
下地和宏　二〇〇三「宮古諸島の土器」『沖縄県史』各論編二（考古）
鈴木康之　二〇〇六「滑石製石鍋の流通と消費」『鎌倉時代の考古学』
高梨修　二〇〇四「奄美諸島の土器」『考古資料大観』一二（貝塚時代後期）
高梨修　二〇〇五「小湊フワガネク遺跡群第一次調査・第二次調査出土土器の分類と編年」『名瀬市文化財叢書』七（奄美大島名瀬市小湊フワガネク遺跡群Ⅰ）
友寄英一郎・嵩元政秀　一九六九「フェンサ城貝塚調査概報―付・琉球関係考古学文献目録補遺（三）」琉球大学法文学部紀要』社会篇　第一三号
鳥居龍蔵　一九〇五「八重山の石器時代の住民に就て」『太陽』第一一巻五号
宮城弘樹　二〇〇七「総括」『沖縄貝塚時代の終焉とグスク出現に関する研究』（平成一八年度科学研究費補助金（奨励研究）研究成果報告書）
森田勉　一九八三「滑石製容器―特に石鍋を中心として―」『佛教藝術』第一四八号
早稲田大学八重山調査団　一九六〇『沖縄八重山』

コラム4

極東の土器終焉

木山克彦

極東をロシア連邦アムール下流域と沿海地方に限定するが、当該地域は、周辺地域と同様、元代から民族誌時代に至る間の考古学的様相はほぼ不明といってよい。管見の限り、この地域の民族集団は土器製作を行わないため、この空白期間に土器生産の終焉を迎えるようである。ここでは現時点で考古学的に把握しうる最新段階、すなわちアムール下流域の金代、沿海地方の金末・東夏代における、土器を含む容器組成の様相を概観し、土器生産終焉へ向う道筋を検討したい。

1　アムール下流域における金代の容器組成（図1）

アムール下流域ではパクロフカ文化末期が該当する。金代中・晩期（十二世紀後半）以降に当る中興古城墓を取り上げよう（黒龍江省文物考古工作隊　一九七七、胡ほか　一九九一）。容器組成は、轆轤製・還元質の陶質土器、陶磁器、鉄・青銅製鍋である。陶質土器は頸部が消失した盤口瓜棱壺や胴部に数条のスタンプ列を持つ資料等、前段階からの系譜を残す。自生産品であるが、窯跡等は未調査であるため、生産や供給状況は不明である。陶磁器では碗、盤が出土している。定窯産が主体で、耀州窯、磁州窯産が次ぎ、詳細不明だが北方の窯産とされる資料もある。陶質土器とほぼ同数出土しており、食膳具として定着している。鍋類では三脚付羽釜等が出土する。十一世紀後半から十二世紀代前半頃にあたる永生遺跡でも陶磁器や鉄製吊鍋が出土するが数量は少ない。現状

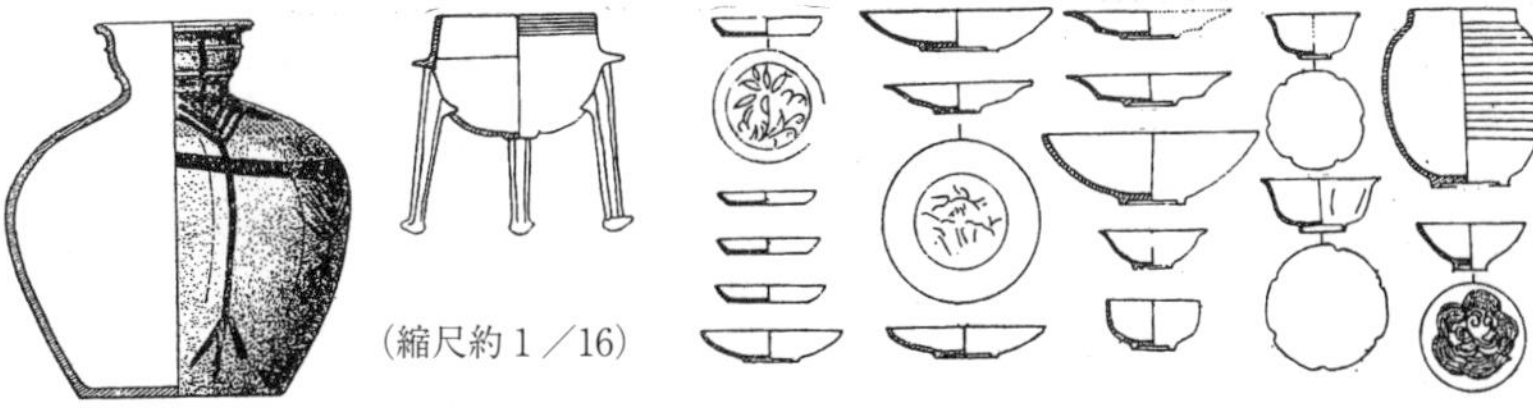

図１　アムール下流域における金代（パクロフカ文化末期）の容器組成

中興古城墓：陶質土器のみ黒龍江省文物考古工作隊1977より。他は胡ほか1991より。

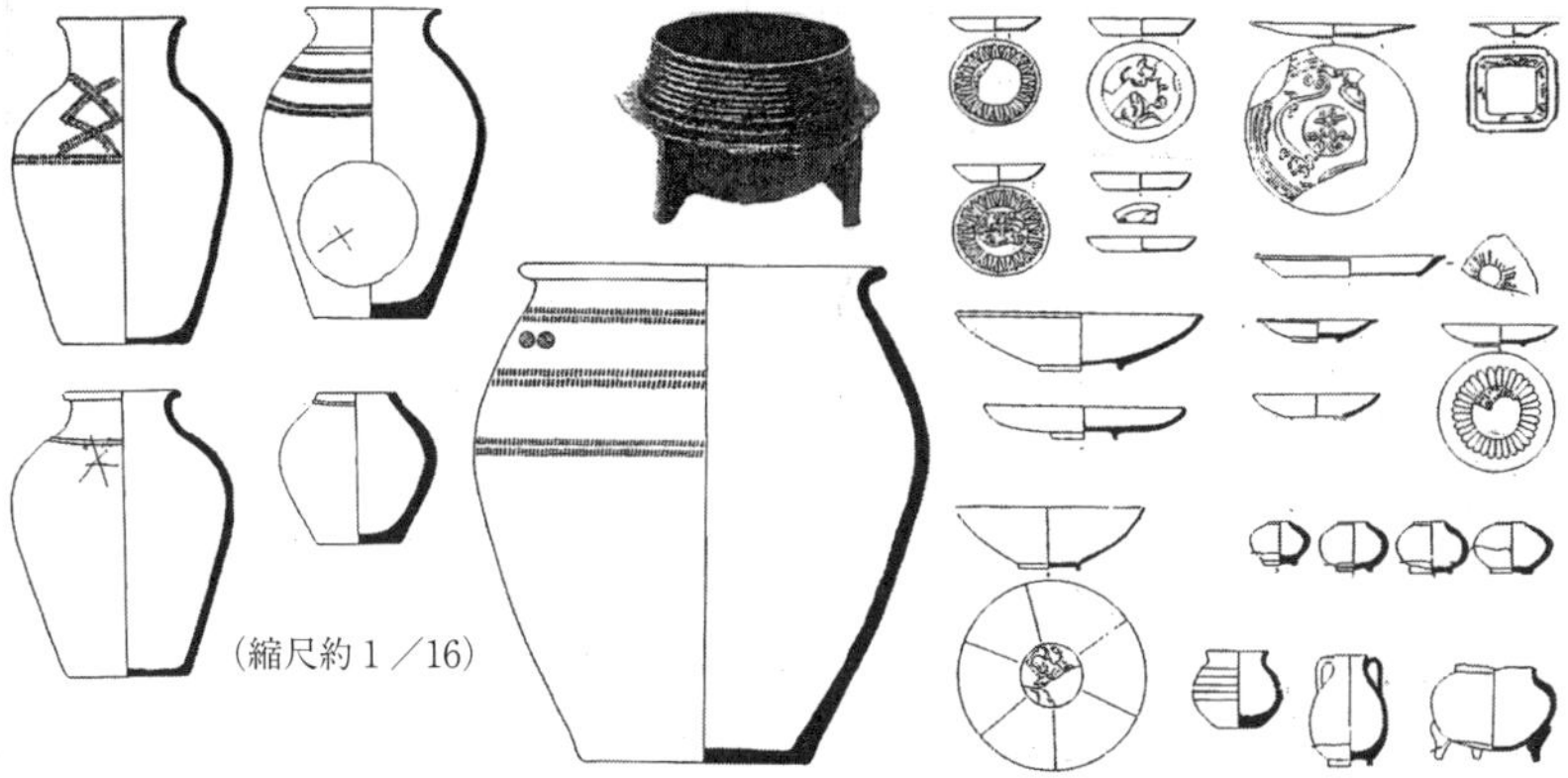

図２　沿海地方における金代末・東夏代の容器組成

陶質土器・鉄鍋はラゾ城祉出土。Леньков ほか2003より。

陶磁器はシャイガ・アナニエフカ・ラゾ城祉出土資料から。順不同。Гельман 1999 より。

では、陶磁器・鉄鍋が、一定度流通し定着するのは金代中期以降といえる。またパクロフカ文化には伝統的に野焼き手製土器の「靺鞨罐」も製作されていたが、中興古城墓では見られない。ただし、同時期頃と見られるジャリ城址、同仁遺跡二期では羽釜を模倣した野焼き土器が出土している。阿什河周辺でも金代の遺跡では、自生産の陶質土器と陶磁器・鉄鍋という構成は共通し、鍋の形状、陶磁器の産地は共通点が多い。陶磁器の器種や数量、鍋の数量はアムール下流域より多く、基本的に陶磁器や鉄鍋はこの地域を介して流通したと思われる。アムール下流域は、金代以降、城郭が設置される等、前代とは異なる体制下になる。新たな流通網に編入され、陶磁器・金属製鍋が増加すると考えられる。

2　沿海地方における金末・東夏代の容器組成（図２）

ロシア沿海地方における近年調査の進む中世期の城郭のほとんどは金末・東夏代（一二一五〜一二三三年）の築城・機能が考えられている。継続的な調査により多くの住居址や工房址が検出され、当時の社会・生活状況が明らかになりつつある。この時期の容器組成も陶質土器、陶磁器、鉄鍋である。陶質土器はスタンプ文様が特徴的だが、その構成は比較的単純で、無文も多い。甕、壺、鉢が主体となる。前代からの系譜は不明な点が多いが、自生産の土器である。ラゾ城址では土塁で囲郭された土器窯を含む工房空間が検出されている。当該期では、他の手工業でも同様だが、土器生産も専門の工人集団の組織化がなされ、集約的な生産と供給が行われたと考えられている。陶質土器の用途は主に貯蔵用とされる。各戸生産とされる野焼き土器はきわめて少ない（Тупикина 1996）。陶磁器は多量ではないが各城址で安定的に出土する。碗、盤、壺等、器種は豊富である。定窯産が最も多く、河北天目、鈞窯、磁州窯産と次ぎ、天目や青磁も少数ある（Гельман 1999）。鉄鍋では三脚付羽釜、耳鍋がある。シャイガ城址では各住居で完形の鍋あるいは破片が出土し（Тупикина 1996）、その普及率は高い。陶磁器・鉄鍋は食膳具・煮沸具として定着している。調査密度に差があるが、陶磁器・鉄鍋の普及率はアムール下流域より沿海地方の方が高い。前者が政治・経済的により周縁に位置していたことに因ろう。

おわりに

十二世紀後半から十三世紀前半の極東二地域の容器組成を概観した。社会背景が異なるため、数量や種類に差があるが、陶質土器・陶磁器・鉄鍋から成る構成自体は共通する。両地域とも、この時期でも陶質土器製作は尚活発であるため、ある程度後まで、陶質土器は製作・使用されたと推測される。新たな食膳具・煮沸具である陶磁器・鉄鍋の流通・普及は、それまでの土器の役割や位置を変化させたと考えられ、土器製作の衰退は陶磁器・鉄鍋の普及と相関すると考えられる。しかし、将来的に貯蔵具としての土器も生産されなくなるため、別の要因も考慮する必要があろう。陶質土器は工人集団の専業と考えられる。陶質土器生産の終焉は地域内で工人集団の維持・存続ができなくなった、あるいは必要としなくなったことを意味する。金代以降、本格的に鉄製品や陶磁器等の流通圏内に編入され、新たな代替品が流通・普及し、より後代にこの傾向が進行するとともに、集団の統制力や統治構成・人口の変化、分業体制の変化といった政治的・経済的状況の変化が土器終焉の背景にあると思われる。

引用文献

Гельман, Е.И. 1999 *Глазурованная келамика и фарфор средневековых памяников Приморья*. Владивосток.

Тупикина, С.М. 1996 *Келамика Чжурчжэней Приморья XII -начала XIIIв*. Владивосток.

Леньков, В. Д., Артемеьва, Н. Г. 2003 *Лазовское городище*. Владивосток.

黒龍江省文物考古工作隊　一九七七「黒龍江畔綏濱中興古城和金代墓葬」『文物』一九七七年第四期　四〇—四九頁

胡秀傑・田華　一九九一「黒龍江省綏濱中興墓群出土的文物」『北方文物』一九九一年第四期　七一—七七頁

コラム5

東アジアの鋳鉄羽釜

五十川　伸矢

東アジアは、古くから鋳鉄鋳物が生産された地域である。そのうち、鋳鉄鋳物の鍋釜は、中国の春秋時代に出現して、次第に東方にも伝播した。日本では、七世紀の末には大型の羽釜が製作されたことが、奈良県明日香村川原寺北限地域の調査で明らかとなっている。羽釜のほかには、各種の形態の鍋があり、古代から中世へと時代が降りるにしたがい、鍋の種類は多様化して地域性も生み出された。本稿では、東アジアに展開した羽釜について、中国・朝鮮半島・日本の羽釜資料を整理し、その形態を手がかりにして、時代や系譜について検討する。

1　中国・朝鮮半島の羽釜

高句麗集安遺跡出土羽釜（四世紀頃）、新羅の金冠塚（五世紀末～六世紀初頭）・梁山夫婦塚（五世紀末）・天馬塚（五世紀末～六世紀初頭）から出土した朝鮮半島の三国時代の羽釜は酷似し、高く突出した口縁をもち、肩部から胴部そして底部へは、球形に近い形態を呈している。肩部には、数条の凸帯が巡り、肩部と胴部の境界に器体を一周する羽が付く。その後、統一新羅から高麗にかけては、前述の羽釜が衰退し、脚付き羽釜、やや長胴形の羽釜などが、その模倣土製品とともに使用された。

渤海の羽釜といわれているものとして、琿春県小六道・上京龍泉府・集安国内城出土品などがあり、これらは口縁部と肩部との境界が明確ではなく、羽から上の肩部・口縁部は全体として外反し、比較的数多くの凸帯が巡る形態をしている。日本秋田城跡出土品（八世紀前半）は、これらと似ており、渤海使がもたらしたという考えもある。しかし、これらが、確実に渤海産のものかどうか検討を要する。

中国東北地方の遼寧省・吉林省・黒竜江省には、羽釜が分布し、遼・金の時代のものといわれている。そのなかには、長い三脚の付く小型羽釜がみられ、この三脚付き小型羽釜は、モンゴルや沿海州南部にも分布している。そのほか、三脚の付かないものは、やや大型で、体部を一周する羽の付くもの（円鍔羽釜）がほとんどなく、耳状の取手が四～七程度付くものが多い。これらは耳鍋と呼ばれている。耳鍋の口縁部と肩部の境界は不明瞭で、やや内傾するものもあるが、基本的に直立し、多条の凸帯が巡り、羽以下は丸い形態を示す。

２　日本古代・中世の羽釜

鋳造遺跡出土鋳型は、製品を復原するための重要な資料であり、古代のものは、川原寺北限の鋳造工房出土鋳型（七世紀末）、福島県相馬郡鋳造遺跡出土鋳型（九世紀中葉）、埼玉県大井町東台遺跡出土鋳型（九世紀）、富山県射水郡上野南ⅡＢ遺跡出土鋳型（九世紀）などがある。川原寺北限出土の羽釜鋳型が示す形態は、朝鮮半島の三国時代の羽釜に類似し、その他の鋳造遺跡出土のものは、統一新羅時代の三脚付き羽釜に類似するものが多い。

鋳鉄鋳物はさびやすく、破損すれば新たな製品を製作するための地金として回収されるので、古代の遺跡出土の鋳鉄鋳物羽釜や伝世品の鋳鉄鋳物羽釜は資料数が多くはないが、長野県東南部から群馬県北部に分布し、長胴で短い羽と底部に棒状の長い湯道の付く地域的な羽釜がある。これらは、一〇世紀頃に位置づけられており、朝鮮半島の長銅の羽釜に類似する。

一方、中世の羽釜は遺跡出土品・伝世品ともに相当量の資料があり、朝鮮半島の三国時代の羽釜の系譜を引くものは、その器形の変化をたどることができる。たとえば、楠葉東遺跡例・根来寺例・北岡遺跡例・堺環濠都市遺跡例は、一二～一六世紀に、河内地域で生産された羽釜の変遷を示すものである。その器形は、古代の羽釜にみられる球形に近い形態から、徐々に、肩部と胴部が直立し、底部が扁平となり、胴部と底部

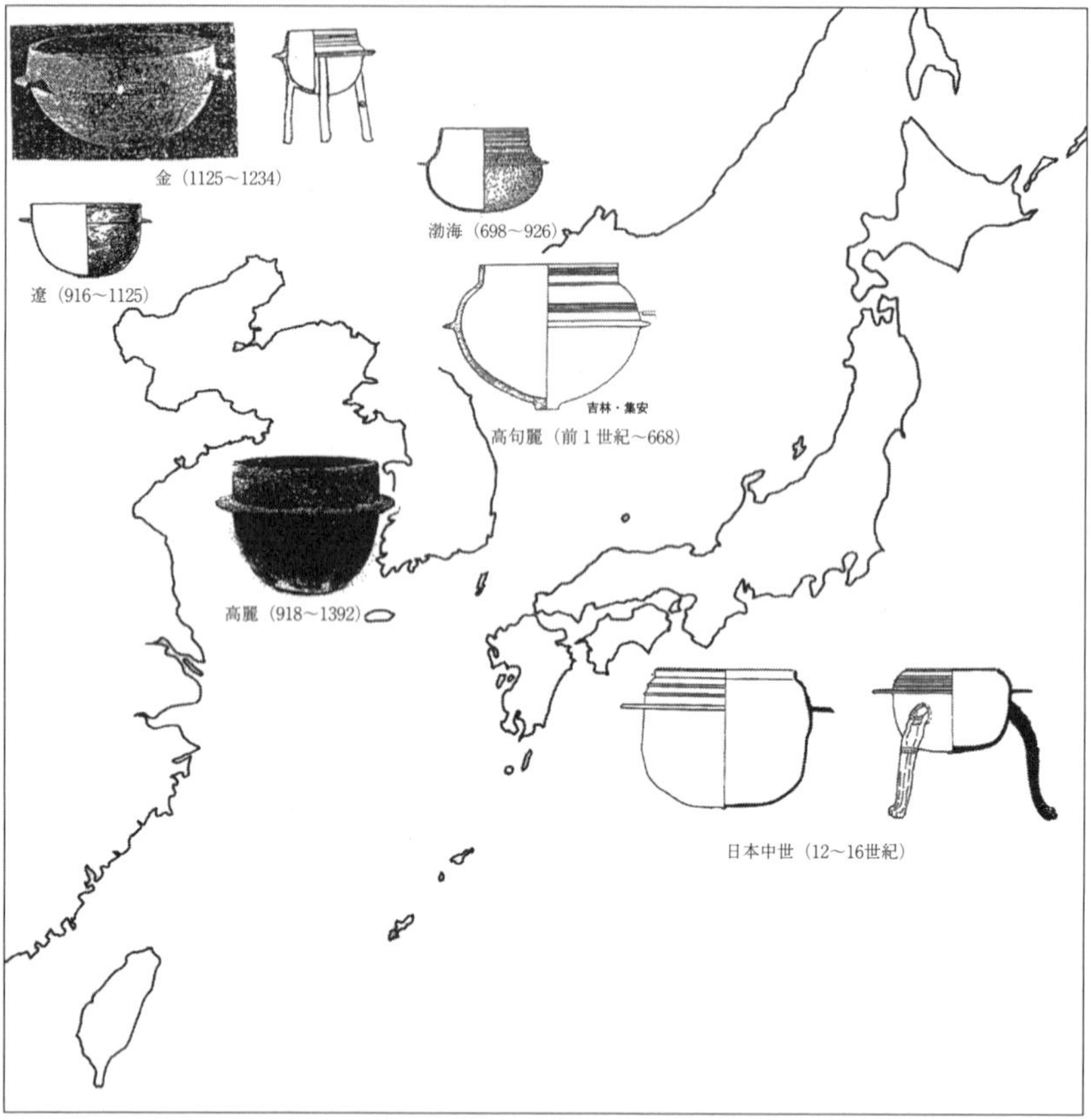

図１　東アジアの鋳鉄羽釜

の境界の屈曲が明瞭となってゆく。

以上のように、古代日本の羽釜は、形態が韓半島の鋳鉄羽釜ときわめて類似している。そして、川原寺北限遺跡で検出されたように、大型の特殊な羽釜を寺院という需要者に生産供給する技術者が、七世紀末には渡来したことが推定される。また、九〜一〇世紀に、各地において小型の鋳鉄製三脚付き羽釜の生産が活発化するが、それは、朝鮮半島の羽釜生産が背景にあることが明らかになってきた。

隋・唐代から宋代にいたる時期の中国の中原地域には、羽釜資料がみつからない。それは、資料収集の不足などの事情によるものかもしれないが、隋・唐代には先進地域においては、伝統的な釜が衰退して鍋が盛行するようになったといわれている。それに対して、中国東北地方においては、古い伝統が維持されたとみるべきであり、日本においても、古代から中世へと羽釜の生産と使用は継続されていった。これは、東アジアの東端地域の特色といえるだろう。また、日本の伝統的な羽釜の形態は、古くは朝鮮半島の三国時代の羽釜の形態を継承しており、さらに、その淵源は漢代の羽釜にいたる。上述のように、日本の羽釜は、東アジアの各地の羽釜のうちで、漢代以来の伝統を最も忠実に保持しつつ、変化をしてきたということになる。

参考文献

五十川伸矢　一九九二「古代・中世の鋳鉄鋳物」『国立歴史民俗博物館研究報告』四六
五十川伸矢　一九九九「環日本海地域の鋳鉄文化の展開」『環日本海地域の鉄文化の展開』（社団法人日本鉄鋼協会　学会部門社会鉄鋼工学部会）
五十川伸矢　二〇〇五「日本古代の鋳鉄羽釜」『鋳造遺跡研究資料二〇〇五』
五十川伸矢　二〇〇八「韓半島と日本の古代鋳鉄羽釜」『鋳造遺跡研究資料二〇〇八』
岡崎敬　一九五五「中国古代におけるかまどについて」『東洋史研究』一四―一・二
越田賢一郎　一九九六「北日本における鉄鍋」『季刊考古学』五七
小嶋芳孝　一九九五「靺鞨・渤海と日本列島」『環日本海論叢』八
たたら研究会　一九八七『日本古代の鉄生産』（六興出版）
趙清俊　一九九〇「遼金時代契丹女真族使用銅鉄炊器習俗的探討」『古民俗研究』（吉林文史出版社）
鄭鍾兌　二〇〇五「三国～高麗時代釜の展開様相」『錦江考古』第二輯

第二章　生産と流通

3　生産・流通の諸相①

第七節　高麗瓦と琉球史

上原　靜

琉球列島におけるグスク時代（中世相当）は文化や物流の往来がきわめて顕著な時代である。グスク遺跡から出土する多様な遺物類は、近距離では奄美諸島、遠距離地域では日本、韓国、中国、東南アジアなどで生産されたものであり、交流・交易の盛んであったことを如実に物語っている。本稿の主題は琉球に伝播してきた屋瓦の生産の実態や流通のシステムに関する現状を概観することにある。

一　研究の現状

古瓦に関する考古学的研究の領域では、大川清による型式学的先行研究がある（大川　一九六二）。沖縄諸島出土瓦は高麗系瓦、大和系瓦、明朝系瓦の三種類に類型化され、前二者を中世相当に、後者を近世に位置付けた。ここでは前二者について述べる。各々は文字どおり朝鮮、日本の造瓦技術を系譜にもつ屋瓦である。高麗系瓦とは平瓦の製作が筒巻き技法による還元炎焼成の瓦群をいう。その平瓦の凸面には羽状打捺文および打捺銘「癸酉年高麗瓦匠造」、「大天」などがある。他方、大和系瓦は軒瓦の瓦当に巴文や唐草文が施され、平瓦には離型剤と一枚造台が使われた還元炎焼成の瓦群である。高麗系瓦が八種類三二型式で、大和系瓦は七種類二三型式である。これまでの型式学的研究から高麗系瓦は、前代の造瓦技術をそのまま継承し、僅かに造形や文様面に変化をみせる程度の状況である。一方、大和系瓦の場合は基本的造瓦技術を継承しつつも、高麗系造瓦技術および南島の自然環境あるいは文化をも取り込んだかたちで作瓦がなされている。つまり造瓦技術の南島化が認められ、その技術も高いレベルを維持していたことが推定される。なお、瓦葺きの作事には茅葺きなどの技術とは異なったその他の土木工学など体系的な知識を必要とすることから、高度な建築技術が高麗、大和から導入されたものと考えられている。

二　高麗系瓦の型式学的特徴

高麗系瓦は還元焼成炎による灰色を基調とする瓦である。焼成は良好なものから不良なものまであり、後者には表面が褐色で、胎土中央がサンドイッチ状に灰色を呈しているものもある。胎土は精練され肉眼では不純物はみられないが、薄片観察で角閃石やチャート等の微砂粒が確認されている。高麗系瓦は八種類三二型式である。内訳は軒丸瓦四種、軒平瓦一〇種、丸瓦二種、平瓦五種、有段式平瓦五種、隅木先瓦一種、鬼瓦一種、熨斗瓦一種、窓瓦一種である。以下にそれらを概観する。

1　軒丸瓦

(1)　瓦当文様

軒丸瓦の瓦当文様は蓮華文様に限定される。蓮華文様は丸く突出した中房を共通項とし、周囲の蓮弁や圏線等にみられる表現の差違により二型式に大別される。なお、これら二型式の蓮華文は半円状の竹管文様などの有無により、それぞれ細分される。以下、型式別に記す。

<蓮華文1類>　九葉素弁蓮華文である。瓦当の中央には一条の圏線を有する円錐台状の中房が付されている。この中房は内区の花弁や外縁に比べると著しく突出（約一センチ）し、きわめて強調された感をいだく。この中房の周辺には紡錘形（蓮つぼみ状）の花弁が九枚配されている。外区と内縁には二条の圏線が造られ、その間に約三一個の珠文が巡らされている。なお、珠文の形は一定せず、円形から楕円形へと漸次変化しながら囲繞している。外縁は高さが一～二ミリと低く、また幅も五～一〇ミリと狭いつくりをしている。本類は細分が可能で中

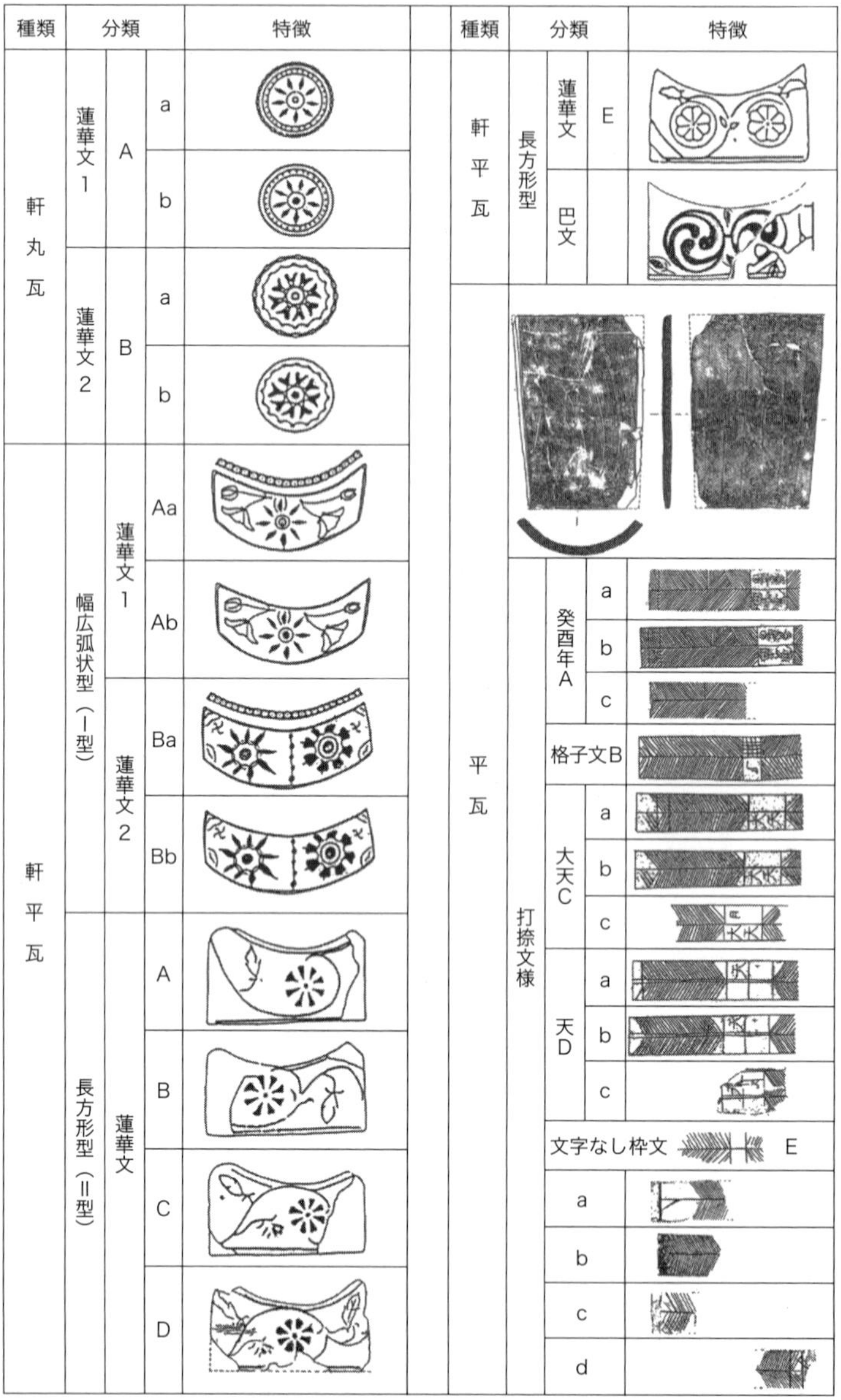
種類
分類
特徴
軒丸瓦
蓮華文1
A
a
b
蓮華文2
B
a
b
軒平瓦
幅広弧状型（Ⅰ型）
蓮華文1
Aa
Ab
蓮華文2
Ba
Bb
長方形型（Ⅱ型）
蓮華文
A
B
C
D
種類
分類
特徴
軒平瓦
長方形型
蓮華文
E
巴文
平瓦
打捺文様
癸酉年A
a
b
c
格子文B
大天C
a
b
c
天D
a
b
c
文字なし枠文
E
a
b
c
d

図1　高麗系瓦1

房、花弁等の形は基本的に違いはないが、中房に円形の孔と外縁に半円状の竹管文を刺突するaタイプと刺突しないbタイプがある。なお、aタイプは外縁に竹管文が囲繞しているが、瓦当下半部（顎）の整形時に削りとられるものがあり、破片によってはa、b類の分別が困難なものもある。

〈蓮華文2類〉　八葉素弁蓮華文。蓮華文中央の中房は一類同様に円錐台状に突出し、二条の圏線を有する。八枚の花弁は先端がY字型に分岐した形をしており、基部は中房の圏線でつながっている。外区の内縁は大粒の珠文一六個を弧線一条で連ねるようにしている。なお、本類は中房や花弁の基部などにみられる竹管文の有無により、a、bの二タイプに区別される。

(2)　技術的特徴

〈瓦当の整形〉　瓦当の表面には糸切り痕と文様のずれ等が明瞭に残り、直接粘土板に笵を使用したことがわかる。瓦当裏面は撫で痕があるだけで布の痕跡は見受けられない。瓦当の厚さは概して薄いが、笵に粘土を数回に分けて足したとみられる痕跡がある。瓦当の断面形態は特に瓦当裏面の中央部より下半部に厚さを減じる整形をしたものが多く、凸レンズ状を呈している。注目される点は、瓦当裏面の下半分に残る円弧状圧痕である。A類瓦当の同圧痕は大きさにすると直径が約一二センチの円である。同圧痕に関して、朝鮮半島出土の瓦に筒状に深く、布目痕を伴うもの（大脇　一九九六）や高麗期の安鶴宮遺跡から半円状の凹線を有するもの（千田　一九九六）が出土している。前者は一本木造りの痕跡として解釈されているが、後者の痕跡については分かってない。沖縄諸島出土の瓦は布目痕や深い窪みがないことから、高麗期の安鶴宮遺跡に類似するものではなかろうか。いずれにしても李朝期の瓦に同様の痕跡はみられないことから、古い段階における造瓦技法の痕跡と思われる。

〈瓦当と丸瓦〉　瓦当には半筒の丸瓦が接合される。丸瓦の端部は瓦当裏に包み込むように接合される。ただし、接合面には接合に際しての粘土の厚みはない。瓦当と丸瓦との角度はほぼ直角である。なお、瓦当顎の整形には二種類ある。瓦当下半部の外縁を大きく篦削りするものとされないものがあり、その他、表裏面の厚さが薄く平坦に整形されるものがある。この篦削りはおそらく水切りを考慮しての整形であろう。なお、丸瓦部分の形態的

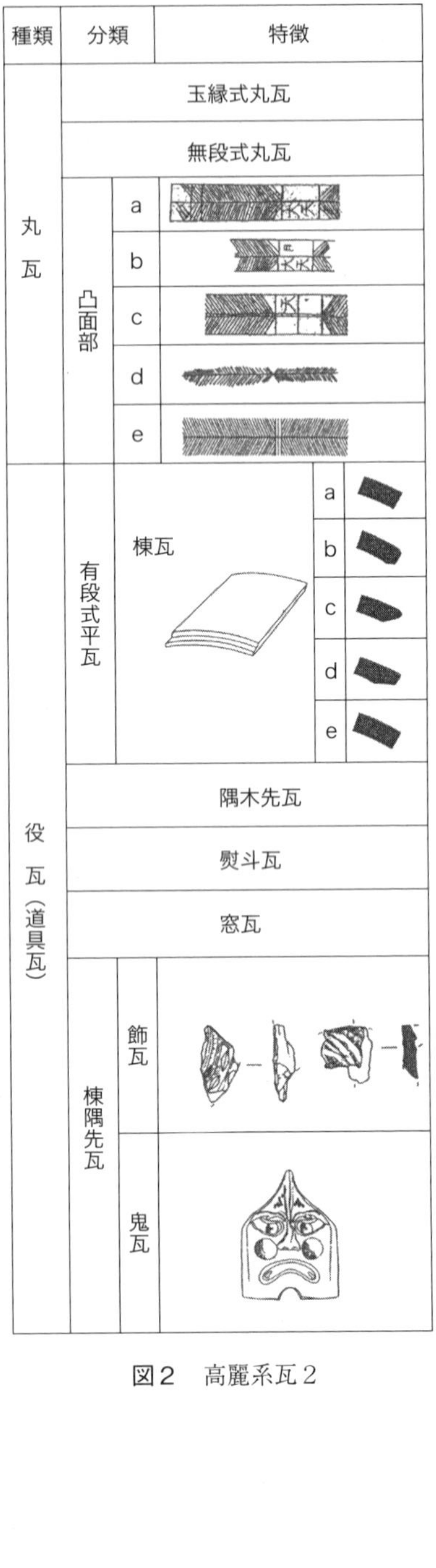

種類	分類		特徴
丸瓦	玉縁式丸瓦		
	無段式丸瓦		
	凸面部	a	
		b	
		c	
		d	
		e	
役瓦（道具瓦）	有段式平瓦		棟瓦
			a
			b
			c
			d
			e
	隅木先瓦		
	熨斗瓦		
	窓瓦		
	棟隅先瓦	飾瓦	
		鬼瓦	

図2　高麗系瓦2

特徴として釘孔を上げることができる。

2　軒平瓦

(1)　瓦当文様

軒平瓦は類型的に瓦当面が幅広の長方形を湾曲させたような弧状型（図1）と、瓦当面がさらに広くかつ瓦当下縁部が直線になるいわば長方形型の二種類に大別される。なお、幅の狭い弧状型や倒三角型の瓦当は見当たらない。瓦当文様は基本的には蓮華文と巴文のバリエーションからなり、とくに蓮華文には卍文、珠文、半円状の管文が付加されて華やかである。また、華文の表現は側視型と正視型の二通りがあり、同一の瓦当面に表現されるものが普通である。

①幅広弧状形瓦当（I型）

＜蓮華文1類＞　瓦当面の上縁が平瓦の湾曲に合わせて幅広い弧状を呈するものである。瓦当面の中央に花弁が八枚の蓮華文一個を置き、側視型の蕾と花を左右対象に配したものである。華文は軒丸瓦の蓮華文一類に類似し、大きな中房に一条の圏線があって、花弁は紡錘形を呈している。また、構図は変わらないが、中房に一つの円文と瓦当の上縁部に竹管文を一条施文するものがあり、その管文の有無により細分される。大きさは弦幅が約二六センチ、瓦当幅（中央部）が一一センチである。

＜蓮華文2類＞　瓦当に蓮華文を二個描く種類である。瓦当中央には線で結んだ縦位の珠文五個で両面を区画し、左右にそれぞれ異なる蓮華文を配する。左側の華文は二重の圏線を巡らす中房に、紡錘形の花弁を九枚描いた蓮華文である。一方、右側の華文は中房が左側華文とほぼ同形で、花弁がパルメット文形をした八枚の蓮華文である。また、左右の上端には卍文と全体の四隅に癸酉在銘瓦にもみられる縁取り模様を配置している。本類は華文の中房に孔と瓦当上縁部に半円状の管文を施文するものと、施文されないものがあり、下記のように二分される。大きさは弦幅が約二九センチ、瓦当幅（中央部）は一一センチを計る。本類と関係する在銘平瓦は資料に恵まれないため確信はないが、広端部の長さからすると格子打捺文様の施された平瓦の可能性が最も高い。

②長方形型瓦当（Ⅱ型）

　瓦当面が長方形を呈する瓦群で、朝鮮半島の高麗瓦に類例を見出せない特徴的な形をしている。瓦当面の形態には左右の上端が斜めに整形されるタイプ（蓮華文A～D類）と左右の上端がそのまま平瓦の線形を残すタイプ（蓮華文E、巴文）とがある。さらに瓦当の大きさからみると前者の蓮華文のあるものと巴文の施文されたやや大きい二タイプがある。瓦当文様は基本的には蓮華文と巴文の二種類からなり、なかでも前者の蓮華文は花や蕾、蔓等の構成にバリエーションがみられ、現在のところ六種類を確認することができる。巴文は軒瓦文様にはみられない文様で、後述する大和系軒丸の巴文様との関連が予想される。

　蓮華文A～E類は一個の蓮華文と蕾（葉）を蔓で結んだ文様からなり、蓮華文は八弁の正視型華文、蕾は側視型で描かれている。瓦当にみられる左右の上端は左上端が丸く、右上端は斜に整形されている。瓦当面と平瓦との接合角度は約九四度である。

(2)　技術的特徴

　瓦当面は軒丸瓦と異なり、瓦当面に布目痕と糸切り痕が明瞭に残る。布敷きの木笵が使用されている。笵に粘土を足し製作したもと思われ、破損による残存部には粘土の重なりを残すものがある。なお、瓦当裏面はやはり軒丸瓦と同様に布目痕はなく、僅かに接合部に横位の撫で整形痕がみられる。瓦当は下端部が薄く、上端部に向かい漸次厚くなり、平瓦との接合面が最も厚くなる。特に接合面の厚さからみると長方形型の蓮華文一類は薄く、次いで蓮華文二類が僅かに厚くなり、巴文一類はかなり厚く、補強の粘土も多く使われている。

瓦当面と平瓦の接合は、瓦当上縁に平瓦を接着するが、平瓦の端部が直接露出することなく僅かに瓦当裏にその端部がくい込むような接合をとる。

瓦当面と平瓦の接合角度は、幅広弧状型と長方形型の蓮華文一類に九四度の微弱な角度で接合する。同型の蓮華文二類および巴文一類は九〇度と直角に付されている。瓦当の上縁部の角は面取りされ、水切りをよくする工夫から、弧状型と同様な用法が予想される。しかし、量的に少ない点を考慮すると、あるいは降り棟の隅などで飾り瓦として瓦当面を逆にした使用も考えられ、注目される型式の瓦である。

3　丸　瓦

(1)　形態的特徴

模骨使用の二分割造瓦で、玉縁が付される型式と玉縁が付されない無段式がある。ただし、出土量から前者が一般的形態で、後者は完全な形でないとその判別が難しいこともあり報告例は少ない。現段階で確認できる大きさには、玉縁式では全長四二・六センチ、筒部幅一六・五センチ、厚さ一・九センチ、重量三・二八キロ（大天在銘瓦）のがあり、無段式では全長四一・一センチ、筒部幅二一・三センチ、厚さ一・八センチ、重量三・〇五キロ（大天在銘瓦）のものがある。

(2)　技術的特徴

丸瓦の製作における痕跡としては、分割前に行われた側面の篦痕（瓦刀痕）と分割面がある。側面の整形がみられるのは軒丸瓦の丸瓦部分である。

凹面には剝離を容易にするための布目が全面に残っている。丸瓦の凹面に残された形態から模骨を復元すると、撫で肩もしくは流線形をなすもので、やや端部に向かって広くなり、模骨の筒部の径は約一四センチを測る。なお、焼成後の縮みを考慮すると二割増して一六・八センチになろうか。

凸面は打捺による締めがなされ、その後撫で調整が一様に行われる。打捺文様については、整形時の撫で作業で全体に明確に残る例は少なく、また、平瓦に比べ打捺の力が弱かったせいか打捺板の痕跡は明瞭に残っていない。ただ、文様の種類としては平瓦のようなバリエーションは存在しない。打捺文様からみると、文字を有するものを含めて数タイプあるとみられるが、現在のところ明確に図化できるのは次の二種だけである。

4　平瓦

(1)　形態的特徴

平瓦は平面形が台形を呈する。大きさは数種類みられるが現在確認できるものは、①全長四四センチ、広端長三二・五センチ、狭端長二六センチ（格子打捺文様瓦）、②全長四三・五センチ、広端長三四センチ、狭端長二七・五センチ（大天在銘瓦）の二例である。

平瓦の厚さは最も薄いもので一・二センチ、逆に厚いものは二・六センチである。ただし、瓦は同一個体であっても部位により厚さに違いがあるが、一般的には一・七センチ前後のものが多く、その他、二・一センチ以上の厚手のものや一・六〜一・四センチのやや薄手のものもある。

(2)　打捺文様

凸面の打捺文様は高麗系瓦を判定する上での重要な特徴の一つである。打捺具に記された銘や羽状文（他に有軸羽状文、矢羽根文、魚骨文等とも称される）の種類によって分類可能で、基本的な類型は大川清氏（大川　一九六二）により明らかにされたが、その後、発掘調査が実施された浦添城跡の出土資料をもとに、下地安弘氏が大川氏の提示した在銘瓦の分類を再編した。本文は下地氏の分類に準ずるが、新たな資料の追加があって一部を改変した。なお、〝その他〟とした項目は小破片のため、今後の資料追加が必要である。在銘部分以外の端部や筒部の羽状模様の相違から分類すると一一種類の打捺模様を確認することができる。なお、いずれも打捺板の大きさは平瓦の長さと同様のもので、極端に長短の変化のあるものはみられない。

①打捺文Ａ　「癸酉年高麗瓦匠造」の在銘瓦

打捺板の中央部に二条の並列した銘が施された瓦群で、銘文は鏡写しの逆文字で左側から「癸酉年高」、右側へ「麗瓦匠造」と配置されている。羽状打捺文様の施文された部分で、特に端部において若干の違いが認められ、打捺板に複数あることがわかる。当然銘の部分にも違いがあるものと考えるが、これについては今後の課題として、違いの明瞭な打捺痕の端部にある羽状文様の種類により在銘瓦を分類する。羽状文の角度は一一〇～一一五度である。

②打捺文B　「格子打捺文様」＋「瓦」

打捺板の銘部分が四角の枠になり、左側が縦四本、横三本の線で構成される格子模様、右側には漢字の略字もしくは記号様な一文字がある。大川清氏は「瓦」の文字と解している。羽状文の角度は一一五～一二〇度である。本瓦は羽状文が太く、瓦自体が厚手である。瓦の大きさは、長軸の長さ四二センチ、幅七・五センチである。

③打捺文C　「大天」在銘瓦

枠内に鏡文字の大天銘を有する瓦群で、この銘瓦にその他の文字等を追加する例が発見され、バリエーションのあることが分かってきた。本類は左枠内に「大天」の縦位文字、左枠内は空白にするものである。打捺文様の長軸は長さ四三センチ、幅六・五センチである。羽状文の角度は一二五度が多い。

④打捺文C$_{c}$　「大天」＋「月」在銘瓦

左側に上記C「大天」、右側に「月」状の文字に似た銘がある。「癸酉…」や「大天」に比較すると「月」は稚拙で楷書体ではなく、むしろ記号にもみえる。当面は「月」の文字として解しておく。資料が破片のため全体の様子は不明ながら羽状の打捺目はCに類似する。大きさは破片のため不明である。羽状文の角度は一一五～一二〇度である。

⑤打捺文D　「天」在銘瓦

Ⅱ類と同様に二文字を入れるに十分な枠を横位の線で上下を区分し、その上段の左枠内に鏡文字の「天」字を刻み、右上段の枠内を空白にする。なお、下段の両枠内とも文字および記号等はなく、空白にしている。長さは現在のところ不明。幅は七・〇センチである。羽状文の角度は約一二〇度である。

(3)　技術的特徴

凸面にある打捺痕と凹面にみられる工具の痕跡やその他の特徴を観察の対象とした。平瓦は平面形が台形をしており、説明の便宜上、本稿では広端面を上に狭端面を下に設置してある。

(4)　打捺技法

上記の平面形を上広端、下狭端の位置におくが、打捺板の種類によっては銘文の天地が逆になる。A「癸酉年」銘とB「格子打捺文」は逆さになり、C「大天」銘、C_c「大天＋月」銘、D「大」銘瓦は正位置となって、打捺具の使用における違いが認められる。また、この打捺作業は左右のいずれかに回転しているので、その方向が復元できる。A、Bは左から右方向になされ、Cは両方向の動きがあるが、主として左から右の方向が多い。C_cには左から右の資料があり、Dについても左から右がみられる。さらに、打捺板の使い方で、打捺板面を二分の一を重ねて展開するものと、重ねずに板の幅を揃えて行うものがある。A、Bは二分の一を重ねるものが多く、よって在銘部分が重複したり格子模様のみが重なっている。Cは二分の一を重ねるものと二分の一以下と重なりを少なくしたものがあり、在銘のシャープなものが多い。C_cおよびDは前述したとおり資料不足で、打捺方法の傾向はつかめない。現資料では二分の一以下で重ねて行っておりCに類似する。

(5)　製作桶

整形台となる桶の形は製品の平瓦が台形を呈することから、裁頭円錐形を想定することができる。そして凹面に桶巻き状の跡がみられないことから、韓国の民俗例として報告された下が狭く、上が広い逆さ台形状の円筒が考えられる。平瓦の広端面は撫で痕が多いのに対し、狭端面は凹面縁が面取りされ、結果として端面そのものが細くなり、狭端面は意外に粗面を呈しているものが多い。明らかに広端側と狭端側に製作工程における取り扱い方の違いがみられる。また、狭端の凸面側に反りや膨らみがある例から、整形段階において前述の土俗例にみる逆さ台形筒が想起さる。さらに、乾燥段階においても狭端部側を下に置いた形が考えられる。ある程度硬くなった乾燥時の最終整形段階に、狭端側の面取を行うために、上下端の位置が逆になったのではなかろうか。

(6)　成形作業

①円筒桶に巻き付ける粘土板は糸切りの方向、打捺具の方向、粘土合わせ目の状態から、粘土板を二枚に巻き付けた可能性を下地安広は指摘している（下地　一九八六）。

②平瓦の凹面側に四つ割りの目安となる縦位の細い溝

があり、また、分割面には凹面側から入れられた瓦刀痕の平滑な面が残る。前述の丸瓦同様に分割破口面はそのまま化粧されずに放置されている。側面に残る瓦当痕の平滑面を約三分の一、二分の一、三分の二の三段階で分類すると首里城跡の出土例では三分の二タイプが多くみられる。

③端縁の整形は広端側がほとんど篦削りが行われないか、もしくは細く削りとるものが多く、逆の狭端側は幅が四～六センチと広く面取りされるものが普通である。

④粘土板が模骨に巻かれる方向は左巻きと右巻きがある。これは技術的な系統や他の遺跡との関連を知る上でも重要な要素とみられる。首里城例（西のアザナ）について、模骨を広端が下、狭端が上という基準で粘土合わせ目を分類すると、四〇点中、右重ね二四点、左重ねは一六点であった。

⑤狭端面に整形痕がほとんどみられないのに対し、逆に広端面は撫で整形を行っている。

⑥布目圧痕には精粗の二種類がある。一センチ四方を基準に圧痕の明瞭な横糸をみると約一七本のものと約一四本のものがある。一七本の細かな布は、「癸酉年」銘瓦に集中し、一四本の粗い布は「癸酉年」銘瓦、格子模様瓦、「大天」、「天」銘の四種類にみられた。また、布目圧痕は斜めによじれたように付くものが少なくなく、比較的柔らかい布が模骨に巻かれていたことが推測できる。凹面には糸切痕と布目圧痕が全体に残るものが多い。

⑦平瓦の凹面には円筒桶を囲繞する紐圧痕がある。横位に走る細い紐の圧痕で、布目が重なることから布と筒の間に存在するものと考えられる。同圧痕が何本、桶のどの位置にあったかは明確ではないが、現在知りうる位置として、広端面から四・五センチ～八・二センチの間に一本と狭端面から一・〇センチ～一〇センチの間に一本あったものとみられる。また、両端部を欠損した大形の筒部破片の中に、二本の紐圧痕が観察できるものがあり、その紐間隔は約八センチであった。

⑧円筒に巻き付けた際の布継ぎの合わせ目痕がある。斜の布の継ぎ合わせの線で、この部分は線を境目にして厚みの差が認められる。

⑨整形時についた指痕として凹面の広端側に斜めに深く走るものがある。

⑩分割目安痕と粘土合わせ目痕がある。分割目安痕と

は平瓦の分割を容易にする目的で円筒桶に取り付けられた割り棒痕のことである。痕跡の幅は約五ミリである。この分割目安痕と前述の④に示した粘土合わせ目の関係について首里城跡(西のアザナ)資料でもって検討した。その結果、a．分割目安のみがみられるもの一〇％、b．粘土の合わせ目がみられるもの七三％、c．分割目安と粘土の合わせ目が共にみられるもの一七％となり、分割目安の突起部分を意識して粘土合わせ作業を行った様子はみられない。

5　有段式平瓦

平瓦の端部に段（玉縁）が付される形態からそのように呼ばれる。側面形が五種類みられ、形態的には数タイプの存在が予想される。なお、有段式平瓦の凸面は凹面に比べ風化が進んでいることから、凸面が上に向き、凹面は下向きの利用形態が考えられ、棟瓦（雁振瓦）的な使用方法が推定される（関口　一九七六）。当瓦の凸面には太い羽状打捺文様があり、凹面には糸切り痕と布目痕が残っている。また、側面は分割面をみせるものをはじめとして数タイプあり、諸特徴が高麗系平瓦と共通する。

凸面には「大天」銘瓦系の太い羽状文様が施されているが、現時点で在銘瓦はみられない。なお、凹面や側面が長軸に対して垂直であることから、製作における桶は柱状の円筒が推定される。平瓦の桶よりはさらに大きいものが予想される。平面観は長方形になるものとみられが、明らかに三角形を呈するものもあり、隅切り瓦的なものもある。また、端部の凹面に瓦当状の粘土板を取り付けるものもあり、明らかに軒瓦とは異なる形態の瓦が存在する。

有段式平瓦の厚さは薄いもので一・七センチ、厚いものは二・八センチ、最も多く得られた資料は二・三〜二・四センチである。「癸酉」等の在銘平瓦とは厚さで確然と区別される。

6　隅木先瓦

平瓦の端部に軒平瓦のように平板を取り付けた形態をなす。現在のところ破片資料であるため全景の示す資料はないが、平瓦の端面より約二センチ内側の凹面に瓦当状の平板が付けられ、瓦当状をなしていたとものとみられる。凹面の張り付け部分には接合のためのキザミが付けられる。平瓦の凸面に粗い打捺文様があり、また、在銘平瓦に比べ充分に厚いことから有段式平瓦との組み合わせがある。

7　鬼　瓦

厚みのある粘土板をベースに、その上面に粘土を付加し目、鼻、頬を造形した鬼面で、還元焼成焔の灰色瓦である。現在のところ浦添城跡と首里城跡の二遺跡から出土している。完形資料は得られていないが、幾つかの破片をもとに推定復元したものがある。これは頭部の中央が尖り一つの角をなす。頭頂部から鼻筋が隆起し、中央の鼻できわめて大きく盛り上がっている。鼻の穴も大きい。両頬は丸く饅頭のように盛り上がる。目および口は粘土紐で縁取りして鬼面を造っている。なお、口・鼻・目などの造形とともに、眉上部に軒丸瓦や高麗青磁に多くみられる管文等も施文されている。鬼面の大きさの割には下部の股くりは小さく特徴的である。鬼面の裏は粘土板の骨を構成するようにY字を逆にした粘土凸帯を張り付けている。角の裏が丁度粘土凸帯で、鬼面裏の中央部から二股に分かれている。なお、二股に分かれる部分の凸帯には縦位の孔がそれぞれ一孔ある。股くりの裏側には丸瓦が接合されていたとみられる張り付けの痕跡がある。なお、鬼面の種類については造形の大きい鼻部の破片も出土しており、鬼面の表情はまだ複数あるものと思われる。大きさは推定高さ四七センチ、横幅約三四センチ、粘土板の厚さ約三センチ、裏面にある突起の高さ八センチ、幅三・三～四・四センチである。

8　熨斗瓦

前述した一般的な平瓦より幅がせまくなるもので、熨斗瓦は両側を割り短冊形にしたものと定義される。当初から製品として製作されたものと、平瓦を丁寧に打割して二次的に加工した製品もある。後者は現場合わせでなされたものと推測される。前者は首里城京ノ内地区に事例があり、両側面とも模骨から割りとって製作した分割破口面が残っている。一方、後者のものは「大天」銘のある平瓦で、一側面は削り整形でなされたものである。

9　窓　瓦

この名称は時期の新しい桟瓦など煙突様のくり抜きの

ある瓦で、現在適当な名称がないため、このように仮称しておきたい。平瓦の内面に湾曲した切り込みの入った瓦で、焼成後によるものではなく当初の製作段階に造られた役瓦（道具瓦）である。全形については良好な資料に恵まれていないため正円になるのか半円になるのか不明だが、推定口径は四・二センチである。平瓦は「癸酉」在銘瓦とみられる。

三　高麗系瓦の系譜と伝播

沖縄諸島における高麗系瓦の特徴として、次の諸点を上げることができる。

①軒瓦の瓦当文様は蓮華文系のみで、その他の鬼目文や鳳凰文などは認められない。

②軒平瓦の瓦当面は形態的に二タイプ存在するが、その内の長方形を呈するⅡ型は朝鮮半島に現在のところ報告されていない。あるいは沖縄独特のものの可能性もある。

③軒平瓦の文様意匠（文様）に左右非対称のものが多く認められる。

④軒平瓦の瓦当文様には大和系瓦に類似する巴文様がある。

⑤鬼瓦は粘土板に目・口・鼻・頬などが張り付き、頭頂部が一つ角を有する一見ユーモラスな表情の鬼面である。これらの表情や造形は朝鮮系そのものであるが、頭に角を造り出している点は日本的である。

⑥平瓦や丸瓦に施された打捺文様は直線状の羽状文（直線状）を主体とし、青海波文、曲線化羽状文や重郭文はみられない。

⑦打捺具の大きさについてみると、朝鮮半島のそれは種類が多く形も多様であるが、沖縄諸島のものは種類、量とも少ない。

以上、沖縄諸島出土の高麗系瓦は技術的には高麗瓦匠による直接の造瓦であるため、沖縄への技術導入はストレートになされ、その後、現地の工人に継承されていることは上述の諸特徴から明らかである。発信元である朝鮮半島の多様な文様や道具などから、造瓦技術の一つのタイプが伝播したものと考えられる。

なお、朝鮮における高麗瓦の瓦当文様は高句麗瓦かまたは統一新羅瓦のいずれかの系譜を継いでいる。この観

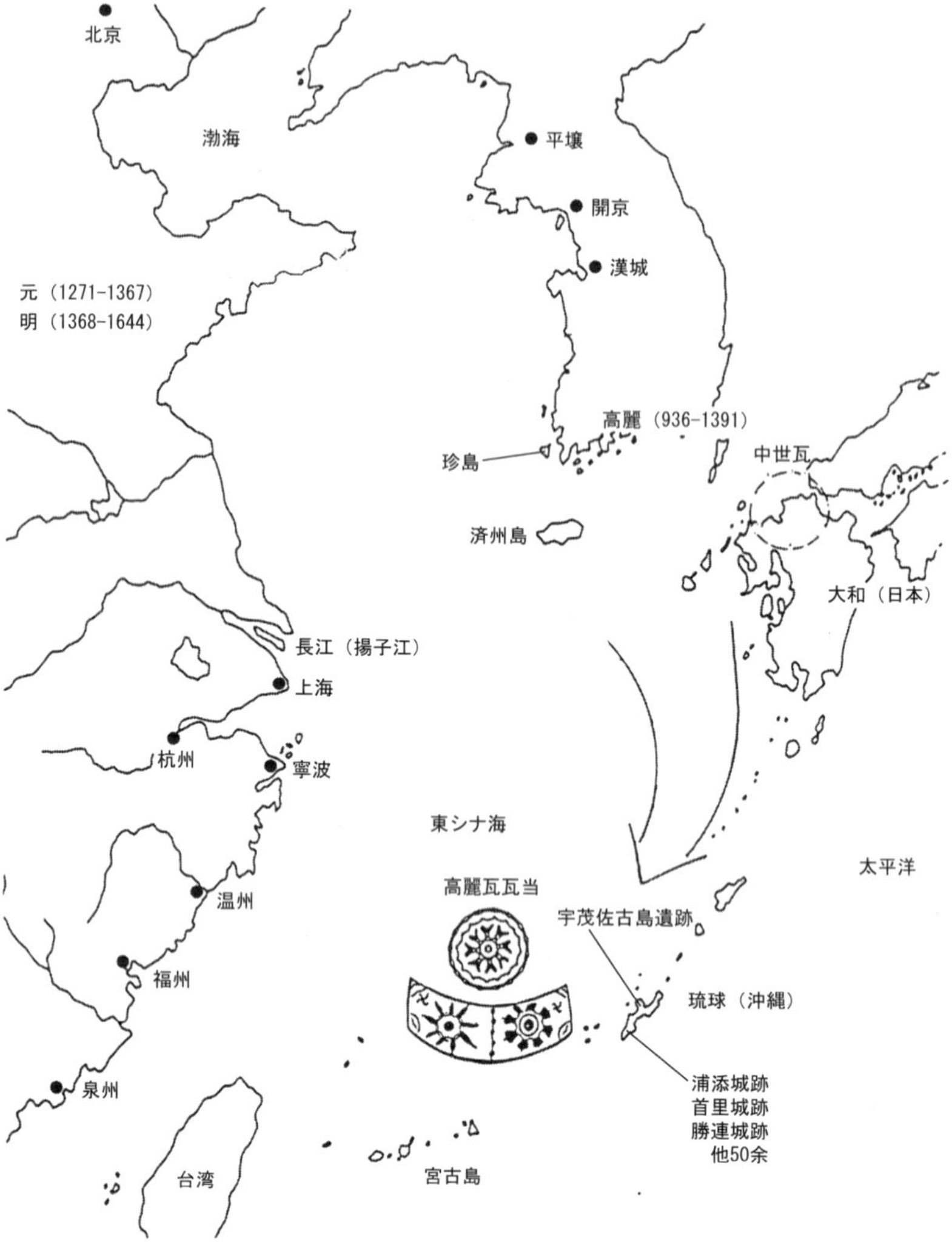
北京
渤海
平壌
開京
漢城
元（1271-1367）
明（1368-1644）
高麗（936-1391）
珍島
中世瓦
済州島
大和（日本）
長江（揚子江）
上海
杭州
寧波
東シナ海
太平洋
高麗瓦瓦当
宇茂佐古島遺跡
温州
福州
琉球（沖縄）
泉州
浦添城跡
首里城跡
勝連城跡
他50余
台湾
宮古島

図３　高麗瓦関連地域

点から沖縄諸島出土の軒丸瓦をみると、蓮華文は中房を一貫して強調し、花弁が厚くて、その間に珠文を配するものもあり、高句麗瓦の特徴を有している。朝鮮半島出土の関連資料として、軒丸瓦当文様は井内功の報告資料（井内　一九七八）や済州島牧官衙址（済州史定立事業推進協議会　一九九八）の例があり、打捺文様は慶州岬山寺跡の「天」銘平瓦（松井ほか　一九九四）、済州島出土の「大天」銘瓦がある。今後、高句麗系高麗瓦の分布と造瓦技術の類例瓦を明らかにすることで、沖縄に発信した地域が特定できるのではなかろうか。

分布をみると、沖縄本島を中心として久米島、宮古島にひろがる。出土遺跡は五〇余カ所である。しかし、遺跡の密度は沖縄本島の中部西海岸に集中している。瓦の種類、量から明らかに建物の存在が理解できるのは浦添城跡、首里城跡、勝連城跡、崎山御嶽遺跡の四遺跡である。いずれにしても遺跡数は限られ、文献に登場する琉球王国統一前の覇権争の表舞台になったグスクとも重なる状況にある（図３）。

歴史学的研究では、高麗系瓦はいつ製作されたのかという議論がある。瓦にみる刻印の存在は早くから知られ、「癸酉」の年号については一一五三年、一二七三年、一三三三年、一三九三年という見解があり未だ確定していない。近年における発掘調査の成果による陶磁器の年代観では、一四～一五世紀に比定される。考古学の型式学的研究からは高麗系瓦↓大和系瓦の推移が確認され、前後関係が明らかにされている。また、生産地についての議論もある。現時点では高麗王朝からの搬入か、あるいは琉球列島における生産かという異なった見解が対峙している。近年の考古学的成果は南島で生産した可能性の高いデータを提出しつつあるが、未だ確定するにはいたってない。

伝播の背景に関する研究では、三島格は高麗瓦の製作年代を一三八九年、高麗癸酉の末期を想定した。すなわち高麗造瓦技術の琉球への伝播は、動乱期における高麗遺民の亡命に由来するとする。一方、西谷正は考古学および歴史学の両資料に基づき、琉球、朝鮮間の交流を三段階に分け整理を試みている。第一段階は一一～一三世紀の高麗における刻銘瓦の類例や南島須恵器の生産と癸酉の年代を重ね、朝鮮から南島への人の移動を想定する。第二段階は一四世紀で陶磁器類や文献史料との関連から、被虜人と文物の交流の時代と想定する。第三段階は一五世紀で、文献史料から漂着民の送還を通して交流があったと想定した。

真喜志瑤子は考古学的所見である高麗瓦と大和系瓦の技術的交流関係や大和系造瓦技術と鎌倉律宗寺院にみる造瓦技術の類似点などに基づき、浦添城に隣接して創建された沖縄最初の極楽寺は日本人僧禅鑑によるものと結論した。そしてその交流は鎌倉幕府が僧を介して行ったきわめて政治的、宗教的、意図的なものであったと考察している。

理化学的分析研究では、高麗系瓦、大和系瓦、明朝系瓦は同じ土を採用していることが判明し、高麗系瓦が南島産である可能性が高いというデータを提示している。

四　瓦窯生産遺跡の調査

未だ高麗瓦を焼成した窯跡は琉球列島で発見されていない。これまで製品としての高麗系瓦は城塞、寺など権力者に関わる遺跡で出土しているが、それら建造物とはほとんど関わりがみられない沖縄本島北部の名護市屋部と宇茂佐の両集落間の川河口付近で多数採集されている。この地は一九五六年の頃から、すでに屋部川河口古瓦遺物散布地として認識され、遺跡の性格がよく分からない遺跡である。

この河口付近は、民間の伝承では古くから瓦が積まれていたと伝えられている地域である。近年、この地の西側に隣接する宇茂佐古島遺跡が正式に発掘調査された。本調査で一五～一六世紀の畑跡とみられる浅いピット状遺構が多数発見され、いわば農耕に関わる生産遺跡であることが分かった。ここで注目したい点は陶磁器の生活雑器類とともに高麗系瓦が出土していることである。瓦の種類は軒丸瓦、軒平瓦、丸瓦、平瓦、有段式平瓦など種類が多く、その出土量も前述した浦添城跡、首里城跡などに次ぐ量であった。ただし、当遺跡の発掘地区において瓦葺建物が明確に存在した可能性を示す遺構などは認められていない。したがって瓦の性格については明らかではないが、逆説的に権力者に関わる居城などの消費遺跡はみられないことで、生産遺跡の環境としての陶土採補保地、燃料の薪、良好な水、労働者の存在など窯業生産の立地条件を想定し、生産遺跡からの紛れ込みを予測している。なお、調査で確認されたピット状の畑跡は朝鮮半島の植穴跡に類似性を求める意見もあり、その関連を想起させる要因になっている。

以上の状況から、瓦窯遺跡の候補地として選定した当屋部川周辺地域を調査初年度の二〇〇三年度に一週間、踏査を実施した。その結果、やはり屋部川河口の砂丘上において、比較的大きな破片である高麗系瓦の平瓦を採集しえた。表面には羽状（魚骨状）叩き模様が施され、裏面には布目がみられる灰色瓦である。採集地点における保存状況を示すように瓦の表面は、水摩をうけて滅摩し、一部には白い貝の付着がみられた。その他、前記の古島遺跡付近からは中国陶磁器を採集できた。なお河口付近は護岸工事と宅地造成など開発工事が進行しており、表面踏査による窯址の確認が難しくなりつつある状況を知った。さらにこの開発工事は上流側へと進行しているようで、早急の対応がせまられている。

五　調査の方法と課題

調査は表面踏査を主とし、瓦片、窯道具、陶磁器など散布状況を確認する踏査から開始されている。その後は試掘や地中レーダ、磁力計などを使用した物理学的探査を行い、遺跡の絞り込み作業を行う。さらに、良質の陶土層が露頭する箇所が確認され、採土地の可能性を想定して、当粘土と出土瓦の科学胎土分析を行い、生産地の問題に迫りたい。他方、この屋部河川は古くから津口として伝承されている点を考慮すると、あるいは商船の運搬経路として朝鮮から寄港し、事情により瓦製品が降ろされたことによる出土状況なのか、もしくは瓦を積載した船が沈没したのかなど、いくつか仮説があげられる。これらの場合は交易ルートの問題が浮上することになり、河口付近の水中考古学調査などの接近で迫ることになろう。

さらに、瓦製品そのものから造瓦技術の伝播経路を究明する作業も進める。つまり朝鮮、日本本土のいつの時期の、どの地の造瓦技術および窯業技術が関係しているのかという系譜の問題である。現時点ではこれも明確ではない。調査は朝鮮半島における瓦資料や窯業資料を収集し、同じく大和系瓦の故地と想定される福岡、奈良などとの形式学的比較検討が必要である。他方、瓦葺き建物遺構（建築史）との関係、仏教などの宗教史など歴史学との学融合研究も今後の課題である。

参考文献

大川　清　一九六二「琉球古瓦調査抄報」『文化財要覧』琉球政府文化財保護委員会

上原　靜　一九九八「琉球諸島出土の中・近世瓦の研究略史」地域文化論叢（沖縄国際大学大学院）第1巻　第1号

上原　靜　一九九九「沖縄諸島出土の古瓦と造瓦技術の伝播」『アジアの中の沖縄』第9回アジア史学会研究大会（沖縄大会）

上原　靜　二〇〇〇「古瓦からみた一四～一五世紀の海上の道」『公開シンポジューム　海上の道再考』予稿集

上原　靜　二〇〇〇「古瓦からみた一四～一五世紀の海上の道」『日本人と日本文化』NEWS LETTER No.12

上原　靜　二〇〇〇「沖縄諸島における瓦の需要」『読谷村立歴史民俗資料館紀要』第二四号

大脇　潔　一九九六「百済の軒丸瓦とその製作技術」『朝鮮古瓦を考える』手塚山考古学研究所

千田剛道　一九九六「高句麗・高麗の瓦―平壌地域を中心として―」『朝鮮古瓦を考える』手塚山考古学研究所

下地安広　一九八六「高麗系瓦の製作技法考察（1）」『南島考古』第一〇号　沖縄考古学会

関口広次　一九七六「沖縄に於ける造瓦技術の変遷とその間の事情」『考古学雑誌』第六二巻第三号

松井忠春ほか　一九九四「韓国慶州地域寺院所用瓦の研究」『青丘学術論集第4集』

井内　功　一九七八「朝鮮瓦磚図譜Ⅳ高麗　李朝」井内古文化研究室

済州史定立事業推進協議会　一九九八『耽羅、歴史と文化』The History and Culture of Tamna

伊東忠太・鎌倉芳太郎　一九三七『南海古陶瓷』

三島格　一九八〇「琉球の高麗瓦など」『鏡山猛先生古希記念古文化論攷』

西谷正　一九八一「高麗・朝鮮両王朝と琉球の交渉」『九州文化史研究所紀要』第二六号

池田榮史　一九九八「物質文化研究からみた韓国済州島と琉球列島―高麗時代を中心として―」『琉大アジア研究』第二号

山崎信二　二〇〇〇「第13章　補論　九州・沖縄・その他の瓦」『中世瓦の研究』奈良国立文化財研究所

3　生産・流通の諸相②

第八節　蝦夷の表象としてのワシ羽

瀬川拓郎

七世紀から一二世紀にかけて北海道で展開した擦文文化の社会は、一〇世紀以降、交易品生産としての狩猟・漁撈に特化し、日本海沿岸と太平洋沿岸の流通体制を確立していった(1)。このなかで擦文社会が本州から移入していたのは、鉄製品・銅製品・織布・コメといったさまざまな手工業・農業生産物であった。しかし、これに対して擦文社会が移出していたのは、クマ・アザラシ・アシカ皮といった数種の陸海獣皮などが文献史料から推定されるにとどまる。

鉄器文化としての擦文文化が、ライフラインともいうべき鉄の供給を本州に全面的に依存していた事実からすれば、考古学的な直接証拠がなく、また将来においてもその確認がほとんど期待できないとはいえ、擦文社会の移出品目がなお多岐にわたっていたのはまちがいない。島嶼も含めた多様な生態系に立脚していた擦文集団が、不可欠な鉄器の対価として、それぞれの地において何らかの、そして相応の量の移出品を生産していたのは自明のことだからである(2)。

本論は、古代・中世の日本においてワシ羽が奢侈性の強い重要な商品となっており、そのためこれを産する北海道集団を表象する一種の記号になっていた実態、さらに擦文文化ならびにオホーツク文化の地域開発にワシ羽交易がかかわっていた可能性を述べるものである。なお、近世北海道におけるワシ羽移出については菊池勇夫がこれをまとめ、羽の交易が東アジア・東北アジア世界のなかで論じられるべき課題との認識を示している[3]。本論では、古代から中世においても、ほぼ同様の状況が存在していた可能性を指摘してみたい。

一　蝦夷の表象としてのワシ羽

聖徳太子絵伝の蝦夷像

北海道の中世はアイヌ文化の成立期とみられることから強い関心を集めてきた。しかし確認・調査された遺跡が少なく、また当時の文献史料も限られているため、いまだに歴史的な空白期となっている。そのような状況にあって、古代から中世のアイヌの姿をリアルに描いたのではないかとされる聖徳太子絵伝が注目を集めてきたのは当然のことであった。

聖徳太子は聖者として現在に至るまで民間信仰の対象となっているが、この太子信仰が仏教に取り込まれるなか、諸宗派は布教のため太子の伝暦や絵伝を多くつくりだしてきた。太子の事跡を編年的に配し、絵解きしたこの絵伝の制作は、すでに奈良時代から始まり、鎌倉時代に盛行しながら江戸時代まで続いた。絵伝には太子一〇歳の事跡として辺境を侵す蝦夷を鎮撫する場面が描かれており、アイヌ文化研究者は、このうち古代から中世の古い絵伝に描かれた蝦夷の図像が、当時の北海道の人びとの姿をあらわしているのではないか、という点に注目してきたのである。ちなみに室町時代頃までに制作された絵伝は約四〇点現存する[4]。

この図像に早くから注目した鳥居龍蔵は、描かれた蝦夷の容姿や衣服に近世アイヌと共通する特徴が見出せると指摘した[5]。また佐々木利和も、中世絵伝の蝦夷には半髪・鬚髯・半弓といった近世アイヌの習俗が「きわめてよく…認められる」と述べた[6]。佐々木はさらに、現存最古（平安後期）の法隆寺障子絵の蝦夷像にはアイヌ的習俗がみられず、それが鎌倉時代以降明確になることから、アイヌ文化の成立が平安時代末期にあったとの考えを示している[7]。つまり佐々木は図像の写実性を全面的に認め、これを前提としたうえでアイヌ文化の成立時期にまで踏み込んだ議論を展開しているのである。「写実説」の論者はほかにも金田一京助[8]や高倉新一郎[9]などがいる。

この写実説に対して児玉作左右衛門は、図像にはアイヌの習俗と厳密に特定できる要素は一つもないとして異を唱えた[10]。また児島恭子も、絵伝が「絵の世界の論理で絵師たちの組織の制約や伝統のもとで継承されていったのだとすれば、蝦夷の図像のあり方は何らかの現実、すなわち蝦夷の実態や蝦夷に関する情報をビビッドに表現したものとはいえない」として、アイヌ的な特徴を読み取る議論に慎重な立場を示している[11]。

絵伝の製作にあたって、その時々に蝦夷に直接取材したとは考えにくい以上、図像の写実性を全面的に信頼することにはもちろん慎重であるべきである。しかし児玉や児島の批判が、図像になんらかの実態や情報が盛り込まれている可能性まで完全に否定しえているわけではない。結局のところ、蝦夷像の写実性をめぐって交わされてきた議論は、大勢としては写実説に傾きながらも、それが北海道の人びとを描いたと断定はできない状況のなかで、いまや行き詰まりをみせているようにおもわれる。絵伝の図像が、古代・中世のアイヌ資料として積極的に活用されているとはいいがたい現状も、このような状況に起因しているのであろう。

命ト等シキ財

この停滞を乗り越えるために注目したいのは、多くの絵伝に共通して描かれているにもかかわらず、ほとんど議論の対象とはなってこなかった、蝦夷が身につけるところの「羽」である。

古代から中世のはやい時期の絵伝の例をみてみたい。

現存最古の絵伝は、東京国立博物館蔵の秦致貞作（一〇六九年）法隆寺障子絵である。蝦夷の像は絵の具が剝げて細部がよくわからないが、佐々木によれば三人の蝦夷のうち一人が羽の腰蓑を着用する[12]。

同じ東京国立博物館蔵の上野法橋但馬房作（一三〇五年）法隆寺献納宝物絵伝では五人の蝦夷が描かれ、うち二人が羽の肩掛けを着用する。なお三人がトラおよびアザラシかとおもわれる毛皮の腰蓑を着用している(図1)。茨城県那珂市上宮寺蔵の絵伝（一三二一年）は、六人の蝦夷のうち二人が羽の肩掛けを着用する。なお一人がアザラシ皮とみられる腰蓑と脚絆を着用している。

鎌倉末期の作と推定される愛知県安城市本證寺蔵の絵伝は、一〇人の蝦夷が描かれ、うち六人が羽の肩衣と腰蓑を着用する（図1）。

図１　聖徳太子絵伝諸本にみる蝦夷（太子10歳蝦夷降伏の場面）
上：東京国立博物館所蔵（1305年）＊１　下：本證寺（愛知県安城市）所蔵（鎌倉後期）＊２
＊１　重要文化財　聖徳太子絵伝　第１面（TNM Image Archives Source:http:// TnmArchives.jp）
＊２　重要文化財（写真提供：安城市歴史博物館）

絵伝の蝦夷は、現存最古の一一世紀代の資料からすでに羽の着用が描かれている。つまり古代から中世の本州社会においては、羽の肩掛けや腰蓑が蝦夷の特徴として広く認識されていたようなのである。ただしこの肩掛けと腰蓑は、一枚一枚の羽軸を連ねたものであり、到底実用的な衣服とはみなしがたい。鳥居は、この肩掛けや腰蓑をアイヌの鳥羽衣 Rapuri とみて、写実性のひとつの根拠としたのであるが(13)、児玉が反論したように、アイヌの鳥羽衣は、羽がついたまま剝いだ鳥の皮をパッチワーク状に綴りあわせたものなのである(14)。

では、絵伝にみられる羽の肩掛けと腰蓑が、蝦夷の衣服を写実的に描いたものでなかったとすれば、それはいったい何をあらわしているのであろうか。羽をまとう奇態・異形として蝦夷を描くことで、王化に従わない野蛮を示そうとしたのであろうか。

このことを考えるうえで、本證寺絵伝に描かれた、蝦夷の前に置かれた箱が大きな手がかりを与えてくれる。この箱に入った羽の正確な意味は、絵伝自体からは理解できないが、聖徳太子伝暦（絵伝のもとになった太子の事跡を文章で綴った伝記）をみると、太子一〇歳条のなかに、降伏した蝦夷の将軍たちが助命を願って名羽を献納した旨の以下の記述がみられる。

［醍醐寺蔵本（一四六〇年書写）］

太子御前ニ跪テ合掌シテ願ハ命ヲ助給ヘト降ヲ乞奉ル、秘蔵スル所ノ鷲ノ羽、切符・中黒・妻黒・天面・遠霞・村雲ナントト申名羽ヲ太子ノ御前ニ備置奉ケリ、彼等カ有様…日本ヨリ廻船人ノ渡ス所ノ綵綾錦共ヲ衣装トシ、虎ノ皮、水豹ノ皮等ヲ腰ニ巻キ…

［万徳寺蔵本（一四六二年書写）］

彼ノ蝦夷カ装束ハ色々ノ綾錦ノ衣装ヲ裁チ着、㢊皮浅嵐シノ皮ヲ腰ニ巻キ己カ命ト共ニ惜ム鷲ノ名羽、季立・中黒・妻黒・天面・遠霞・村雲ナントト申ス名羽ヲハ貫ネ集テ頸ニ懸侍ルヲ太子ノ御前ニ備ヘ置テ命ト等シキ財ヲ奉ル助給ト歎ジ申ス

［覚什本（一四八七年以前に書写）］

日本の人の廻船のために渡すところの色々の綾錦とうの衣装どもを持って、獺皮、海豹、とどの皮を腰に巻き、己が命とともに惜しむところの鷲の名羽、切斑・中黒・捿黒・天面・遠霞・村雲など申す名羽どもを引集めて、首に懸けて侍りける宝を、太子の

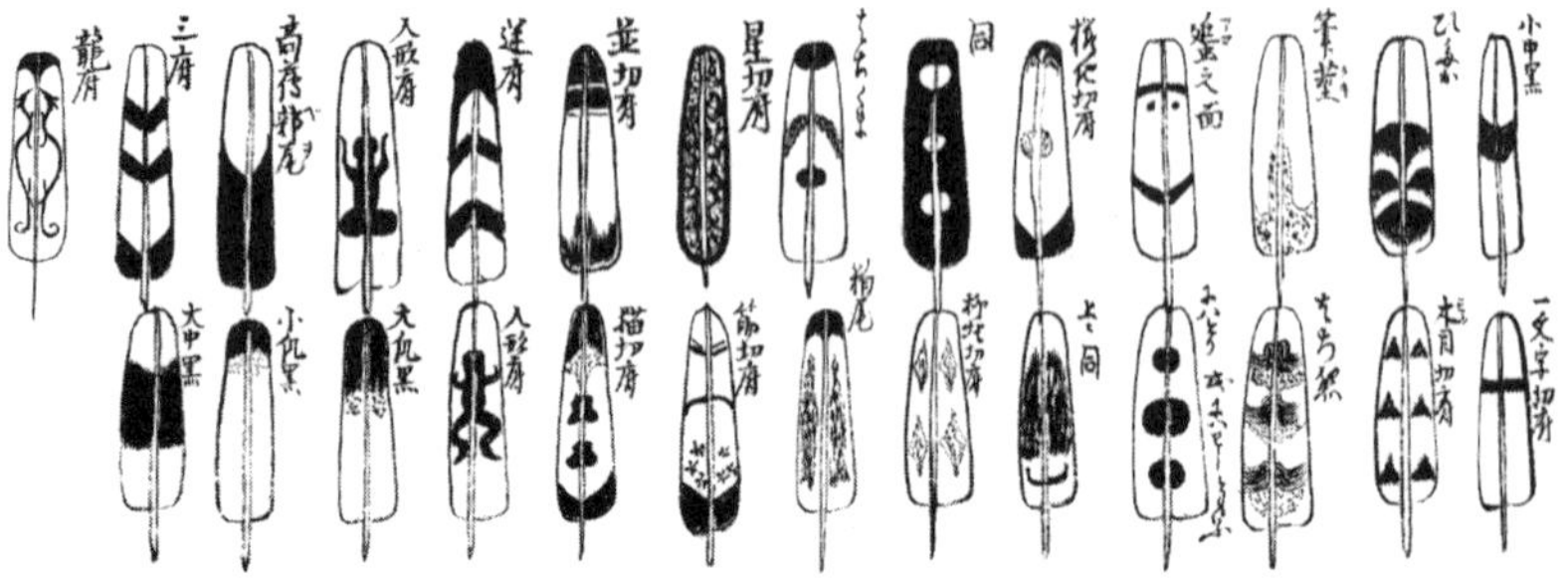

ひたか　一文字切府
小中黒　木目切府
筆茎　はち熊
天之面　にはとり 或いはわし ともいふ
桜花切府　桜花切府
桜花切府　柳北切府
はちくま　粕尾
星切府　筋切府
並切府　猫切府
逆府　人形府
人形府　大爪黒
尚薄部尾　小爪黒
三府　大中黒
龍府

図２　ワシ羽の分類
別海町歴史博物館所蔵『加賀家文書　加賀屋氏　大宝恵』（同館写真提供）

御前に備へ置き…(15)

これらの記述から、箱に並べられた羽は助命のため太子に差し出されたワシ羽であり、さらにこの羽が蝦夷にとって「命ト等シキ財」「宝」と位置づけられていたことがわかる。肩掛けや腰蓑とみえた羽については、実は衣服ではなく、「首に懸けて侍りける宝」、すなわち羽軸を連ねて円環状にした、いわば宝のディスプレイだったのである。なお、絵伝のなかにはタカ羽とみられる羽を描いたものもあるが、絵画的にはワシ羽にかぎらず名羽のイメージを喚起できればよかったのであろう。

古代・中世史料にみるワシ羽

ところで、伝暦のなかに名羽の種類として切符・中黒などとあげられているのは、矢羽に用いるワシ羽のなかでもオオワシの尾羽の斑文を指す名称である。蝦夷の宝としてのワシ羽とは、実際には矢羽用のオオワシの尾羽を意味していたようである。

矢羽に用いる羽は、鳥の種類や手羽・尾羽などにもとづく複雑な価値体系が存在している。とくにワシ・タカの仲間の羽は、強靱かつしなやかで矢羽として優れていたが、本州の貴族などのあいだでは、そうした実用的な価値以上に、バリエーションに富む斑文の美しさや稀少性が尊ばれていた。とくにオオワシとオジロワシは真鳥と呼ばれ、その尾羽は真鳥羽、略して真羽（まば）と称されており、なかでもオオワシの尾羽が価値体系の頂点に位置していた。さらに一四枚あるオオワシの尾羽は、斑文のパターンによって詳細に分類されるとともに（図2）、両端の羽である石打がもっとも高価であるなど部位によってもランクが異なっていた[16]。オオワシ尾羽の斑文とは、幼鳥・亜成鳥にみられる白地に黒色の文様のことであり、六年目を迎えた成鳥ではほぼ純白となる[17]。個体差が大きいうえ換羽によっても変化するため、斑文はすべて異なる。

このオオワシの尾羽を「命ト等シキ財」と認識し、助命に値する最上の「宝」とみていたのは、むしろ本州の貴族・豪族層であり、またその交易にかかわる商人などだったのであろう。一一世紀前葉の「新猿楽記」には、交易のため蝦夷の地から鬼界島まで往来する商人、八郎真人の取扱品目（金・銀・銅・錫などの鉱物、真珠・水晶などの宝石、ガラス器、ヤコウガイ、サイや水牛の角、沈香・麝香などの香木類といった日本・大陸・南島の産物）のなかにワシ羽がみえる。ワシ羽は最高級の奢侈品あるいは威信財として流通していたのである。ワシ羽の記載は一〇世紀代の「西宮記」や「宇治拾遺物語」などにみえ始め、一一世紀代には頻出するようになる[18]。

一一世紀以降の蝦夷図にワシ羽が描かれてきた理由は、おそらく一〇世紀代に遡って、その需要主体だった貴族層にとどまらず、絵伝による布教の対象となっていた広範な階層にまでワシ羽が蝦夷の産物として認知されており、多くの人びとがワシ羽といえば蝦夷を想起する状況が存在していたことにあるのだろう。あるいはまた、ワシ羽に代表される貴族層の蝦夷認識が、絵伝の蝦夷図を通じて広範な階層に共有されていったのであろうか。

どちらであるにせよ、このような状況が存在したことは、一三世紀代の「夫木和歌抄」巻二七「みちのくのえそか千島の鷲の羽にたへなる法の文字もありけり」（権僧正公朝）にもうかがうことができる。この羽の「法の文字」とは斑文の見立と考えられるのであり、したがってこの歌は、蝦夷の代表的な産物がワシ羽であることにくわえて、その真の価値が、さまざまに見立てされる斑文にあったことも示しているのである。

なお絵伝・伝暦のなかにアザラシ・トド・カワウソなど海獣皮の描画・記述がみえるのは、ワシ羽とならんで海獣皮が蝦夷を代表する産物と認識されていたことを示している。[19]ただし上位に位置づけられていたのは「命ト等シキ財」「宝」と形容されるワシ羽の方であったといえそうである。

ワシ羽と東北北部の防御性集落

では、このオオワシ羽と海獣皮の二つを移出していたのはどの地域だったのか。

両者の回遊・飛来は東北地方まで及んでいる。しかし産地として相応の量を移出することが可能であったのは、次節で述べるように主たる回遊・飛来地であった北海道であろう。つまり絵伝に描かれた古代から中世の蝦夷は、北海道の産物を表象する人びとだったのであり、その点において、そこにはまさしく「北海道の人びと」が描かれているのである。ただし、それはあくまでも「宝」に表象された蝦夷なのであり、北海道の人びとが描かれているからといって、それが蝦夷像の写実性を担保するものでは一切ない。

このワシ羽と海獣皮は、東北北部を経由して本州中央にもたらされていた。文献史料から北海道産のワシ羽とみられる例をひろうと、「小右記」一〇一四年二月七日条、鎮守府将軍平維良が奥州から上洛し、将軍に再任してもらう目的で左大臣藤原道長に莫大な付け届けをした記事のなかに、馬・砂金などとともにワシ羽がみえる。また同書の一〇二九年九月五日条、陸奥守平孝義が藤原実資に献上したのも砂金とワシ羽であった。「御堂関白記」一〇一二年一〇月二一日条、鎮守府将軍藤原兼光が藤原道長に献上したのもワシ羽と馬などであり、「吾妻鏡」一一八九年九月一七日条、藤原基衡が平泉毛越寺本尊の製作を運慶に依頼し、その代として送ったなかに金一〇〇両、アザラシ皮六〇余枚などとならんでワシ羽一〇〇尻がみえる。[20]奥州藤原氏管理下の荘園はいずれも一一世紀に遡る古い由緒をもつが、そもそもそこではワシ羽とアザラシ皮が金・馬・漆・布とともに年貢とされていたのである。[21]つまり北海道産のワシ羽とアザラシ皮は、東北北部一帯に流通したのち、一部は年貢として徴収されるなどしながら、気仙の金や糠部の駿馬などとともに宝として中央へ流通していたのである。

ただし一〇世紀以降、擦文社会に流通した本州産品（鉄器・須恵器・土師器など）のほとんどが青森産と考えられることから、[22]北海道産品はまず青森で一元的に集約されていたのであろう。まさにこの一〇世紀以降、青森には北海道の太平洋沿岸タイプの擦文土器や渡島半島日本海側の土器が濃密に出土するようになるが、北海道では青森の土師器（甕）がみつかることはほとんどないから、北海道の産物は擦文集団がみずから青森まで持ち込んでいたようである。この青森から東北北部への流通にあたっては、出荷先の選定や出荷量の配分に青森在地集団の意向が強く働くことになったはずであり、青森の集団は宝の「支配」に強くかかわっていたことになる。一〇世紀以降、青森を中心とする地域にいわゆる防御性集落が出現した背景には、ワシ羽とアザラシ皮に代表される北海道の宝をめぐる利害があったにちがいない。

二　古代・中世の北方世界とワシ羽交易

環オホーツク海とオオワシ

ワシ羽は近世の北海道においても重要な産物であった。松前藩はワシ羽とクマ皮・クマ胆・ラッコ皮を「軽物」と呼んで他の産物と扱いを別にし、将軍への献上や大名間の贈答に用いていた。幕府へはワシの尾羽三〇尻・ラッコ皮三枚・昆布五箱の三種を献上するのがならいとなっており（「松前蝦夷記」）、大名への贈答の例としては、仙台伊達家旧蔵資料の矢羽のなかに松前志摩守献上と記されたオオワシ尾羽が遺存する。[23]ちなみに同資料の矢羽のほとんどがオオワシ尾羽であり、それが羽のなかでも最高のランクにあったことをよく示している。

ワシ羽は、これを移出していたアイヌにとっても当然重要な産物であった。「ケシイラツフウイテクル与申鷲羽、蝦夷宝与唱へ候もの（中略）アツケシ・子モロ・クナシリ三ヶ所乙名共も一切所持不仕イコトイ一人持伝候」（近藤重蔵「書状草案松平忠明信濃守宛」）とあるように、ワシ羽（ここではおそらく特定の斑文をもつ名羽）がアイヌにとっても宝となっていたのである。さらにこの羽は、ワシ羽の産地である道東の厚岸・根室・国後の乙名（首長）層も所持しておらず、ひとり厚岸の惣乙名（総首長）のイコトイだけが所持するものとなっていたことから、刀や漆器といったアイヌの宝のなでも飛び抜けたランクにあったことが理解できる。[24]

アイヌがワシ羽を移出していたのは、日高以東、とくに釧路以東の前記厚岸・根室・国後といった地域であった。[25] しかし「大鷲尾十四羽なるもの夷地東部モンベツより出るよし。…又東部ラッコ島を初めホロムシリよりも真羽出ると云ふ。又北部はカラフト島よりも出ると云へり」（松前廣長「松前志」）、あるいは「真羽は異国の産にて、小舟の方よりカラフト島の夷人買出し、又カムサツケ（カムチャツカ）の方より渡る」（佐藤玄六郎「蝦夷拾遺」）などとあるように、サハリン・千島列島・カムチャツカのワシ羽も流通し、そのためワシ羽を北海道以外の「異国」の特産とする認識さえ存在していたのである。

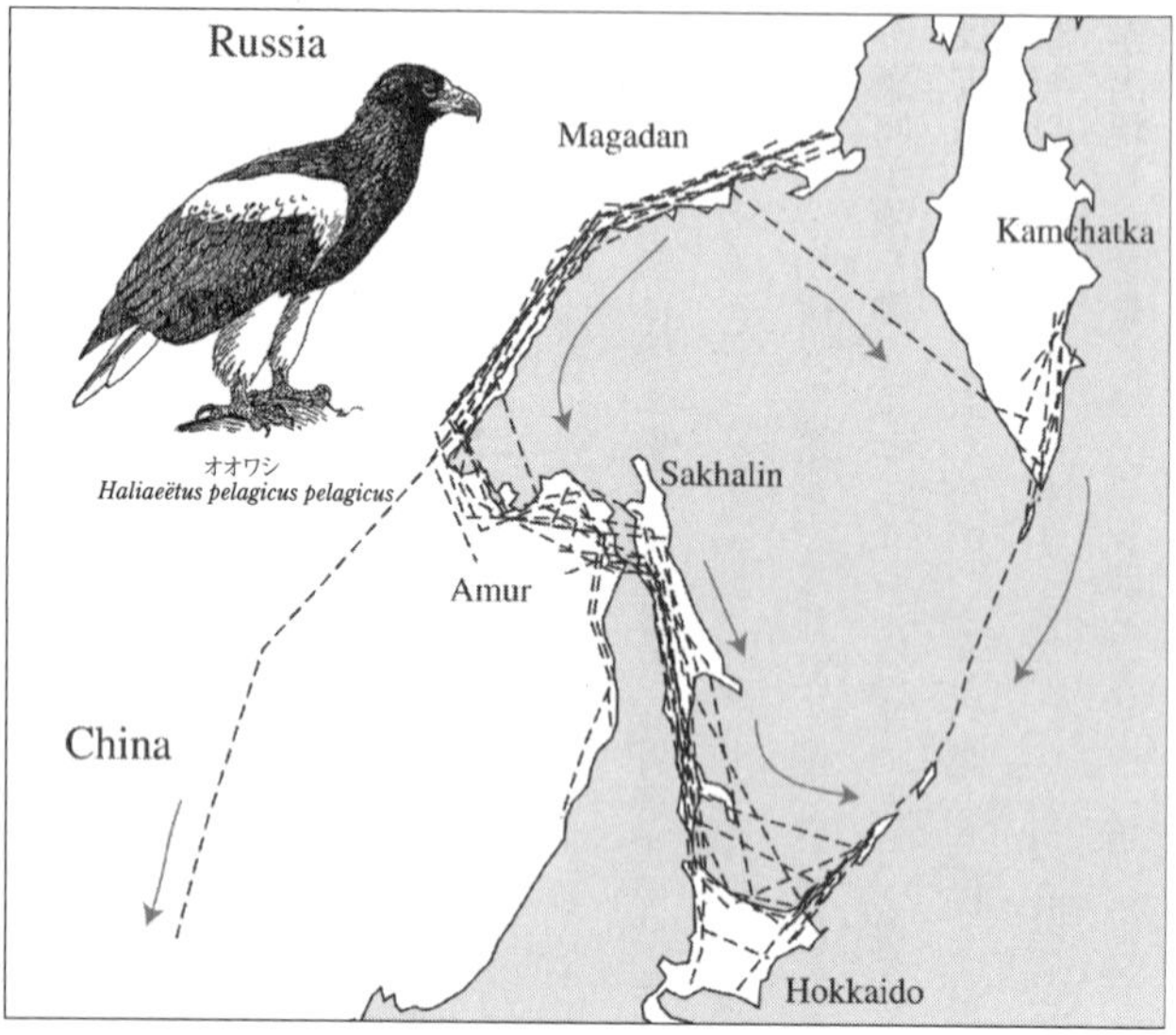

図３　人工衛星で追跡したオオワシの渡り経路
渡り経路はMcgrady et al.2000原図、オオワシ図は岡田1988原図

オオワシ産地である道東・サハリン・千島・カムチャツカは、いわゆる環オホーツク海を構成する地域であるが、それはオオワシの生息域ならびに渡りのルートと深くかかわっていた。オオワシの生息域はロシア極東地方沿岸であり、冬期にはサハリン南部・千島列島・北海道のオホーツク海沿岸地域に飛来する。[26] オオワシに発信器をとりつけて人工衛星で追跡した渡りの経路をみると、それはまさに環オホーツク海地域そのものである。南下ルートは、サハリンから北海道・千島に向かうルートと、カムチャツカから千島に向かうルートの二つがある（図３）。

この二つのルートが交差する千島列島では、オオワシ羽がラッコ皮とならぶ主要な交易品となっており、北千島から南千島を経由するアイヌ同士の中継交易を通じて北海道本島に移入されていた。たとえば一七世紀末葉から一八世紀初頭には、絹織物・綿織物・鉄鍋・刀・漆器などの日本産品が、北海道アイヌからまずクナシリ島のアイヌへ、次いでクナシリ島からエトロフ島、中部千島のウルップ島に渡り、そこから北千島のシャシコタン島を経由してオンネコタン島、パラムシル島、さらにカムチャツカ半島対面のシュムシュ島のアイヌにもたらされていた。そしてこの対価として、ワシ羽・生きたワシ・ラッコ皮・キツネ皮が、北千島のシュムシュ島、パラムシル島、オンネコタン島からウルップ島、エトロフ島、クナシリ島を経て北海道本島へもたらされたのである。文化の境界に位置したシュムシュ島のアイヌは、カムチャツカ半島のカムチャダールと通婚しつつラッコ皮やキツネ皮を入手していた(27)。

一方サハリンでは、アムール川流域を含む地域の先住民が、中国や日本を相手にいわゆるサンタン交易を繰り広げており、ニブフからサハリン・アイヌ、そして宗谷アイヌの中継によってワシ羽・蝦夷錦・ガラス玉・段通・煙管などの産物が北海道へもたらされていた。大半は中国製品であるが、ワシ羽は先住民が捕獲したものである。ワシ羽の取引はとくに多く、一八五三年の段階では四〇〇尻を数えた(28)。北海道の産地であった子モロ（根室）場所におけるワシ羽（オオワシ以外を含む）の移出量が、一八二六年から五八年の記録では毎年一〇〇尻前後だったことを考えると(29)、サハリンからアムール川流域のオオワシ資源がきわめて豊かであり、またそれに対する日本側の需要も大きかったことがわかる。

中世アイヌのサハリン進出とワシ・タカ

ワシ羽が古代・中世の北海道を表象する重要な交易品になっていたとして、では当時すでに千島やサハリンからワシ羽の移出は行われていたのだろうか。

一三世紀中葉、北海道の骨嵬（アイヌ）がサハリンに侵入し、在地集団の吉里迷（ニブフ）と対立を生じて、元朝がアイヌ排除のためサハリンに万を数える兵を派遣したが、この北方世界の激動にも羽の入手がかかわっていたとみられる。

「元文類」巻四一・経世大典序録・招捕・遼陽骨嵬・大徳元年条には、アイヌが海を渡ってニブフの「打鷹人」を虜にしようとしている、とニブフが元朝に訴えたとある。モンゴル帝室には私的な隷属民としてタカの捕獲・飼育を行う打鷹人がいたが、元朝に服属していたサハリンのニブフのなかにも、この打鷹人となっている者がいたのである。元朝はアイヌ掃討のためサハリンにたびたび兵を派遣しているが、その目的のひとつとしてこの打鷹人の保護が考えられる(30)。アイヌがこの打鷹人を虜にしようとした目的は、タカの流通をみずからの管理下に置くことだったのであろう。中村和之は、アイヌのサハリン進出の目的の一つが、サハリンで産するオコジョの毛皮と海東青と呼ばれるタカの入手にあった可能性を指摘している(31)。

この海東青がどの種のタカか明らかではないが（ハヤブサの可能性もあろう）、北東アジアで産するものとされている。「元史」巻五九・地理志二には「すばしこい鳥で海東青というものがいる。海の彼方から飛来し、奴児干（ヌルカン）に至る。土地のものがこれを捕らえ、もって貢ぎ物となす」（訳は中村による）とある。この奴児干とはアムール川下流のティル、すなわち元朝がアムール川下流域からサハリンの地域支配の拠点として東征元帥府を置いた地である。つまり海東青が飛来する海の彼方とはサハリンであろう。ほかにも「契丹国志」巻一〇に「女真の東北は五国（部）と隣りあっている。五国の東は大海に接している。名鷹を出す。海の東より来る者はこれを海東青と謂う」（同前）とあり、「大海」は日本海であろうから、海青東が渡ってくるのはやはりサハリンであろう。海東青の生息地はサハリンとみられる。

そこで興味深いのは、若狭国内浦字山中で伝えられていた室町時代中期〜末期のものとされる「商踊り」である。「夷が島では夷殿と商元では何々と、唐の衣や唐糸や、じんやじやこうや、たかの羽や、商踊りを一踊り」（部分）とあるうち、「じん」は沈香、「じやこう」は麝香であり、「新猿楽記」の八郎真人の取扱品目にもあった香木類である。つまりここでは、「夷が島」から日本海ルートで本州へ流通していたもののうち、大陸産の宝の数々が唄われているのであり、したがってここにいう「たかの羽」も、北海道産ではなく大陸産と解すべきであろう。

この大陸産とみられるタカの実体については、渤海（七九八～九二六年）が唐と日本の国際間の交易にあてていた商品（トラ・クマ・テン・ヒョウ・アザラシなどの海陸獣皮、昆布、干魚類、人参、蜂蜜、麝香、牛黄、瑪瑙など）のなかにワシ・ハイタカの羽がみえることなどから[32]、大陸産のタカの仲間とも考えられるのであり、それがすなわち海東青であった可能性もある。そしてそれを海東青とすれば、生息地にはサハリンが想定されるのであるから、このタカ羽の産地は大陸にだけ限定する必要はなくなる。ちなみに麝香を採取するジャコウジカも、大陸だけではなくサハリンにも生息している。いずれにせよ、中世の日本において、北海道経由でもたらされる大陸あるいはサハリン産の特定種のタカの羽が、きわめてランクの高い矢羽となっていたことはうかがわれるのである。

ただし、オオワシ羽が命と等しい価値をもつ宝となっていた当時の日本で、それを移出していたのが北海道の集団であり、さらにオオワシの濃密な生息・渡来地のひとつがサハリンであったことを考えれば、進出のきっかけがなんであれ、サハリンに至った北海道の人びとがオオワシ資源に注目しなかったはずはない。つまりサハリン進出の目的はタカ羽だけに限定されるものではなかったはずである。さらに「松前にて鷲羽を鷹羽とも云」（最上徳内「蝦夷国風俗人情之沙汰」）っていたことからすれば、そもそも「商踊り」のタカ羽がワシ羽を意味していた事態も考えられないわけではないのである。

古代日本海集団によるワシ羽産地の開発

北海道集団のサハリン進出は、実は一三世紀に始まったのではない。すでに一一世紀前半には、北海道北部日本海沿岸の集団がサハリン南部西海岸に進出を開始していた[33]。さらに擦文集団は、一〇世紀代の道東オホーツク海沿岸への進出を経て、一一世紀後半にはワシ羽産地であった釧路など道東太平洋沿岸に入植を開始した。蝦夷がワシ羽によって表象されるようになる一一世紀頃、擦文集団が北と東のオオワシ産地に向かって進出を開始したのははたして偶然なのだろうか。

ここで興味深いのは、ワシ羽産地である道東太平洋沿岸の開発にかかわったのが、隣接する道東オホーツク海沿岸の集団ではなく、サハリンにも進出した日本海北部の集団だった事実である（図4）。

道南の松前から天塩川以南の日本海に面した遺跡では、一〇世紀中葉以降、底に刻印を施した坏が出土するようになる。これはアイヌの祖印の原型とみられ、日本海交易に与る集団が擬制的な同祖関係によって強く結ばれ、日本海交易集団とでも呼ぶべき一体の関係を構築したことを示している[34]。底面刻印土器は、日本海沿岸以外では札幌市や千歳市などで数点みつかっているだけであるが、なぜかこの分布圏を大きくはずれた釧路市で、これまで三遺跡から一〇点近く出土している。これらはいずれ

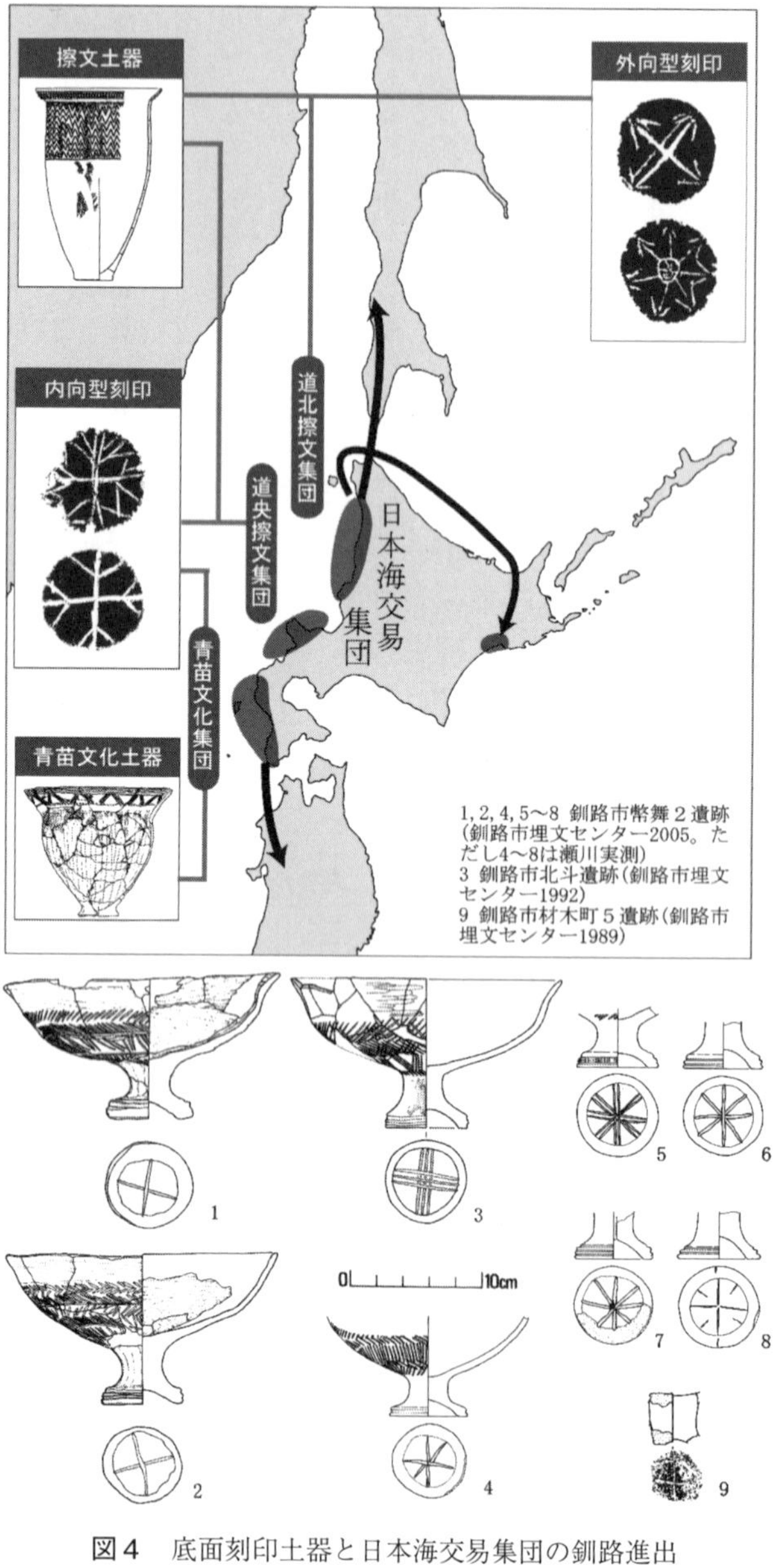

1, 2, 4, 5～8　釧路市幣舞２遺跡（釧路市埋文センター2005。ただし4～8は瀬川実測）
3　釧路市北斗遺跡（釧路市埋文センター1992）
9　釧路市材木町５遺跡（釧路市埋文センター1989）

図４　底面刻印土器と日本海交易集団の釧路進出

も釧路の開発が始まった一一世紀後半の坏である。さらに同時に出土した深鉢についても、例外なくハケメ調整をもつといった日本海北部の土器の特徴をみせている[35]。

道東オホーツク海沿岸の遺跡では底面刻印はみつかっておらず、したがって釧路方面の開発は、日本海北部集団がオホーツク海沿岸集団を頭越しにして着手したのが明らかなのである。つまり一一世紀代に北と東のオオワシ産地に向かって進出したのは、いずれも日本海交易に活躍する日本海北部集団にほかならなかったのである。

オホーツク文化の鳥猟

千島でのワシ羽移出はいつ始まったのだろうか。南千島では擦文土器も出土しているが、本格的な進出は擦文文化の終焉後、すなわち一三世紀以降のこととみられる。擦文集団の進出以前の道東には、七〜九世紀にかけて、サハリンを故地とするオホーツク文化集団が展開していた。このオホーツク人は中世のサハリンでアイヌと対立していたニブフの系統と考えられている。

オホーツク文化はサハリンでは一二世紀まで存続したが、北海道では九世紀末葉に擦文文化の影響を強く受けたトビニタイ文化に変容し、サハリンとの連絡は途絶えた。さらに一〇世紀代には、オホーツク海沿岸に進出してきた擦文集団を避けるように道東太平洋沿岸や内陸部に拠点を移し、最終的には擦文文化の終焉とほぼ同時に擦文文化に同化されたとみられる。千島に関しては、オホーツク文化の段階では北千島までがその領域に、その後のトビニタイ文化の段階では南千島までがその領域となっていた。

では、オホーツク文化はなぜサハリンから南下し、北海道のオホーツク海沿岸から北千島へと進出していったのだろうか。説得力のある説明はまだなされていない。ただ注意したいのは、オホーツク文化には刀や飾金具などさまざまな大陸産品が流通していたことである。サハリンから遠く離れるなかで、大陸との直接あるいは間接の連絡が途絶したわけではなく、物流のラインはつねに確保されていたのである。したがってオホーツク文化の地域展開は、大陸産品の対価の生産と無関係ではありえなかった、あるいはむしろ強くかかわっていたとみられる。

このオホーツク文化の動向をワシ羽の移出という視点からみると、新たな側面が浮かびあがってくる。そもそ

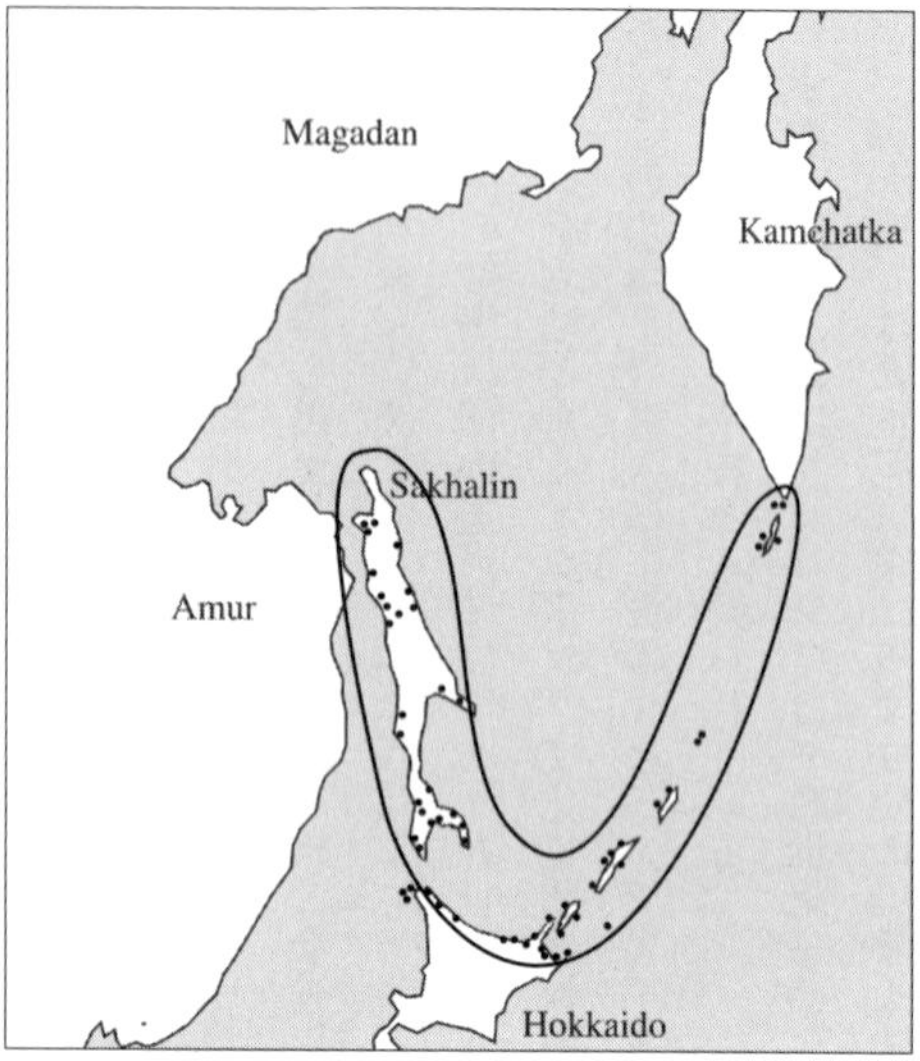

図5　オホーツク文化の分布
●は遺跡。菊池2004：図Ｉ－２－１をもとに作図

もオホーツク文化が展開した地域は、オオワシの渡りルートと一致しており(図5)、実際、近世にはいずれもオオワシ羽の主産地となっていた。さらに、元朝はオホーツク文化人の後裔であるニブフに打鷹人を置き、これを保護していたのであるが、このことは元々ニブフのなかに、タカなど猛禽類の捕獲・飼育の伝統があったことを示唆する。とすれば、この打鷹人が史料に登場する一三世紀以前、すなわちオホーツク文化の段階に遡って、サハリンではタカなどの移出が行われていたことになろう。

北海道のオホーツク文化においても、鳥猟を示唆する考古学的な資料がある。これまであまり注意されてこなかったが、北海道のオホーツク文化の遺跡から出土する特徴的な石器として石弾（石球）がある。この石弾は二個セットでみつかる例が多く、三個あるいは五個がまとまって出土した例もあり、複数を組み合わせて用いるものだったようである(図6)。したがってその用途は、個々の石弾を投石縄などによって投げつけるものではなく、複数の石弾を縄に繋げ、これを回し投げて獲物にからみつかせるボーラ（玉つき投げ縄）と解するのが妥当とおもわれる。石弾の大半は直径五センチ以下と小型であり、ボーラとすれば鳥猟用である。[36]

ワシ・タカの遺存体は、縄文時代から近世にかけて、ほぼ全道の遺跡で確認されているが、オホーツク文化の遺跡については、道東の中・近世アイヌ文化の遺跡と並んで高率で出土する。[37] オホーツク文化が道東から北千島まで分布を拡大していった要因はひとつではないのだろうが、羽の交易の視点からさらに検討してみる価値はありそうである。

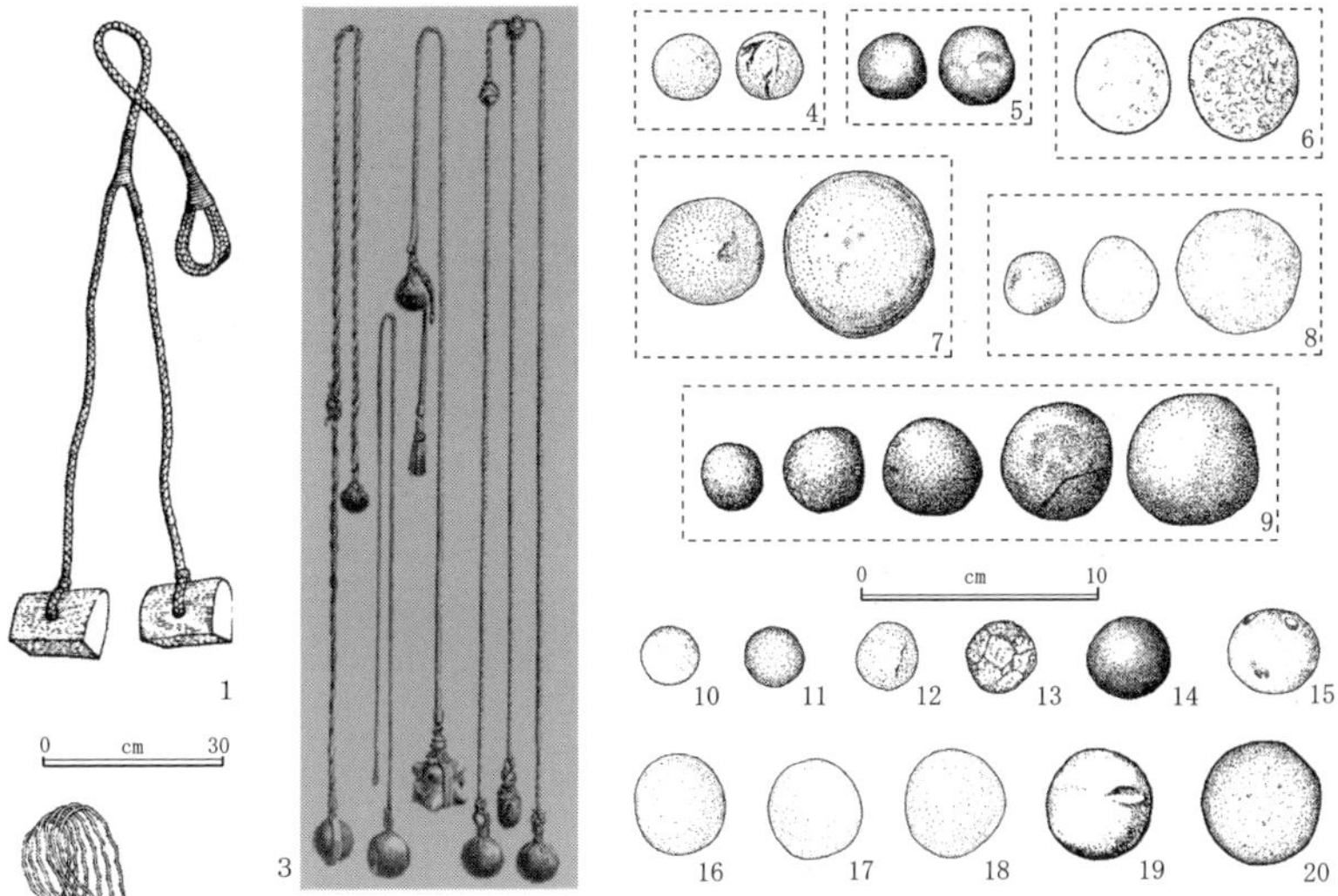

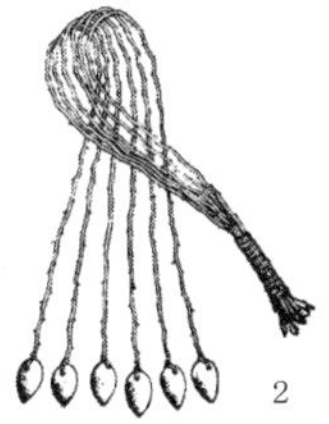

４：常呂町栄浦第二遺跡４号竪穴床(a)　５：常呂町トコロチャシ遺跡２号竪穴床(b)　６：枝幸町目梨泊遺跡４号竪穴床(c)　７：栄浦第二遺跡11号竪穴床(a)　８：同８号竪穴床(a)　９：トコロチャシ遺跡１号内側竪穴床(b)　10：同発掘区(d)　11：常呂町常呂川河口遺跡14号竪穴埋土(d)　12：栄浦第二遺跡８号竪穴埋土(a)　13：常呂川河口遺跡45号竪穴床(f)　14：トコロチャシ遺跡１号内側竪穴埋土(b)　15：同発掘区(d)　16：栄浦第二遺跡８号竪穴埋土(a)　17：同７号竪穴埋土(a)　18：同７号竪穴床(a)　19：トコロチャシ遺跡１号竪穴埋土(b)　20：常呂川河口遺跡発掘区(f)

図６　オホーツク文化の石弾と民族誌のボーラ（玉つき投げ縄）

１：南米アイマラ族の鳥用小型ボーラ　２：北米タレウミュート族の水鳥用ボーラ（以上オズワルト，W. 1983）　３：南米パタゴニアのボーラ（八幡編1960）　４～20：オホーツク文化の石弾（ａ：東京大学考古学研究室1972，ｂ：同1964，ｃ：枝幸町教委1994，ｄ：東京大学考古学研究室2001，ｅ：常呂町教委1996，ｆ：常呂町教委2000）

羽を掲げる人びと

石弾は、擦文文化やその影響を強く受けたトビニタイ文化の遺跡からは出土しない。近世アイヌは、オオワシを生け捕りにするため鉤針によるひっかけ猟を行っており[38]、擦文文化やトビニタイ文化においても鉤針猟が行われていた可能性が強い。

ちなみに子モロ（根室）場所では、オオワシの猟場は別当賀川や標津川など中小河川の、それも川幅が狭い上流域にかぎられていた[39]。これは産卵に遡上するサケを襲うオオワシの習性を利用し、川端の小屋から鉤針でオオワシの脚をひっかけるという猟法に制約されたものであったが、この猟場の立地・分布と、同地域におけるトビニタイ文化や擦文文化の遺跡立地・分布が共通しているのは興味深い。オホーツク文化のボーラ猟は、これとは反対に河畔林に妨げられない河口や海岸付近など開けた場所での使用に適した猟法であり、それはまさにオホーツク文化の遺跡立地そのものなのである。

ところで羽とオホーツク文化のかかわりを考えるとき、「日本書紀」に登場する「粛慎」の習俗が想起される。同書六六〇年三月条には、阿倍野比羅夫が北海道とみられる渡島の大河で粛慎と沈黙交易を行う場面がある。阿倍臣が絹や鉄器を浜辺に積み上げたところ、粛慎は船を連ねてやってきたが、かれらは木に羽を掛けたものを掲げて「旗」としていた。日本側が粛慎と呼んだこの集団は、オホーツク文化集団と考えられている。

この掲揚の理由は明らかではないが、中国側では北東アジア諸民族の祖を指す粛慎についても羽との結びつきが注意されている(40)。たとえば「晋書」粛慎氏伝には、結婚のとき男性が女性の頭に羽を挿す習俗が記されており、後世においても満州族などのあいだには鳥の羽を冠に挿す習俗が広く存在していた。ただしオホーツク文化集団が交換を目的に出向いてきたことを踏まえれば、掲揚の目的は交換財としての羽をアピールし、戦闘の意志がないことを示す目的であったとも解せよう。事実、この羽の掲揚は阿倍臣らに強い印象を与え、その姿が記録されることになったのであるから、少なくとも羽に注意を引きつけることには成功したのである。

もしオホーツク文化集団がワシ羽を移出していたとすれば、その移出先はオホーツク文化に大陸産品を供給していたアムール川流域の集団であろう。事実、渤海成立前の北東アジア諸集団はワシ・タカ羽を特産とし、これを唐などへ朝貢していた。さらに大陸側からは流鬼と呼ばれていたサハリンのオホーツク文化集団自身も、唐への朝貢を行っていたのである(41)。

いずれにせよ、日本側にはじめて認知されたオホーツク文化集団が、羽を掲げる人びととして描かれているのは示唆的である。

おわりに

以上の古代から中世のワシ羽交易の動向をまとめておきたい。

オホーツク文化は、七世紀から九世紀末葉に道東オホーツク海沿岸から北千島に向かって進出したが、その動向にはラッコなどの海獣猟とともに羽の移出がかかわっていた可能性がある。これまで注意されてこなかったが、実際にボーラを用いた鳥猟が海浜や河口部などで行われていたようである。オホーツク集団が大陸産品を入手していたアムール川流域の諸集団は、ワシ・タカ羽を特産として唐に朝貢などしており、大陸産品の対価の一つとしてアムール川流域諸集団に羽をもたらしていた可能性がある。

その場合、続縄文文化集団もオホーツク文化に先立って北千島まで進出していたのであるが、そこにも海獣皮とともにワシ羽の交易がかかわっていた可能性が考えられるかもしれない。続縄文時代には、石狩低地帯以東にサハリン産とみられる琥珀がきわめて大量に流通し、装身具として用いられながら、伝世することなく副葬品として消費されていた。しかし、その対価としてサハリンの集団にいったい何がもたらされていたのか、具体的な議論はほとんどない。続縄文文化後半期には本州・サハリン・千島への進出が活発化する。このうち本州南下の目的は古墳文化の鉄器の入手にあったとおもわれるが、サハリンと千島への進出の目的は、サハリン集団との「琥珀―羽」の交易にあったのではないか。熊木俊朗が指摘するように、続縄文集団の南に向かう流れと、北・東に向かう流れとは、その要因や背景が同じではなかったとみるべきであろう(42)。

一一世紀には、北海道産のワシ羽が相応の量、東北北部経由で本州中央へ流通しており、ワシ羽が海獣皮とならんで蝦夷を象徴する記号となっていた。これを証するように、北海道の擦文集団は一一世紀前葉にサハリン、後葉には道東太平洋沿岸というオオワシ産地にそれぞれ進出した。これを担ったのはいずれも北部の日本海交易集団であり、かれらの目的はワシ羽産地の開発と流通の独占ではなかったかとおもわれる。一一世紀代には「粛慎羽」なるものが本州中央に流通するようになり、その実体は不明であるが(43)、サハリン・道東から日本海交易集団を経由して本州に至る「ウイング（羽）ロード」の開発によってサハリンからもたらされたワシ以外の羽とも考えられる。

ただし文献史料からみると日本へのワシ羽移出は一〇世紀代に遡るようである。一〇世紀には擦文集団がオホーツク海沿岸に進出していたから、そこで移出されていたほか、擦文文化と接触して知床半島以南の内陸部へ移動していたトビニタイ文化集団が移出していた可能性がある。両者とも鉤針によるひっかけ猟を内陸の小河川で行っていたとみられるが、この猟場の立地はまさにトビニタイ文化や擦文文化の遺跡立地と重なっている。トビニタイ集団は、オホーツク海沿岸を擦文集団に押さえられ、サハリンとの連絡を断たれるなか、擦文集団との交易が不可欠となっていた。つまりそこでは社会全体として擦文社会の要求に応じた交易品生産が求められていたのであるが、それがワシ羽であったことは十分想定できる。

北海道集団の千島進出は擦文文化終焉後に始まった。北千島やカムチャツカ半島南部の遺跡からは、アイヌ文化由来の一五～一六世紀の内耳土器と回転式銛頭が出土しており[44]、当時すでに近世同様の、北千島から南千島を中継して北海道本島に至るワシ羽・ラッコ皮などの流通体制が確立していたようである。

サハリンへの進出は一一世紀に始まり、擦文文化終焉直後の一三世紀には、擦文人の後裔であるアイヌと元朝の戦いが生じていた。中村和之はこの戦いが、オコジョやタカ羽（あるいは生きたタカ）などサハリンの資源をめぐって元朝とアイヌの利害が正面から対立したことに由来するとみている[45]。アイヌの背後に名羽に対する日本の需用があり、さらにニブフの打鷹人を虜にして羽の流通を直接管理下に置こうとした事実を考えると、サハリン産の羽をめぐって利害の対立があったのはまちがいない。

北海道本島からのワシ羽移出は、続縄文文化から九世紀末葉に終焉を迎えるオホーツク文化の段階までは北に向かい、擦文文化中期の一〇世紀にはこれが逆転して、以降は南に向かうことになったようである。もちろん、古代から中世の北海道集団の動向を規定したのは羽のみだったわけではない。しかし、ワシ羽の交易は想像以上に大きな比重を占めていたようであり、古代から中世の蝦夷が羽によって表象される人びとだったことからすれば、それは当然のことともいえるのである。

註

（1）瀬川拓郎『アイヌ・エコシステムの考古学』北海道出版企画センター、二〇〇五年

(2) 考古学的には、一〇世紀以降の石狩川水系と一二世紀以降の天塩川水系では干したサケが、また一〇世紀以降の道南奥尻島ではアシカとアワビがそれぞれ移出されていたとみられる（註1文献）。
(3) 北海道におけるワシ羽交易を論じたほとんど唯一の論考として、菊池勇夫「鷲羽と北方交易」『キリスト教文化研究所研究年報』二七、宮城学院女子大学キリスト教文化研究所、一九九四年。近世のワシ羽交易を扱い、ワシ猟やワシ飼育の方法、ワシ羽の交易的価値、サンタン交易との関連などが論じられている。
(4) 菊竹淳一『日本の美術九一　聖徳太子絵伝』至文堂、一九七三年、二二頁
(5) 鳥居龍蔵「聖徳太子絵伝蝦夷降伏の絵に就いて」『阿夷奴研究』二、一九一七年、三〇頁
(6) 佐々木利和『アイヌ絵誌の研究』草風館、二〇〇四年、五四頁
(7) 註6文献、六二頁
(8) 金田一京助「前号の太子絵伝に就て」『阿夷奴研究』三、一九一七年
(9) 高倉新一郎「聖徳太子伝絵巻に現れた蝦夷風俗画について」『北方文化研究報告』八、一九五三年
(10) 児玉作左右衛門『明治前日本人類学・先史学史』日本学術振興会、一九七一年、一六二～一六七頁
(11) 児島恭子『アイヌ民族史の研究』吉川弘文館、二〇〇三年、一四六頁
(12) 註6文献、五一頁
(13) 註5文献、二九頁
(14) 註10文献。なおアイヌの鳥皮衣は「此の衣服を最も後まで着用せしは千島アイヌにして、多く鴨の類の皮を剥ぎ之を綴り合せて製せり。又鵜、鷲、信天翁等の皮をも使用せりと云ふ。其の着用法は一枚なれば皮の方を内にし更に二枚を着るときは外部の一枚は羽の方を表にせり」というものであった（河野常吉『河野常吉著作集』一、北海道出版企画センター、一九七四年、一五八頁）。
(15) 註11文献、一五五・一六四・一六五頁
(16) 島田勇雄校注『貞丈雑記』三、東洋文庫四五〇、平凡社、一九八五年、七七～八三頁
(17) 富士元寿彦『原野の鷲鷹』北海道新聞社、二〇〇五年、四二～四三頁
(18) 蓑島栄紀「平安期における『粛慎』について」『北東アジア国際シンポジウムサハリンから北東日本海域における古代・中世交流史の考古学的研究予稿集』中央大学文学部日本史学研究室、二〇〇四年、二三六頁
(19) 古代・中世の貴族社会における海獣皮利用の実態については次の文献に詳しい。藤田明良「都にやって来た海獣皮―古代・中世の水豹と葦鹿」『北太平洋の先住民交易と工芸』思文閣出版、二〇〇三年、三六～四〇頁
(20) 「鷲一隻此尾を俗に一尻と云ふ。十尻を一把と云ふ」（松

前廣長「松前志」）。ただしオオワシは尾羽が一四枚、オジロワシは一二枚あり、それぞれを一尻という。

（21）大石直正「地域性と交通」『講座日本通史』七、岩波書店、一九九三年、一一六～一一七頁

（22）松本建速『蝦夷の考古学』同成社、二〇〇六年

（23）仙台市博物館『仙台市博物館収蔵資料目録』一三、二〇〇五年、二九頁

（24）ちなみに、シマフクロウがアイヌの高位神であった理由について、その羽が矢羽として交易品になっていた、つまりワシ羽と同様アイヌの宝となっていたことを想定する説もある（大塚和義『アイヌ―海辺と水辺の民』新宿書房、一九九五年、一一八頁）。室町時代以来、フクロウの羽はトンビ・ニワトリ・アオサギとともに「忌羽」とされていたとされ（鈴木敬三「矢」『有職故実大辞典』吉川弘文館、一九九五年、六七九～六八一頁）、またシマフクロウの羽は遊技用の小弓である楊弓の矢羽として利用されたともいわれる（人見必大『本朝食鑑』三、平凡社東洋文庫三四〇、一九七八年、一八三～一八五頁）。

（25）註3文献、二七頁

（26）斜里町立知床博物館『オジロワシとオオワシ』郷土学習シリーズ一二、一九九〇年、二一頁

（27）菊池利彦「カムチャツカ半島出土の寛永通宝」『北からの日本史』第二集、三省堂、一九九〇年、七六～八五頁

（28）高倉新一郎『アイヌ研究』北海道大学生協、一九六六年、二六九～二七三頁

（29）長澤政之『近世蝦夷地、場所請負制下のアイヌ社会』東北学院大学大学院文学研究科提出博士論文（印刷製本版）、二〇〇五年、二六頁

（30）中村和之「一三～一六世紀の環日本海地域とアイヌ」『中世後期における東アジアの国際関係』山川出版社、一九九七年、一五四頁

（31）中村和之「アイヌの沈黙交易について」『第一六回北方民俗文化シンポジウム報告』北海道立北方民族博物館、二〇〇二年、一五頁

（32）鈴木靖民「入唐求法巡礼行記の世界の背景―渤海国家の交易と交流」『科学研究費補助金研究成果報告書「入唐求法巡礼行記」に関する文献校定および基礎的研究』二〇〇五年、三六頁

（33）瀬川拓郎「サハリン・アイヌの成立」『中世の北東アジアとアイヌ』高志書院、二〇〇八年

（34）註1文献、二一～三五頁

（35）瀬川拓郎「釧路市出土の底面刻印土器について」『中世日本列島北部からサハリンにおける民族の形成過程の解明―平成一七年度研究成果報告会資料』北海道大学総合博物館、二〇〇六年

（36）オズワルト　W・H『食料獲得の技術誌』法政大学出版局、一九八三年、一二六頁

（37）ただし擦文文化では貝塚が残されていないこともあり、

出土例は奥尻町青苗貝塚などわずかである。西本豊弘「北海道の縄文・続縄文文化の狩猟と漁撈」『国立歴史民俗博物館研究報告』四、一九八四年。西本豊弘「北海道の狩猟・漁撈活動の変遷」『国立歴史民俗博物館研究報告』六、一九八五年。佐藤孝雄「中・近世における北海道アイヌの狩猟と漁労」『考古学ジャーナル』四二五、一九九七年。木村英明「考察」『小清水町アオシマナイ遺跡発掘調査報告』札幌大学埋蔵文化財展示室・小清水町教育委員会、二〇〇三年

(38)　オオワシの尾羽は換羽するため飼育すれば繰り返し尾羽を得ることができ、実際道東やサハリンでの飼育が確認されている。飼育の詳細は註3文献参照。

(39)　註29文献、一四頁

(40)　註18文献、二三七頁

(41)　菊池俊彦『環オホーツク海古代文化の研究』北海道大学図書刊行会、二〇〇四年、四三～七九頁

(42)　熊木俊朗「道東北部の続縄文文化」『新北海道の古代二　続縄文・オホーツク文化』北海道新聞社、二〇〇三年、六九頁

(43)　註19文献、二三六～二三八頁

(44)　註27文献、六七～六九頁

(45)　中村和之「元朝のサハリン進出をめぐる北方先住民の動向」『中世総合資料学の提唱』新人物往来社、二〇〇三年、一四二頁

図引用文献

枝幸町教育委員会　一九九四　『目梨泊遺跡』

岡田　要　一九八八　『新日本動物図鑑』下、北隆館

オズワルト　W・H　一九八三　『食料獲得の技術誌』法政大学出版局

釧路市埋蔵文化財センター　一九八九　『釧路市材木町5遺跡調査報告書』

釧路市埋蔵文化財センター　一九九二　『釧路市北斗遺跡Ⅱ』

釧路市埋蔵文化財センター　二〇〇五　『幣舞2遺跡調査報告書Ⅰ』

東京大学考古学研究室　一九六四　『オホーツク海沿岸・知床半島の遺跡』下

東京大学考古学研究室　一九七二　『常呂』

東京大学考古学研究室　二〇〇一　『トコロチャシ跡遺跡』

常呂町教育委員会　一九九六　『常呂川河口遺跡』一

常呂町教育委員会　二〇〇〇　『常呂川河口遺跡』二

八幡一郎編　一九六〇　『図説世界文化史大系』一、角川書店

Mcgrady, M.J. Ueta.M. Potapov, E. Utekhina, I. Maeterov, V.B. Fuller, M. Seegar, W.S. Ladyguin, A. Lobkov, E.G. & Zykov, V.B. 2000. Migration and Wintering of Juvenaile and Immature Steller's Sea Eagles. ***In: Ueta, M.&Mcgrady, M.J. (eds) First Symposium on Steller's and White-tailed Sea Eagles in East Asia.*** pp.83-90. Wild Bird Society of Japan. Tokyo.

第二章　生産と流通

3　生産・流通の諸相③

第九節　東アジアの銭貨流通

三宅　俊彦

東アジアにおいて広く鋳造され、使用された銭貨は、「方孔円銭」の形を採用した。この中央に四角い孔のある銭貨は、中国で秦代にその形が定まると、二〇世紀初頭に西洋コインをモデルとする銅貨が発行されるまで、実に二千年以上も基本的な形を変えることはなかった。これらの方孔円銭は中国の各王朝が鋳造・流通させただけでなく、その周辺に位置する日本・朝鮮・ベトナムなどでもその形を模倣し、自ら鋳造・流通させた。

中でも中世以降、北宋銭を中心とする中国銭貨は日本や東南アジアへと大量に流出し、それらの地域における貨幣経済を支えたのである。また近世初頭には、日本から中国へ逆に銭貨が流入する動きも見られるなど、東アジアの銭貨は非常にダイナミックに移動していた。

本論では、このような東アジアの銭貨流通について、考古資料から検討を加え、その動きの復元を試みたい。取り上げる時代は中世から近世初頭にかけてであり、地域は中国および日本、一部ベトナムなどの東南アジア地域を含める。まずこれまでの考古学以外の研究動向をまとめ、その上で考古資料の分析を行う。ここでは主に研究の進んでいる日本と、中国の状況を比較してみたい。次にベトナムでの調査成果などにも触れながら、東アジアの銭貨流通の復元を試みる。

一　これまでの東アジア銭貨流通の研究

東アジアにおける銭貨流通の研究は、これまで文献を利用した研究が主であった。その中で、日本と中国の関係を検討するものを中心に、それらを概観しておこう。

中世の日本では中国の銭貨、いわゆる「渡来銭」が大量に流入し、貨幣経済を支えていた。これらの中国銭貨は、一二世紀後半頃から公式な認可を得ないまま民間で流通が始まったと考えられている。朝廷ではたびたび銅銭禁止令を出したが、中国銭貨の流入は続き、民間で広く流通する趨勢は止まらず、むしろ加速されていった。そして、近世江戸時代に寛永通寳が発行されるまで、本邦の貨幣流通の根幹をなしていたのである。

この日本における渡来銭流通の位置づけを、「中国の内部貨幣圏に取り込まれていた」とするのは、足立啓二である。足立は「中国専制国家は、優勢な財政支払い・租税収取を基に、純粋度の高い内部貨幣制度を、世界史上空前の規模で創出」することができ、その「中国経済の孤高の地位を前提として」、中国銭貨を東アジア諸国に対して「国際的商品交換の尺度としての条件を十分に備えた対外貨幣」として機能させ得たとする。そして、日本はその中国の内部貨幣圏内にあったと説く（足立一九九二）。

このように、渡来銭がある種の国際通貨として認識されていたとする説は、古くは森克己などによっても説かれる。森は「日本商人も（略）時によっては銭貨をも必要とした」とし（森一九五〇）、滝沢武雄もこの説を肯定する（滝沢一九七〇）。また神木哲男は、中国の銅銭が東は日本から西はイスラム教国に至る広い範囲で流通していることから、「いわばアジア経済圏とも呼ぶべき国際経済社会を構想することができよう」としている（神木一九八五）。

こうした見解に異を唱えるのは大田由紀夫である。大田は、日本への銅銭の流入の画期が一二一五年代と一二七〇年代にあるとし、前者を金の紙幣発行と銅銭禁止令に、後者を南宋の滅亡に求めた。さらに元代には銅銭使用が途絶したことなどを例に、「中国で使われなくなったからこそ、銅銭は国外で大量に流通するようになったのである」と結論づけ、日本が「中国の内部貨幣システムに組み込まれた」とする足立の見解を否定した（大田一九九五）。

このような渡来銭の国際性（中国の内部通貨化）を否定する議論は他にもある。たとえば井上泰也は「大量の銅銭が流動する根本的契機は、やはり日本産貴金属とのバーター取引以外にはあり得ない」として、銅銭は決済手段ではなく取引品目のひとつであったと考える（井上二〇〇六）。また、上田信は元代の貨幣政策を基に、「日本には、商品として銅銭が渡った」と明確に述べる（上田二〇〇五）。

総じて、近年の研究動向は、渡来銭の「中国内部通貨」説から「輸出商品」説へと移行する流れと言えよう。こうした中国から東アジアへの銭貨流出について、「環シナ海銭貨共同体」を構想するのは黒田明伸である。黒田はその共同体を「銭貨を独自に使用する地域経済が並列している空間」と定義し、「ある地域での銅銭の動きは、驚くほど距離の離れた他の地域の銅銭需給に影響を及ぼすような連動性をもっていた」とする。しかし、銅銭は「貿易収支の決済の通貨として機能していた、ということを意味するのではない」とし、内部通貨としての機能を否定している（黒田二〇〇三）。注目すべき見解である。

この問題に関して考古学から発言しているのは小畑弘己である。小畑は九州・沖縄の廃棄・遺棄銭（個別発見貨）の集成を行い、貿易の盛んな地域や都市において、「足立の言う中国専制国家の国家的信任が影響しえた時期は、博多にみるⅠ期ないしⅡ期（一一世紀後半～一三世紀前半：引用者註）に限定」して見られ、さらにこれより後には「東南アジアを含めた環東シナ海商業圏（沿岸部）では市場独自の信用をもつ銭体系が成立していた」可能性を指摘している（小畑一九九七）。日本を一地域として見るのではなく、貿易の盛んな地域や都市を、その他の地域と切り離して考える視点が注目されよう。

以上、これまでの東アジア銭貨流通の研究状況を、日中の銭貨流通を中心に概観してきた。これらの議論をふまえて、出土銭貨の考古学的研究から、主に日本と中国の事例に対し、検討を加えてみたい。

二　日中銭貨流通の比較

1　窖蔵銭と一括出土銭

考古資料としての出土銭を分析する際、まず着手しなくてはならないのは、一括出土銭である。これは土中に大量の銭貨がまとまって埋められているもので、中国・日本・ベトナムなどで事例が確認されている。

中国では「窖蔵銭《こうぞうせん》」と呼ばれており、筆者の管見に触れたかぎりでは唐から清までの時期に三一〇例発見されている。これらの多くは戦乱を避けるために緊急避難的に埋めたと考えられ、一部は銅銭使用禁止令などを契機として埋められたものも存在する（三宅 二〇〇五）。

日本では、鈴木公雄により全国的な集成が行われている。それによれば一千枚以上の事例が二一七例あり、中世の時期に盛行する（鈴木 一九九九）。日本ではこれらの銭貨が、何を契機として埋められたのかについて議論が分かれており、研究者の間で「備蓄銭」、「埋納銭」など様々に呼称され、用語の統一を見ていない。筆者は櫻木晋一の提唱する、「一括出土銭」を使用したい（櫻木 二〇〇五）。この呼称は出土状況に注目するもので、性格づけを伴わない客観的な呼称と考えるからである。なお筆者は中国のものは「窖蔵銭」とそのまま呼称しているが、本論では混乱を避けるため「一括出土銭」で統一する。

これら一括出土銭は当時流通していた銭貨を、そのまま地中に埋めたものと考えられ、銭貨流通の復元には大変有用な資料となる(1)。特に日本と中国では資料化が行われ、比較検討が可能な状態にある。ここではまず、渡来銭が日本に流入し始めた、初期の一括出土銭と中国の一括出土銭について、その銭種組成を比較し、さらに最新銭の検討から、日中の一括出土銭が埋められた時期を検討する。

2　銭種組成

筆者は、中国の一括出土銭に含まれる各種銭貨の割合を、日本の初期のそれと比較している（三宅 二〇〇五）。これは、櫻木晋一によって日本の初期（鈴木一、二期）の一括出土銭における銭種の組成が、非常に均等であることが示され（櫻木 一九九二）、その原因を中国から輸

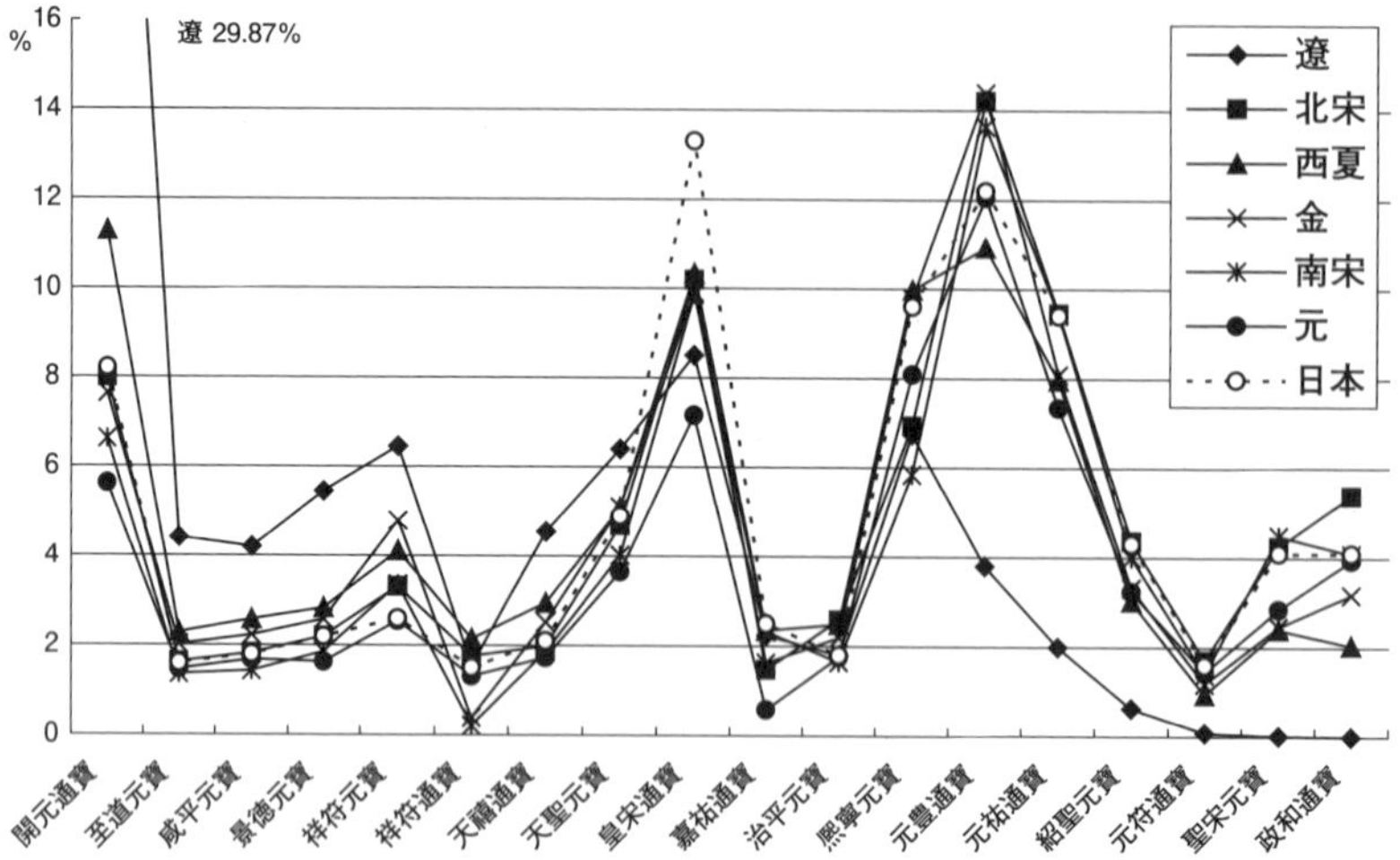

図１　日中の銭種組成の比較（三宅 2005）

入された時点で、すでに均等な組成であったとする見通しを受けたものである。中国の銭貨が、日本に輸入される時点で、特別な選択は行われず、中国で流通しているものをそのまま持ち込んだとする説は、鈴木公雄も説いている（鈴木 一九九二）。

ここでは、日本の一括出土銭と中国の各王朝の窖蔵銭の銭種組成の平均値を、図1に示す。日本のデータは櫻木の示した一括出土銭に含まれる割合の多い、上位一八種類の銭貨（櫻木 一九九二）に、東京上千葉出土の事例（葛飾区郷土と天文の博物館 二〇〇〇）を加えた平均値である。中国のデータは筆者が収集した事例の内、銭貨の種類と数量を報告している事例を各王朝に分け、それぞれの平均値を算出したものである[2]。

この図を見ると、日本の一括出土銭は、北宋・西夏・金・南宋・元の事例と、ほとんど重なっており、これらの王朝とほぼ同じ割合であることが分かる。これにより、これらの王朝とほぼ同時期に、日本の初期の一括出土銭が位置づけられることは明らかである。

つまり、中国で流通している銭貨の種類とその銭種ごとの多寡は、そのまま日本の初期の一括出土銭に反映されており、この時期に日本で流通していた銭貨は、中国からそのまま持ち込まれたものを使用していたと言えるであろう(3)。

３　埋められた時期の比較

次に、銭貨の埋められた時期について、日中での比較を行ってみたい。

日本における一括出土銭は、鈴木公雄が一千枚以上の一括出土銭二一七例から、最新銭を抽出し、そのデータを示している（鈴木　一九九九）。日本の一括出土銭のデータは、この鈴木の集成を利用する。中国の事例は、筆者の集成した最新銭が報告されているもの、二二九例のデータを使用する（三宅　二〇〇五）。

両者を、二五年ごとに区切って比較してみたものが図2である。この図から、日中では一括出土銭の作られる時期に明確な違いが見られる。

中国では、一二世紀の第1四半期から一三世紀の第3四半期までが多く見られる。これは、遼と北宋の滅亡か

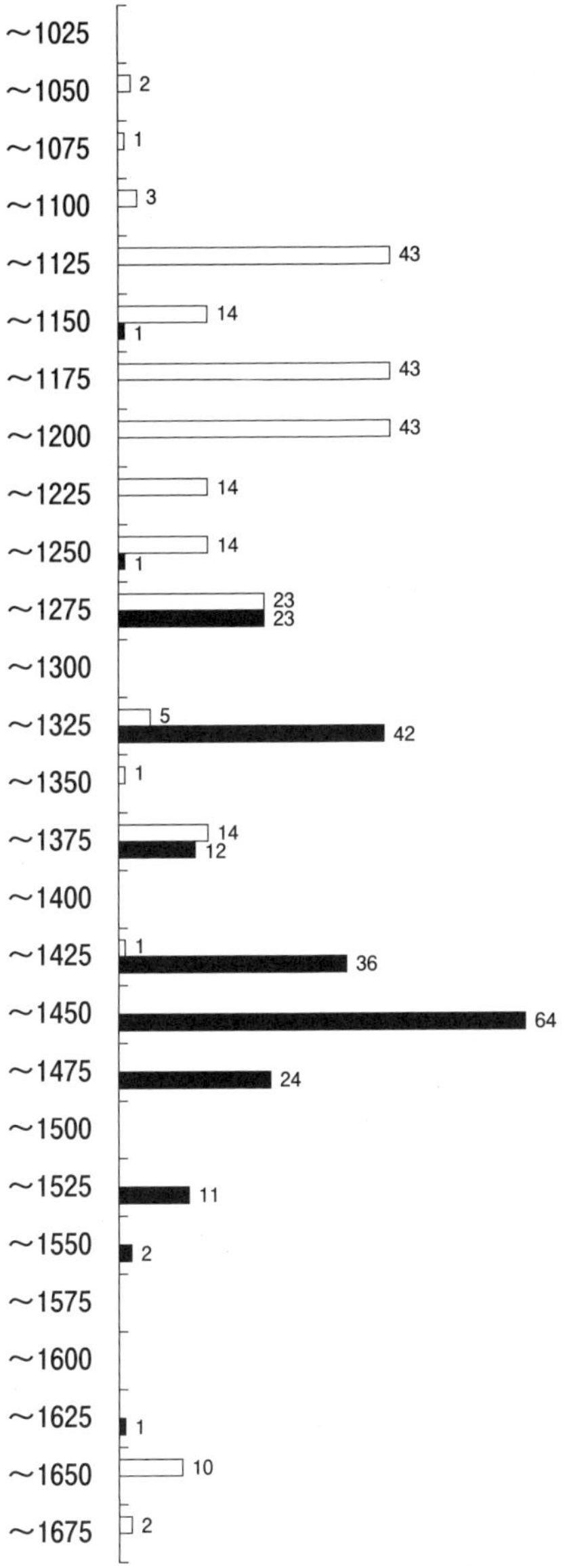

図2　日中の一括出土銭の時期差（三宅 2005）
□中国　■日本

ら、南宋の滅亡まで、つまりほぼ金と南宋の時期に相当する。また、一四世紀の第3四半期と一七世紀の第2四半期にも若干のピークがあるが、これらは洪武通寳を最新とする一括出土銭と、明末の事例に、それぞれ相当する。

日本では、多少のばらつきがあるが、一三世紀の第3四半期から、一六世紀の第1四半期頃に多く見られる。これは、中国の時代区分では南宋末から、明の中頃までの時期に相当する。

両者を総じて、中国では南宋に一括出土銭が埋められた時期の中心があり、日本では南宋末から明の半ばまでの時期にその中心があると言える。このことから、日中では銅銭が使用されていた時期が異なると結論づけられよう。

すなわち、中国で銅銭が基準通貨として使用されていた時期（宋代）には、日本では銅銭はあまり大量には流通していなかったと考えられる。この時期の中国では銅銭が基準通貨として機能し、銭貨は埋めてまでも秘匿する価値を持っていたことを示しており、また海外への持ち出しも禁止されていた。

一方、日本で一括出土銭が増加するのは南宋末以降であり、特に元・明並行期に多い。これは中国で基準通貨が銅銭から紙幣（あるいは銀）に変更された時期である。この時期には中国では銅銭は価値を下げ、秘匿する対象から外れたことを示している。逆に日本では大量にもたらされたことにより、基準通貨化が進み秘匿の対象として埋められることとなった。

以上を鑑みると、中世の渡来銭は、中国で基準通貨が切り替わり、相対的に価値が下落した時期に、逆に需要が増大していた日本へ「輸出品」として運ばれたと言える。このような一括出土銭による考古学的分析は、前述の大田由紀夫をはじめとする、「輸出商品」説の見解を支持していると言えるであろう。

三　東アジアの銭貨流通の復元

1　ベトナムにおける一括出土銭の調査

これまで、一括出土銭が発見され、考古学的に調査・研究が行われている地域は、日本と中国だけであった。文献の記載などからは、東南アジア地域でも地中に銭貨を埋める行為は行われていたと考えられるが（黒田　二〇〇三）、考古資料としての研究はほとんどなされていないのが現状である。そうした中、ベトナムでは簡単ではあるが、一括出土銭の事例が複数報告されている。これを受け、筆者らはベトナム北部のハノイ周辺において、初歩的な調査を行ったところ、大量の一括出土銭の存在を確認し、いくつかの知見を得た。

まず、北属時代（中国の漢代～唐代・五代十国）から阮朝にいたる、ほぼすべての時期の一括出土銭を確認できた。このことは、少なくともベトナム北部においては漢代以降、貨幣経済が脈々と行われていたことを示している。

次に、各一括出土銭に含まれている銭貨の種類は、時期ごとに異なっていると思われ、北属時代の初期（漢代並行）は五銖銭を主体としており、北属時代の後期（唐代から五代十国並行）は開元通寳を主体とし、李朝・陳朝・胡朝（一〇一〇～一四〇七）は北宋銭を、黎朝（一四二八～一八〇二、莫・西山阮朝なども含む）では黎朝の銭貨を主体としていると推測される。しかし、その具体的な状況は不明であり、今後調査を進める予定である。

さらに筆者らは、一括出土銭の整理作業にも着手している。これはハノイ市内で入手したもので、一八世紀代の四耳壺に一二〇キロ、約三万枚の銭貨が容れられていた。壺の産地などからベトナム北部のものと考えられる。その内三千枚を整理し、最新銭は阮朝初期の嘉隆通寳（一八〇四年初鋳）であることから、一九世紀初頭に埋められたものと推測している。

2　日本から東アジアへ

上述の一九世紀初頭の一括出土銭から、寛永通寳一枚と長崎貿易銭の元豊通寳三〇枚を確認したことは、特筆されるべきであろう。これにより近世初頭に、日本から東南アジアへ銭貨が流出していたことが、考古学的に裏付けられたからである。

長崎貿易銭とは、万治二（一六五九）年から貞享二（一六八五）年まで長崎で作られた、北宋銭を模した銭貨であり、主に東南アジアへ輸出されたと言われているものである。この長崎貿易銭が、三千枚の内三〇枚も含まれていたことは、ベトナム北部（当時の東京）では一九世紀でもなお、流通銭貨の一％が日本鋳造の銭貨であったことを示しており、ベトナムへ与えた影響の深さをうかがうことができよう。

ベトナムではこのほか、一七世紀に日本町があったホイアンからも長崎貿易銭が出土し、またフエでも寛永通寳が確認されている（菊池 一九九七、一九九九）。また、ベトナムへ日本から銅銭が輸出されていたことは、文献による岩生成一、中村孝志などの研究からも明らかにされている（岩生 一九二八、中村 一九五八）。

このように、中世に渡来銭を大量に輸入していた日本は、一七世紀には逆に海外へ銅銭を輸出していたのである。そのことは中国の考古資料からも知ることができる。中国では、清代に属する一括出土銭の多くに寛永通寳が含まれており、銭貨の流れに乗って遠くは新疆ウイグル自治区まで運ばれていることが分かっている。また中国各地で寛永通寳の収集事例が報告されていることからも、当時の中国で大量の寛永通寳が流通していたことを裏付ける（三宅 二〇〇五）。なお、中国東北地方出土の寛永通寳に関しては、榎森進、包長華・小嶋芳孝および高橋学而の論考がある（榎森 一九九九、包・小嶋 二〇〇〇、高橋 二〇〇六）。

また文献にも、中国で寛永通寳が流通していたことが記されている。たとえば『大清高宗純（乾隆）皇帝実録』乾隆一七（一七五二）年には、濱海地方で寛永通寳が大量に流通していた実態が述べられている。中国における寛永通寳の流通に関しては、文献では曾煥棋の論考が詳しい（曾 二〇〇三）。

総じて、中世の東アジアでは中国から日本へと大量の銅銭が流入していたが、近世初頭にはその流れが逆転し日本から中国へ、あるいはベトナムへと銅銭が動いていたと言えるであろう。

3　銭貨流通の復元

ここで、これまで見てきた東アジアの中世から近世初頭にかけての銭貨の動きを、考古資料の検討を中心としてまとめ、銭貨流通の復元を試みたい。地域は日本・中国およびベトナムを取り上げるが、ベトナムの考古資料による銭貨研究は始まったばかりであり、不明な点も多い(4)。また、東南アジアではベトナム以外の地域でも中国銭貨が使用されており、それらの地域も看過できないことは論をまたない。よって、この銭貨流通の復元作業は、現時点での大まかな見通しを示すものであり、将来の調査・研究の進展を待って、さらに詳細化していきたい（図３）。

まず一五世紀後半以前（明代中期まで）の動きは、中国から日本・ベトナムへ、というものである。日本へは南宋並行の一二世紀後半から銅銭の流入が開始されたと考えられる。その後元・明では銅銭から紙幣（および銀）へと基準通貨が切り替わり、国内の銅銭は大量に東アジア地域へと流出した。ベトナムでも北宋銭の出土は多く（山本　一九三九、阿部　二〇〇四）、この時期に大量の中国銭貨が流入したと考えられる[5]。

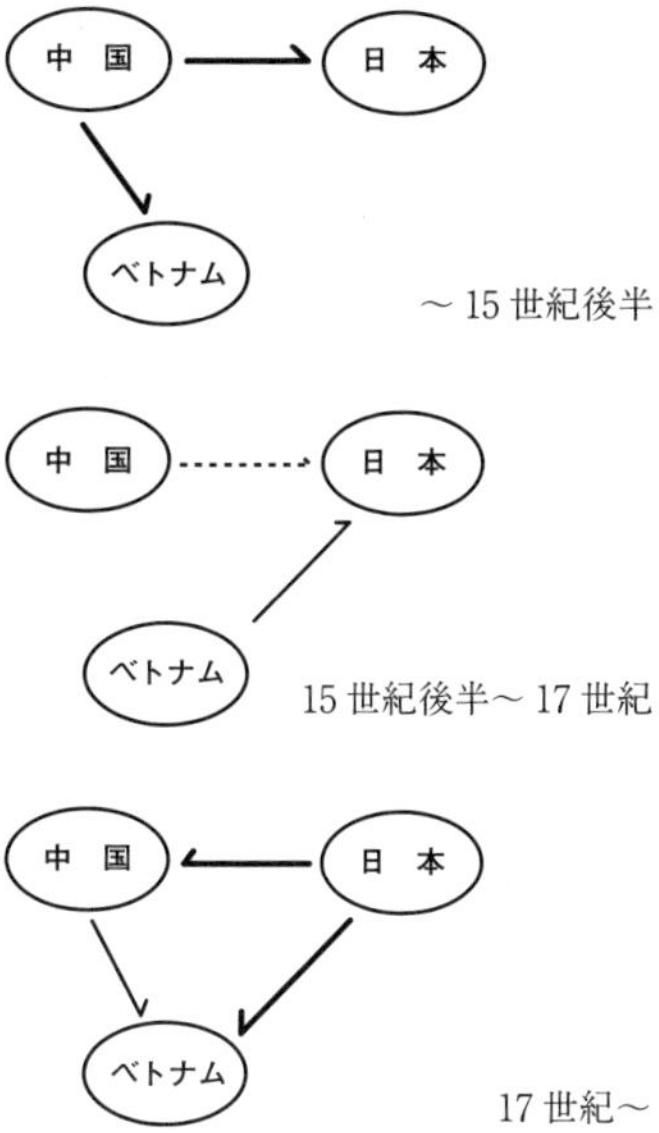

図３　東アジアの銭貨流通概念図

一五世紀後半になると、中国から日本への銭貨流入は滞り始める。これは明国内にあった北宋銭を主体とする歴代の銭貨（精銭）が払底したためと考えられる。明ではこの時期以降、質の悪い私鋳銭が江南で大量に鋳造され、民間では私鋳銭が支配的に流通するようになる（足立　一九八九）。一方、日本では銭貨への需要は高まり続け、一六世紀初めに明の精銭の流入が途絶した後も、明の私鋳銭の輸入が続けられたと考えられる。この私鋳銭の流入は、日本での撰銭行為を引き起こした。それらは江南で作られた「京銭《きんせん》」などではないかと考えている[6]（三宅　二〇〇五）。そして、日本の銭貨需要の高まりは、新たな輸入先を模索させ、一六世紀後半には、北宋銭が流通していたベトナムからも輸入が開始された[7]。

一七世紀に入ると、この流れが逆転する。徳川幕府による日本国内の安定化と、一六世紀後半から始まっていた銀・生糸を主体とした貿易の拡大、および中国やベトナムでの銭貨需要の増大が、逆に日本から銭貨が流出する事態を引き起こした[8]。そうした中、長崎では輸出専用の銭貨が鋳造されるなどの対応が取られた。しかし、銭貨流出の流れは止まらず、一八世紀に入っても日本から銭貨が流出していた（岩生 一九二八）。また、ハノイで筆者らが調査中の一括出土銭には、明末の崇禎通寳や呉三桂政権のもの、清代の銭貨などが含まれており、この時期に中国からベトナム北部へ銭貨が流出していたことが明らかになっている。

おわりに

中世から近世初頭にかけての東アジアは、銅銭が基準通貨として機能した時代であった。そしてその銅銭は、国境を跨いで非常にダイナミックに動いていた。その様相を本論では、考古資料からの検討により復元することを試みた。

まず、これまでの研究を概観した後、一括出土銭の調査・研究の進んでいる日本と中国を中心に、銭種組成や埋められた時期の比較などを行った。その結果、日本の初期の渡来銭は中国で流通していたものを、そのまま持ち込んでいたことが明らかとなった。また、埋められた時期の比較からは時期差が見て取れ、銭貨が「輸出商品」として中国からもたらされたと考えた。

さらにベトナムにおける一括出土銭の調査成果なども参考しながら、当時の東アジア銭貨における銭貨の流れの復元を試みた。これは現時点での大まかな見通しであり、今後さらに調査・研究を進め、より正確なものにしていきたい。

中世東アジアの銭貨流通を、考古資料から復元する試みは、まだ緒についたばかりであるが、さらに調査が進展することにより、大きな成果が期待できる研究分野である。本論がその一助となれば幸いである。

註

（1）もちろん、銭貨が埋められる際に、質の悪い銭貨を除くなど、若干の選択が働いていた可能性は考慮すべきであろう。小畑弘己は、その点を強調している（小畑 一九九七）。

（2）データの詳細は、三宅二〇〇五を参照のこと。

（3）ただし、中国で流通していた銭貨の内、鉄銭と大銭（折二・当十などの大型銭）は、日本では出土例が極端に少なく、これらは輸入の時点で除外されていたと考えられる。このことから、中国で流通していた「銅銭の小平銭（一文銭）」のみが選択され、日本に持ち込まれたと言えよう。

（4）筆者の現地調査は、中国の影響が濃いベトナムの北部ハノイ周辺に限られているため、ベトナム中南部の状況はこれと大きく異なっている可能性がある。今後、さらに調査を進める予定である。

（5）　大田由紀夫は、ジャワのマジャパヒト王国において、一三〇〇年前後の数十年間で金銀貨から銅銭へと銭貨使用の劇的転換が起こったことを指摘しており、東南アジア全体で中国銅銭への移行が進んだことを強調する。そして南宋末の一二七〇年代は、東アジアおよび東南アジアへと大量の銅銭が流出を開始した画期をなす時期であるとしている。さらに一三世紀後半にベトナムでも日本と同じような「地方での漸進的な銭貨使用」が起こったと説く（大田　一九九五）。

（6）　この時期、ベトナムでも撰銭行為が起こっているといい（大田　一九九七）、江南の私鋳銭はベトナムへも流出した可能性がある。しかし、ハノイでの筆者らの一括出土銭の調査では、今のところ明確な私鋳銭が発見されていないため、ここではルートを示さなかった。

（7）　永井久美男は、日本でのベトナム銭の出土状況を分析し、一六世紀後半になると銭貨の渡来経路が中国ルートから南方（南海）ルートに変わり、ベトナムから直接銭貨がもたらされたと指摘している（永井　二〇〇一、二〇〇五）。

（8）　明の海禁政策の緩和による唐船の東南アジアへの進出や朱印船の活発化などを考慮すると、一六世紀後半まで遡る可能性もあるかも知れない。しかし現時点では、ベトナム北部の一括出土銭には、一六世紀後半の銭貨が認められないため、確実な時期として一七世紀以降を設定した。

参考文献

足立啓二　一九八九　「明中期における京師の銭法」『文学部論叢』史学篇第二九号、熊本大学文学会

足立啓二　一九九二　「東アジアにおける銭貨の流通」『アジアの中の日本史　Ⅲ海上の道』東京大学出版会

阿部百里子　二〇〇四　「ベトナム北部雲屯港発見の銭貨」『出土銭貨』第二〇号

井上泰也　二〇〇六　「文献からみた中国の貨幣流通―七～一四世紀（唐・宋・元代）を中心に―」『出土銭貨』第二五号

岩生成一　一九二八　「江戸時代に於ける銅銭の海外輸出に就いて」『史学雑誌』第三九編第一一号

上田信　二〇〇五　『海と帝国　明清時代』中国の歴史〇九、講談社

榎森進　一九九九　「松花江流域出土の「寛永通寳」、その歴史的背景」『東北学院大学東北文化研究所紀要』第三一号

大田由紀夫　一九九五　「一二―一五世紀初頭東アジアにおける銅銭の流布―日本・中国を中心として―」『社会経済史学』第六一巻第二号

大田由紀夫　一九九七　「一五・一六世紀中国における銭貨流通」『名古屋大学東洋史研究紀要』二一

小畑弘己　一九九七　「出土銭貨にみる中世九州・沖縄の銭貨流通」『文学部論叢』第五七号、熊本大学文学会

葛飾区郷土と天文の博物館　二〇〇〇『埋められた渡来銭』
神木哲男　一九八五「出土銭より見た日本の中世経済」『考古学ジャーナル』二四九
菊池誠一　一九九七「ベトナム中部フエ発見の寛永通寳銭」『出土銭貨』第七号
菊池誠一　一九九九「ベトナム・ホイアン出土の銅銭」『出土銭貨』第一一号
黒田明伸　二〇〇三『貨幣システムの世界史〈非対称性〉をよむ』岩波書店
櫻木晋一　一九九二「北九州市八幡西区本城出土の備蓄銭」『古文化談叢』第二七集
櫻木晋一　二〇〇五「中世出土銭貨研究の課題と展望」『考古学ジャーナル』五二六
鈴木公雄　一九九二「出土備蓄銭と中世後期の銭貨流通」『史学』第六一巻三・四号
鈴木公雄　一九九九『出土銭貨の研究』東京大学出版会
曾煥棋　二〇〇三「日本「寛永通寳」の中国流入をめぐって」『千里山文学論集』第六九号
高橋学而　二〇〇六「中国東北地方で確認された寛永通寳銭についての検討―内蒙古自治区赤峰市出土例を中心に―」『出土銭貨』第二四号
滝沢武雄　一九七〇「平安後期の貨幣について」『史観』第八二冊
永井久美男　二〇〇一「中世と近世初期の埋蔵銭の時期区分―ヴェトナムの後黎（前期）銭と漢銭による新説―」『出土銭貨』第一五号
永井久美男　二〇〇五「渡来銭時代における流通銭の変遷―出土銭資料による考察―」『出土銭貨』第二二号
中村孝志　一九五八「東京大船主イッチェン攷」『石濱先生古希記念東洋学論叢』
包長華・小嶋芳孝　二〇〇〇「中国東北地方の「寛永通寳」について」『石川考古学研究会々誌』第四三号
三宅俊彦　二〇〇五『中国の埋められた銭貨』世界の考古学⑫、同成社
森克己　一九五〇「宋銅銭の我が国流入の端初」『史淵』四二輯
山本達郎　一九三九「安南の貿易港雲屯」『東方学報』東京第九冊

コラム６

出土植物のＤＮＡ分析

植田信太郎・王瀝

我々は現在繁栄を謳歌しているが、その基盤となっているのは食料事情の安定であり、これは約一万年前以降に起きた植物の栽培化ならびに動物の家畜化とそれらの改良が重要な役割を果たしてきた。家畜化された動物の種類はさほど多くはないが、栽培化された植物の種類はきわめて多岐にわたっている。加えて、栽培植物に対して、人間にとって有益な食用部分の大型化などの様々な形質を人為的に選択したことによって、現在の栽培種は原生種と外見が大きく異なっている。栽培植物の改良すなわち人為的選択は、いくつもの遺伝的形質に対して幾度となく、長い年月をかけて行われてきた。ということは、原生種から現代栽培種に至る過程における中間型が多数存在し、遺跡から出土する植物、特に紀元後の遺跡から出土する植物の多くは、この中間型に属するものと思われる。また、大航海時代を迎える以前より交易は盛んに行われており、交易による栽培植物の人為的移動（拡散）もかなり広範囲に起きていたと考えられる。

したがって、交易が盛んとなった中世の遺跡から出土した植物の種の同定は慎重に進める必要がある。正確な種の同定が行われることによって初めて、同一種内の遺伝的多様性の情報が得られる。その結果、交易の実態を遺伝情報の拡散から読み解くことが可能となる。また、交易によって発生する在来種と外来種との交配による複雑な栽培植物史の解明にも役立つであろう。そこで我々は、中世の遺跡から出土した複数の栽培植物のＤＮＡ分析を試みている。

　図に厚幌遺跡（北海道厚真町）から出土したアズキならびにオオムギのＤＮＡ分析実験の一端を示す（試料は札幌学院大学臼杵勲先生より提供）。これら植物遺骸の種の推定は形態的特徴を指標に行われている。上述の目的の第一段階であるＤＮＡレベルからこれら植物遺骸の種の同定（ＤＮＡ同定）を行うべく、植物遺骸に残されたＤＮＡをＰＣＲ法によって増幅した実験の結果である。実験は、炭化米のＤＮＡ分析で用いている葉緑体ＰＳ－ＩＤ領域について行った。植物では核、ミトコンドリア、葉緑体の三ヶ所にＤＮＡが存在する。葉緑体ＰＳ－ＩＤ領域とは、植物の光合成を担っている葉緑体に存在する遺伝子に挟まれた非コーディング（蛋白をコードしない）領

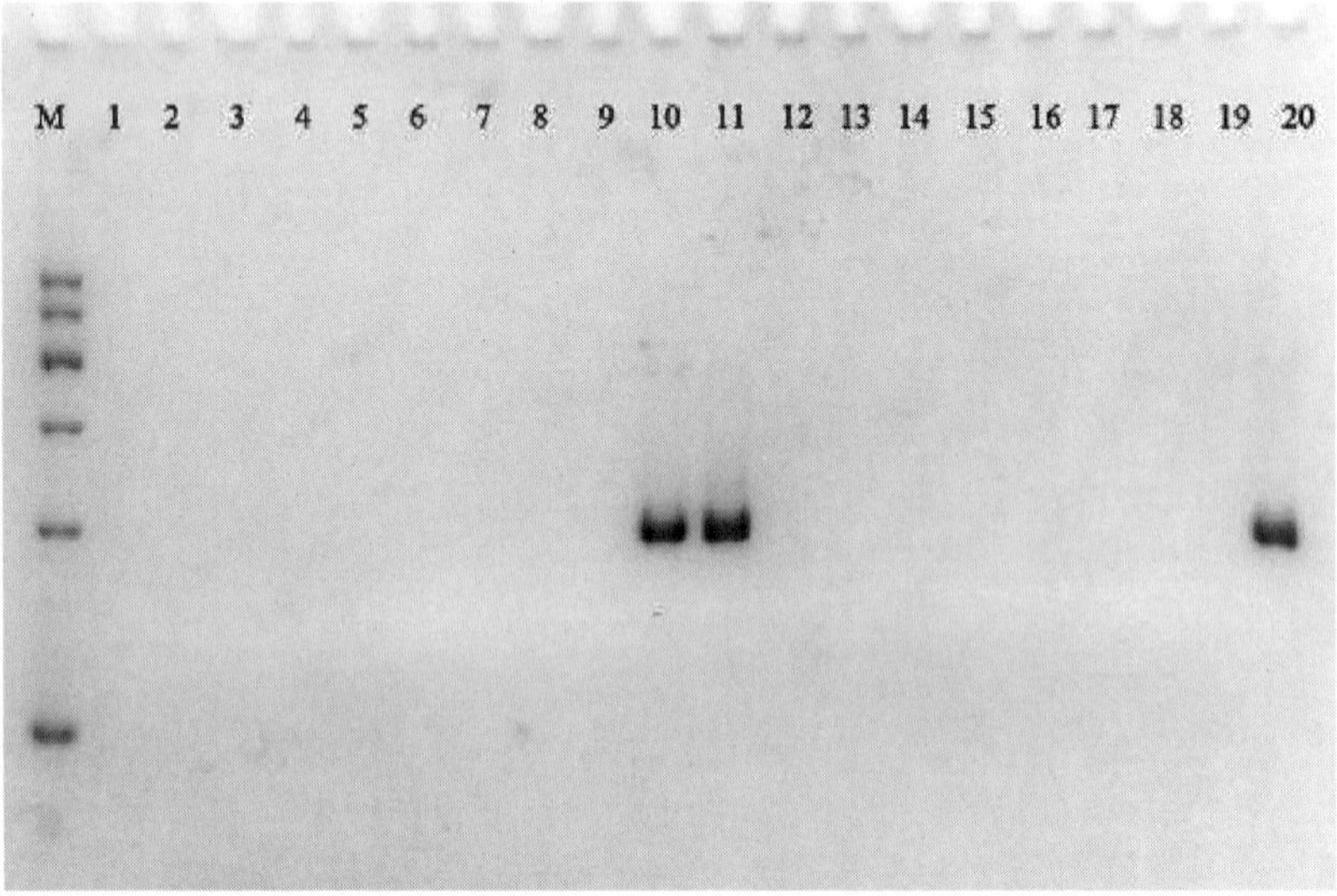

図１　厚幌遺跡出土のアズキ・オオムギのＤＮＡ分析

出土植物のＤＮＡ分析。植物遺骸（各１粒）からＤＮＡを抽出・精製後、ＰＣＲ法によって葉緑体ＤＮＡの一部を増幅させた結果の確認実験（電気泳動法をもちいた増幅ＤＮＡの検出）。レーン１～３ならびに11～13はアズキ、レーン５～７ならびに15～17はオオムギ（ここでの種は形態的特徴から推定された結果を当てている）。

域である。葉緑体ＰＳ－ＩＤ領域の配列は比較的近縁な植物間でも配列が大きく異なっており、種の同定に適した指標であると考えられる。

ところで、植物遺骸に残されたＤＮＡはきわめて微量であるため、その分析のためには必要量までＤＮＡを増やす（コピーを作る）ことが不可欠である。この〝コピーを作る〟方法がＰＣＲ法と呼ばれる方法である。ある一定量以上のＤＮＡが存在すると、染色液で染めて紫外線を照射するとＤＮＡの存在を目で確認できることが可能となる。この「ある一定量以上のＤＮＡ」までコピーを作成するために用いるのがＰＣＲ法であり、図に示すように目で確認できる量にまでＤＮＡを増やすことができると、次の分析実験ステップである〝植物遺骸のＤＮＡの配列を読み取る〟作業へと進むこととなる。

図は、ＰＣＲ法によって増やしたＤＮＡを確認した作業結果（電気泳動法によってＤＮＡを大きさ別に分離した後に、染色液でＤＮＡを染めて紫外線を照射し、発光した蛍光を検出し、写真として記録したもの）である。ＤＮＡが増えていれば、バンドとして検出できる。したがって、バンドが見えていないレーンは、ＤＮＡが増えなかったことを意味している。Ｍと示したレーンにはＤＮＡのサイズマーカーを入れている。ＤＮＡは増えれば良いというのではなく、目的のものが増えていなければまったく意味がない。ＰＣＲ法によって増えたＤＮＡが目的の大きさをもったものであるのか、また、目的外のＤＮＡは増えてはいないかを確認するために、この作業は不可欠となっている。また、レーン10と20はポジティブ・コントロールである。これらのレーンにはポジティブ・コントロールとして現生の植物（本例の場合は現代のイネ）から取り出したＤＮＡを増やしたものを入れている。ＰＣＲ法によるＤＮＡ増幅反応がきちんと働いているかどうかを確認するためのものである。そして、レーン４、８、９、14、18、19はネガティブ・コントロールである。ネガティブ・コントロールとは、植物遺骸の換わりに蒸留水からＤＮＡを抽出したもの、あるいは、ＰＣＲ法でＤＮＡの換わりに蒸留水を増やしたものである。実験がきちんと為されていれば、蒸留水からＤＮＡが抽出されることも、蒸留水からＤＮＡが増やされることもない。知らないうちに他のＤＮＡが混入してしまい、その結果、目的外のDNAを増やしてしまっていないことを確認するためのものである。

これは、きわめて微量の、そして長い年月の経過によって小さな断片へ壊れてしまったために、PCR法によるDNA増幅が非常に難しい遺骸試料の分析では、重要な意味をもっている。図ではレーン11のアズキ試料でDNAの増幅が検出されている。なお、図の実験ではオオムギ試料でDNAの増幅は成功しなかったが、その後、PCR法によるDNA増幅の条件に改良を加えることによってアズキ試料と同様に成功している。

今回、アズキとオオムギそれぞれのDNA分析とも、PCR法によるDNA増幅実験で用いたPCRプライマーは、上流、下流共に炭化米分析で用いているPCRプライマーをそのまま利用している。なぜならば、このPCRプライマーはコメだけでなく他の植物も分析可能なように設計しているからである。実験で用いたPCRプライマーは、葉緑体PS－ID領域の上下流に位置する蛋白コーディング領域の配列をもちいて設計している。蛋白コーディング領域は非蛋白コーディング領域に比べて進化的に保存されており、設計したPCRプライマーの配列と同じ配列、もしくは、類似の配列が多くの生物種で存在すると期待されるからである。すなわち、蛋白コーディング領域の配列をプライマーに用いることにより、適用範囲の広い、言い換えれば、幅広い植物種の同定が可能な実験系が構築できる。

遺伝情報には様々なものが存在する。それらの特徴、とくに分子進化学的特徴を把握し、どのようなDNAを分析の対象に選ぶかが、分析結果の精度にきわめて重要な影響を及ぼす。加えて、参照データの充実も不可欠である。この両者を上手に組み合わせることによって、多種多様な植物遺骸の種の同定を可能とし、結果として、植物栽培化の道筋を解明する一助にしたいと考えている。

コラム7

カラコルム出土陶瓷器穿孔の意味

――亀井明徳

一九四八─四九年に、ロシア科学アカデミーは、モンゴル・カラコルム遺跡の発掘調査を行い、この元代都城遺跡の解明に大きな前進をもたらした。調査を指揮したキセリヨフ教授により、一九六一年には発掘調査報告書も刊行されている。

二〇〇五年の予備調査をへて、私たち専修大学アジア考古学チームは、二〇〇六年九月、モンゴル国立歴史博物館が所蔵しているカラコルム遺跡出土の陶瓷器の調査を実施し、その詳細を二〇〇七年と二〇〇九年の二回にわたり報告書として公刊した。その調査の過程でいくつかの興味深い所見をえたので、それらについて触れておきたい。

まず第一に、カラコルムは、第二代オゴデイ・ハーンによって一二三五年に建設された都市であり、一三八〇年代に明軍によって破壊され、すべては廃墟となったとみられる。この間の約一四五年間、盛衰はあるとしても都市としての機能を存続したと考えられる。したがって、元代の陶瓷器があるのは当然として、南宋・金の領域で生産されたものも、この都市にもたらされたと考えられていた。

しかし、ロシア隊が発掘したすべての陶瓷器を細かく、かついうまでもなく、考古学的に調査すると、この常識的な見解は誤りであり、南宋および金代とみられる陶瓷器は一片も確認できない。通常、都市建設の直前あるいは平行して存続した時代の製品が、遺跡から発見されてもなんら不思議ではない。しかし、私たちの所見では、それらの時代の陶瓷

図１　カラコルム遺跡出土の陶瓷器

器はなく、さらに元代前半の一三世紀後半の資料も確認できない。モンゴル国立歴史博物館が所蔵する二五〇余点の破片を調べた結果、現在の研究レベルで年代が確定できるものは、すべて一四世紀前半から中葉に限定される。景徳鎮窯・竜泉窯・磁州彭城窯・鈞窯など、江南から華北にいたる各地からカラコルムに運ばれてきたのは、元代後半期に限定できる。このことは、中原と漠北の要地との物流を考えるうえで、見過ごすことができない事実を提供したと考える。

第二に、この遺跡出土の陶瓷器片のなかに、直径二―四ミリほどの孔が、器面の外側から穿たれ、内側には貫通していない破片が相当数見出された。実は、私たちチームは、博物館のやや雑然とした室で、六日間ほとんど下をむいて実測に没頭しており、これを不思議な孔とは思いながらも深く考えることもなく、時間に追われてひたすら仕事をしていた。私は、一九九六年にブリテイシュミューゼアムの中国陶瓷器をかなり多く調べたことがあるが、瓶などの外底部に、直径八ミリほどの孔があり、胎土分析のためであると説明されていたので、ロシア科学アカデミーもかつて、同様の化学分析を試みたのであろうかとも、頭をかすめたが、あまり考える余裕がなく、沈黙の実測作業をつづけていた。

調査期間の休日を利用して、全員でカラコルム遺跡の踏査を行った。ここは、モンゴル考古学研究所とボン大学との共同調査が一九九九年から行われ、市街地と称された広大な地域は、すでに調査が中止され、かつて万安宮址とされていた基壇積みの地域は、宮殿址ではなく、寺院址であることがほぼ確定したこと、一五八五年に創建されたエルデニゾー寺院の周囲にめぐらされた白壁の下に、元代のカラコルム都市の遺構の存在が検出され、カラコルムの四囲のうち南界線は修正される可能性が出てきている。最近の大きな調査成果であろう。

さて、話をもどして、カラコルム遺跡内では、一九九六年にユネスコの遺跡保存計画プロジェクトとして、日本隊（加藤晋平・白石典之他）の主導によって、周囲に柵を設けて遺跡保存がはかられた。このことは、遺跡を発掘することではなく、保存がまず第一にあるべき姿という日本考古学の苦い経験の積み重ねによって生まれた考えであり、白石などのこうした仕事を特筆大書してもし過ぎることではない。残念ながら、その後の種々の経緯によって、発掘が実施されたが、すでにそれも終焉しようとしている。ふたたび、日本隊による保存のための調査と環境整備が出番となったといえる。

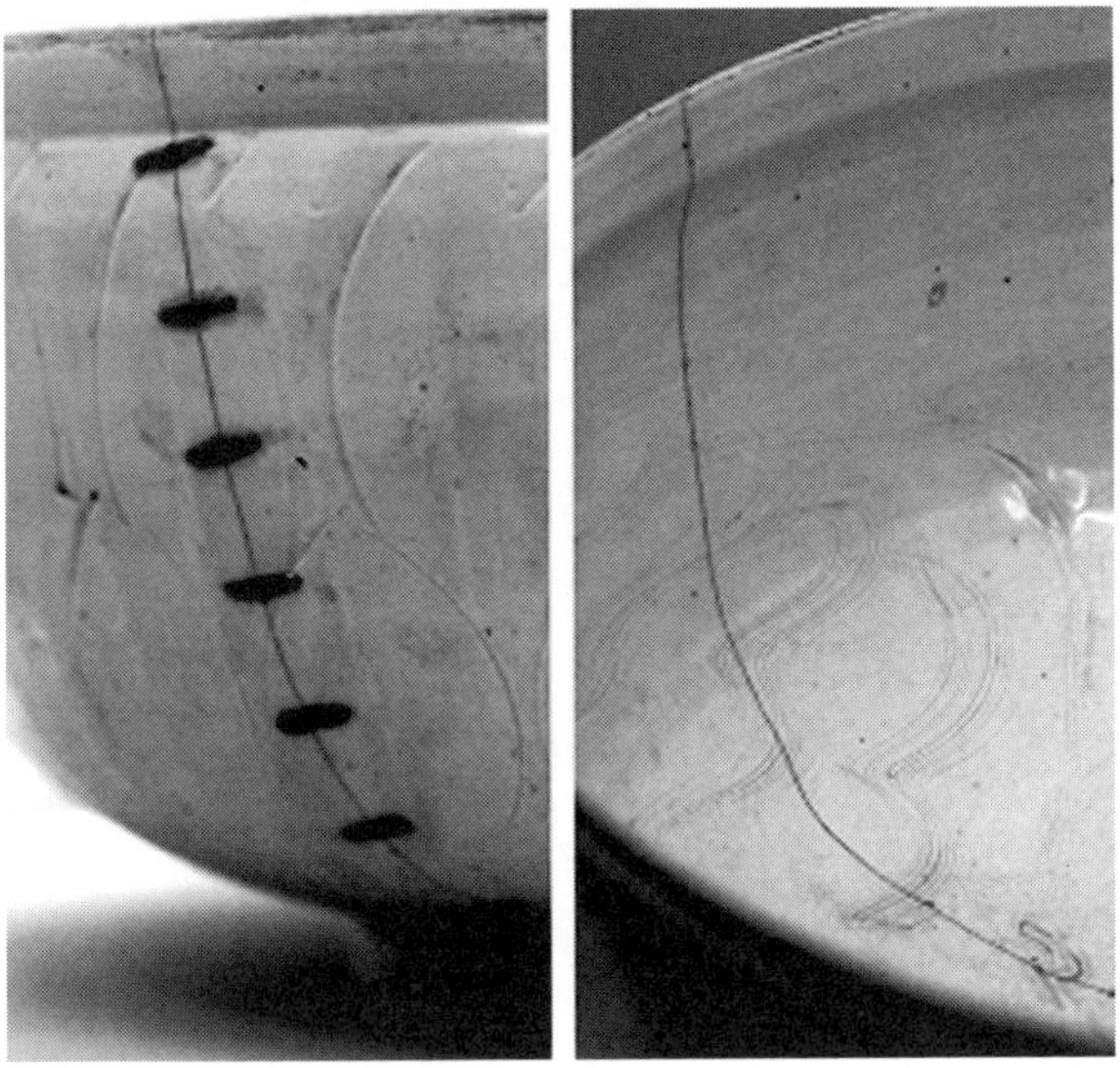

図2　呼和浩特和林格爾県出土の白瓷鉢

保存が曲りなりにも行われたので、遺跡から陶瓷器の破片が採集されている。それらのなかに、小孔が穿たれた破片が相当数みられる。ここまで述べれば、陶瓷器の孔は、化学分析用のものではないことは明白であり、修理のために穿孔されたものであり、金属製の鎹を留めることが目的である。

呼和浩特市にある内蒙古博物館の展示資料のなかに、宋代定窯でつくられた外面に刻花蓮弁文、内面に刻劃花魚藻文を配する直径二五センチにおよぶ白瓷鉢がある（写真・呼和浩特和林格爾県出土）。これには口沿から底にかけて長いヒビ割れがはしり、その外面に長さ四センチほどの鉄製の鎹七箇が密に並べられ、内側にはヒビ割れ線以外になにもない。この白瓷鉢をもちだすまでもなく、竜泉窯青瓷の「馬蝗絆」（東京国立博物館所蔵）も腰部に鎹がつけられており、同様な修理がほどこされている。両資料に共通しているのは、割れ口が密着していることである。すなわち、この修理は、なんらかの理由でヒビ割れが生じたが、それがさらに広がることを避けるために、割れる以前の段階で鎹による補強がなされたのであり、大破した破片を接合したのではない。

ひるがえって、カラコルム遺跡出土の陶瓷器にかなり大量にこの小孔、すなわちヒビ割れ拡大防止のための修理がほどこされていることに関して、次の二点が指摘できる。一つは、小孔のある破片は、窯や品質の違いを問わないことである。例えば、白釉無文碗など、明らかに優れた品質とは認めがたいものにも穿孔がある。ヒビ割れの原因として、長時間におよぶ陸上運送によって、カラコルムに着荷したとき、すでに相当数にこれが発生していたのではなかろうか。通常、生産地では碗・皿などの運送には緩衝材として藁などをいれ、二〇口ほどを重ねて蓆で包んでいる。マルコポーロの『東方見聞録』に、もやしを間にはさみ駱駝の背で運送するという記述があるが、その信憑性はおくとしても、陶瓷器の陸上運送ではヒビ割れは避けられず、品質を問わずかなりの割合で発生していたと考える。二つめは、この穿孔は、器肉の半分まで、ほぼ同じ正円形に穿たれ、鉄錆の付着しているものもあり、この背後には修理を専門とする工人の存在が想定できる。同時代の旅行者ルブルクの記述や、キセリヨフ教授の調査でも、東門に接した地域から大量の金属製造工房遺跡を発見し、この都城内に職人居住区の存在を指摘している。鎹による補強工作はその一端を明らかにしたといえる。

以上の所見からカラコルムの陶瓷器についてまとめてみる。この地に江南・華北などの生産地から陶瓷器が運ばれてきたのは、一四世紀前半から中葉に限定され、着荷時にヒビ割れをおこしているものが相当数あり、それを品質を問わず補強して、かつ内底にみられるいちじるしい擦痕の状態を勘案すると、陶瓷器は、この地に常時大量に運ばれてきたという状況ではなく、間断的にもたらされ丁寧に使っていたと考える。

第三章　人と情報の往来

第一節　ヌルガン都司の設置と先住民との交易

――銅雀台瓦硯と蝦夷錦をめぐって――

中村和之・小田寛貴

アムール河の河口から一三五キロ遡ったところにあるティル村には、一三世紀にはモンゴル帝国・元が東征元《とうせいげん》帥府《すいふ》を置き、一五世紀には明がヌルガン（奴児干）都司を置いていた。一二世紀の金の時代にはヌルガン城が置かれていたという記事が『元一統志』に見え、一貫してこの地域の支配の中心であったことがわかる（中村　二〇〇六）。本稿では、明のヌルガン都司を中心に行われた朝貢交易について、新しい情報を交えながら考察してみたい。

一　明のイシハの遠征とヌルガン都司の成立

一三六八年に、明が南京を首都として成立し、やがて北に勢力を拡大して元の朝廷を北京から追い出した。その後元の勢力は、万里の長城をはさんで明と対峙する状況が続いた。元も明も、アムール河下流域にまでは支配を及ぼす余力がなく、しばらくは混乱が続いたらしい。

やがて、明の第三代皇帝となる永楽帝が、甥である二代の建文帝から位を奪って即位すると、永楽帝は自分が重用した宦官を各地に派遣して明の勢力の拡大を図った。これらの宦官のなかでは、南海遠征の鄭和《ていわ》が最も有名であるが、チベットには侯顕《こうけん》が、内陸アジアには李達《りたつ》が派遣された。アムール河下流域に派遣されたイシハ（亦失哈）もそのひとりである。イシハの遠征は、鄭和のそれに比べると規模は小さく、あまり知られてもいない。しかし、北東アジア史に与えた影響は見過ごすことができない（寺田 一九八四）。イシハはツングース系の女真人のなかの海西女直《かいせいじょちょく》の出身であった。永楽帝はイシハを任用することで、同じツングース系の野人女直というアムール河下流域の住民をうまく支配しようと図ったのである。イスラム教徒の鄭和を、イスラム教徒が多く住む東南アジア・南アジアの海の世界に派遣したのと、同じ意図を読み取ることができる。

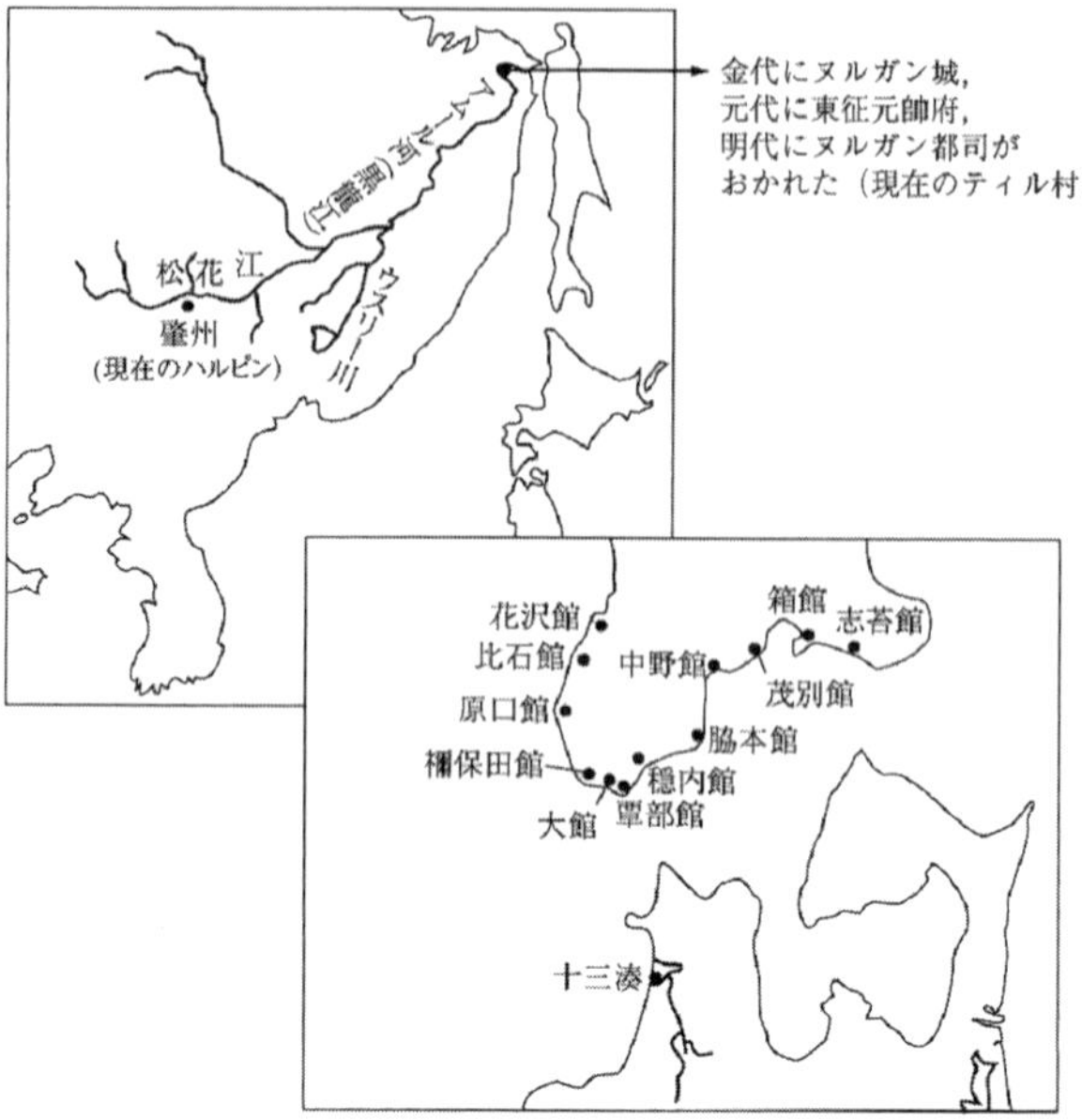

図１　13世紀以降のアムール河下流域・サハリン島（上）と道南十二館（下）

イシハの遠征について、残っている史料は一四一三（永楽一一）年の「勅修《ちょくしゅう》奴《ヌ》児《ル》干《ガン》永寧寺《えいねいじ》記」（以下、永楽碑とよぶ）と一四三三（宣徳八）年の「重建永《じゅうけんえい》寧寺《ねいじ》記」（以下、宣徳碑とよぶ）という二つの石碑と『明実録《みんじつろく》』である（楊 二〇〇三）。この二つの石碑は、現在はウラジオストーク市に移され、永楽碑が沿海地方国立アルセーニエフ総合博物館に陳列されている。また宣徳碑は、同館の分館である国際展示館の前庭に置かれている。しかし、一九世紀末まではティル村に立てられていたのであり、一八〇九年に間宮林蔵がアムール河の船上から遠望して『東韃地方紀行』に図を残している。ただし、間宮は石碑の文字を確認したわけではない。

永楽碑によれば、イシハは、一四一一年にヌルガン都司をティル村に設置し、翌一四一二年には帰還した。この年の冬に、また皇帝からの命令を受けているので、一四一三年の春に氷が解けるとともにティル村へ赴いたのであろう。この年の秋に、永寧寺を建立したことは碑文に明らかであり、この碑文の日付は永楽一一年九月二二日（一四一三年十月一六日）となっている。おそらく、翌一四一四年には帰還していたのであろう。

明の支配は、一方で武力をちらつかせながら、もう一方で朝貢交易の利益を見せつけるという中華王朝の伝統的な方法に則るものであった。イシハらは、大量の物資をヌルガン都司に持ち込み、朝貢交易を展開した。明はそのために、現在の吉林省吉林市に造船所を置いて「巨船」を建造した。造船所の跡には、岩を平らにして文字を刻んだ磨崖《まがい》碑が現在も残っている。イシハの活躍によって、明はごく短期間の間に、アムール河下流域に対する支配体制を確立することができた（榎森　二〇〇五）。

二　ヌルガン都司での朝貢交易

ティル村にヌルガン都司を建てたイシハは、朝貢交易を通じてこの地域に明の影響力を植えつけようとした。永楽碑には、「男婦《だんじょ》に賜うに衣服・器用《どうぐ》を以《もっ》てし、給《あた》えるに穀米を以てし、宴《もてな》すに酒饌《さかな》を以てしたところ、皆踊躍《おどりあがっ》て懽忻《よろこ》び、…」とあり、朝貢に来た先住民の人びとに、衣服や道具などを与え、酒や食べ物をふるまって、大いに歓待したことが誇らしげに記されている。この時に貢ぎ物を持ってやってきた人びとのなかに、サハリン島の苦夷《クイ》の名前が記されている。クイとは、アイヌを指す大陸側での呼称であり、元代の史料には骨嵬《クイ》と記されていた。ヌルガン永寧寺碑文は、一五世紀初頭のアイヌが、明との間で朝貢交易を行っていたことを証明する貴重な史料である。

イシハの遠征は永楽年間に五回、宣徳年間に二回の計七回を数える（楊　二〇〇八）。最後にティル村に赴いた一四三二年、永寧寺は何者かによって焼かれていた。イシハは直ちに寺を建て直し、翌三三年その事情を記した宣徳碑を立てた。宣徳碑によれば、寺を焼いたのはこの地に住むニヴフとツングース系の「野人」であった。イシハの最後の遠征は、一四三二年から一四三三年にかけてであり、一四三五年に明の宣徳帝が死ぬと、明の支配力はアムール河水系から後退しはじめた。一四四九年に「土木の変」がおこると、明の勢力は弱体化し、アムール河の中流域ですら、明の支配力は形骸化しはじめた。一五世紀の後半には、もはや明の船がアムール河下流域まで行くことはなくなり、先住民が明の領域にやってきて朝貢することは続いたが、その回数はしだいに減少し、やがてヌルガン都司があったことも忘れられた。

イシハの遠征によって、大量の中国製の絹織物がアムール河下流域に持ち込まれたことは文献史料に見ることができる。『明実録』によれば、一四二八（宣徳三）年にイシハの遠征が計画された。『明宣宗実録』巻三五、宣徳三年正月壬辰の条には「内官の亦失哈《イシハ》・都指揮の金《きん》声《せい》・白倫《はくりん》らを遣《はけん》し、勅《みことのり》及び文綺《うつくしいきぬ》の表裏《ぬの》を齎《たずさ》えさせ、奴児干《ヌルガン》都司及び海西の弗提《ふってい》等の衛に往《む》かわせた。頭目の達達奴《たつたつど》・丑秀《ちゅうしゅう》及び野人の哥只苦阿《かしくあ》らに（褒美を）賜《あた》え労《ねぎら》い、其の人を遣《はけん》して朝貢したことを嘉《ほ》めた」とある。そこで準備を開始し、「先に松花江で船を造り糧《しょくりょう》を運んだ」が、費用などの問題があってこの時は中止となった。そこで『明宣宗実録』巻六〇、宣徳四年一二月壬辰の条には、「凡《およ》そ亦失哈らが齎《たずさ》える所の、外夷に領賜《あた》える段匹《たんもの》等の物は、悉く遼東の官庫に寄《あず》け貯え、亦失哈らに京に還《かえ》るよう命じた」とある。このように、イシハの遠征に際しては「文綺《うつくしいきぬ》の表裏《ぬの》」の「段匹《たんもの》等の物」が用意されていたことがわかるのである。もしこの時の遠征が実現していれば、これらの絹織物が下賜されていたことは言うまでもない。

これらの明代の中国製の絹織物は、まだ名称が決まっていない。もし清代のものであれば蝦夷錦と呼ぶことができるのだが、明代にまで遡る資料をどのように呼ぶべきか、まだ決まってはいない。そこで本稿では、明代以前にアムール河下流域・サハリン島に持ち込まれた中国製の絹織物を総称して、「蝦夷錦」とかぎ括弧つきで表記することとする。

三　ニヴフの帽子の「蝦夷錦」

イシハが先住民に与えた中国の絹織物は、その後どうなったのだろうか。後の時代の例から類推して、それらの絹織物のなかには、サハリン島・北海道という経路を通じてアイヌの人びとの手に入ったものもあったと思われる。しかし、これまで明代に遡る「蝦夷錦」の存在が確認されることはなかった（中村・小田 二〇〇八）。筆者らはここ数年、明代の「蝦夷錦」を探していたが、最近それと思われるデータを得ることができたので、以下にそれを紹介したい。

その資料とは、ロシア連邦サハリン州のユジノサハリンスク市にある、サハリン州郷土誌博物館に収蔵されているニヴフの帽子の一部に使われた「蝦夷錦」である（ローン 二〇〇三）。この帽子は、一九六六年にサハリ

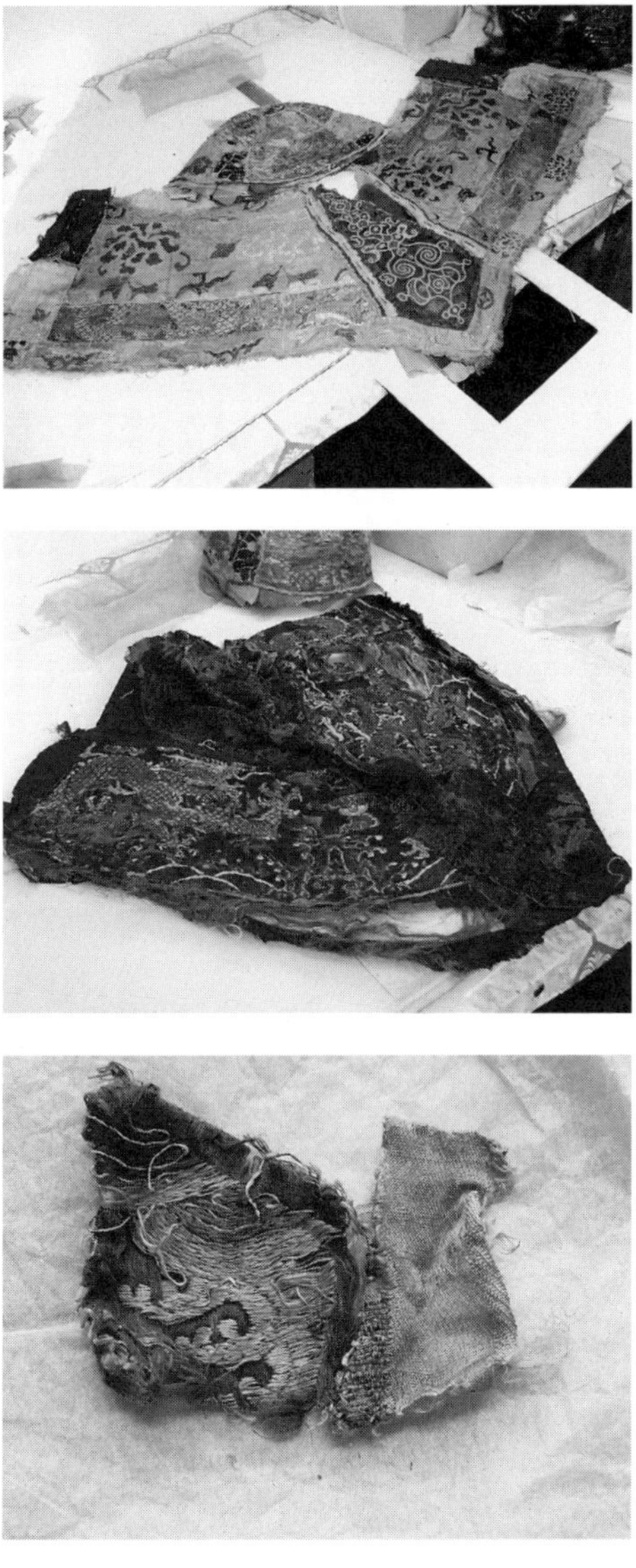

図2　ニヴフの帽子

上：内側の赤地・茶色地の蝦夷錦、中：外側の青地の蝦夷錦、下：資料6（左側）と資料7〔竹内孝氏撮影〕

ン島北西岸のルポロヴォで採集された資料であり、一九九〇年に大塚和義氏によって紹介された（北海道新聞社一九九一）。ニヴフの花嫁衣装の帽子といわれており、青地の蝦夷錦を配した毛皮の帽子である。筆者のうち中村は、二〇〇六年一〇月にサハリン州郷土誌博物館を訪問し、この帽子を見ることができた。たまたまこの帽子の補修の最中だったため、青地の蝦夷錦を外した中の状態を見ることになった。驚いたことには、青地の蝦夷錦の下に、赤地の牡丹文と龍文の蝦夷錦を接ぎ合わせた帽子が出てきたのである。赤地のほかにはこげ茶や浅黄色の生地もあり、何枚かの蝦夷錦は魚の皮を細く割いたものではぎあわせてあった。

中村は、補修の過程で出てきた端切れを七点（青地一点、赤地一点、茶地一点、こげ茶地三点、浅黄地一点）、年代測定の分析資料として提供していただくことができた。これは、担当職員のタマーラ・ペーンスカヤさんとタチヤーナ・ローン館長のご厚意によるものである。心より感謝申しあげたい。中村の帰国後、ただちに小田が^{14}C年代測定の化学処理を行った。しかし、予定をしていた名古屋大学タンデトロン加速器質量分析計のマシンタイムを得ることができず、その後の測定が進まなかった。二〇〇七年一一月に、株式会社パレオ・ラボに依頼し、七点のうち一点（赤地）の^{14}C年代測定をCompact-AMS（アメリカNEC社製一・五SDH）によって行った。さらに、二〇〇九年二月、日本原子力研究開発機構（JAEA）の施設共用制度によって、六点の^{14}C年代測定を青森研究開発センターむつ事務所のタンデトロン加速器質量分析装置（JAEA-AMS-MUTSU）を用いて行った。

表1は中村が資料6とした資料の年代測定の結果である。資料6は、図2下段の左側の端切れである。こげ茶色をしており、波のような文様が織りだされている。表2は中村が資料7とした資料の年代測定の結果である。図2下段の右側の浅黄色の生地で、紫色の糸が織り込まれている部分が見えるが、その文様は不明である。なお、資料6と資料7とは赤い糸で縫いあわされた状態で保存されていた。

^{14}C年代は［BP］という単位で表される自然科学的年代である。BPとは、Before Presentの略で、いわば「現在から何年前」という意味に由来する単位である。^{14}C年代は、測定誤差をともなう。資料6の^{14}C年代の1σ（一

表1　サハリン州郷土誌博物館蔵　ニヴフの帽子の「蝦夷錦」　こげ茶地（資料6）

	^{14}C年代［BP］	較正年代［cal AD］
av. ±1σ	266±30	1638（1646）1657
±2σ	±61	1523（）1566，1628（1646）1667，1783（）1793

表2　サハリン州郷土誌博物館蔵　ニヴフの帽子の「蝦夷錦」　浅黄地（資料7）

	^{14}C年代［BP］	較正年代［cal AD］
av. ±1σ	539±24	1335（）1335，1401（1409）1421
±2σ	±49	1328（）1344，1394（1409）1433

標準偏差）の欄に266±30［BP］とあるが、この誤差は真の値が入っている確率が約六八％となる範囲を示している。誤差範囲を2σ（二標準偏差）に広げて、266±61［BP］とすると、この範囲に真の値が入っている確率は約九五％にまで上がる。較正年代とは、^{14}C年代を暦年代に換算（較正）した年代である。ただし、通常の暦年代と区別するため［cal AD］という単位を用いる。266［BP］は暦年代に較正すると1646［cal AD］となり、266±30［BP］の範囲を較正すると1638～1657［cal AD］となる。266±61［BP］の範囲を較正すると、1523～1566、1628～1667、1783～1793［cal AD］となる。^{14}C年代を暦年代に較正すると、この例のように、複数の期間に分かれることがある。

表1によれば、資料6の年代は、①一五二三年から一五六六年の間、②一六二八年から一六六七年の間、そのなかでも一六四六年の可能性が高い、③一七八三年から一七九三年の間、を示している。つぎに表2によれば、資料7の年代としては①一三二八年から一三四四の間、②一三九四年から一四三三年の間、そのなかでも一四〇九年の可能性が高い、というものであった。

資料6の年代は、一六世紀から一八世紀の間を示している。清がアムール河下流域に勢力を伸ばした時期は一七世紀の終わりから一九世紀の初めであるから、①②の年代が古いものの、③の年代は問題がない。また②の年代も資料の伝世という事情を勘案すれば、絶対にありえない値ではない。ここではあげなかったが、同じニヴフの帽子から採取された資料1から5までの端切れの年代測定の結果も、資料6の年代と大きく隔たるものではなかった。しかし資料7の年代は、元代から明代の初期に当たるもので、これまでの筆者らの調査で得られた数値とはかけ離れている。この資料は、明初のイシハの遠征によってアムール河下流域・サハリン島にもたらされた可能性が高いと考えるべきであろう。

さきにも述べたように、ヌルガン都司は一五世紀の半ばには機能を停止し、実質的に消滅したらしい。そのため、資料7の「蝦夷錦」が一五世紀後半以降にアムール河下流域に持ち込まれた可能性は、かぎりなく低いと言わざるをえない。したがって、この「蝦夷錦」はイシハの遠征によってティル村まで運ばれ、そこで朝貢交易の下賜品として、先住民に与えられた可能性が高いと考えるべきである。もしこの仮定が正しいとすれば、この「蝦夷錦」は、この北方の地で六百年近くも伝世したことになるのである。

四　ヌルガン都司の衰退とその後の「蝦夷錦」

ヌルガン都司が活発な朝貢交易を展開していた一五世紀の前半には、津軽半島の十三湊《とさみなと》に根拠地を置く、安藤（東）氏が全盛期を迎えていた。同じ時期、北海道の南部に位置する渡島半島には道南十二館という館が築かれていた。これらの館の館主たちは、安藤（東）氏の家臣であった。ヌルガン都司から下賜された品物の多くはアイヌの人たちの手を経て、道南十二館の館主たちのもとにもたらされたと思われる。したがって、十三湊の交易品には北方から来た「蝦夷錦」が含まれていたはずである。

一五九三年、後に松前藩の初代藩主となる蠣崎慶広《かきざきよしひろ》は、肥前の名護屋《なごや》城に赴き、そこで徳川家康に会った。慶広は、家康から身に纏っていた「唐衣」を褒められると、すぐにそれを脱いで献上したという。この記事は、松前藩の正史である『新羅之記録』に見えるが、唐衣には「サンタンチミプ」という読みがつけられている。アイヌ語でサンタンの着物という意味である。この唐衣については「奥狄唐渡《おくえぞカラト》の嶋より持ち来たりしもの」と記されている。唐渡の嶋とは樺太のことであるから、これは北方渡りの絹織物つまり「蝦夷錦」であったと思われる。

また一六六九年に起きたシャクシャインの戦に際して

も、「蝦夷錦」の記録が残っている。この戦いは、島原の乱と並んで江戸時代初期の動乱であり、江戸幕府は、津軽・南部・秋田などの諸藩に、戦況によっては兵を送るようにという命令を出している。シャクシャインの戦いはその年の内に終息したが、東北諸藩は警戒を怠らなかった。特に津軽藩は、翌一六七〇年に漂流船を装った探索船を北海道に派遣した。その記録は『津軽一統志』に収められている。それによれば、余市《よいち》で津軽藩の船に乗ってきたアイヌの首長九人は皆、「名も知らぬ北高麗《きたこうらい》織《おり》の色々と唐草の織り付」いた衣装を着ていたという。これらの衣装は、蝦夷錦のことを指すのではないかと思われる。

　このように、一六、七世紀の日本側の史料には、北方渡りの「蝦夷錦」の存在を示す記述が散見される。これまでは、明の勢力が後退する一五世紀後半以降にも、少々の「蝦夷錦」は交易によって入ってきていたのだろうと考えられてきた。しかし今回、明初に遡る「蝦夷錦」が確認されたことで、「蝦夷錦」が数百年にわたって保存され伝世した可能性があることが明らかとなった。数百年にわたる伝世が間違いないとすれば、おそらくこの「蝦夷錦」は帽子に加工されるまでに、かなりの長期間、布地のままで大切に保管されていたものと思われる。布地のままということは、特段の用途がないということを意味する。このように実用的には意味を持たないが、持っていることで持ち主の権威を高める品物のことを威信財という。今回確認された「蝦夷錦」は、北方の先住民から威信財と見なされていたと思われる。

おわりに―北方先住民社会の威信財

　明代の北方交易にかかわる威信財といえば、現在は北海道の松前城資料館に収蔵される銅雀台《どうじゃくだい》の瓦硯《がけん》をあげることができる。これは、三国時代の曹操が建てた銅雀台という建物の瓦で作った硯だといわれている。この硯について、松前藩の家老であった松前広長が一七八〇年に完成させた『福山秘府』の文明一七乙巳の条には、

　伝《でん》に云《い》う。是の歳、北夷《きたえぞ》より瓦の硯が出《い》でた。是は東漢《とうかん》の魏の曹孟徳《そうもうとく》の築《きず》いた所《ところ》の銅雀台の瓦である。

と書かれている。一四八五（文明一七）年に、北夷、つまりサハリン島から北海道に銅雀台の瓦硯が伝わったと

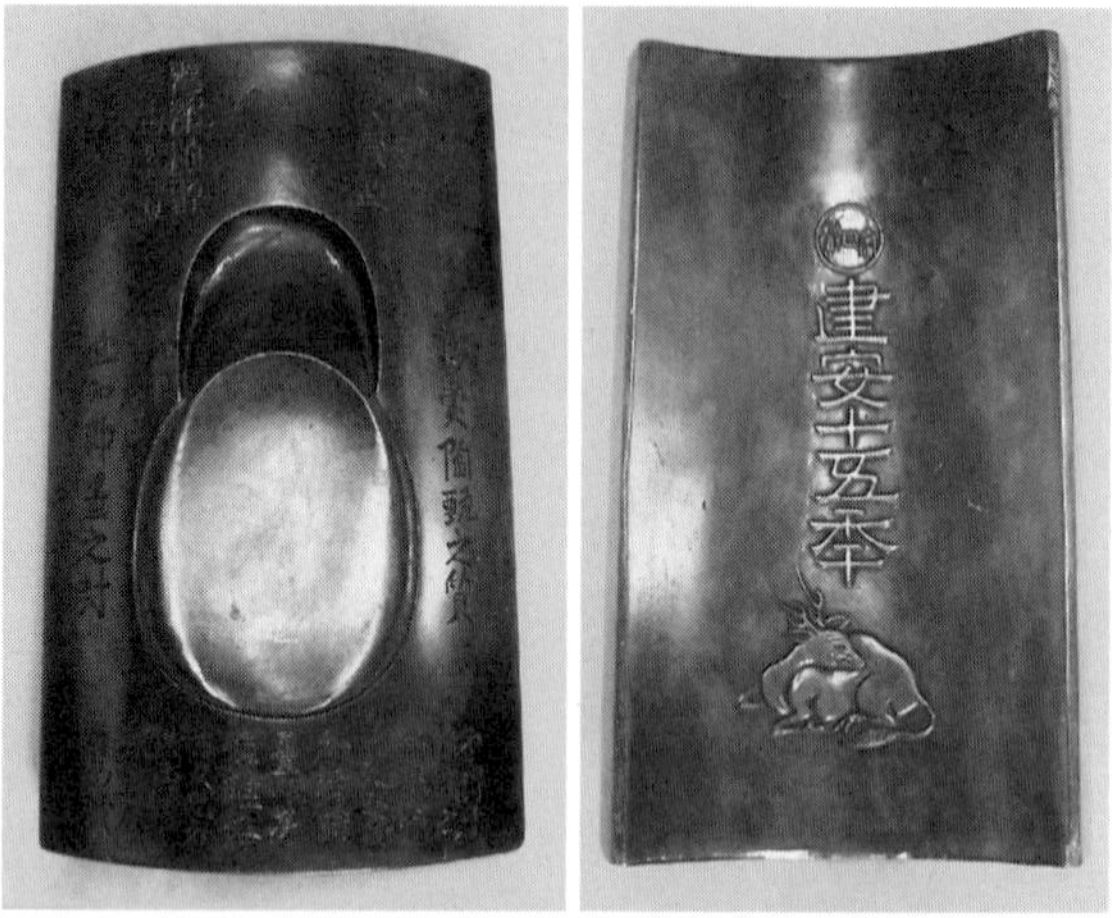

図３　銅雀台瓦硯（左：表、右：裏）

いうのである。

中村はこの瓦硯について検討し、この硯が明のヌルガン都司や永寧寺にかかわる事務や諸記録のために持ち込まれたものではないかとの考えを発表した。一五世紀半ば以降のヌルガン都司の機能の停止によって、硯はティル近辺に置き去りにされ、それが交易をくり返して北海道の南部にまで持ち込まれたのであろう（中村　二〇〇八）。

もしこの推定が正しいとすれば、アムール河下流域・サハリン島の先住民のなかには、文字を書けなくても硯を持つ人がいたことになる。このことは、文字を書くこと、文書を作ることについて、なにがしかの意味を感じていたことの証拠といえよう。このように銅雀台の瓦硯の存在は、アムール河下流域からサハリン島にかけての先住民社会の地位の高い人たちが、中国の権威を受け入れ、中国化された感覚を持っていたことを示すものである。さらに、今回確認された「蝦夷錦」の長期にわたる伝世という事実は、かつての北方先住民社会に対する中国文化の影響の大きさを示すものといえよう。

〈付記〉

本稿は、日本原子力研究開発機構の「施設共用制度」によって行った研究成果の一部である。

参考文献

榎森　進　二〇〇五「北東アジアからみたアイヌ」菊池勇夫編

『蝦夷島と北方世界』吉川弘文館
寺田隆信 一九八四『中国の大航海者 鄭和』清水書院
中村和之 二〇〇六「金・元・明朝の北東アジア政策と日本列島」天野哲也・臼杵勲・菊池俊彦編『北方世界の交流と変容—中世の北東アジアと日本列島』山川出版社
中村和之 二〇〇八「アイヌの北方交易とアイヌ文化—銅雀台瓦硯の再発見をめぐって」加藤雄三・大西秀之・佐々木史郎編『東アジア内海世界の交流史—周縁地域における社会制度の形成』人文書院
中村和之・小田寛貴編 二〇〇八『蝦夷錦の制作年代と流通に関する研究（平成一七〜一九年度科学研究費補助金（基盤研究（C））報告書）』中村和之
北海道新聞社編 一九九一『蝦夷錦の来た道』北海道新聞社
楊 暘 二〇〇三「明代の東北アジア・シルクロード」『史朋』第三六号（土井徹・中村和之訳）
楊 暘 二〇〇八「永寧寺碑文と北東アジア—奴児干都司と黒龍江下流域・サハリンの先住民族との関係を中心に—」菊池俊彦・中村和之編『中世の北東アジアとアイヌ—奴児干永寧寺碑文とアイヌの北方世界—』高志書院（西川和孝訳、杉山清彦・中村和之校閲）
タチヤナ・P・ローン 二〇〇三「サハリンの先住民—過ぎ去りし文化の伝統芸術」大塚和義編『北太平洋の先住民交易と工芸』思文閣出版

第三章　人と情報の往来

第二節　東アジアの中世船舶

後藤雅彦

中国宋代は、当時の大陸情勢や造船、航海技術の進歩により海路による交流、交易が盛んになった。すなわち、唐代のシルクロードを通じた陸路による西方世界との交流に対し、宋の貿易は船と海港を中心に展開したといえる。こうした海上貿易は元代、明代にうけつがれ、また、元による日本遠征、南海遠征もまさに海上ルートによるものであり、こうした海上活動にあたって船の存在はきわめて重要な意義をもつ。実際、東アジア海域で水中考古学的手法を用いた調査が進展し、韓国新安沖の沈船は調査開始以来、当時の海上貿易や中世東アジアの交流史を知る上できわめて高い関心がもたれている。

一方、中国も長大な海岸線を有し、広大な海域に接しており、さらに大陸上には大小多数の河川が走る。これら水域を舞台とした交通工具として船は重要な役割を果たしていたことはいうまでもない。そしてこれまでにも埋蔵文化財として多くの古船が発見され、さらに水中考古学が中国国家博物館を中心に取り組まれるようになってからは沈船の調査研究も本格化している。

そこで、ここでは東アジア海域における考古学的調査を概観しながら、宋元明代を中心に中国沿海地域において発見された船舶に関する考古学的知見を整理し、船をめぐる考古学的研究の状況をみてみたい。

一　東アジア海域における考古学的研究

ここでは、東アジア海域について、水中考古学的手法を用いた調査研究事例を概観しておく(1)。

新安沖の沈船調査は一九七六年から一九八四年まで実施された。水深二〇メートルの海底下に埋もれていた船体は長さ約二八メートル、幅六・八メートル残存していた。これまでにも多くの紹介があるが(2)、積荷の多くは中国陶磁（出土数は約二万点）と銅銭（出土量は約二八トン）であり、その年代は元代後期、一四世紀の沈船である。「慶元路」の銘のある錘があり、慶元（今の寧波）を出航した中国船と考えられている（以下、「新安船」とよぶ）。船体は残存部から全長三〇メートルの木船であると推測され、隔壁構造（七つの隔壁）、V字形の船底、竜骨、ヨロイ張りの外板などの船の構造的特徴も知られる。船材は中国産の松と杉である。このように新安船は当時の貿易の様相から船舶の構造を知る上で第一級の資料となった。

その後、韓国近海において水中考古学的調査が進展し、莞島海底遺物の発掘、木浦達理島船の発掘、務安道理浦、群山飛雁島、群山十二東波島の海底調査などが実施されている（金炳董 二〇〇四）。たとえば、莞島海底遺物は一九八三年・一九八五年に調査が実施され、木船一艘と陶磁器など約三万点が引き揚げられた。船体は全長九メートル、幅三・五メートルの平底船で、沿岸航路用の船と考えられている。

中国における水中考古学（水下考古）は、一九八七年に国家水下考古協調小組が成立し、国家文物局は中国歴史博物館（現在の中国国家博物館）に専業の組織として「水下考古学研究室（現在の研究中心）」を設立した。一九八七年から一九九〇年にかけて、海外派遣や外国の組織との共同調査などによって、専門家の育成を図った。その結果、中国の四大海域、すなわち渤海、黄海、東海、南海において水中考古学の調査が進展するようになった。

また、泉州などの港や古河川において古船の発見が知られており、一九八四年に刊行された『新中国的考古発現和研究』（日本語訳『新中国の考古学』平凡社、一九八八年）においても、「宋遼金元」の時代枠で「泉州などの地域での古船の発掘と復原」がとりあげられている。

日本において当該時期の船舶の船体を伴う調査事例は少ない。そういう中で鷹島海底遺跡は日本の水中考古学の現状を知る上でも重要である。鷹島海底遺跡では一九八〇年以降、水中考古学的手法による調査が導入され、今日まで継続して調査が実施されている。また、陶磁器類の引き揚げは和歌山県加太友ヶ島の事例（一五世紀後半）、奄美大島の倉木崎海底遺跡（一三世紀前半）においても行われている。特に後者は琉球列島という地域性を考えると今後の沈船調査の可能性を示す上でも重要であろう。

二　中国海域における古船の調査状況

ここでは、中国海域における宋元代を中心に古船の調査状況について渤海、黄海、東海・台湾海峡、南海と北からみていくことにする。(3)

1　渤海

遼寧省綏中県大南鋪村南面約五・五キロの三道崗海域、水深一三〜一五メートルにおいて一九九一年に陶磁器類と船板が発見され、一九九二年〜一九九七年にかけて数次にわたる水中考古学的手法を用いた探査および発掘調査が実施された（張威主編 二〇〇一）。木造の船体自体は確認できないが、堆積状況などから長さ二〇〜二二メートル、幅八・五〜九メートル、船底が平緩な「沙船」（平底船）と想定されている。遺物には磁州窯系の白磁などがみられ、元代の沈船と考えられる。

2　黄海

まず、山東省蓬莱登州港の元から明代の古船があげられる（山東省文物考古研究所他 二〇〇六）。一九八四年に古船が発見された。深さ一・七五メートルにおいて古船、鉄錨、木錨、石錨、石砲弾、鉄砲弾、銭貨および大量の陶磁器などが出土した。発掘された船体は長さ二八・六メートル、幅五・六メートルで、残高一・二メートル、流線型、横断面は丸弓形を呈し、船艙は一四ある（蓬萊一号船）。長さと幅の比率や船上より石弾などの武器が出土したことから、軍用の快速船と考えられた。二〇〇

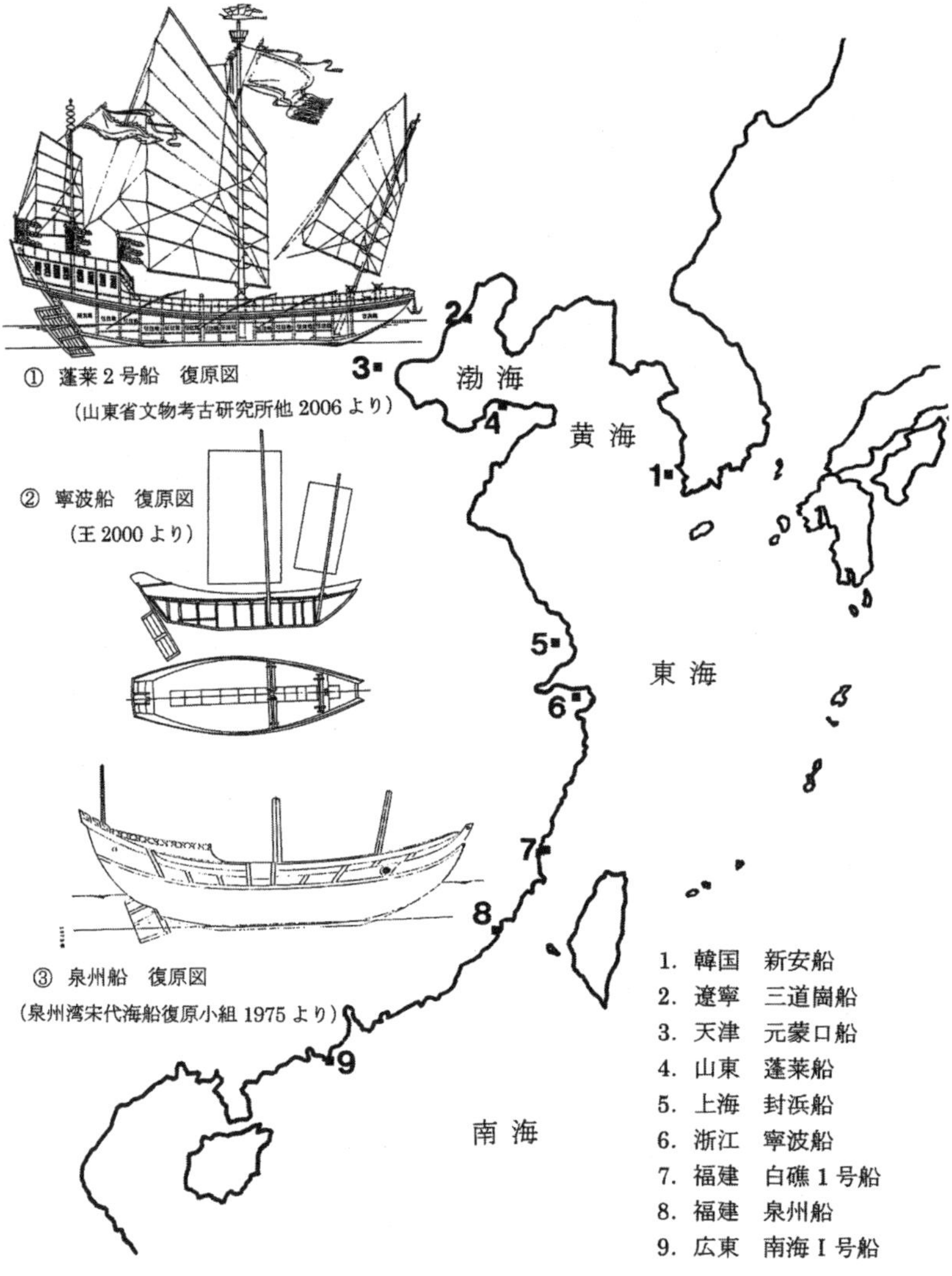
① 蓬莱２号船　復原図
（山東省文物考古研究所他 2006 より）
② 寧波船　復原図
（王 2000 より）
③ 泉州船　復原図
（泉州湾宋代海船復原小組 1975 より）
渤海
黄海
東海
南海
1
2
3
4
5
6
7
8
9
1. 韓国　新安船
2. 遼寧　三道崗船
3. 天津　元蒙口船
4. 山東　蓬莱船
5. 上海　封浜船
6. 浙江　寧波船
7. 福建　白礁１号船
8. 福建　泉州船
9. 広東　南海Ⅰ号船

図１　東アジアの船舶資料(1)

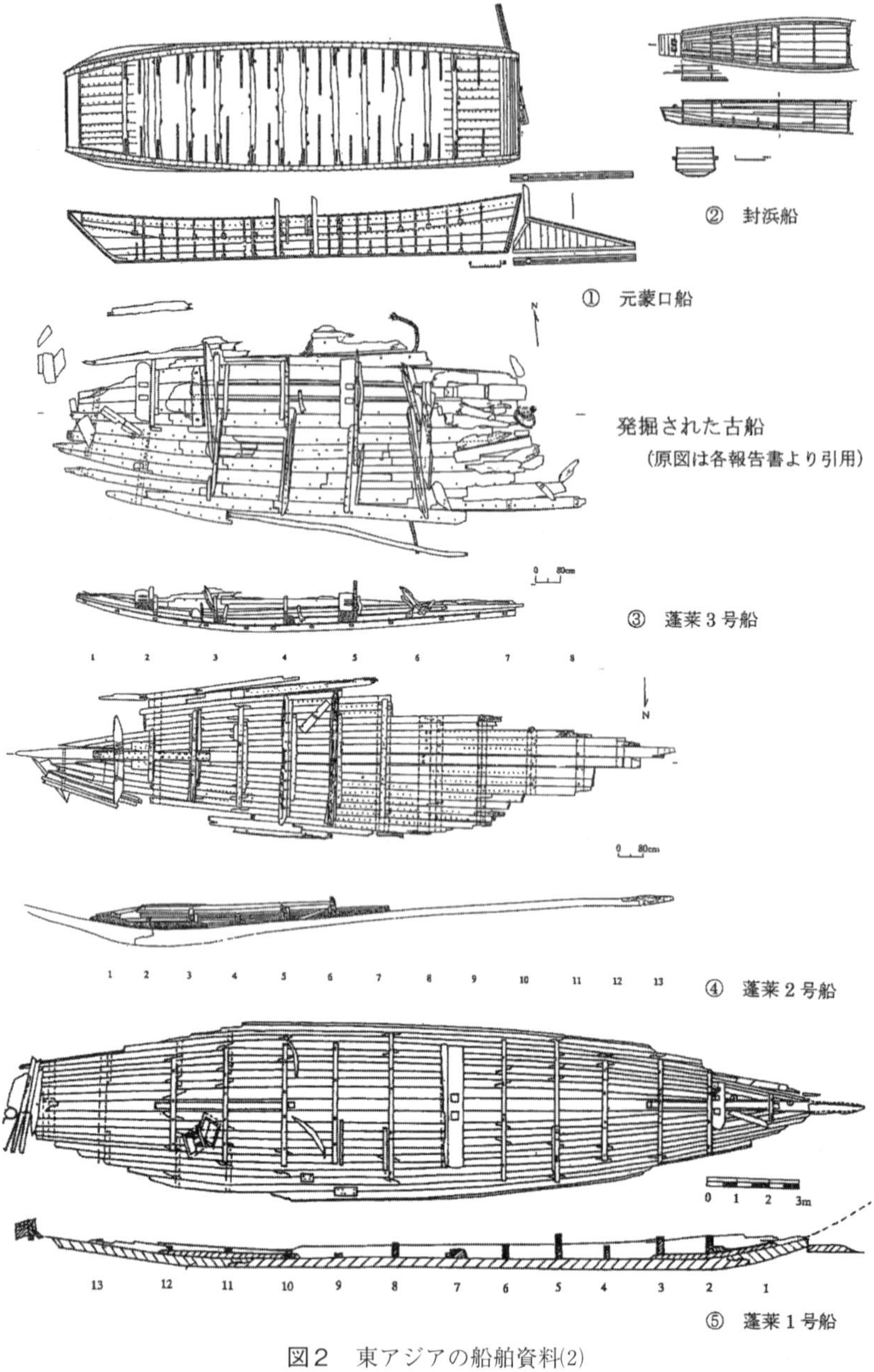

図２　東アジアの船舶資料(2)

五年七月～一一月、蓬萊水城小海の清淤工程に伴う発掘調査が実施され、大型の海船三艘が発見された（蓬萊二、三、四号船）。三艘は南小海の西南角で発見され、二号船は痩長の流線型で、船底部のみ、長さ二一・五メートル、幅五・二メートル残存していた。同船体の下から明代後期の遺物が出土している。三号船は、残長一七・一メートル、幅六・二メートル、平底、四号船はわずかに底板のみ残存していたが、その構造と用材は三号船に近い。報告書では三号船は一・二号船とは年代、船の構造が違い、元末明初の海洋貨船と想定されているが、高麗古船の可能性も指摘されている。

また、北方沿海地域におけるその他の沈船として、天津静海県元蒙口において、古河道の地表下四メートルに船体が一九七八年発見、調査された（天津市文物管理処一九八三）。平底、全長一四・六二メートル、中央幅（最大幅）四・〇五メートルをはかる。船尾には長さ三・九メートルの舵がつく。北方の典型的な沙船で、宋代の陶磁器（白磁）や宋の「政和通宝」などが船内より出土している。

河北省磁県南開河では一九七五年に元代古船六艘が発見され、一九七六年に発掘された。やはり北方で典型的な平底沙船である（磁県文化館一九七八）。六艘の構造は基本的に一致しているが、保存状況は異なり、保存の良好な二号沈船は長さ一〇・〇八メートル、船艙六、五号沈船は残長一六・六メートル、船艙八であった。沈船から磁州窯系陶磁器、鉄器（農具、工具）、銅鏡、銅権、「開元通宝」、「咸淳元宝」、「大元通宝」などが出土した。

梁山県宋金河では一九五六年に明初の沈船一艘が確認された。復元二一・八メートルで船艙一三、船材は南方杉木であった（劉桂芳一九五八）。船上から、陶磁器類、金属製品が出土し、銭貨には「皇宋通宝」「大観通宝」「洪武通宝」がみられる。また「洪武五年（一三七二）」の銘のある四爪鉄錨（高さ約一六〇センチ）が出土している。

3　東海、台湾海峡

上海市南匯県大治河において一九七八年に沙船が発見された（季曙行一九八七）。八列の隔壁、九つの船艙で第二～七の船艙に竜骨がみられる。宋代磁器と「太平通宝」などが出土し、宋代の北方近海用の沙船と考えられる。

嘉定県封浜楊湾において一九七八年に地表下五メートルで、船体が発見された（上海博物館 一九七九）。残長六・二三メートル、七つの隔壁と七つの船艙がのこり平底、船艙内から出土した塼瓦は上海宋墓の材料に相似し、他の米黄釉磁碗、鉄鍋、鉄刀も宋代の特徴をもつことから、南宋沈船と考えられる。

江蘇省揚州施橋の唐宋碼頭から一九六〇年に大小二艘の船体が確認された（江蘇省文物工作隊一九六一）。大船（一号）は楠木で残長一八・四メートル（復元二四メートル）、幅四・三メートル、五つの船艙、平底である。小船（二号）も楠木で丸木舟、全長一三・六五メートル、幅〇・七五メートルをはかる。大船からは青磁鉢、四系罐、鉄刀、鉄鏟が出土し、唐宋時代の特徴を有する。

浙江省寧波東門口の宋元碼頭遺跡において、一九七八年に地表下三・六五～四・六メートルで船体の一部が発見された（寧波市文物管理委員会一九八一）。残長九・三〇メートル（復元一〇メートル以内）、幅四・三二メートルで尖底、船内から「開元通宝」、「乾徳元宝」、「元豊通宝」の他に、船上生活用品などが出土した。大きさから中小型商船と考えられる。

象山県七埠村において、一九九四年と一九九五年に古海湾海相堆積層から古船が発掘された（寧波市文物管理委員会他 一九九八）。船体上部には厚さ二～二・五メートルの海泥堆積がみられる。樟木と杉木製で、残長二三・七メートル（復元二七メートル）、幅四・九メートル（船体下部）をはかる。尖円底、一二の隔船板、一三の水密船艙をもつ。船内からは明代早期龍泉窯青磁が出土している。

つぎに、福建省の港湾地域では、まず泉州后渚港があげられる（泉州船）。一九七三年に発見された（泉州湾宋代海船発掘報告編写組 一九七五、泉州湾宋代海船復原小組 一九七五）。海泥厚さ二・一～二・三メートルの堆積下の船体は残長二四・二〇メートル（復元三四メートル）、幅九・一五メートル（復元一一メートル）をはかり、一三の船艙をもつ。香料、薬品、木札、銅銭、陶磁器類などが出土している。

また、泉州郊外の法石においても一九七五年に碇石が発見、一九七六年には船体発見、そして一九八二年には調査（発掘）が実施された。船体は、残長七・五メートル、幅四メートル、四つの船艙。復元では長さ二三メートルに及ぶ。陶磁器類が出土している。

閩江河口の定海湾では一九九〇年と一九九五年に水中考古学的手法を用いた調査が実施された。定海村東北の水域である白礁で沈船遺存（白礁一号）が発見された（中澳合作水下考古専業人員培訓班定海調査発掘隊　一九九二、中澳聯合定海水下考古隊　一九九九）。船体の残りは悪く、沈船遺物集中分布範囲が長さ二二メートル、幅六メートルで、おおよその船体の大きさを知ることができる。建窯（福建省）の黒釉磁と影青磁器（福建省内の建窯や徳化窯の製品の可能性）が出土し、船板の ^{14}C年代は一〇〇〇±七〇年前があり、沈船の年代は南宋から元としている。

また、白礁東段暗礁盤北部海底から明清代の沈船（白礁二号）が発見されている。

なお、帰属年代は新しくなるが、当該地域における水中考古学的手法を用いた調査事例をあげておく。まず、東山県冬古湾において、二〇〇〇年、浅海地帯で沈船関連遺物が発見され、水中考古学的手法による実地調査で明末清初の沈船であることが確認された（陳立群　二〇〇一）。船体は破片のみであったが、銅銃四門、鉄炮二門と弾丸、火薬類が出土した。鄭成功の東山屯兵との関わりも想定される。二〇〇〇年初、晋江県深滬湾の浅海区（沈船窟と呼ばれる）において、沈船文物が発見された後、水中考古学的手法による探査で、明末清初の沈船が確認された。そして、台湾海峡に存在する澎湖群島においても水中考古学的手法を用いた沈船の調査（将軍一号、清代中期民間貿易船）が実施されている（楊式昭　二〇〇四）。

4　南海

広東省台山県川山群島の沖で発見された宋元代の沈船は、南海Ⅰ号沈船として知られる（張威　一九九七、二〇〇四）。一九八七年に発見され、出土遺物では陶磁器類として景徳鎮（江西省）窯の影青、徳化窯（福建省）の印文白磁、建窯（福建省）の黒釉磁、龍泉窯（浙江省）の青磁などがある。銭貨には「政和通宝」、「紹興通宝」などがある。一九八九年中日共同調査が実施された後、最近、本格的調査が実施された。これまでの調査によって、水面下二〇メートル、約二メートルの泥で覆われているが、長さ約三〇メートル、幅約一〇メートルの大型木船で、船艙からは徳化窯、景徳鎮窯、龍泉窯などの製品約二〇〇〇点、金属製品約二〇〇〇点が引き揚げられている（石俊会 二〇〇六）。

新会市銀洲湖海域において、一九九一〜九二年、一九九九年に水中考古学的手法による調査（探査）が実施され、沈船遺存が確認されたが、すべて泥砂層に覆われており、今後の発掘調査が待たれる。同地域は宋元時期の崖門海域で、一二七七年〜一二七九年、南宋と元の海上決戦が行われた。銀洲湖岸辺ではこれまでにも船板、磁器類が発見されており、船板の^{14}C年代六九〇±六〇年前は海戦の年代とも一致する。

なお、帰属年代は新しくなるが、当該地域における水中考古学的手法を用いた調査事例をあげておく。海南島の文昌県宝陵港において沈船が一九八七年に発見され、一九九〇年に水中考古学的手法を用いた調査が実施された（中国歴史博物館水下考古学研究室他 一九九七）。銅鼓嶺北約二〇〇〇メートルの近海、最も近い岸まで五〇メートル、高潮時水深七メートル、低潮時水深四メートルである。船体は船板のみ。出土遺物には鉄製品、銅製品、「永暦通宝」、磁器類で、明末清初の小型近海貿易商船と考えられる。汕頭市広澳港でも水中考古学的手法を用いた調査が一九九五年に実施された（広東省文物考古研究所他 二〇〇〇）。船体は肋骨と龍骨の一部以外、泥で覆われている状況であり、詳細は不明である。採集遺物より、明鄭成功時期の水上活動と関わるとされる。呉川県沙角漩の沈船は、岸まで約五〇〇メートル、最高水位約八メートル、最低水位一・五メートルである。一九六四年に発見された後、一九八八年に調査された（楊林他 一九九七）。船板と銅柱、銅釘が出土し、銅柱と地元の伝説によって外国製造の木船とされる。年代は不明。ただし銅柱、銅釘の製造方法からそれ程古いものではない。

また、西沙群島、南沙群島でも調査は実施されている。西沙群島では一九七四年、一九七五年に分布調査が行われ、一〇ヶ所近くの礁盤、砂灘上の遺物は沈船遺存に関わるとされる。また、一九九八〜一九九九年の調査は詳細な報告書が刊行されている（中国国家博物館水下考古研究中心 二〇〇六）。本調査によって、永楽環礁、華光礁、北礁にて沈船遺跡および沈船遺物散落点が発見された。沈船遺跡をあげると、石嶼一号沈船遺跡は水深六～二〇メートル、磁器（清代青花）。華光礁沈船遺跡は水深〇・九～二メートル、面積約八〇〇平方メートル。青磁、青白磁、南宋。北嶼一号沈船遺跡は水深一～二メートル、磁器（明代龍泉青磁、青花）。北嶼二号沈船遺跡は現代鉄質沈船。北嶼三号沈船遺跡は水深一～二〇メートル、磁器（青花、明末）。この他に碇石三点が報告されている。

三　船と碇石

中国沿岸部で発見された代表的な古船である南宋代の泉州船は尖底、とがった船首と一二枚の隔壁でしきられる隔壁構造をもつ。外板は内側が平らになる平張りによって、船底が二層、船側は三層に板を重ねた多層外板をもつ。ほぼ同時代の新安船と比較すると、三〇メートル程度の長さと平底でなく竜骨をもつ隔壁構造であることが共通するが、相違点として隔壁の数と外板の張り方があり、新安船ではヨロイ張り（外板を端部のみ重ね合わせる）がみられる（松木　一九九二、一九九七他）。

新井孝重（二〇〇六）は、宋元代の造船技術について、その特徴として船尾の舵、水の入らない水密艙、尖底と竜骨構造をあげ、なかでも水密艙を前代に出現し、宋元代に広く普及したとし、その事例として、本稿でもとりあげた「天津静海の宋船、上海嘉定の宋船、寧波宋代の海船、泉州南宋の海船、韓国出土の珍島宋船と新安の元船」としており、隔壁構造が当時の船の構造にみられる共通項としてあげられる。

一方、泉州船にみられる尖底型海船に対し、平底木船も東海以北の各地で発見されている。宋代については揚州施橋と嘉定封浜において木船が発見されている。如皋唐代船の造船技術を継承するものである。

宋代中国を代表とする船舶について、小島毅（二〇〇五）が海外交易用の帆船というよりも水路を往き来する規模も様々な内陸水路専用の「川舟」であったと指摘するように、船舶の構造、大きさの違いは外海用、近海用と使用される場所の違いにも関わるものである。そして、こうした使用された船の違いと組み合わせから当時の海上交易、交通のネットワークに迫ることになるが、いずれにしても船舶に関わる事例研究の積み重ねが重要である。

ところで、明代になると鄭和が船隊を率いて遠洋航海に利用した「宝船」が知られるが、その造船工場が南京市で発見さている。一九五七年には鉄刀木製の長さ一一・〇七メートルの舵棒、一九六五年には長さ一二・二メートルの木軸が発見された。宝船工場遺跡から出土した巨大な舵棒は、宝船が長さと幅の比率が小さい大型の「沙船」であり、尖底の泉州船とは異なるものであるという見解がある。最近、二〇〇三年～二〇〇四年、南京市博物館（二〇〇六）によって発掘調査が実施された。遺構が確認された他、完全な船体は発見されなかったが、舵杆、船板などの部材五五点が出土した。

こうした木造の船体以外に注目される船の停泊道具として「石碇」、「木石錨」、「鉄錨」の三種があり、この順で出現したものの、共存していた時間も長かったと考えられる（王冠倬　一九九六）。ここで年代的に関わるのが「木石錨」である。木質の部分は腐朽してしまうが、石の部分が問題となってくる。この碇石は、東アジアにおいては、北のウラジオストックから南はフィリピンまで広範囲にわたって出土している。琉球列島においても六事例が報告され、「グスクから出土する貿易陶磁器とともに「琉球の大交易時代」の物証としての重要性」が指摘されている（當眞　一九九六）。その形態的特長は長さ二～三メートルの角柱状、中央部に溝がある。重量は二〇〇キロを超えるものがほとんどで、六〇〇キロに達するものもある。中国でも泉州法石で発見された碇石は長さ二・三二メートル、重量二三七・五キロ、花崗岩製で、泉州は他に二点、福建定海湾でも元代の沈船とともに碇石が発見されている。この定型化された「博多湾型碇石」は古くから蒙古碇石として知られていたが、現時点での分布状況から貿易船に関わる（柳田　一九九六）。これに対し、二つ碇石を組み合わせた碇が鷹島海底遺跡から出土しており、元軍船は貿易船とは異なる「鷹島型碇石」が用いられていた可能性が指摘されている。そして、中国でも蓬莱水城で発見された碇石も当時の戦船の停泊用の「木石錨」であったと考えられている。

ま　と　め

このように近年、中国沿岸部で発見された中世船舶は増加の傾向にあるといえるが、実際には船舶の全容を知りえる事例は少なく、また出土状況において帰属年代を明確に捉えることができるか、さらには船舶の復原方法など、様々な問題があることも否定できない。こうした船に関わる考古学研究について、出土状況としては港湾近くや古河川に埋もれた状況で検出される場合と不幸にして沈没した場合（沈船）に大別され、後者は主に水中考古学的手法が用いられる。そしていずれにしても、船自体をとりまく研究として海事史、造船技術、船舶工学などとの連携、船の存在状況として貿易船であれば交流史、流通史、軍船であれば海戦史などとの連携が重要であり、ここに歴史的存在としての船のもつ重大な意義、大きな可能性を見出すことができるのである。

また、古船は沈船であれ、港近くの陸上で調査されたとしても考古学的にはその場所における出土状況が重要であることはいうまでもないが、船自体はそもそも移動を前提につくられたものであり、今後さらに東アジア、あるいはアジアにおける船舶の比較研究が望まれることであろう。

註

（1）東アジアの水中考古学および船舶（沈船）の考古学的研究については次の図録などが参考になる。『はるかなる陶磁の海路展　図録』（朝日新聞社、一九九三）『東アジア中世海道―海商・港・沈没船』（国立歴史民俗博物館、二〇〇五）。

また、中国の状況については田辺（一九九七）や『福建文博』一九九七年第二期に『中国水下考古十年専輯』が特集されている（兪　一九九七他）。そして呉（二〇〇三）、小川（二〇〇二）も広く東アジアの状況を整理している。

なお、中国船については山形欣哉（二〇〇四）に詳しい。

（2）新安沖の沈船については、主に以下を参考にした。『新安海底引揚げ文物』（東京国立博物館・中日新聞社、一九八三）「新安海底遺物」（山本信夫、一九九七、『考古学による日本歴史10　対外交渉』雄山閣）「海底考古学―新安の沈没船を中心に」（森本朝子、二〇〇一、『海のアジア5　越境するネットワーク』岩波書店）。

（3）ここでは呉春明（二〇〇三）の『環中国沈船』を参考に各報告文を確認しながら、とくに位置、調査経緯、船体、遺物について整理する。

最近においても福建省を中心に水中考古学の調査が進展している。例えば、平潭大練島一号沈没船では船体が確認された他、元代の龍泉窯青磁が出土している。これらの福建省における成果は二〇〇八年から二〇〇九年にかけて日本でも展覧会が開催されている（海のシルクロードの出発点〝福建〟展開催実行委員会二〇〇八『東アジアの海とシルクロードの拠点　福建―沈没船、貿易都市、陶磁器、茶文化―』）。

また、船舶に関わる資料として碇石についても詳細に検討されている（小川光彦　二〇〇八「海域アジアの碇石航路誌」『モノから見た海域アジア史』九州大学出版会）。

引用文献

新井孝重　二〇〇六「「世界史」に接触した中世の日本列島―モンゴル戦争論のこころみ―」『獨協経済』第八一号

王冠倬　一九九六「中国古代の石錨と木「椗」の発展と使用―鷹島の木「椗」について―」『鷹島海底遺跡Ⅲ』

王冠倬　二〇〇〇『中国古船図譜』

小川光彦　二〇〇二「水中考古学と宋元史研究」『史滴』二四

広東省文物考古研究所他　二〇〇〇「汕頭市広澳港南明沈船調査」『文物』六

季曙行　一九八七「上海南匯県大治河古船発掘簡報」『上海博物館集刊』四

金炳董（中島達也訳）二〇〇四「新安海底発掘を中心とした韓国水中考古学の現況」『平成一六年度シンポジウム　東アジアの水中考古学』

江蘇省文物工作隊　一九六一「揚州施橋発現了古代木船」『文物』六

小島毅　二〇〇五『中国思想と宗教の奔流　宋』中国の歴史〇七　講談社

呉春明　二〇〇三『環中国海沈船―古代帆船、船技與船貨』江西高校出版社

山東省文物考古研究所他　二〇〇六『蓬莱古船』文物出版社

磁県文化館　一九七八「河北磁県南開河村元代木船発掘簡報」『考古』六

上海博物館　一九七九「嘉定封浜宋船発掘簡報」『文物』一二

石俊会　二〇〇六「広東水下考古的発展」『四川文物』一

泉州湾宋代海船発掘報告編写組　一九七五「泉州湾宋代海船発掘簡報」『文物』一〇

泉州湾宋代海船復原小組　一九七五「泉州湾宋代海船復元初探」『文物』一〇

田辺昭三　一九九七「沈船の考古学」『しにか』八―七

中澳合作水下考古専業人員培訓班定海調査発掘隊　一九九二「中国福建連江定海一九九〇年度調査、発掘報告」『中国歴史博物館館刊』一八・一九

中澳聯合定海水下考古隊　一九九九「福建定海沈船遺址一九九五年度調査與発掘」『東南考古研究』二

中国国家博物館水下考古研究中心他『西沙水下考古　一九九八～一九九九』中国水下考古発掘系列一　科学出版社

中国歴史博物館水下考古学研究室他　一九九七「海南文昌宝陵港沈船遺址調査簡報」『福建文博』二

張威　一九九七「南海沈船的発現與預備調査」『福建文博』二

張威　二〇〇四「中国南海一号船南宋沈船遺跡調査」『平成一六年度シンポジウム　東アジアの水中考古学』
張威主編　二〇〇一『綏中三道崗元代沈船』中国水下考古発掘系列一　科学出版社
陳立群　二〇〇一「東山島冬古沈船遺址初探」『福建文博』一
天津市文物管理処　一九八三「天津静海元蒙口宋船簡報」『文物』七
當眞嗣一　一九九六「南西諸島発見碇石の考察」『沖縄県立博物館紀要』第二二号
南京市博物館　二〇〇六『宝船廠遺址　南京明宝船廠六作塘考古発掘』文物出版社
寧波市文物管理委員会　一九八一「寧波東門口碼頭遺跡発掘報告」『浙江省文物考古研究所学刊』
寧波市文物管理委員会他　一九九八「浙江象山県明代海船的清理」『考古』三
松木哲　一九九二「沈船は語る」『アジアのなかの日本史Ⅲ　海上の道』東京大学出版会
松木哲　一九九七「中国の船舶とその変容」『しにか』八―七
柳田純孝　一九九六「交易船と元軍船の碇石」『鷹島海底遺跡Ⅲ』
山形欣哉　二〇〇四『図説　中国文化百華　第一六巻　歴史の海を走る　中国造船技術の航跡』
兪偉超　一九九七「十年来中国水下考古学的主要成果」『福建文博』二
楊式昭　二〇〇四「台湾澎湖海域の清代沈船将軍一号の発掘調査」『平成一六年度シンポジウム　東アジアの水中考古学』
楊林他　一九九七「広東呉川県沈船調査工作簡況」『福建文博』二
劉桂芳　一九五八「山東梁山県発現的明初兵船」『文物』二

コラム8

ヒグマ観念の交流

天野哲也

イオマンテの特徴

クマに対して人びとが畏敬・敬愛の念をいだく現象は、時間的にも空間的にもかなり普遍的にみとめられる。アイヌ民族のクマ送り（祭り）・信仰もその一部である。しかし世界的に見ればそれはむしろ特殊な部類に入るものであることに気づく。特殊な点の一つは、よく知られているように子グマ飼育・送り（イオマンテ）である。狩猟したヒグマを「送る」儀式（アイヌ民族では「オプニレ」）は北ユーラシアにきわめて広範囲に拡まっているのに対して、猟の際に得られた子グマを持ち帰り、一～三年飼育して「送る」儀式（アイヌ民族では「イオマンテ」）の分布は、北海道・サハリン・アムール下流域の諸民族にごく狭く限定される。その理由について熊胆生産・輸出説や生態学的条件説などが出されている。

子グマ飼育・送りの歴史をさかのぼる

世界的にみて、また少なくとも極東地域では、子グマ飼育・送りの証明された最古の例はオホーツク文化期・礼文島香深井一遺跡二号竪穴住居の頭蓋骨祭壇（骨塚）である。ここで注目されるのは、地元に近い道北・道央産ヒグマのほかに、道南産の子グマが祀られていることである。道南地方・積丹半島付近の続縄文集団がこれをもたらせた可能性が大きい。つまりオホーツク集団だけでなく続縄文集団も当時子グマを飼育し贈っていたことが考えられる。

時あたかも鉄器の普及する段階に当

たる。この時期、おそらく鉄器輸入のための代価を得る必要性が高まり、ヒグマ猟と子グマ飼育そして送り儀礼が盛んになっていったのであろう。

この二号竪穴の例など礼文島香深井一遺跡ほかでも見られるように、オホーツク文化では、ヒグマ祭祀の祭壇は住内に設けられしかもヒグマのあらゆる年齢を含んでいた。つまり狩りグマも飼育された子グマもともに屋内に祀られた。大型住居に共同で暮らした世帯が中心になってヒグマ祭祀を催行したのであろう。

オプニレとヌササンの成立

オホーツク文化のクマ送り儀礼とアイヌ民族のそれの関係は、間をつなぐ中世段階の資料が皆無に近い状態なのでまったくとらえられていない。しかし近年これを考える上で重要な手がかりになるホーツク文化最末・トビニタイ期の資料が得られてきた。

ひとつは、キャンプと目される羅臼町オタフク岩洞窟遺跡である。ここに祀られたヒグマ一〇個体すべてが満三歳以上であり、幼獣はまったくみられない。持ち帰って飼育し、ムラで送ったのであろう。つまり狩りグマ送りと飼いグマ送りが既に分化していた可能性が大きい。

もうひとつは斜里町知床半島チャシコツ岬下B遺跡である。詳細は未報告であるが、ここでは屋外のヒグマ祭祀遺構（四肢骨・土器・石鏃［矢］などのまとまり）が確認された。この時期トビニタイ期には住居は小型化して核家族単位で暮らすようになる。その住居内には骨塚が見られなくなる。屋外で祀られたからであろう。この遺構がそれに相当するものと考えられる。そこに個別の家族単位で狩猟に励んだ様子をうかがえる。

ところでオタフク岩洞窟遺跡のクマの年齢は八歳が最高であり、香深井一遺跡のような一〇歳の個体さらには二〇歳をこすような老獣がない。乱獲による狩猟圧の影響で齢構成に歪みが生じたのであろう。

イオマンテとセクシャリティー

アイヌ民族のクマ送り（祭り）・信仰でいまひとつ特徴的な点は、一般的にヒグマが女性と観念されているらしいことである。これについては確たる証拠もなく、これまでほとんど注意・論究されることがなかった。ところがユーラシアの大部分の地域では逆に、ヒグマが男性とイメージされている（「マスカラード／カルナバル型」と呼ぶ）とすると、アイヌ民族のこの独特のヒグマ観（「イオマンテ型」）は俄然おおきな意味をもってくるのである。

そこでイオマンテにおける女性の排除が注目される。この儀式は壮大で三日間にわたってとり行われる。アイヌの女性は子グマの飼育をはじめ、酒造りなどこの儀式の準備でも欠かすことのできない重要な役割を果たすのであるが、不思議なことに本祭の主要な場面ではまったくの脇役に徹する。儀式は男性の独壇場であり、女性はこれを遠巻きにしており、決して前面に出ない。なぜであろうか。

おそらく子グマが母グマと猟師の実子とイメージされているからであろう。つまり穴グマ猟はヒグマと猟師の象徴的な婚姻（聖婚）、子グマの獲得はその成果であり、イオマンテは無事成長した子供を天界へ送り返す儀式ととらえられているのであろう。したがってそこに女性の介入する余地はないのである。

オスグマと女性の関係

ではアイヌ文化ではヒグマの雄性の観念は皆無なのであろうか。筆者の知る限り二点指摘できる。ひとつは日高地方で採集された民話『熊婿入り』と『熊になった女』である。これらでは珍しく「オスグマと女性の関係」が語られ、そのモティーフはサハリン・アイヌやニブフなどを通じて広く北方ユーラシア諸民族のものと共通する。

もうひとつはクマ送りで「祭壇」造られるユクサパオニ（頭蓋骨掲揚）にヒグマの陰茎と睾丸も懸けることである。これは次に述べるオホーツク文化の遺物と関連しそうである。

オホーツク文化の場合

礼文島香深井一遺跡ではヒグマのペニス・ボーン（未詳品ＥⅠ）が一〇点得られている。そのうち遺構にともなった資料は一点だけで、二号竪穴床面でみつかっている。ただし、祭壇（骨塚）にはともなってはいないので儀器・祭祀具であった可能性は低い。

これらはいずれも基部に穿孔を施しているので、紐を通して懸下したものと考えられる。また、使用痕であろう、全面にわたって光沢を帯びている。おそらくペンダントのようにして、オスグマのパワーにあやか

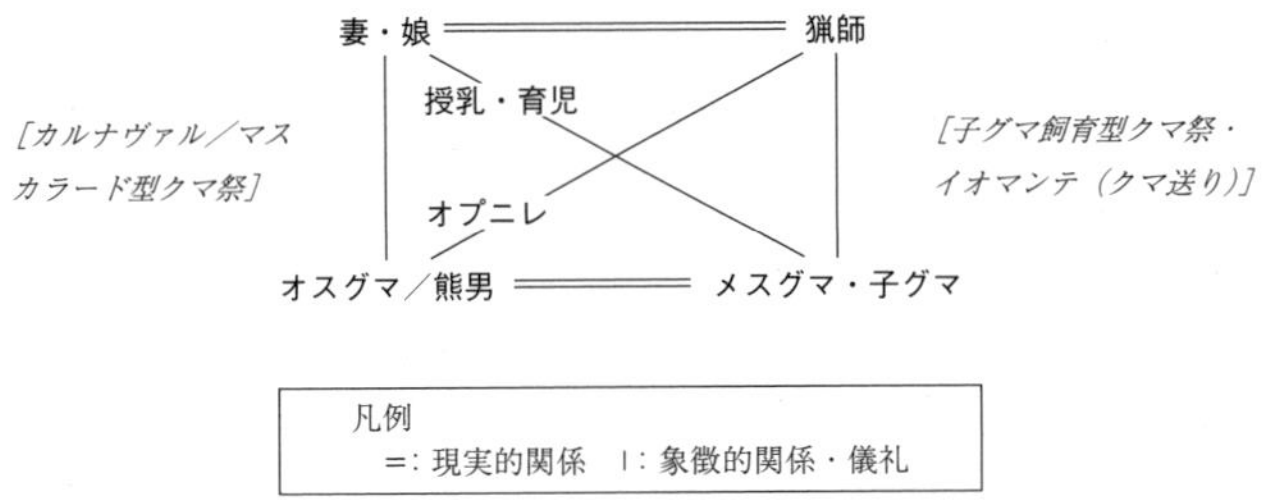

ヒトとクマ（人間界と動物界）の関係図

りたいという願いを込めて、女性が身につけていたものと解釈される。この一〇点という数字はこの遺跡でこれまで見つかったオスの成獣の個体数にちかい。それらを解体した時に得た物をそのまま利用したのであり、独立に入手・普及・流通するものではなかったのであろう。二号竪穴の時期（前期後半、六世紀後半〜七世紀初頃）に、子グマ飼育クマ祭りと一体の風俗として確立していたものと考えられる。

オスグマと女性の関係の極東における痕跡

結局アイヌ文化では、ヒグマは基本的に雌性を帯びた存在であり、狩猟ことに穴グマ猟はそれ故に男性との象徴的婚姻と観念される。その起源が問題となるが、分布の上からみて北ユーラシア起源は考えがたい。

他方、アイヌ文化に痕跡的にみとめられるヒグマの雄性の観念は、続縄文文化期に南進してきたオホーツク集団との交流（子グマギフトなど）を通じて導入された可能性が高い。

参考文献

天野哲也・増田隆一・間野勉編　二〇〇六『ヒグマ学入門』北海道大学出版会
天野哲也　二〇〇八「ユーラシアを結ぶヒグマの文化ベルト」林良博・森裕司・秋篠宮文仁・池谷和信・奥野卓司編『ヒトと動物の関係学　第四巻　野生と環境』岩波書店
加藤博文他　二〇〇六「知床半島チャシコツ岬下Ｂ遺跡で確認したオホーツク文化終末期のヒグマ祭祀遺構について」『北海道考古学』42
井上紘一　一九七五「北方狩猟民と熊祭り」『どるめん』10　ＪＩＣＣ出版

コラム9

契丹国の仏教と遺跡

――藤原崇人・武田和哉

契丹国（遼）は内蒙古自治区東南部を流れるシラ・ムレン流域を遊牧圏としていた契丹族が十世紀初頭にうちたてたもので、九代二百年余にわたって東アジア北方に君臨した国家である。

契丹国を特徴づける要素のひとつが仏教である。すでに建国前後から仏教の受容が認められ、太祖耶律阿保機（在位九〇七～二六）は即位の五年前に漢人俘虜を移住させて築いた龍化州に開教寺を建立している。契丹国初期における仏教は元々これを身近な存在としていた治下の漢人・渤海人などが信仰の主体であり、当時の契丹人支配階層も彼らを御するための一手段としてこれを取り入れていたふしがあった。ところが第六代の聖宗耶律隆緒（在位九八二～一〇三一）の頃から彼ら支配階層も自ら仏教を信奉するようになり、以後、興宗耶律宗真（在位一〇三一～五五）、道宗耶律弘基（在位一〇五五～一一〇一）、天祚帝耶律延禧（在位一一〇一～二五）と契丹国の滅亡に至るまで崇仏皇帝を代々輩出している。これら諸帝のなかでもとくに有名なのが興宗と道宗である。

興宗は自ら菩薩戒を受け、非濁や思孝といった当時の著名な学僧と盛んに交わった。また隋から唐を経て契丹国に受け継がれた一大護法事業たる房山雲居寺石経の刻経を財政面で援助し、国家的規模でこれを推進している。興宗を継いだ道宗は先帝を凌ぐ熱烈な仏教信者であり「一年間に僧侶三十六万人に食を施し、一日に三千人を出家させた」という。道宗治下の契丹国に使者として赴い

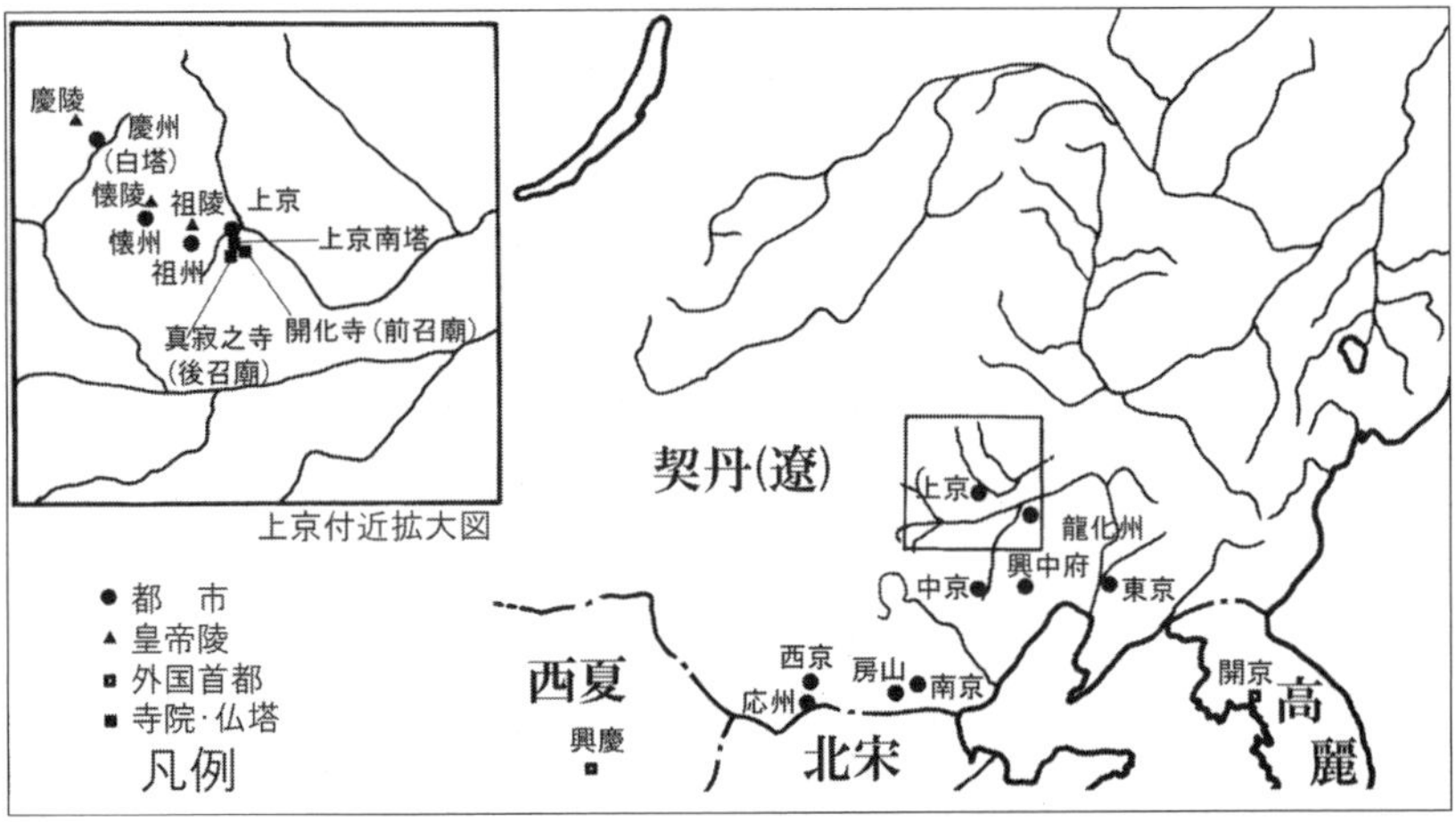

図1　契丹国の主要都市と上京周辺の仏教遺跡の地図〔作製：武田・藤原〕

図2　中京大塔の大日如来像〔撮影:藤原〕

図3　慶州釈迦仏舎利塔〔撮影：藤原〕

た北宋の蘇轍（蘇軾の弟）は、帰国後に「契丹の人々は経を誦えて仏を念じ、殺生を好む気質が薄れつつあります。これは彼の国にとって大きな弊害であり、我が国にとっての利益であります」と上書している。当時の契丹国が道宗のもとに国をあげて仏教に傾倒していた状況がうかがえよう。

契丹国と仏教との密接な関わりは文献や碑刻など文字史料のみならず遺跡からも確かめられる。現在の北京・山西・遼寧・吉林・内蒙古などの各地域やモンゴル国内には契丹国時代の仏教建造物とくに仏塔が多く現存し、当時における仏教信仰の痕跡をとどめている。たとえば北京市宣武区にある天寧寺は有名な寺院であるが、寺内に聳える高さ約五十五メートルの八角十三層の塼塔は皇族の耶律淳が天祚帝の聖旨を奉じて建立したものである。

この天寧寺塔のような多角多層の密檐式塼塔が現存する契丹国時代の仏塔に最も多く見られる様式であり、初層の壁面には仏・菩薩・天部・飛天などの尊像を配することがあった。上京臨潢府址（赤峰市巴林左旗林東鎮南）の南七キロ程の山上に立つ高さ約二十五メートルの仏塔（通称上京南塔）は八角七層の塼塔で、現在は剥落しているが、かつて初層の東・西・南・北壁面に密教の金剛界四仏が据えられていた。また中京大定府址（赤峰市寧城県大明鎮）に立つ高さ約八十メートルの大塔は天寧寺塔と同じく八角十三層の塼塔であり、初層南壁面には大日如来を配している。これら両塔初層の尊像から契丹国における密教信仰の盛行を読み取ることができる。

上京城址から西北に七十キロ強、赤峰市巴林右旗索博日嘎蘇木に契丹国の慶州城址があり、本城址の西北約十四キロの山地に聖宗・興宗・道宗三帝の陵墓・慶陵が存する。慶州は慶陵の維持管理にあたる奉陵州であった。慶州城址内の西北には高さ約七十三メートルの八角七層の楼閣式塼塔・釈迦仏舎利塔（白塔）が現存している。本塔の南には山門址、北には大殿基址が残り、伝統的な「前塔後殿」の寺院建築様式に準じていたことが分かる。この様式は天寧寺にも共通するものである。一九八八～九二年に本塔の修復が行われた際、相輪樑の覆鉢内から法舎利塔に納められた陀羅尼経板や雕印経典など多数の仏教文物が発現している。これらは慶州における仏教信仰のすがたのみならず契丹国の印刷・工芸水準の高さを知らしめる貴重な資料群である。塔壁には力士や経幢のほか獅子や巨象を引き連れた使節ないし商人と思しき人々のレリーフが配され、慶州が西方・西南方諸国との交流の一拠点として機能していたことを示唆する。これは慶州・慶陵の近域が夏から秋にかけての契丹皇帝の宿営地として選択され、慶州がその起点都市として支配階層に定期的に利用されていたことと関連するものと見られる。

慶州白塔と同じく楼閣式をとる仏塔としては山西省応県（応州）の仏宮寺釈迦塔（八角五層、高さ約六十七メートル）がある。現存する中国最古の木造塔であり、一九七四年、塔の第四層に安置された釈迦如来像の体内から数多の仏典が発現し、そ

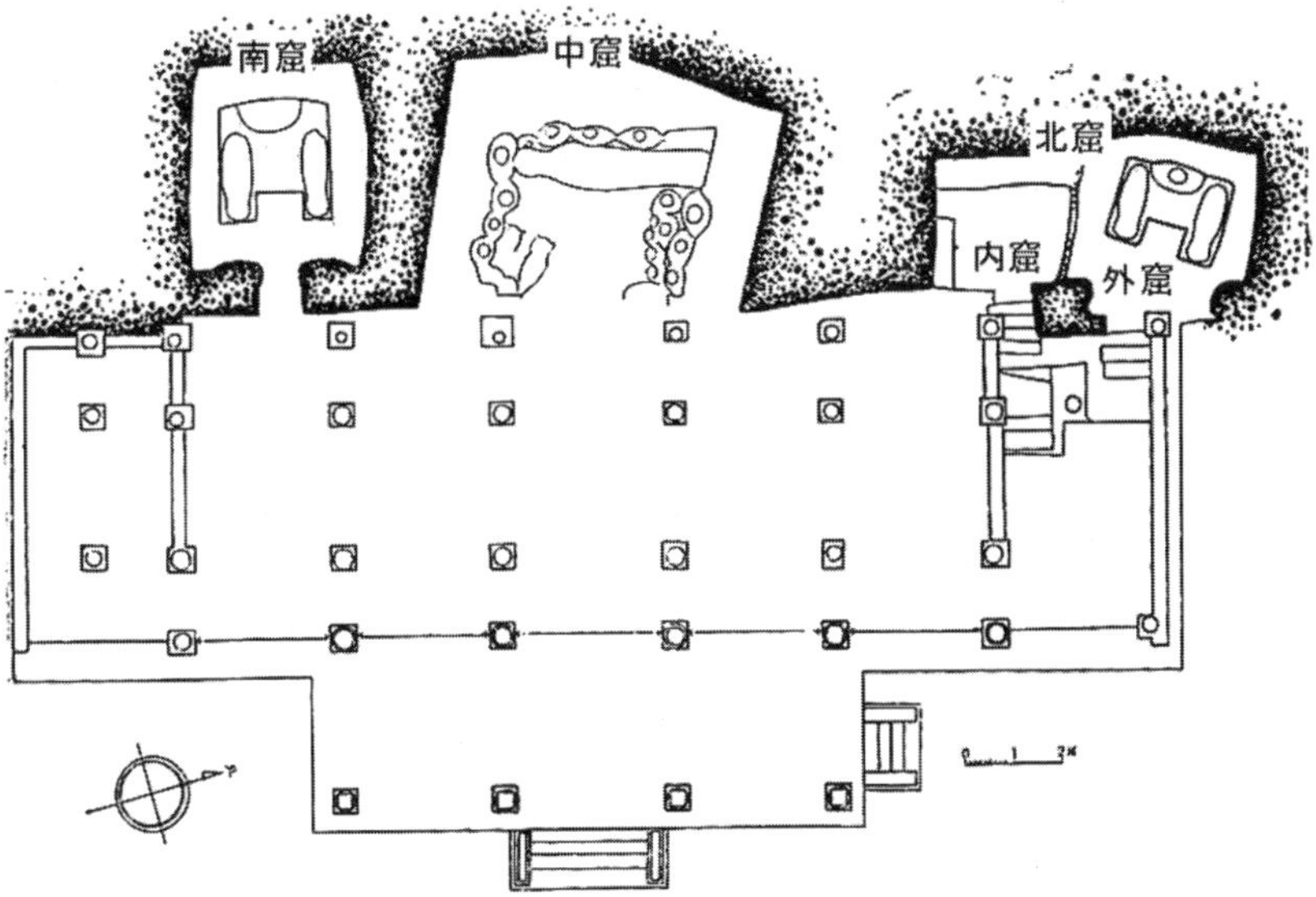

図4　真寂之寺平面図〔『文物』1961－12：p.39に加筆〕

のなかに従来は実物が確認されなかった契丹大蔵経の残巻が含まれていたことはよく知られている。

仏塔は信仰の対象として建立されるものであるがゆえに、その所在は人々の動きと密接に関わる。遼寧省西部は契丹国の仏塔が最も多く現存している地域であり、朝陽市（興中府）の南北両塔や雲接寺塔をはじめ義県の広勝寺塔や北鎮双塔など二十基以上が確認される。これらの仏塔の多くは中京大定府と東京遼陽府（遼陽市）を結ぶ交通路上に偏在している。本交通路は遼西方面の一大農耕地帯である大凌河流域に沿っており、人や物資の活発な往来と人口の集中が仏教信仰を促し、かような仏塔の林立を招いたと考えられる。

これら仏塔の存在と併せて留意すべきものが契丹国時代に開鑿された石窟寺院である。上京城址の南に所在する開化寺（前召廟）や真寂之寺（後召廟）はそのひとつである。窟口を東または東南に向けて開き、東を尊ぶ契丹人の思想を反映したものと考えられている。とくに全長約四メートルの釈迦涅槃像を本尊とする真寂之寺には寺窟を開いた岩山上に女性器を模した「再生洞」と呼ばれる小さな洞穴がある。契丹皇帝は十二年に一度、母体からの出産を擬した若返りの儀式を受けることが通例であり、その再生観と共通の概念を見出せる。真寂之寺の釈迦涅槃像には「入涅槃」、再生洞には「再生」と二つの志向の共棲が読み取れ、本寺における仏教信仰が契丹人の固有信仰と結びつき独特のかたちをとっていたことを推測させる。

契丹国時代の石窟寺院は、文字史料や慶州釈迦仏舎利塔のごとく中国の伝統的な建築様式に基づく壮麗豪奢な仏塔からは知り難い一般在地社会における仏教信仰の生のすがたを伝えてくれるのである。

参考文献

武田和哉・藤原崇人ほか『草原の王朝・契丹国（遼朝）の遺跡と文物』勉誠出版　二〇〇六

第四章　城郭遺跡の展開

第一節　北海道の要害遺跡

右代啓視

北海道の城郭遺跡とされるものは、アイヌ文化期のチャシコツ、北海道中世の館址、近世の城などがある。このうち、日本式の「城」とされるものは少なく、本州の諸城と違った築造目的を有するのが北海道地域の特徴であり、歴史的な背景が反映されている。福山（松前）城は、幕命を受け松前崇広が嘉永二年（一八四九）北方の海に出現した外国船に備えるため、安政元年（一八五四）に落成したものである。また、五稜郭は元治元年（一八六四）に築造したヨーロッパの稜堡式城郭を採用したものであり、このほかに関連する施設には陣屋址や台場址などがある。

ここで要害遺跡とするものはチャシコツ（以下、チャシとする）や館址などであり、この中には近年の調査で擦文文化期、あるいはオホーツク文化期、さらにこれらより遡る遺跡があり、防御的な機能をもったものを含めている。

これまで、右代（二〇〇〇・二〇〇一・二〇〇四a・b・c・二〇〇五・二〇〇七）は、チャシや館址と、それ以前の防御的な機能をもった遺跡を要害遺跡として広くとらえることで、文献史料が少ない「空白の時代」といわれる北海道の古代〜中世〜近世をつなげる試みとして、この要害遺跡の研究の重要性について提示してきた。すなわち、要害遺跡は、厳密には日本の歴史であって日本の歴史ではなく、日本の文化であって日本の文化ではない地域に発生していた歴史的な現象としてのイベントであり、北方地域の歴史的な画期を示すものであるからである。しかも、日本列島北部に位置する北海道島は地理的な特殊性もあり、縁海に日本海、オホーツク海、太平洋をもち、南方には本州、北方にはサハリン、東方には千島列島と三方向につながる列島ならではの環境と、そこに発生した文化は三地域の文化が交差し地域色の強い先史文化が展開している。この地域の要害遺跡の立地環境は河川、あるいは海岸や湖沼岸に接し、サハリンとの文化的な接触、本州との交流・交易、千島列島をつうじた文化接触などを強く示すのが要害遺跡でもある（右代 二〇〇〇・二〇〇五）。特に、北海道北部は、サハリン地域の文化と接点が強い要害遺跡が多くみられ、北海道北部―サハリン―アムール下流域における先史文化社会、あるいは民族形成の過程を理解する上で重要であり、北海道の古代〜中世に共通点をもつ遺跡でもあり、要害遺跡であるチャシはアイヌ文化社会の中で特殊な遺構として古くから注目されている。

この研究では、これらを視野におき、これまで要害遺跡（チャシを含む）の測量調査を実施してきた。特に、サハリンと北海道北部の結節点である稚内や利尻、礼文島の地域を中心に実施している。稚内市の増幌チャシ（右代・鈴木ほか 二〇〇四）、増幌川口一号・二号チャシ（右代・鈴木ほか 二〇〇五ａ）、泊岸一号・二号チャシ（右代・鈴木ほか 二〇〇六）、礼文島の沼の沢チャシ（右代・鈴木ほか 二〇〇七）である。さらに、遺跡分布調査では、これまで集落址であるとされていた稚内市サンナイ遺跡が要害遺跡であることを確認した（右代・鈴木ほか 二〇〇八）。これとは別に、石狩川水系にある浦臼町晩生内一号チャシ（鈴木・右代ほか 二〇〇八）、晩生内二号チャシ（鈴木・右代ほか 二〇〇七）、天塩川水系にある中川町共和チャシ（右代・鈴木ほか 二〇〇五ｂ）の地形測量調査などを進めているところである。

本研究は、これらの要害遺跡を北東アジアの地域的な環境の枠組みの中で、チャシにとらわれず要害遺跡としてとらえることで、その成立過程を明らかにするものである。すなわち、北海道では本州および大陸からの文化的融合あるいは民族的な接触、先史文化の集団からアイヌ文化集団の成立過程にいたる社会反応や変容について、その本質を追求するものである。さらに、右代（二〇〇〇）は、北東アジア地域におけるチャシの起源とその位置づけについて示し、これまで要害遺跡の検討を進めてきたものである。

一　要害遺跡の検討

右代（二〇〇五）は、要害遺跡の用語と、「要害」の意味する内容について、次のように示した。

『日本国語大辞典』などをはじめ「要害」という意味は、「味方にとっては要であり、敵にとっては害であるの意」であり、「地勢がけわしく、守りやすく攻めにくい所」である。この「要害」は、『続日本紀』の中に記され、大宝二年（七〇二）一〇月丁酉「於㆓国内要害之地㆒。建㆑柵置㆑戍守㆑之」とあり、比較的古い時代から使用されていた。しかも、中国の『史記』や『後漢書』の時期にまで使用されている用語でもある。地勢がけわしい地点に築いた城塞（城砦）、砦、要塞であり、その防備をさして「要害」という用語を使用している。このことから、要害遺跡は、城塞（城塞）、砦、要塞はもとより、チャシや館址、防御性集落、環壕集落、要害内集落、壕・塁壁内集落などの遺跡を包括的に含めた用語として使用することとした。それは河野（一九五八）のチャシ分類でも理解できるように、チャシは自然地形を最大限に利用し防御的な機能として壕、土塁などの人工的な築造物が確認できることとされている。また、防御性集落、環壕集落、要害内集落、壕・塁壁内集落などの遺跡は、基本的に自然地形を最大限に利用していることからチャシと同様である。しかも、現在において発掘調査例が少ないのは、開発を必要としないけわしい環境に立地しているからでもある。

先の要害遺跡の地域分類では、要害内集落、壕・塁壁内集落、北海道型防御性集落、北海道型環壕集落、本州系古防御性集落の用語をあげている。これらについては、右代（二〇〇〇・二〇〇四a・b・c）でも一部触れているが、現段階では右代（二〇〇五）で整理した内容を示しておくことにする。

（ⅰ）要害内集落　本州の防御性集落や環壕集落と北海道のチャシや館と区別するために、サハリンで確認されている自然地形を防御的に使用した集落を指して使用する。鈴谷文化やオホーツク文化の遺跡を指すものである。

（ⅱ）壕・塁壁内集落　本州の防御性集落や環壕集落と北海道のチャシや館と区別するために、サハリンで確認されている壕や土塁で集落を防御する遺跡を指して使用する。オホーツク文化の遺跡を指すものである。

（ⅲ）北海道型防御性集落　本州の防御性集落と具体的な内容や意味などを異にするが、北海道において確認されている自然地形を防御的に使用した集落を指して使用する。また、擦文文化のものを指し、チャシや館と区別するためでもある。

（ⅳ）北海道型環壕集落　本州の環壕集落と具体的な内容や意味などを異にするが、北海道において確認されている防御的な機能を持った集落である。自然地形を利用し壕や土塁を築造する遺跡を指して使用している。また、擦文文化の遺跡を指し、チャシや館と区別するためでもある。

（ⅴ）本州系古防御性集落　本州の防御性集落と具体的な内容や意味などを異にし、それに先行する時期に見られ、防御的機能を持った集落である。壕や土塁を持たず、自然地形を防御的な機能として利用した遺跡を指して使用する。また、北海道で本州の土師文化に属するものを指し、擦文文化の北海道型防御性集落、あるいは北海道型環壕集落、チャシや館と区別するためでもある。遺跡としては、千歳市丸子山遺跡が唯一の例であるが、東北地方を含め今後の課題となる遺跡である。

これらの用語は要害遺跡の研究を進めるため、時期的な違い、地域的な違い、立地条件の違い、構築した集団の違い、あるいは構造的な技術差などを比較するため必要なものである。また、アイヌ文化期を代表するチャシと区別し、チャシ以前にみられる要害遺跡との関わりについて検討する要素となるものである。また、館についても同様である。その具体的な事例について、右代（二〇〇〇・二〇〇一・二〇〇四a・b・c）の中でも触れているが、これらの要害遺跡の用語の整理については研究を進める上で重要である。

次に、先に示してきた要害遺跡についての地域分類を具体的に検討することとする。

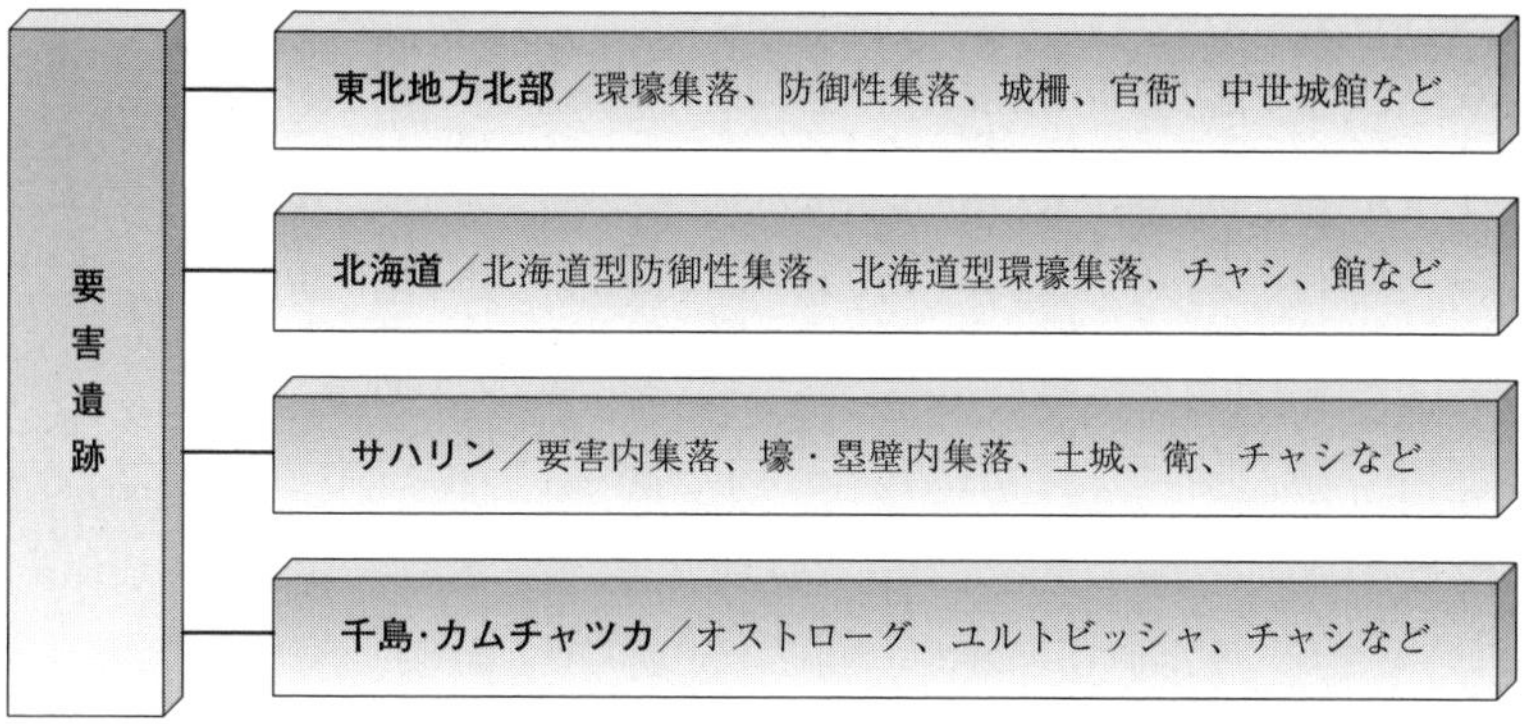

図１　北方諸地域の要害遺跡の地域分類（右代 2005より）

二　要害遺跡の地域分類

これまで述べてきた要害遺跡を、北海道を中心に周辺の諸地域ごとに分類すると、次のとおりにまとめられる（右代 二〇〇五・図1）。

(i) 東北地方北部　環壕集落、防御性集落、高地性集落、城柵、官衙、中世城館があげられる。

(ii) 北海道　北海道型防御性集落、北海道型環壕集落、本州系古防御性集落、要害内集落、チャシ、館があげられる。

(iii) サハリン　要害内集落、壕・塁壁内集落、土城、衛、チャシがあげられる。

(iv) 千島列島・カムチャツカ半島　オストローグ、ユルトビッシャ、チャシがあげられる。

このほかに、同時期の北東アジア地域には山城、平城の要害遺跡があり、ロシアではガラディッチェ、中国では古城、山城と呼び、靺鞨、渤海、金、女真、パクロフカ文化（アムール女真）などの時期にみられる（右代 二〇〇〇）。これらの状況を示す史料として、中村（二〇〇七）には、「上京故城上京城の西南は寧遠城と曰う。又西南は南京と曰う。……東北は哈州と曰い、奴児干城と曰う。（これらは）皆渤海・遼・金の建た所（のもの）であり、元は並を廃したが、城の址は猶存っている。」と元代の地誌『元一統志』巻二、遼陽等処行中書省、開元路、古蹟からの引用がある。すなわち、北東アジア地域の山城や平城は、地域の拠点となる地点に築造した城は各時代を通じ建てかえながらも使用していることが示されている。この地域の要害遺跡は、各時代を通じた複合遺跡であることが理解できる。規模は違うものの北海道の要害遺跡にも同様な状況が確認されている。また、サハリンの白主土城の築造年代を前川（二〇〇七）は、この土城の発掘調査からパクロフカ文化の土器が出土したこと、基準尺度の数値的検討や土塁の築造に版築技術が使用されたことなどから、九～一一世紀頃としているが、土城内部が利用された時期と、土塁と壕の構築時期（金時代後半～元時代）には時期差が存在することを報告している。中村（二〇〇七）は、白主土城の築造年代を中国史料の検討から元ないし明代である可能性が高いと結論づけている。

いずれにしても、この頃の北東アジアは、渤海、金、特に元、明になると王朝国家の大陸北東部支配、すなわち政治、経済的な動向と、列島北部域の動向は密接に関連していたことが歴史書などでうかがわれる。

三　要害遺跡の時空分布

この要害遺跡をサハリン、北海道、東北地方、千島列島・カムチャツカの地域ごとに時空分布をみると（図2）、その地域的な特性は表1に示すような傾向がみられる。また、大陸の状況については図2でも示したが、特にここでは触れないこととする。

（ⅰ）サハリン　要害内集落（三～八世紀頃）、壕・塁壁内集落（九～一二世紀頃）と鈴谷文化期～オホーツク文化期にみられる。さらに、北海道の文化区分からみるとアイヌ文化期に土城（一三～一六世紀頃）、衛（一五世紀）、チャシ（一三～一六世紀頃）などがみられる。これらは、北東アジアの歴史的な背景が強く反映していることもうかがわれる。また、土城については、前川（二〇〇七）、中村（二〇〇七）の報告があるが、先に示し

表1　要害遺跡の時空分布（右代 2005より）

地域	要害遺跡	北海道の文化区分	年　代	主な遺跡
サハリン	要害内集落	鈴谷文化期～オホーツク文化期	3～8世紀	コブリシュカ、ザミライローヴァ・ゴローヴァなど
	壕・塁壁内集落	オホーツク文化期	9～12世紀	ベロカーメン、アンフェルツエフォⅡなど
	土城	アイヌ文化期	13～16世紀	白主土城、亜港の土城、馬群潭土城など
	チャシ		13～16世紀	南貝塚北チャシ、麻内チャシなど
	（衛）		15世紀	波羅河衛、兀列河衛、囊哈兒衛
北海道	要害内集落	鈴谷文化期～オホーツク文化期	3～8世紀	オンコロマナイ、川尻北チャシ、弁天島など
	北海道型防御性集落	擦文文化期	10～11世紀	川尻南チャシなど
	北海道型環壕集落		10～11世紀	ワシリ、小茂内、原口館など
	古防御性集落		7～8世紀	丸子山
	チャシ	アイヌ文化期	13～18世紀	フシココタンチャシ、ユオイチャシなど
	館		14世紀末～	志海苔館、勝山館など
東北地方	（城柵）・（官衙）	擦文文化期	6～9世紀	志波城、徳丹城、秋田城、払田柵など
	防御性集落・高地性集落		10～11世紀	小飼沢山遺跡、唐川城など
	環壕集落		10～11世紀	高屋敷遺跡、蓬田大館など
	中世城館	アイヌ文化期	12～16世紀	浪岡城、（福島城）など
千島列島・カムチャツカ半島	チャシ	アイヌ文化期	17～18世紀	アマナ、金比羅山チャシ、チルラトイなど
	オストローグ、ユルトビッシャ		17～18世紀	カムチャツカ川左岸、シプンスキー岬など

た年代としておく。

（ⅱ）北海道　サハリンにみられる要害内集落が北部～東部域でみられるが、壕・塁壁内集落については今のところ確認されていない。また、土城や衛についての要害遺跡は確認されていない。擦文文化期には北海道型防御性集落（一〇～一一世紀）、北海道型環壕集落（一〇～一一世紀）がみられ、本州系古防御性集落も七～八世紀頃に出現する。これは類例が少ないものの、確実に存在している。また、当然ではあるが、本州の城柵や官衙についても存在しない。その後のアイヌ文化期では、チャシ（一三～一八世紀頃）はもとより、館（一四世紀末以降）が出現する。

（ⅲ）東北地方　城柵・官衙（六～九世紀）が北緯四〇度付近まで築造されていることは良く知られており、それ以降、北部域では防御性集落（一〇～一一世紀）、環壕集落（一〇～一一世紀）、高地性集落（一〇～一一世紀）が、北海道の擦文文化に平行して出現する。

さらに、アイヌ文化期になると中世城館（一二～一六世紀）などが出現し、北海道あるいは北方域とのかかわりが注目される。また、先に示した七～八世紀の本州系古防御性集落は北海道においても一例のみであり、今後本州で類例が発見されることを期待したい。

（iv）千島列島・カムチャツカ半島　アイヌ文化期のチャシが一七～一八世紀に千島列島南部から北部に分布が拡がる。一方、同時期にオストローグ、ユルトビッシャなどとされる要害遺跡がカムチャツカ半島東部域を中心に分布がみられる。これは、イテリメン（カムチャダル）やコリヤークなどの民族が築造した要害遺跡である。これらの地域には、今のところ古代・中世の要害遺跡が存在しないことを指摘できるが、本格的な調査が実施されていない地域でもあり、今後発見される可能性が高い。

これらの要害遺跡の時空分布や特性から、北海道島が古代～中世にかけて関わりをもっていた地域は、本州の東北地方北部、サハリンから大陸につながる地域であり、深く関わっていたことを指摘できる。さらに、近世以降は千島列島からカムチャツカ半島へとつながる地域との関わりが強くなることも指摘できる。これは、弧状列島の北部に位置する北海道島の地勢的な現れであり、古環境の変化（気候変動）や環境資源が反映された結果でもある（図２）。これらの環境からの影響は、要害遺跡の一つの特性として現れている。また、北海道の歴史的な傾向からも理解される。すなわち、チャシの成立過程については、図２のように、次の四つの段階をもって示すことができる（右代 二〇〇〇）。

初期段階は、北方からのオホーツク文化、本州からの東北地方北部の影響を受けながら擦文文化の中でチャシ的な要素が萌芽・成立した。この段階では、竪穴住居が要害遺跡に存在している。

前期段階（一三～一四世紀）は、元朝のサハリンの進出、東北北部との交易・経済交流の大きな画期。この段階には要害遺跡内から住居が分離される。つまり、チャシとコタンが成立した時期である。

中期段階（一五～一六世紀）は、明朝のサハリン進出と、北海道への和人進出、北海道南部の一二館の築造、和人政権の樹立、一四五六年のコシャマインの戦い、大陸の交易ルートの確保、幕藩国家によるアイヌ民族の直接的支配体制の成立した段階であり、北海道で多くチャ

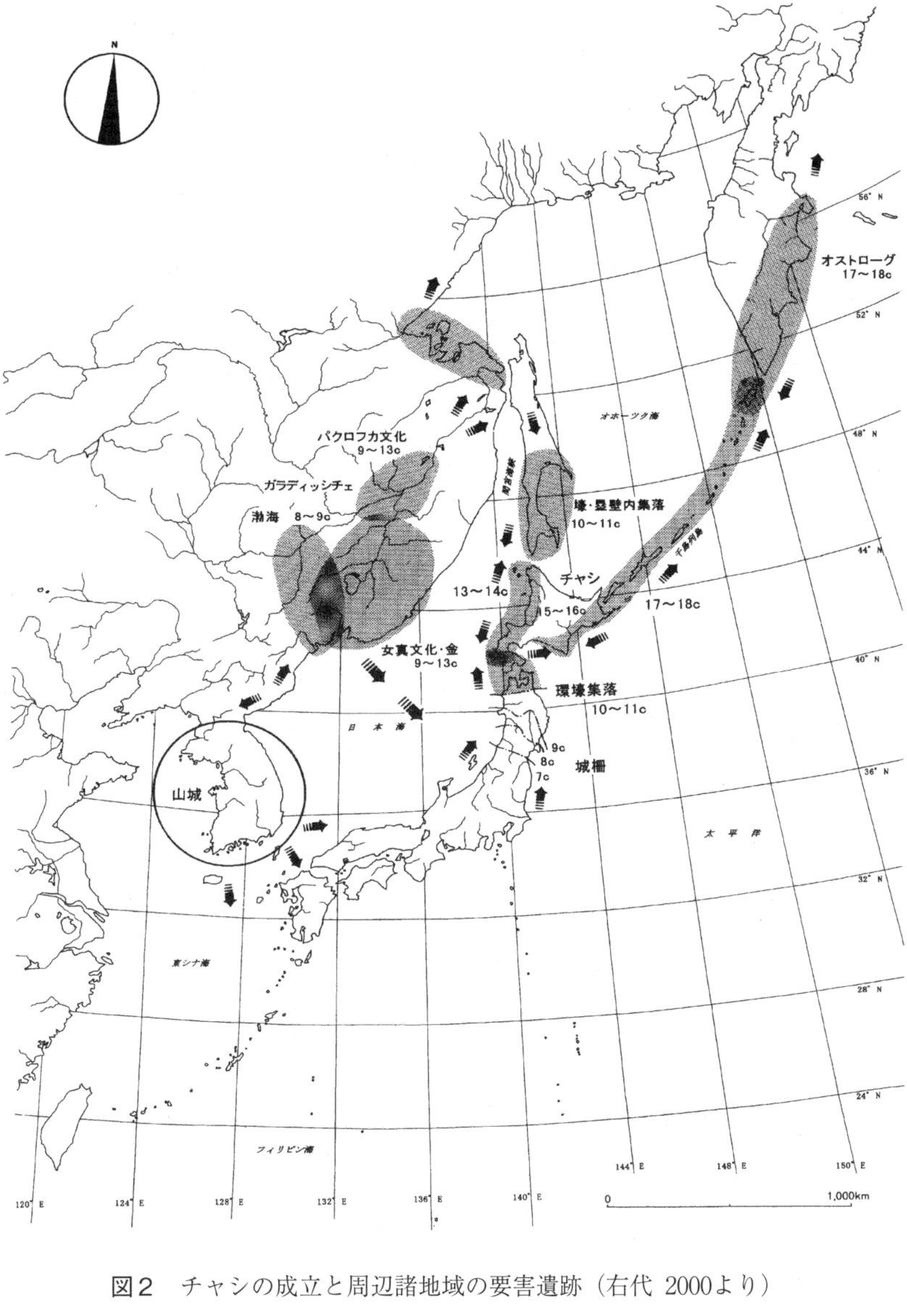

図２　チャシの成立と周辺諸地域の要害遺跡（右代 2000より）

シが築造される段階である。

後期段階（一七～一八世紀）は、松前氏のアイヌ交易独占体制、商い場知行制の確立、惣大将制の成立、ウイマム交易からオムシャへの移行、一六六九年のシャクシャインの戦い、一七八九年寛政国後の戦い、千島列島・カムチャツカへのロシア人の進出などの段階を経て、チャシの終焉とすることができる。この後期の段階では、チャシが北海道東部に多く築造される時期でもある。

四　要害遺跡の特性

要害遺跡の特性を示すには、これまでのチャシあるいは館址の研究が重要となってくる。しかも、チャシと館址の研究は、北海道中世あるいは近世の特徴的な遺跡として、古くから注目されてきた。河野（一九〇六）がチャシをアイヌの砦であると定義して以来、アイヌ文化研究の重要な一要素として多くの研究が進められてきた。代表的な研究としては、河野（一九五八）のチャシの立地・形態・構造からの分類があり、斉藤（一九五八）の館とチャシ研究の問題の指摘、たとえば古いチャシを再利用したという複合説や擦文文化に起源を求めるものなどがある。さらに、江上（一九五八）の館とチャシを大陸にみられるゴロディッシチェと比較した研究、加藤（一九七九・一九八〇）の大陸のガラディッシチェ、カムチャツカのオストローグと比較した研究などがあり、チャシの成立について導きだそうとした研究がある。その後の研究を示すと、宇田川（二〇〇四）はアイヌ考古学の体系化を進める中で、考古学的なアプローチはもとより、伝承、古記録、遺跡分布（チャシあるいはコタン）、アイヌ地名などを含め総合的に進めた。また、宇田川（二〇〇七）では、今後のチャシ研究の課題について示されている。さらに、鈴木（一九八五・二〇〇四）では、北海道北部の天塩川水系やオホーツク海沿岸域の水系に分布するチャシの立地論について示されている。また、後藤（一九八四）のチャシ研究は、河野（一九五八）のチャシ分類をさらに細分し発展させ、形態的な推移や実年代などの検討から総括的に示したものである。北海道チャシ学会（一九八五・一九九四）は、チャシの集成図（北海道東北篇）を刊行する一方、これまで多角的に行われてきたチャシ研究の主要な論文を集め刊行するなど、チャシ研究の基礎的な活動がみられる。さらに、チャシの集成としては、『北海道のチャシ』（北海道教育庁編一九八三）、『根室半島のチャシ跡群』（川上　一九八五）がある。また、昭和五四年（一九七九）から長年にわたり上ノ国町教育委員会が実施している「勝山館」の発掘調査などの成果などの報告がある。ここで触れた以外にも多くの研究や報告があるが、概要にとどめることとする。

このように、これまで進められてきたチャシ研究の成果は、要害遺跡の研究を進めるにあたり重要な課題を示唆するものであり、古代から中世、近世をとおして総体的に要害遺跡としてとらえた場合、各地域でどのように変遷したかが重要となってくる。したがって、これまで知られているチャシ以外の要害遺跡を含め、築造の時期、築造集団の特定、築造の目的、要害遺跡の構造、立地などを明確にしなければならないところである。これらを北海道島という地勢的な環境からとらえると、第一に北海道南西部から東北地方北部の地域、第二に北海道北部からサハリンの地域、第三に北海道東部から千島列島の地域を設定することができる（図２）。

（一）北海道南西部から東北北部地域の要害遺跡

近年、東北北部地域では、防御性集落あるいは環濠集落、高地性集落の要害遺跡の調査研究が、急激に進んでいる。かつては蝦夷館などともいわれ、古くから注目されている遺跡である。この要害遺跡の最初の発掘調査は、昭和二六年（一九五一）に明治大学を主体とする将木館遺跡があげられるが、この地域の要害遺跡研究の画期となる調査は、昭和二九年（一九五四）以降に実施された青森県福島城址、秋田県七館遺跡、岩手県胡四王山遺跡の発掘である（江上・関野・桜井編　一九五八）。この報告は、東北地方北部の「館址」研究の進展のみならず、北海道のチャシ研究、あるいは蝦夷・アイヌ問題にも大きく影響をあたえた。その後、昭和五九年（一九八四）から実施された青森県蓬田大館遺跡の発掘調査がある（桜井・菊池編　一九八七）。この調査の成果は、北海道の擦文文化と東北地方北部の土師文化との関係を明らかにし、津軽海峡を挟んだ物流交易の拠点として位置づけられた。

近年では、青森、秋田、岩手の三県では開発にともなう防御性集落の調査事例が増加し、さらには青森県十三湊遺跡、福島城跡、唐川城などの学術調査が実施され、築造年代や北海道とのかかわり、東北地方北部の古代〜中世の要害遺跡が明確に把握された（阿部編　一九九五、前川編　二〇〇二）。

一方、精力的に進められた研究としては、三浦・小口・斉藤編（二〇〇六）があり、地域の研究者が中心になった防御性集落研究の現時点での考えが報告されている。この中で、三浦（二〇〇六）は、防御性集落と豪族居館との検討やその性格と構造を明確にし、これまでの上北型と津軽型の分類をさらに細分する総括的な考えを示した。防御性集落の出現の時期は十世紀中葉とし、消滅の時期は一一世紀末〜一二世紀初頭であると報告されている。これらの年代は、土師器編年と降下火山灰（十和田a火山灰、B－Tm火山灰）などを根拠としている。佐藤（二〇〇六）は、この時期の生業活動、あるいは物流経済などの視点から、その生業活動の多くは、前段階に創出された画期の延長線上に位置づけられるとし、防御性集落の出現とは特に関連性がないことを示している。高橋（二〇〇六）は、秋田県の防御性集落の特徴や分布、時期などからA類型、B類型に分類、細分し、米代川流域で成立したものと、秋田平野以南で展開したものでは系譜の違いがみられることを指摘した。前者は一二世紀初頭に出羽国・陸奥国の境界域に依存する集落、後者は秋田城、払田柵が城柵として機能しなくなった一〇世紀後半代の出羽および陸奥の社会構造との関連を推測している。八木（二〇〇六）は、北上盆地の平安期の集落あるいは社会構造の変遷と防御性集落が営まれた東北北部社会との対比を行い古代社会の状況から、防御的ではなく地域社会の変化の中で集落が自立したことを示している。工藤（二〇〇六）は、岩手県暮坪遺跡、同子飼沢遺跡などの発掘調査の成果をつうじ、一〇世紀後半頃に防御性の強い高地性集落が出現し、広範囲に分布した可能性を示唆した。このように、防御性集落は、時期や地域の特殊性として現時点の到達点がみられる。しかしながら、一例ではあるが北海道で確認されている本州系古防御性集落（七〜八世紀頃）の確認、あるいは一一世紀以降の要害遺跡の確認が重要な課題であろう。

北海道南西部の地域では、先の東北北部地域の防御性集落を含む要害遺跡の状況から、北海道型環壕集落の発生をめぐって、本州文化と擦文文化の接触、交流、交易などが具体的に明らかにでき、さらに館址とチャシの関係についても見出せる地域である。この北海道型環壕集落は、アイヌ文化期（チャシ）に先行し擦文文化期に出現することが確認されている。これは本州文化の影響を強く示すものであり、原口館、小茂内遺跡、ワシリ遺跡、青苗貝塚、札前第一地点遺跡、尾白内遺跡の調査から、東北地方北部の防御性集落（環壕集落）のありかたと、北海道型環壕集落をもつ擦文文化の地域集団のありかたが重要視されてきている。

久保（二〇〇四）は、本州との遺物の共通性や東北地方北部で生じた緊張状態が影響し、盛んになる鉄交易から生じた緊張関係から築造された遺跡と考えられている。さらに、出土する擦文土器は、共通して装飾性に乏しい特色をもち、土器底部の刻印が多くなるなど、この時期の一般的な擦文土器の様相とは異なることを指摘している。また、東北地方北部の動向と不可分な関係を持った人々の可能性が高いことも指摘している。瀬川（一九九六）は、先の土器を擦文土器とは異なる土器とし、この集団を西南部集団とされている。この根拠としては、土器の祖形に土師器の関連が認められること、特異の住居形態や鍛冶の専従的状況がうかがわれることをあげている。また、この西南部集団の出自は本州土師集団に近く、擦文集団とその両者の同族的関係がうかがわれると し、土師集団と擦文集団にそれぞれ距離を置くマージナルな存在の集団と考えられている。

このように、東北地方北部と密接で分けることのできない集団、あるいは土師集団と擦文文化集団の外に存在する集団であるとされる見方もあるが、いずれにしろ北海道型環壕集落をもつ擦文文化の地域集団として位置づけておくこととする。この北海道型環壕集落が出現する以前の七～八世紀頃、江別古墳群、ウサクマイ遺跡、ユカンボシ遺跡などに代表される東北地方の終末期古墳を造った集団が石狩低地帯にまで拡がりをみせている。この終末期古墳の集団と関連する集落として千歳市丸子山遺跡があげられる。自然地形（最終氷期後期、約二一〇〇〇～二八〇〇〇年前に形成された標高約二二メートルの古砂丘）を利用した壕や土塁を持たない集落であり、この特殊な立地は防御的かつ内陸の拠点的な役割をもっていた要害遺跡であるとことを指摘した（右代　一九九九b・二〇〇〇）。これは唯一の例であるが、これを本州系古防御性集落としたもので、先に指摘している。この時期の擦文文化、オホーツク文化の集団は物流交易の生産者的な役割を担い、終末期古墳の集団（東北地方の土師器を使用していた集団）が直接仲介的な役割を担っていたことを指摘した（右代　一九九三）。

すなわち、七〜八世紀頃本州系古防御性集落が築造された石狩低地帯は、初期的な本州交易の仲介的な拠点であり、一〇〜一一世紀頃の北海道型環壕集落が築造される北海道南西部は本州交易が安定し本格化した交易拠点へと勢いを増し変化していった状況を示すものであることが指摘できる。この根拠として物流交易の視点でとらえると、北海道型環壕集落が築造される一〇〜一一世紀頃の擦文文化期では、鉄製品の種類が増えるとともに、オホーツク海沿岸域の南部で骨製の釣針や銛が鉄製に置き換わり、物流交易の一つの証拠である須恵器も北海道全域に拡散することにある（鈴木　二〇〇四・二〇〇五・二〇〇六a）。しかも、擦文文化は、これらの北海道型環壕集落の出現や本格化する物流交易などより先に、時間差をもちながら九世紀頃北海道北部および東部域に拡散していったのである（右代　一九九九b）。したがって一〇世紀中頃には、確実に本州の物流経済の枠組みの中に擦文文化集団がとりこまれていったことが理解される。鈴木（二〇〇六b）は、この物流経済の基盤が、後の中世・近世の北方交易へと展開されるものであり、特に平泉藤原氏の繁栄をもたらした一要素になりえたとしている。

さらに、この地域がアイヌ文化期になると、北海道型環壕集落が「チャシコツ」と「館址」にどのように影響を与えてきたかということである。この館については、上ノ国町勝山館や函館市志海苔館の調査に代表されるよう北海道南西部の館主とアイヌの状況が解明されつつある。特に、上ノ国町勝山館は館主（蛎崎氏）と政治・経済・軍事の要所、拠点であり、文献で示される以上の成果がみられる。この館とは、安東氏配下の小豪族（館主）が築いたとされる城砦を指しているが、この形状からチャシと明らかに区別できるものと、区別できないものが存在する。これは、これまで示してきた要害遺跡の検討から、つまり要害遺跡内から住居が分離される時期、チャシとコタンが成立した前期段階（一三〜一四世紀）と中期段階（一五〜一六世紀）に、その要因が求められ

図３　増幌川流域の要害遺跡

る。また、東北地方北部の「館」とされる要害遺跡についても比較検討を進めなければならない重要な課題でもある。

（二）北海道北部からサハリン地域の要害遺跡

この地域は、サハリンの鈴谷文化期〜オホーツク文化期にみられる要害内集落、壕・塁壁内集落、後の土城、衛、チャシ、さらに北海道にみられる擦文文化期の北海道型防御性集落、北海道型環壕集落、後のチャシなどの要害遺跡の発生をめぐる問題や接触、交流、交易などを具体的に明らかにすることができる可能性を有するが、研究課題も多い地域でもある。現段階での地域的な特性については先に示したとおりであるが、サハリン側ではロシアの開放政策以降の成果が大きく、サハリン州郷土博物館と北海道開拓記念が進めた共同発掘調査（一九九〇〜一九九九年）、さらにはサハリン総合大学と中央大学文学部との共同発掘調査（二〇〇一〜二〇〇三年）などによるものがある。このサハリン州郷土博物館との共同発掘などの成果から、右代（二〇〇〇・二〇〇四ａ・ｂ）は壕や土塁をもたない防御的な機能を備えた「要害内集落」が構築された時期、「壕・塁壁内集落」が築造された時期、「チャシ」あるいは「土城」などが築造された時期と大きな三つの画期があったことを明らかにし、要害内集落（鈴谷文化期〜オホーツク文化期）と壕・塁壁内集落（オホーツク文化末期）の二つの古代型の要害遺跡、一三〜一六世紀を中心とする前後の時期に中世型の要害遺跡としてチャシ（アイヌ文化期）や土城（大陸側起源の要害遺跡）などが存在することを指摘した。北方のサハリン域は、北海道というよ

表２　要害遺跡の構造

遺　跡　名		増幌チャシ	増幌川口２号チャシ	泊岸１号チャシ	泊岸２号チャシ	沼の沢チャシ
要害遺跡の種類	要害内集落				○	
	壕・塁壁内集落					
	北海道型防御性集落	○	○			?
	北海道型環壕集落					
	古防御性集落					
	チャシ	○	○	○		○
	館					
立地形式	孤島式	○				
	丘先式		○		○	
	面崖式			○		○
	丘頂式					
	平地式					
文化期	鈴谷文化					
	オホーツク文化				○	
	擦文文化	○	○			?
	アイヌ文化	○	○	○		○
竪穴状窪み	形状	方形 or 隅丸方形	方形	方形	多角形	
	数	10	11	1	1	
壕断面形状	U形		○（２重）			○
	V形					
	逆台形	○		○		
	箱形					
壕の形状	深さ（最大）	1.46m	0.94m	2.5m		0.9m
	幅（最大）	5.6m	3.5m	9.6m		3.1m
	数	4	3	2		
土塁種類	内	○	○	○		
	外		○			○
土塁断面形状	カマボコ	○	○	○		○
	台形					
土塁の形状	高さ（最大）	0.4m	0.3m	0.5m		0.5m
	幅（最大）	2.8m	2.5m	2.5m		5.6m
土塁の数		1	2	1		2
柵列状柱穴の状況	土塁上			○		○
	壕内					
	平坦面					
柵列状柱穴の数				2		20
溝						○
土　橋						
入　口		○	○	○		○
ステップの形状			○			○
ステップ数			3			1
平坦面の数		5	2	3	1	1
標　高		23.18m	14～18m	29～30m	26～29m	32～35m
総　面　積		3,348㎡	1,295㎡	1,608.6㎡	190㎡	564.9㎡
備　考		複合遺跡	複合遺跡			

りは北東アジアの歴史的な背景、影響が強く反映していたことがうかがわれるところでもある。

これらのことから、宗谷海峡をはさんで接する北海道北部が重要な地域であることが理解される。しかも、これまで北海道北部では要害遺跡の発掘調査例は少ないものの、宗谷湾に接する海岸域には一四ヵ所のチャシが存在したとされている。チャシ以外には、オンコロマナイ一遺跡（泉・曽野編　一九六七）のように、サハリンを主とする要害内集落（鈴谷文化期）が確認されている地域でもある（右代　一九九九ａ）。このオンコロマナイ一遺跡の立地は、宗谷丘陵が海岸部で孤立した要害的な自然地形に竪穴住居址がみられることから、鈴谷文化の集団が要害的な立地を意図的に選択した好例である。また、発掘調査が実施されていないアイヌ文化期のチャシとされている要害遺跡には、チャシ以前に構築された要害遺跡の可能性を持つものが確認できるのである。

したがって、これらの視点で、これまでチャシとされる遺跡の地形測量調査を進めてきた。この遺跡の選定については、チャシ以外の時期の要素をもつもの、サハリンと北海道北部の結節点としての役割を示すもの、文化的な接触が高いものなどの条件を念頭においた。稚内市では、増幌チャシ、増幌川口一号・二号チャシ、泊岸一号・二号チャシ、礼文島では、沼の沢チャシを選定した（図４）。さらに、稚内市サンナイ遺跡が要害遺跡であることを確認した（図５）。また、増幌川口一号チャシは形状や壕などの状態から、第二次世界大戦時の軍事遺構と判断できた。泊岸一号チャシと二号チャシにも同様に塹壕がみられ、前者はチャシではないことが判明した。詳細については、右代・鈴木ほか（二〇〇五ａ・二〇〇六）を参照されたい。

これらの要害遺跡は、その種類や時代、構造などについて、表2に示したとおりである。この要害遺跡は、自然地形を最大限に利用して築造していることが第一にあげられる。また、この地域は腐植土の堆積が少ないことから、地表面での遺構観察や採集遺物などから判断できる特徴がある。これまでチャシとされてきたものには、北海道型要害遺跡、または要害内集落であることなどが判断できる。しかも、チャシとの複合遺跡であることや、チャシの主体部である平坦面を意図的に構築していることなども確認することができた。特に、増幌チャシと増

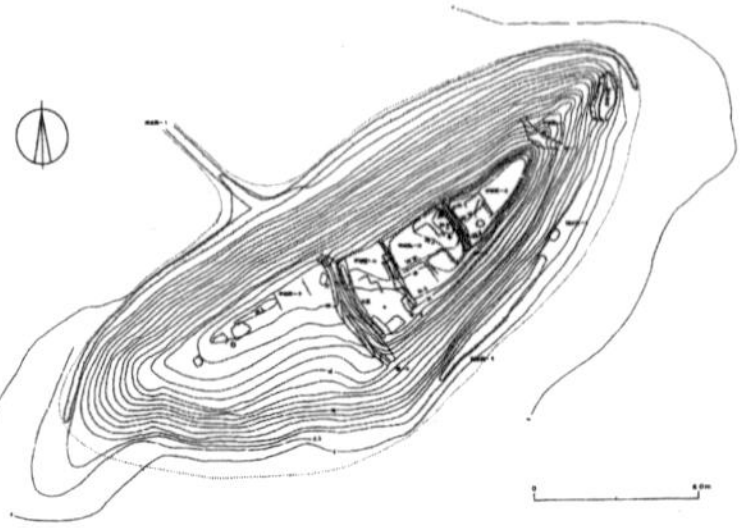

増幌チャシ

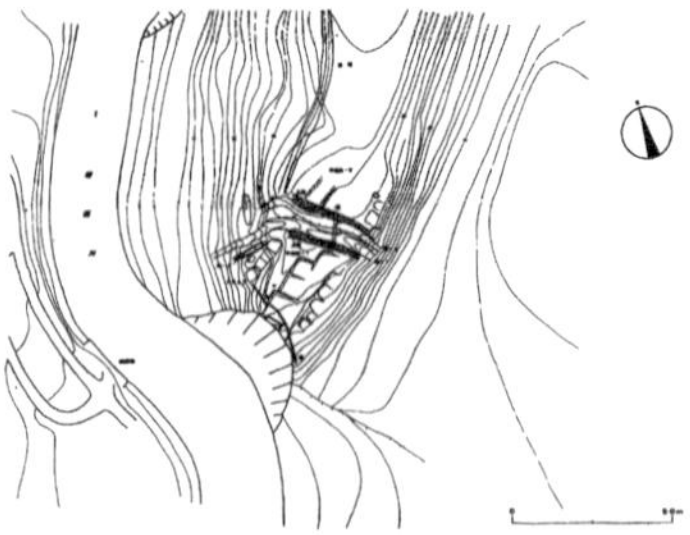

増幌川口２号チャシ

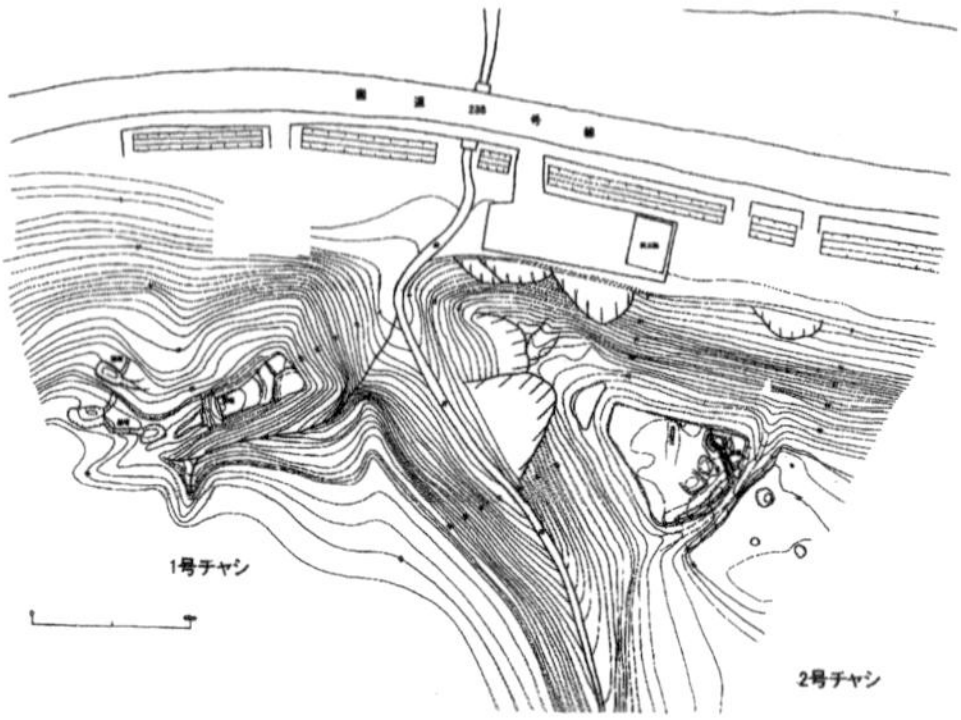

泊岸１号・２号チャシ

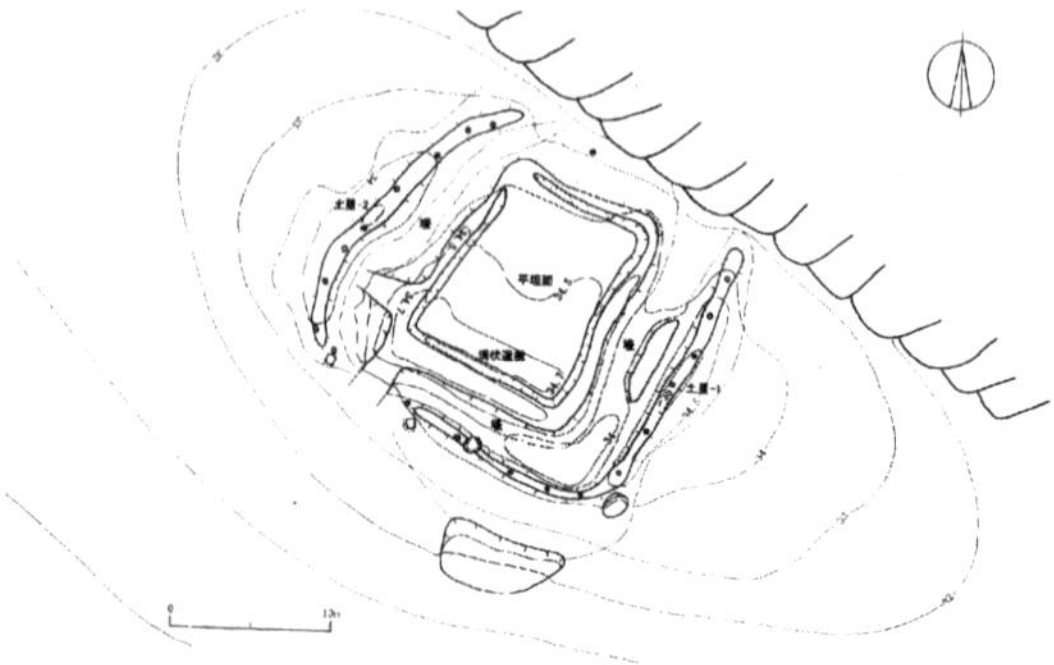

沼の沢チャシ

図４　要害遺跡

幌川口二号チャシは、竪穴住居址を埋め、チャシの主体部である平坦面を築造していることがうかがわれる（図4）。また、遺構の形状などの観察からその構築方法は同様である。増幌川口二号チャシでは、川側の地崩れ面で擦文文化期の竪穴住居址の断面を確認している（右代・鈴木ほか 二〇〇五ａ）。構造的な比較については、壕や土塁はもとより、柵列状柱穴、溝、平坦面の区画、構築の違いなどが明確になった。これは、時期的な差で生じたものと考えられる。かつて、沼の沢チャシは、サハリンの白主土城と類似する例として考えられていたが、構造的に別の要害遺跡でありアイヌ文化期のチャシである（右代・鈴木ほか 二〇〇七）。具体的には、主体部を方形に区画する壕があり、その外側に土塁が構築され、土塁の上には柵列状柱穴が確認でき、主体部には塀を想わせる溝がめぐっている。泊岸一号チャシは、海岸部にある泊岸一号遺跡と関連すると考えられ、泊岸一号遺跡からは、一八世紀頃の近世アイヌ墓二基が検出されている（右代・鈴木ほか 二〇〇六）。内山（一九九九）の報告によると、二基の墓からは成人女性と八歳ほどの男性の人骨が検出され、これらの人骨はサハリンアイヌと北海道アイヌの同じ程度の類似性があり、鼻根部がきわめて平坦であること、眼窩口の径がやや大きいことはサハリンアイヌに近いとも考えられている。副葬品には、刀、刀子、青銅製・銅製・真鍮製の装飾品、ガラス玉、磁器、漆製角盆などが出土し、大陸系遺物と本州系遺物がみら

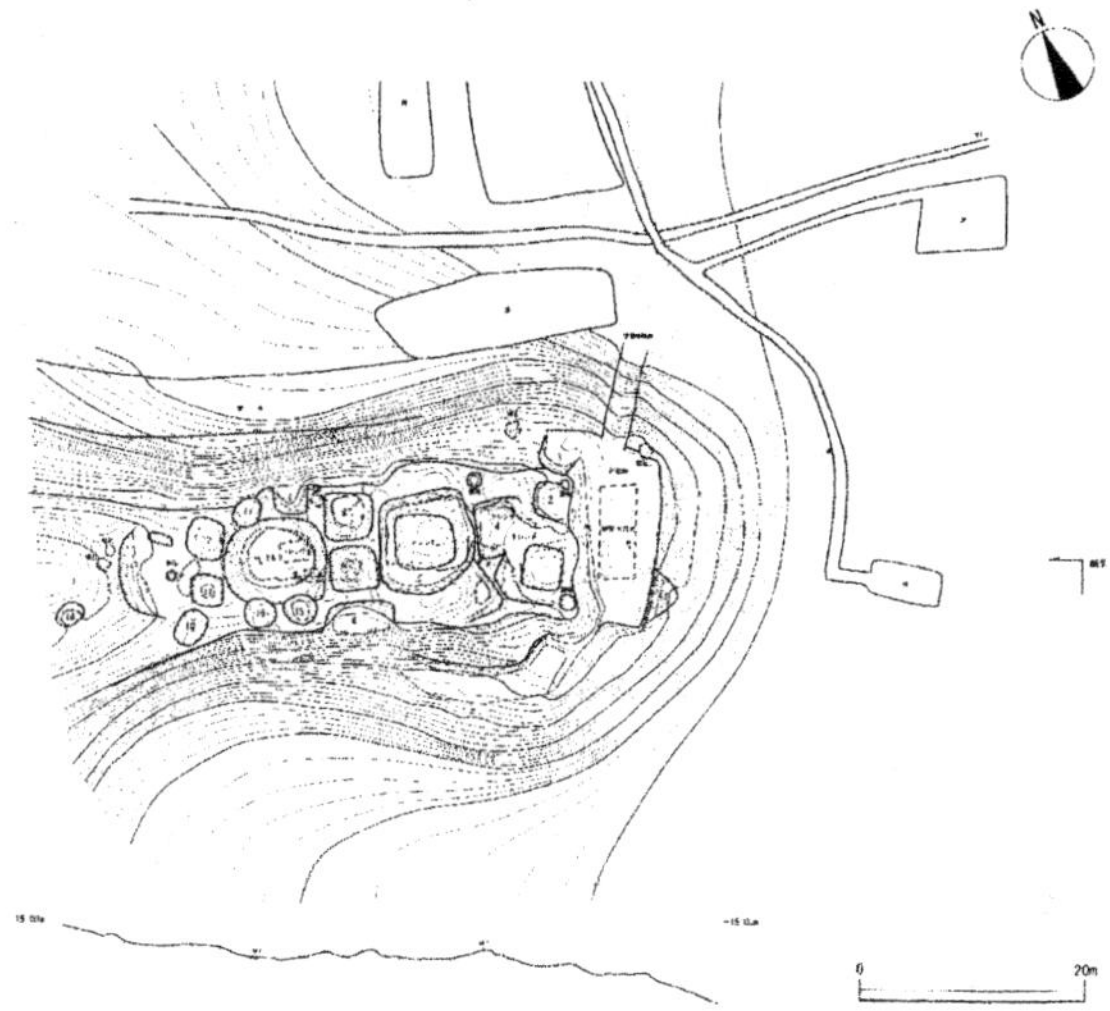

図５　サンナイ遺跡

れる。このことから、泊岸一号チャシは、一八世紀頃に築造された可能性がある。隣接する泊岸二号チャシは、壕の掘り込みが新しく、他の塹壕の掘り込みと同様であり、チャシ本来の構造を持たない。しかしながら、先端部には、多角形の竪穴住居址が確認されることから要害内集落であるとした。類似する立地環境は、枝幸町ウバトマナイチャシで確認されたオホーツク文化の竪穴住居址と同様である（右代ほか 一九九八）。

チャシの立地環境については、増幌チャシと増幌川口二号チャシの位置関係が重要であろう。図3のように、増幌チャシは、海岸部に発達する縄文海進期の海退堆積物である砂堤列が発達し、その後背湿地に位置する。海側からは確認できなく、河川を通じ往来する環境にある。この河川の河口部には、増幌川口二号チャシがあり、密接な関係があったことが考えられる。すでに指摘しているが、擦文文化期の北海道型防御性集落とも考えられ、河口部と河川をつうじた内陸部に位置するセット的な要害遺跡として位置づけられる。また、一九世紀の記録には、マシッポポイとされるコタンの存在も興味深い（佐々木 一九八六）。この二つのチャシは、河口と内陸、外海との拠点的な役割を果たした可能性の高い要害遺跡として評価される（右代・鈴木ほか 二〇〇四・二〇〇五ａ）。

この例と類似するチャシは、沼の沢チャシがあげられる。礼文島の久種湖から海へ流れる大隈川の河口部にはオションナイチャシがあり、河川をつうじ九種湖の湖岸の内陸側には沼の沢チャシが位置する。さらに、九種湖の南西湖岸で確認された沼の沢二遺跡は、丘陵が舌状にのびる先端に竪穴住居址三軒あり、その形状や立地からオホーツク文化期の要害内集落の可能性が高い（右代・鈴木ほか 二〇〇七）。未だ発見されていない要害遺跡も多いことがうかがわれる地域である。

（三）北海道東部から千島列島の地域

この地域の北海道東部ではオホーツク文化の要害内集落、あるいはアイヌ文化期のチャシが分布するが、これらの要害遺跡が千島列島にどのように分布するか詳細なデータがなく、未調査の地域でもある。さらに、カムチャツカに分布する要害遺跡であるオストローグ、ユルトビッシャなどが、千島列島から北海道東部域に与えた影響についても重要であり、しかもアイヌ文化期のチャシが一七～一八世紀に千島列島南部から北部域まで分布が拡がることからも重要な地域である。また、カムチャツカ半島の遺跡からは、アイヌ文化期の内耳土器や寛永通宝が出土していることからも（菊池　一九九〇）、これらの要害遺跡の発生をめぐる問題や接触、交流、交易などを具体的に明らかにする現地調査が不可欠である。特に、南千島は、北方領土問題で安易に調査が行えない地域でもある。

しかしながら北海道東部では、これまで実施されたオホーツク文化の要害内集落の調査として、網走市二ツ岩遺跡（北海道開拓記念館編　一九八二）、斜里町チャシコツ岬上遺跡（大井　一九八四）、根室市弁天島遺跡（北地文化研究会編　一九七九）などがあげられる（右代　二〇〇四b）。チャシについては北海道東部に集中的に確認されており、壕や土塁が方形に築造されるチャシや壕や土塁が複雑に構築されたチャシが特徴的にみられ、これらの位置づけについても今後の大きな課題である。しかも、千島列島やカムチャツカ半島の地域は古代～中世の要害遺跡が確認されていないが、本格的な現地調査を実施すれば確実に要害遺跡を発見できる可能性を有する地域であり、今後の進展が注目される。たとえば、国後島のチャシについて、本田（二〇〇六）は聞き取り調査や新聞記事などから、東沸湖周辺のフブシの岬チャシ、オダトミチャシ、ボッケチャシ、東溁沸川南方のチャシ、チャランケウシ土塁などのチャシの存在を報告している。このように、チャシをはじめとする要害遺跡については、未だ状況が確認されていない不明な地域であり、特に北方四島はその可能性が強い地域でもある。

このように、北海道南西部から東北地方北部、北海道北部からサハリン、北海道東部から千島列島の三地域は、要害遺跡の研究にとってもっとも重要な地域である。その中でも古代～中世の北方交流や交易、文化的な接触を明らかにするためには、北海道北部域が重要であり比較的調査を行いやすい地域で、サハリンの要害遺跡の基礎的なデータについても報告されている。北海道東部については千島列島の基礎的な調査が必要であり、様々な課題も多いと考えられる。また、北海道南西部から東北地方北部については、要害遺跡の研究として最も進んでいる地域でもある。

おわりに

これまで、要害遺跡とは何かという、これまで触れられてこなかったことについて、具体的な調査や測量調査について示してきた。特に、測量調査の成果から、アイヌ文化期に存在するチャシだけではなく、古代に遡るものを明らかにし、その時代背景や立地環境を含め提示してきた。しかも、増幌チャシと増幌川口二号チャシとの立地環境パターンは、礼文島の沼の沢チャシとオションナイチャシとも一致するものであり、単体の遺跡だけではなく要害遺跡をとりまく環境条件も重要な要素となってきた。たとえば、チャシとコタンとの関係についても重要な課題である。しかしながら、本来の手段である発掘調査を実施することで、より明確なものとしなければならないであろう。しかも、この要害遺跡の変遷は、北海道のみならず、本州や大陸側の変動とも連動していることにも気づくものであり、当時の政治・経済的な動向が影響し、これまで示してきた各地域の要害遺跡をもつ集団が連鎖しているのである。また、ここでは触れなかったが、当時の古環境、すなわち気候変動についても影響していたことは、右代（二〇〇〇）で示してきたことである。

引用文献

阿部義平編　一九九五「青森県十三湊遺跡・福島城跡の研究」『国立歴史民俗博物館研究報告』第四六集、三九〇頁
江上波夫・関野雄・桜井清彦編　一九五八『館址―東北地方における集落址の研究』東京大学出版会、一六九頁
江上波夫　一九五八「館・チャシとゴロディシチェ」『館址―東北地方における集落址の研究』東京大学出版会、一五七―一六九頁
後藤秀彦　一九八四「北海道のチャシ」『北海道の研究』２、考古篇Ⅱ、清文堂、三三六―三七三頁
北海道チャシ学会　一九八五『北海道のチャシ集成図一』道東北篇、北海道出版企画センター、一五八頁
北海道チャシ学会　一九九四『アイヌのチャシとその世界』北海道出版企画センター、三三一頁
北海道開拓記念館編　一九八二「二ツ岩遺跡」『北海道開拓記念館研究報告』第7号、北海道開拓記念館、一八〇頁
北海道教育庁社会教育部文化課編　一九八三『北海道のチャシ』北海道文化財保護協会、一二九頁
北地文化研究会編　一九七九「根室市弁天島西貝塚竪穴調査報

告」『北海道考古学』第一五輯、三五—五六頁
本田克代　二〇〇六「国後島東沸のチャシ—聞き取りによる—」『根室市歴史と自然の資料館紀要』第二〇号、二三—三〇頁
泉　靖一・曽野寿彦編　一九六七「オンコロマナイ」『人文科学科紀要』第四二輯、『文化人類学研究報告』一、東京大学教養学部人文科学科文化人類学研究室、一二七頁
加藤晋平　一九七九「カムチャツカ半島のゴロディッシチェ」『北海道考古学』第一五輯、北海道考古学会、八九—九四頁
加藤晋平　一九八〇「チャシの成立をめぐる二・三の問題」『北海道東部地区の遺跡研究—筑波大学先史学・考古学研究調査報告』一、筑波大学歴史・人類学系、一三九—一五六頁
川上　淳　一九八五『根室半島のチャシ跡群』根室市教育委員会、六五頁
菊池俊彦　一九九〇「カムチャツカ半島の寛永通宝」『北からの日本史』第2集、三省堂、六〇—八九頁
河野廣道　一九五八「チャシコツ」『網走市史先史時代編』網走市、八〇—八九頁
河野常吉　一九七四「チャシ即ちアイヌの砦」『札幌博物学会会報』第一巻、第一号、一九〇六、『河野常吉著作集』一、考古学・民族誌編所収、北海道出版企画センター、一八—三四頁
久保　泰　二〇〇四「古代防御性集落は存在するか」『擦文・アイヌ文化－新北海道の古代』三、北海道新聞社、九四—九九頁
前川　要編　二〇〇二「津軽唐川城跡—古代環濠集落の調査—」『富山大学考古学研究報告』第七冊、富山大学人文学部考古学研究室、三〇〇頁
前川　要　二〇〇七「白主土城の発掘調査—三年間の成果と課題—」『北東アジア交流史研究』塙書房、九—一二頁
三浦圭介　二〇〇六「古代防御性集落と北日本古代史上の意義について」『北の防御性集落と激動の時代』同成社、六一—九二頁
三浦圭介・小口雅史・斉藤利男編　二〇〇六『北の防御性集落と激動の時代』同成社、三九六頁
中村和之　二〇〇七「白主土城をめぐる諸問題」『北東アジア交流史研究』塙書房、三三—四八頁
大井晴男　一九八四「斜里町のオホーツク文化遺跡について」『知床博物館研究報告』第六集、一七—六六頁
斉藤邦典　二〇〇四「ワシリヤ遺跡分布調査」『町内遺跡発掘調査事業報告』Ⅶ、上ノ国町教育委員会、七四頁
斉藤　忠　一九八五「北日本における古砦址の概観」『館址—東北地方における集落址の研究』東京大学出版会、一一九—一三九頁
佐々木利和　一九八六「近世アイヌの社会—ソウヤアイヌのコタンを中心に—」『歴史評論』No.四三四、七六—九八頁
桜井清彦・菊池徹夫編　一九八七『蓬田大館遺跡』早稲田大学文学部考古学研究室報告、六興出版、三〇六頁

鈴木公雄　一九六五「チャシの性格に関する一試論」『物質文化』六、三一―四一頁
鈴木邦輝　一九八五「天塩川流域のチャシ立地論」『北海道チャシ学会研究報告』三、三二―四三頁
鈴木邦輝　二〇〇四「オホーツク水系のチャシ立地」『北方世界からの視点―ローカルからグローバルへ―』佐藤隆広氏追悼論集刊行委員会編、北海道出版企画センター、二四九―二六四頁
鈴木琢也　二〇〇四「擦文文化期における須恵器の拡散」『北海道開拓記念館研究紀要』第三二号、二一―四六頁
鈴木琢也　二〇〇五「擦文文化における物流交易の展開とその特性」『北海道開拓記念館研究紀要』第三三号、五―三〇頁
鈴木琢也「擦文土器からみた北海道と東北地方北部の文化交流」『北方島文化研究』第四号、一九―四二頁、二〇〇六a
鈴木琢也　二〇〇六b「北日本における古代末期の北方交易―北方交易からみた平泉前史―」『歴史評論』№六七八、六〇―六九頁
鈴木琢也・右代啓視・村上孝一　二〇〇七「浦臼町晩生内二号チャシの地形測量調査報告」『北海道開拓記念館調査報告』第四六号、一七―二六頁
鈴木琢也・右代啓視・村上孝一　二〇〇八「浦臼町晩生内一号チャシの地形測量調査」『北海道開拓記念館調査報告』第四七号、一五―二八頁
瀬川拓郎　一九九六「擦文文化における交易体制の展開」『北海道考古学』第三三輯、一九―二六頁
宇田川洋　二〇〇一『アイヌ考古学研究・序論』北海道出版企画センター、五二〇頁
宇田川洋　二〇〇七「北海道のチャシの様相」『北東アジア交流史研究』塙書房、八一―一〇五頁
内山真澄　一九九九『稚内市泊岸一遺跡―一般国道二三八号稚内市宗谷改良工事に伴う埋蔵文化財発掘調査―』稚内市教育委員会、五五頁
右代啓視　一九九三「オホーツク文化の拡散と適応の背景」『地方史研究』第二四五号、五三―五九頁
右代啓視　一九九九a「先史文化の時代」『稚内市史』稚内市史編纂室、五八―一〇八頁
右代啓視　一九九九b「擦文文化の拡散と地域戦略」『北海道開拓記念館研究紀要』第27号、北海道開拓記念館、二三―四四頁
右代啓視　二〇〇〇「北東アジアにおけるチャシの起源と位置づけ」『北の文化交流史研究事業研究報告』北海道開拓記念館、三五―六八頁
右代啓視　二〇〇一「チャシの起源とその成立過程について―北と南の文化からの視点―」『第五二回特別展、知られざる中世の北海道―チャシと館の謎にせまる―』北海道開拓記念館、六―一一頁
右代啓視　二〇〇四a「中世アイヌ文化の北方交流」『第四五回歴博フォーラム、中世の湊町―行き交う人々と商品―』国

立歴史民俗博物館、三三―四三頁

右代啓視　二〇〇四b「北海道における防御性・環壕集落―北と南からの視点―」『宇田川洋先生華甲記念論集、アイヌ文化の成立』北海道出版企画センター、三五五―三七二頁

右代啓視　二〇〇四c「日本列島北部における古代・中世の要害遺跡の研究」『歴史読本』第四九巻、第一二号、二三五―二三七

右代啓視　二〇〇五「北方諸地域における古代・中世の要害遺跡」『北海道開拓記念館研究紀要』第三三号、北海道開拓記念館、三一―四六頁

右代啓視　二〇〇七「チャシ以前の防御的機能をもった遺跡について」『北東アジア交流史研究』塙書房、一〇七―一一三頁

右代啓視ほか　一九九八「枝幸町ウバトマナイチャシ第一次発掘調査概報」『北の文化交流史研究事業中間報告』北海道開拓記念館、六九―八八頁

右代啓視・鈴木琢也ほか　二〇〇四「稚内市増幌チャシの地形測量調査報告」『北海道開拓記念館調査報告』第四三号、六七―七八頁

右代啓視・鈴木琢也ほか　二〇〇五a「稚内市増幌川口二号チャシの地形測量調査報告」『北海道開拓記念館調査報告』第四四号、八七―一〇四頁

右代啓視・鈴木琢也ほか　二〇〇五b「中川町共和チャシの地形測量調査報告」『自然誌の研究―中川町自然誌博物館紀要』第七号、一二三―一三二頁

右代啓視・鈴木琢也ほか　二〇〇六「稚内市泊岸一号・二号チャシの地形測量調査報告」『北海道開拓記念館調査報告』第四五号、八七―一〇六頁

右代啓視・鈴木琢也ほか　二〇〇七「礼文町沼の沢チャシの地形測量調査報告」『北海道開拓記念館調査報告』第四六号、八七―一〇六頁

右代啓視・鈴木琢也ほか　二〇〇八「稚内市サンナイ遺跡の地形測量調査」『北海道開拓記念館調査報告』第四七号、三九―五八頁

第二節　女真の城郭遺跡

臼杵　勲

女真族とは一〇世紀頃から中国の正史に現れる集団である。一〇世紀には契丹国の統治下にあり、契丹国の戸籍に入り直接統治されたものは熟女真、各部の長を地方官とすることで間接統治されたものは生女真と呼ばれた。女真は部と呼ばれる複数の地域集団に分かれていたが、一二世紀の初めに生女真の完顔部により、女真の統一がなされ、一一一五（収国元）年に完顔部首長の完顔阿骨打が皇帝に即位し、金が建国された（三上 一九七二、一九一―一〇七頁）。金は一一二五（天會三）年に契丹国、一一二七（宋靖康元）年に北宋を滅ぼし、華北全域を勢力下におく。その後、一一五三（貞元元）年に第四代皇帝海陵王により阿什河流域の上京会寧府から燕京（現在の北京）に遷都が行われ、多くの女真人が華北に移住した。しかし、故地である中国東北部・ロシア極東にも女真族の居住は続いた。金では路・州・県による地方行政組織とともに、女真族に対しては猛安・謀克という軍事・行政機構が組織された。三〇〇戸を一謀克部、一〇謀克を一猛安部として女真社会を再編成し、それぞれの長を猛安・謀克と呼んだ。生女真の故地はこの猛安・謀克が主となる地域であった。

　金末の混乱時、金の将軍であった蒲鮮万奴は、東京遼陽府（現在の遼陽市）に独立し、一二一五年に東夏（真）国を樹立した(1)。その後、本拠を東に遷し、主として金の上京路の東部を領有した（箭内 一九一三）。しかし、一一二三三年モンゴルにより蒲鮮万奴が捕らえられ、その後しばらく余命を保ったがやがて滅亡した。

金・東夏期の女真故地での女真人たちの生活や社会の実態は具体的に判明していない。正史や、宋人による記録が残されているが、これらの多くは中華思想的観点から記されているため、女真社会についても、狩猟を生業とする遅れた社会との偏ったイメージが先行している。しかし、このような視点からは、契丹国・北宋という二大帝国を壊滅させ、百年以上勢力を保った原動力を十分に説明しているとはいえない。女真の生産・流通・組織・制度などの実態を、偏見から離れて明らかにしていく必要がある。

一　女真城郭遺跡研究の方法

文献史料が限られている反面、ロシア極東・中国東北地方・北朝鮮領内には、渤海滅亡後の勃興期から金・東夏期にわたる多数の女真関連遺跡が保存されている。そのため、文献史料の乏しい女真社会の解明に考古資料は重要な情報を提供している。さらに、女真期以前からの遺跡も豊富に遺存しており、前身と考えられる靺鞨などの集団・社会からどのように女真社会が成立したかを考古資料から復元することも可能なのである。しかし、この地域での考古学研究にはいくつかの障害が存在する。

一般に、中世都市・城郭遺跡の研究には、遺跡の把握と位置・形状の記録化が必須となる。日本においては、行政や城郭研究者らによる計画的な中世城館の調査により、全国で一万九千ケ所以上の遺跡が確認されている。そして文献史学、歴史地理学、考古学などの手法が用いられ、地形図、地籍図、空中写真などが広く利用されている（千田・小島・前川　一九九三）。また、詳細測量の他に、縄張り図などの簡便な方法を用いて多量のデータを蓄積している。一方当該地域は、対象地域が広大であり、国境地帯が含まれ立ち入り自体が困難な地域が多い。遺跡の多くが大型だが、予算・人員等の体制は十分とはいえず、地形図・航空写真等の資料も様々な理由から使用できない。そのため、簡単な分布図の作成すらままならない。調査で得られた成果も整理が不十分で、全容を把握するのがきわめて困難な状態におかれている。

そこで、本研究では以上の障害に対して、近年日本国内においても、発掘情報の保存・管理や、埋蔵文化財（遺跡）の保護などに活用が進んでいる地理情報システム（ＧＩＳ）[2]を用いて、予算や人員が限られる中で最大の効果を得ようとしてきた。当該地域でも、遺跡の位置・形状・地形などを把握し、調査で得られた成果を組み合わせた地理情報システムを作成することにより、全域における城郭の分布、立地・地形と遺跡との関連などが明らかになる。他の地理情報と組み合わせた様々な分析や、三次元画像作成なども容易に行える。これに加えて、データの処理・解析機能を用いた強力な調査ツールとしても用いることができる。デジタル化されたデータは複製も容易で、国・機関の枠を超えて共有することが可能であり、国際的な共同研究にも大きく貢献できる。

作業工程として、まず各国の研究機関が進めてきた個々の城郭遺跡データに、共通した座標による位置情報を添付したデータベースを作成した。座標は世界測地系（WSG84）による緯度・経度、あるいはＵＴＭ座標系（Universal Transverse Mercator Projection）を使用した。[3]この作成には、書籍・論文の他に、ロシア科学アカデミー極東支部が所蔵する遺跡の調査報告書、中国の文物地図の情報を用いた。遺跡の位置・地籍を、地図や近年インターネット上で公開されているGoggle earth[4]において確認し、緯度・経度による位置情報を得た。次に、いくつかの城郭に関して、より詳細な情報を得るための現地調査を行った。調査では、位置情報を全地球位置測位システム（GPS Gloval Positioning System）により得た。[5]城郭の詳細な測量図面が存在する場合には、ＧＰＳの計測値と整合させて記録した。さらに、縄張り図のような簡便かつ比較的精度の高い図面を作成するため、ＧＰＳ・電子コンパス・レーザー距離計を利用した簡易測量を実施した。詳細測量に比べ精度は落ちるが、縄張り図と同程度の精度が期待できる。次に位置情報を用いてＧＩＳ上に遺跡を展開した。地形は、旧ソ連製地図、スペースシャトルが計測した三秒角（約九〇メートル）の世界標高データ（SRTM-3）、と九秒角（約二五〇メートル）の世界標高データ（ＤＥＭ：Digital Elavation Model）から作成し、そこに、川の位置などを地図や衛星画像を用いて記録した。以上の作業により、各国の城郭に関連する地理情報を、統一された基準で資料化・記録化することが可能となり、現在各国で把握さ

図１　資料化を行った城郭（ノヴォパクロフカ２城址）

れている情報のかなりの部分を、資料化することができたものと考えている。

二　ロシア・中国における女真関連遺跡の概要

金建国の主力となった生女真の故地は、初期の首都会寧府を中心とする上京路である。上京路内に、会寧府、故里改路・恤品路・曷懶路・蒲與路などの下級路と肇州・隆州・信州が置かれていた。各府と会寧府は路内の西に集中している。一方、『中国歴史地図集　第六冊』によれば、蒲與路は嫩江流域からアムール中流域、故里改路が牡丹江流域から松花江下流域・アムール下流域、恤品路がロシア沿海地方、曷懶路は北朝鮮威興北道・南道に比定されている。面積で見ると下級路の割合が府州のそれを圧倒している。また、東夏の領域は、故里改路・恤品路・曷懶路の地域にあたると推定されている（箭内一九一三）。実際にこの中に多くの女真城郭が遺されている。現在、ロシア沿海地方に約五〇ヶ所、ロシアのハバロフスク地方とアムール州に数ヶ所、中国吉林省に約二六〇ヶ所、黒龍江省に一〇〇ヶ所以上の城郭が確認されている。ただし、このほとんどが未調査で、渤海・元など時代を異にする城郭も含まれる可能性がある。それでも対象地域に三〇〇程度の城郭は存在しただろう。

ロシア沿海地方では、ロシア科学アカデミー極東支部極東諸民族歴史・考古・民族学研究所が、各地でこれらの城郭遺跡の調査を継続しており、いくつかの城郭で多量の詳細情報が得られている。特に四〇年以上調査を継続しているシャイガ城址をはじめ、ラゾ城址、アナネフカ城址、クラスノヤロフスコエ城址、ニコラエフカ城址などは、城壁・門・堀などの構造物に加え、大型建物・倉庫・住居・工房などが発掘調査され、遺構や多くの出土品から城内の様子が明らかにされている。その他に、多くの城郭遺跡で踏査・試掘が行われ、時期の確定や施設の確認が行われている。一方、中国では金・東夏期の城郭調査は主として現地踏査による確認・形状把握にとどまっていたが、開発に伴う発掘調査が増加しており、詳細情報も今後蓄積されると予想される。また中国では遺跡地名表・遺跡地図の整備が進んでおり、位置の特定は比較的容易である。

女真城郭に共通する特徴は以下のようにまとめられ

る。城郭の周囲には、高さ数メートル～約一〇メートルの城壁がめぐる。多くは土を互層に固めて積み上げる版築により築かれる。外側に間隔を置いて張り出し(馬面)を設けることが多い。城壁の外側に帯郭状に細長く平坦部分を取り付ける場合もある。城壁に取り付く門は、外側に鍵手状に補足の城壁を付設した甕城の形態を持つのが一般的である。城壁外側に堀が巡る場合があり、大型の城郭では幅二〇メートル程度の大規模な堀を持つ。堀の外側に低い副城壁を築く例もある。城郭内部は、道路、土塁、整地、切り出しなどにより区画が設けられ、そこに瓦葺礎石建物群、倉庫、住居、工房などが配置される。また、約二〇メートル四方の小型囲郭内部に住居が配置される例も多い。城郭の立地から、平坦地に築かれる平地城と、山の稜線や谷を利用して築いた山城に分かれる。平地城は地形にあまり制約されないので、方形など直線で構成される幾何学的な平面形を取ることが多いが、山城は地形に制約されるため平面形が不定形となる。

平地城を、便宜的に城壁の周長で、三千メートル以上の特大型、二千メートル以上の大型、千メートル以上の中型、千メートル未満の小型城郭に区分する[6]。平地城の典型例が、チュグエフカ城址である。狭い平野部に築造され、高さ約一〇メートルの城壁が一辺約五〇〇メートルの正方形プランをとってめぐる大型城址である。城の方位はほぼ東西南北に一致する。城壁上には一部に石敷きが残る。四辺の中央からややずれた地点に甕城の構造をもつ門が敷設される。城壁の各面に一二～一四基の馬面があり、四隅も張り出しが設けられ隅楼としている。城壁外側に幅約二〇メートル、現状で深さ三メートル以上の堀がめぐる。現在も残る宅地割から見ると、門を結ぶ道路を主軸に方形地割が行われていたらしい。同様な地割りは契丹の城郭にも一般的である。日本海に注ぐスウチャン川流域の平坦地に築かれたニコラエフカ城址では、内部遺構が発掘調査されている（シャフクノフ 一九八六）。河岸段丘の端部に築かれ平面形は長辺約八〇〇メートルの台形に近い形状をとる。高さ約一〇メートルの城壁と幅二〇～二五メートルの堀が東西南面に回るが、北面は段丘崖に接し自然の障壁となっているため低い城壁が部分的に置かれているにすぎない。また主城壁には馬面が一二基付設され、東面と南西隅に甕城を持つ門が各一基設けられる。内部には方形の内郭があり、そ

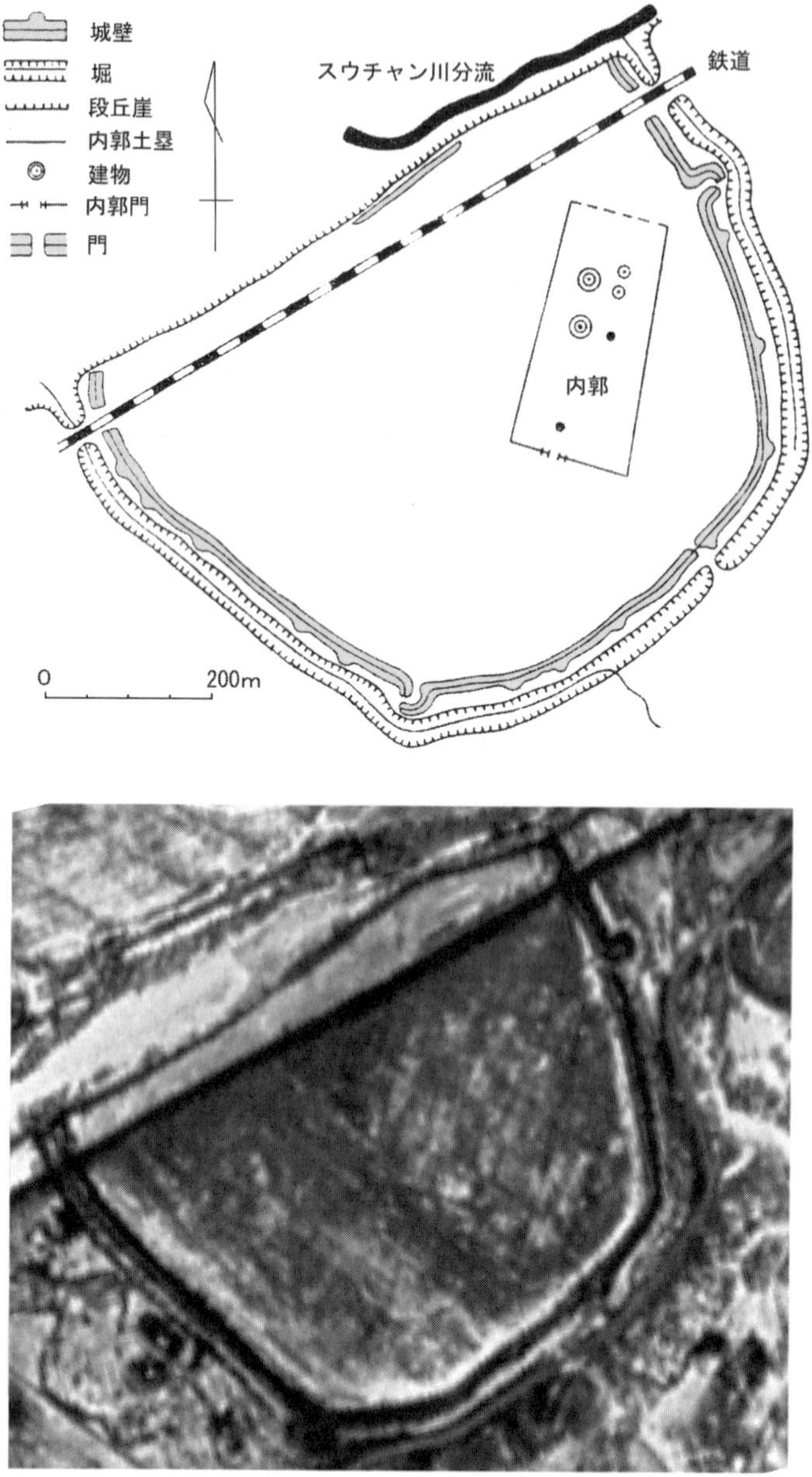

図２　ニコラエフカ城址図・衛星写真

こに複数の瓦葺礎石建物が南北に一直線に並んでいた。内郭の入口には塼敷きの三孔門が設置される。建物の装飾に軒丸・平瓦・龍頭などの飾り瓦や、鳳凰・鳥人の像が用いられており、一般の宅地とは異なる区画であった。シャフクノフらの調査では細長い長方形区画が確認されたが、アメリカのCORONA衛星画像には正方形に近い区画が写り、発掘された区画は正方形区画を縦に三分割した中の中央部らしい。この区画は寺院址と推定されてきたが、同様な区画や建物配列は上京会寧府の皇城や渤海五京の皇城にも認められる。行政機関の中心建物群址と考えるのが妥当であり、城郭内に官衙的機能が存在したことを示している。また、この内郭は城址全体のプランと主軸がずれており、おそらく内郭は建物の性格上南北方向が重視されたため、地形により制約される全体の形状と整合しない変則的な配置となったのであろう。しかし、ここで重要であるのは、地方行政機関に中央の政治空間と共通する設計を用いている点で、そこで行われる活動についても対応性や共通性が存在したと考えられる。ニコラエフカ城址では、渤海・金・東夏期の各文化層が確認されており、築造がいずれの時期かの検討が必要ではあるが、いずれにしても金・東夏の地方統治空間が女真故地においても企画性の高いきわめて整備されたものであったことは確かである。他の城址についても内部設計を詳しく調査し比較検討することで、金・東夏の各行政組織の機能や実態が明らかになると思われ、今後発掘による検証が必要である。

山城については、周長四千メートル以上の特大型、周長三千メートル以上の大型、千メートル以上の中型、千メートル未満の小型に区分する。女真の山城は、丘陵内の谷を取り囲みU字上に城壁を配置する包谷形が基本である（小嶋　二〇〇三）。特に、特大型は複数の谷を取り込む城内に取り込み、複雑な形状となる。内部に小川・沢・湧水も取り込むので水場が確保されるが、水を出す水門施設も必要となる。全体の形状は地形に応じて様々である。しかし、河川沿いの崖がそのまま防御施設となり、門の部分は平野部や川から見えにくく、かつ最高地点から遠くまで眺望できる丘陵が選択されることが多い。川に接して船着場を設置できる空間を確保している城址も多く、水運の利用が意識されている。自然地形に応じた平面形のため、門数、馬面数、設置箇所の特徴は

図３　シャイガ城址 CG

各城址で異なる。この他、大型城址では城内にさらに城壁をめぐらした内城や、小規模な内郭を持つのが普通である。防御には崖や稜線などの自然地形を活用するため、必ずしも堀を設けず、城壁の高さも地形に応じて多様である。馬面・隅楼は、地形に合わせた城壁の屈曲を利用できるので、防御施設として常に必要ではない。門は、谷の出口部分の他に数ヶ所に設けるのが普通である。主要な門は甕城の形態をとることが多い。もっとも詳細に調査がされているのが、大型城郭のシャイガ城である（Артемьева 2005）。谷を取り囲むように稜線に細長く城壁をめぐらし、中央を小川が流れる。門は、谷の出口・北西稜線中央・谷奥の三ケ所に設置され、北西の門に甕城が設けられる。馬面はこの門の近くに少数設置されている。内部の小川の両岸斜面に階段状に平場を多数削りだし、そこに建物を配置する。川の南東斜面では平場は低い土塁や道路で区画され、そこに礎石建物群や大型の住居を配置する。土塁に囲まれた小内郭も設けられた。これらの周辺が、行政機関が置かれていた場所と思われる。城内では「治中」銘銅印や身分証である銀牌など[7]、一定の官職や地位を表す遺物が出土しており、行政機構が存在したのは確実である。ただし、地形的な制約があるためニコラエフカ城址に見られるような企画的な建物群や区画は存在せず、やはり平地城とは機能的な差が存在したかも知れない。両岸斜面下部には通常の住居と工房が集中している。特に川の北西岸には、大規模な製鉄・鍛冶工房が設置されている（村上 一九九三）。この他に、骨・ガラス・貴金属・鎧などの工房が、住居群の中に存在している。また、北西側は一般住居が集中するが、門に近い高い部分に土塁・切り出しによる内郭が築造され、礎石建物が置かれ、高位の人物の住居跡と考えられる。一般的な住居は細い柱を外側に配置した平地住居で、内部には壁際に炕（床暖房施設）が周る（Артемьева 1998）。脱穀用の踏み臼が床に置かれる場合もある。壁は土塗りの可能性が高く、屋根は板ないし草葺きであったらしい。住居面積四〇～五〇平方メートル前後である。シャイガ城址では、住居に総柱の小型の倉庫が付属するのが一般的である。シャイガ城址では、四〇〇基以上の住居が存在したと推定され、少なくとも数千人が居住していた。しかも、陶磁器、農工具、貨幣、食物残滓など生活に密着した遺物が多数出土している。これは城址の機能が軍事防衛施設や行政機関のみではなく、通常の生活が行われた都市的機能を持っていたと解釈すべきであろう。

平地城と山城を機能差のみではなく時期差としても捉える見解がある（Артемьева 2005）。沿海地方では、金代には平地城のみが築かれ、東夏代になって、金・モンゴルとの抗争に備え山城を多数増設されたと考える。山城の多くが、平地城と異なり文化層が単層で存続期間も短いと思われる点が根拠となっている。また分銅など紀年を持つ遺物にも、すべて東夏の年号である「天泰」「大同」の年号が記されていることも根拠となっている。王永祥らも山城が増加するのは東夏期と考えている（王永祥・王宏北 一九八八）。この点を含め、以下では遺跡分布の観点から女真城郭を考察してみることとする。

三　女真城郭の分布

図4はＧＩＳにより女真城郭の分布を示したものであり、ベース地図には高度情報を用いて一〇〇メートルごとに色を変え地形を表現している。四角が平地城、三角

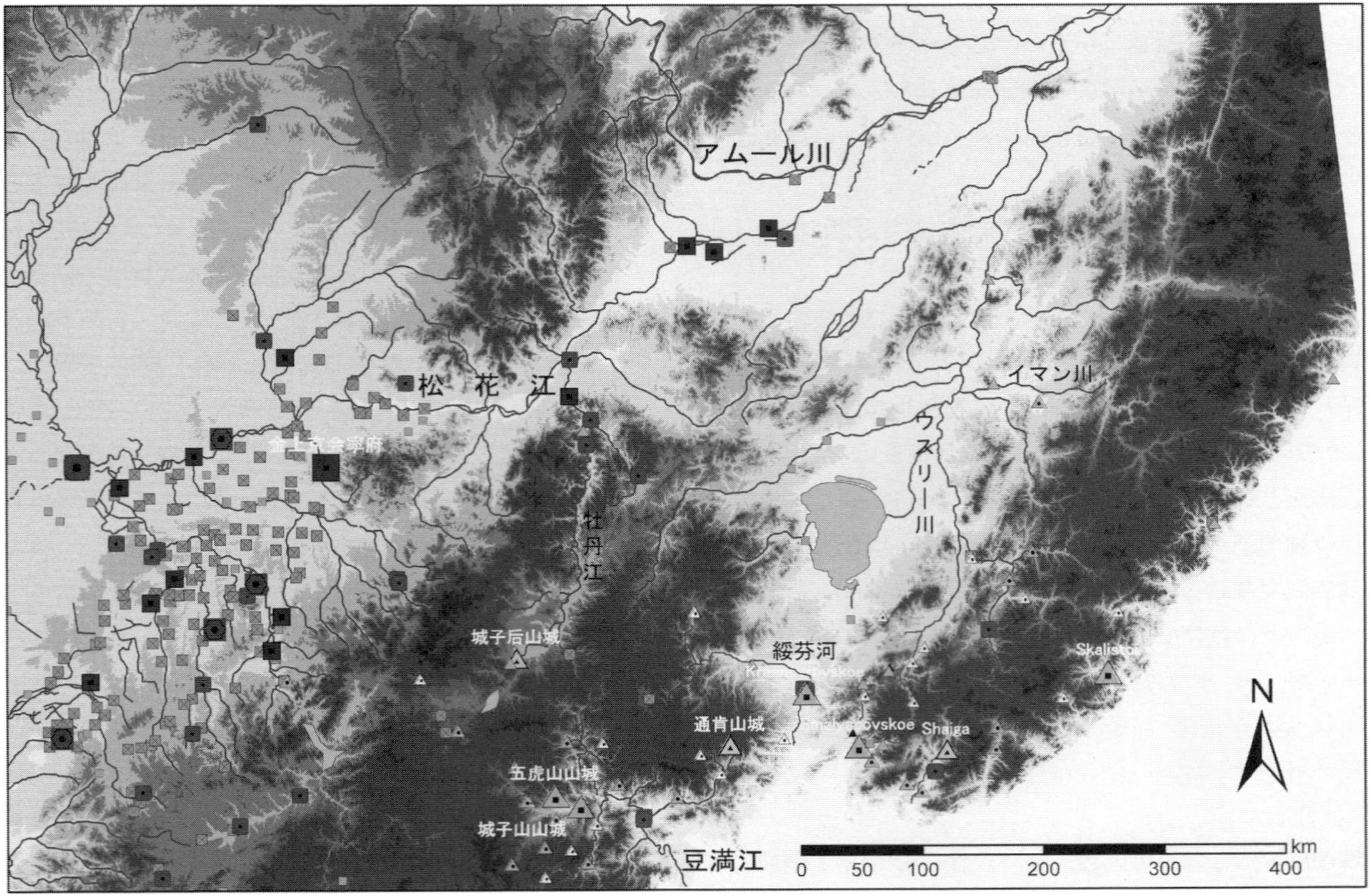

図４　金・東夏代城郭遺跡分布図

が山城で周長に応じて大きさを変えている。ここから明らかなのが平地城・山城の主要分布域が大きく異なる点である。会寧府を中心とする地域や松花江流域・アムール流域には山城が存在せず、平地城のみである。また、牡丹江流域も山城は少ない。一方、沿海地方や吉林省東南部には山城が集中している。この分布の差は明らかに地形と関連している。地形と重ねると、平地城の集中地域は平原が広がる地域であり、山城はシホテアリン山脈や長白山系が広がる地域に集中する。沿海地方の中でもハンカ湖周辺は平原が広がるため平城が集中する。つまり、女真故地の中でも、平原地帯には山城は存在しないのである。ただし牡丹江流域は平野部が狭く、山城が建造可能であるにも関わらず山城が少ない。牡丹江流域は、金の行政区としては胡里改路に属しており、路内の他地域では平地城が中心であった。これは、各行政区域における築城技術者たちの差異によるのかもしれない。また、山城の築造時期は東夏期を中心とする説があり、牡丹江流域では、すでに金代に平地城が多数築造されていたので、それをそのまま利用したということも考えられる。

また、城郭分布の密度は明らかに上京路の西部、会寧府や州部を中心とする地域が高い。この差は首都周辺の軍事行政の整備とともに、人口分布にも対応していると考えてよい。『金史』食貨志常平倉の条に、明昌四（一一九三）年の戸数として「上京・蒲與、速頻、曷懶、故里改等路、猛安謀克戸計一十七萬六千有余」と記されている。一方、『金史』地理志にある上京路の会寧府・肇州・隆州・信州の戸数は五万四千一八四戸である。これを目安とすると、上京の部分に府・州部を含めると全体の三分の一の人口が比較的狭い府州部に集中し、残りの広大な面積の中に猛安謀克が点在していたことになる。実際の城郭の分布もそれを反映しているものと思われる。たとえば、日本海沿岸部やウスリー下流域では、北上するにつれて城郭間の距離が延び、城郭規模も小さくなる。特に日本海沿岸部では密度が薄く、河川の上・中流域には城郭が存在せず、人口は希薄であったと思われる。ただし、下級路地域にもいくつかの集中地点がある。牡丹江河口周辺、松花江下流域、延吉周辺、ウスリースク周辺、ウスリー川最上流域になどである。ウスリースク周辺は恤品路治址、牡丹江河口周辺は胡里改路治址の五国頭城が存在したと推定され、延吉周辺は金の曷懶路の領域で東夏の南京址が位置したと推定されており、集中地域が行政・軍事の中心地域であったことがわかる。その他の集中区域も、猛安などが設置された地域の拠点であろう。城址規模を考えると、特大型は、上京路管内では会寧府周辺や第二松花江周辺に多く、沿海地方などの東側では、金の恤品路を統治した完顔忠一族の墓所が存在したことなどから、恤品路治址と推定されている沿海地方南ウスリースク城址（華泉　一九七六）などきわめて数が限られる。これらは府・路などの大行政区域の治所と考えてよいだろう。特大型を除くと、山城も平地城も大型の城郭は一〇基程度であり、これらを猛安・州クラス以上の治所城郭と考えることが可能である(8)。これに対し、中型以下の山城については、謀克クラスと考えられる。平地城については、大型のニコラエフカ城址やチュグエフカ城址については、当然猛安以上のレベルを想定できる。小型のものは謀克クラスないし村寨に置かれた寨使の治所址かもしれない（三上　一九七二、二八四頁）。会寧府周辺では、七・五～一五キロの間隔を置いて城郭が分布していると指摘されている（王永祥・王宏北　一九八八）。しかし、沿海地方などではもう少し距離が長い。猛安以上と考えられる中・大型城郭のみを取り上げると五〇～百キロ程度の間隔を置き、そしてそれらを取り巻いて小型城郭が分布し、全体では各城郭は数十キロ程度の距離を置いて城郭が連結されている。これが女真故地における路・州・猛安・謀克の治所の実態であろう。このような城郭のまとまりが間隔を置いて複数存在するが、これが女真の各地域集団の分布を示しているようだ。また、城郭の大半が河川に面する地点に位置し、分布はほぼ主要水系に沿っている。金建国以前から女真の地域社会は水系ごとに営まれていたと考えられており（池内　一九四三、三四三頁）、建国後も水系を基礎にした統治が行われていたと考えられる。

さらに、複数の城郭が近接して築造される例が比較的多いことも注目される。平地城と山城が組み合わさり近接して築城される例が多いが、平地城同士や山城同士の例も見られる。契丹の双城制度に近いものが存在した可能性もある。平地城と山城は築造時期が異なるかもしれないが、クラスノヤロフスコエ城址のように、東夏期に平地城の南ウスリースク城址・西ウスリースク城址と併存していたと考えられている山城もあり（Артемьева

2005 p.564)，最近では、ニコラエフカ城址とシャイガ城址も比較的近距離で併存していたと考えられている(9)。ウスリー川上流では、大型平地城であるチュグエフカ城址から五〇キロ程度離れたところに小規模な山城が点在するところから見て、チュグエフカ城址をそのまま機能させながら山城を設置したようだ。以上の点から、東夏期に金代の平地城を補助する形で山城の築造を活発に行ったと考えるのが妥当である。この要因が、モンゴル・金・高麗との抗争にあることは間違いないだろう。この推定では、山城集中地域では金代の城郭数が激減することになり、金代には少数の平地城を統治の中心にし，従来の村落をそのまま機能させた緩やかな統治が実態であったのかもしれない。もちろんすべての山城を東夏期築造とは断定できず、金代から機能を分けて併存したものもあっただろう。個々の城郭についての、試掘調査や年代測定による築造時期の確認が不可欠である。

なお、比較的狭い水系にもかかわらず、平地城のニコラエフカ城址、山城のシャイガ城址・エカテリノフカ城址という中・大型城郭が近接して存在するスウチャン川中流域の特殊性が注目される。スウチャン川を、恤品路を統治した耶懶完顔氏の故地が存在した耶懶水に比定する見解があるが（井黒 二〇〇六)、規模だけではなく、ニコラエフカ城址の方形区画や大型建物、シャイガ城址出土の銀牌や銅印などは、この地域が金・東夏の恤品路において路治に次ぐ重要な地域であったこと示しており、耶懶完顔氏との関連が深いことは確かであろう。

おわりに

以上のように、その規模と分布の状況から、女真故地の地域集団の様相、城郭を中心とした統治の様相を考察した。現在整理している大まかな地理情報からでも多くの考察が可能であり、詳細情報が付加されれば、女真社会の解明もより深まろう。現在、行政界や官印などの政治面の情報、鉄生産・農耕・土器などの生産分野や、銭貨や陶磁器などの流通面の情報も付加するべく情報の収集・整理を進めている。例えば、多くの城郭内で農耕具・武器などの鉄器の生産が行われており、城郭がそれらの流通に直接関与していたことが明らかである。また、各住居に付属する倉以外に、城内の一角に倉を集中させる例がいくつか確認されており、徴税や食料・物資の管理も行われたと推定できる。これらを、環境考古学や理化学的研究をも加えることにより、遺構・遺物の両面からさらに詳細に明らかにしうる。この他にも家畜飼養、市の運営の実態の解明など、城内の生活・社会に関しる様々な課題に対応できるはずで、今後の発掘調査成果が期待される。そしてこれらの将来的な情報を組み込み、インターネット等で公開することにより、女真社会研究のいっそうの進展が可能になるのである。

註

（1）国名については「東夏」と「東真」の二つが記録に現れ、どちらが実際の名称であるかは定まっていない。ここでは便宜的に「東夏」に統一しておく。

（2）コンピュータ上で、多種の地理情報を表示し、それらの管理、新たな地理情報の作成、分析・編集などの活用を行うシステム。

（3）地球楕円面を経度六度毎の経線により南北に輪切りにして六〇分割し、それぞれを平面上に投影して作成した平面座標系。

（4）Google 社が運営・頒布する、無料のバーチャル地球儀ソフト。世界中の衛星写真を、位置情報とともに閲覧することができる。

（5）人工衛星による位置測位法。近年では、携帯型を単独で補正無しで使用しても誤差一〇メートル以内の精度が得られる。二周波の信号を利用する高精度のものは誤差一センチ以内の精度が得られ、測量に用いられる

（6）王永祥らは、中国国内の城郭を六段階に区分しているが、ここで主な対象とする下級路管内では、周長が四キロを越す大型城郭は稀少なので、このような区分にした。

（7）「治中」の職名は『金史』列伝中に見られ、州の副官の職名と考えられる。また、銀牌は猛安に与えられると規定されている。

（8）東夏では州名の官印がいくつか発見されており、先の「治中」印なども参考にすると、州県制度が敷かれていた可能性が高い。

（9）アルテミエヴァの教示による。

参考文献

〈邦文〉

井黒　忍　二〇〇六「耶懶と耶懶水―ロシア沿海地方の歴史的地名比定に向けて」『北東アジア中世遺跡の考古学的研究　平成一七年度研究成果報告書』
池内　宏　一九三三『満鮮史研究　中世第一冊』岡書院
池内　宏　一九三七『満鮮史研究　中世第二冊』座右寶刊行会

池内　宏　一九六二『満鮮史研究　中世第三冊』吉川弘文館
臼杵　勲　二〇〇六「北東アジアの中世―靺鞨・女真の考古学」『北方世界の交流と変容　中世の北東アジアと日本列島』山川出版社
オクラドニコフ他　一九八二『シベリア極東の考古学②　沿海州篇』河出書房新社
木山克彦・布施和洋　二〇〇五「ロシア沿海地方金・東夏代城址遺跡の調査」『北東アジア中世遺跡の考古学的研究平成一五・一六年度研究成果報告書』
木山克彦・布施和洋　二〇〇六「ロシア沿海地方金・東夏代城址の調査」『北東アジア中世遺跡の考古学的研究平成一七年度研究成果報告書』
高橋学而　一九八四「ソ連領沿海州における金代城郭の若干の考察」『古文化談叢』第一四集
高橋学而　一九八九「ソ連領沿海州ウスリースク市及び市郊出土の二、三の遺物について」『生産と流通の考古学』
高橋学而　一九九三「ロシア共和国沿海州地方パルチザン区フロロフカ村シャイガ山城出土銀牌考」『古文化談叢』第30集（下）
田村實造　一九七一『中国征服王朝の研究（中）』東洋史研究会
松井　等　一九一三「満州における金の彊域」『満州歴史地理』第二巻　丸善
満州国国務院文教部編　一九七六『満州国古蹟・古物調査報告書第三編　間島省の古蹟』国書刊行会
三上次男　一九七二『金史研究一　金代女真社会の研究』中央公論美術出版社
三上次男　一九七三『金史研究三　金代政治・社会の研究』中央公論美術出版社
村上恭通　一九九三「女真の鉄」『考古論集―潮見浩先生退官記念論文集―』927―940頁　潮見浩先生退官記念事業会
箭内　亙　一九一三「東夏の疆域」『満州歴史地理』第二巻　丸善

〈中文〉

張博泉　等　一九八六『金史論稿』吉林文史出版社
国家文物局主編　一九九三『中国文物地図集　吉林分冊』中国地図出版社
黒龍江省博物館　一九六五「黒龍江阿城県小嶺地区金代冶鉄遺址」『考古』1965―3
華　泉　一九七六「完顔忠神道碑与金代的恤品路」『文物』一九七六―四
王永祥・王宏北　一九八八「黒龍江金代古城述略」『遼海文物学刊』一九八八―二
譚其驤主編　一九八二『中国歴史地図集　第六冊　宋・遼・金時期』中国地図出版社
王慎栄・趙鳴岐　一九九〇『東夏史』天津古籍出版社
王禹浪　一九九三『金代黒龍江述略』哈爾濱出版社

〈ロ文〉

Артемыева, Н.Г. 1998 Домостроительство чжурчженей Приморья(XII-XIII вв.), Владивосток

Артемыева, Н.Г. 2006 Города чжурчженей Приморья // Российский Дальний Восток в древности и средневековье – открытия провлемы гипотезы, с.542-591, Владивосток

Крушанов, А.И.(ред) 1989 ИсторияДальнего Востока СССР с древнейших времен до века, Москва

Леньков, В.Д. 1974 Металлургия и металло обравотка у чжурчженей в XII веке, Новосибирск

Шавкунов, Э.В. 1989 Об изображении парусника на сасуде шз Шайгинского городиша // Новые материалы по средневековой археологииДальнего Востока СССР, с.147-149, Владивосток

Шавкунов,Э.В. 1990 Культура чжурчженей-удигэ XII-XIII вв. и проблема происхождения тунгусских народов Дальнего Востока, Москва

第三節　琉球列島のグスク

池田榮史

一　琉球史研究とグスク時代

琉球列島の沖縄島に成立した国家である琉球国を対象とする歴史研究を琉球史という。この琉球史の歴史区分では、琉球国の基盤が形成されはじめる一〇～一二世紀頃から、一四世紀における貿易国家としての登場を経て、一六〇九年に薩摩藩の侵略を受けるまでの間について「古琉球」と呼ぶ（高良 一九八二）。これを日本史と対比すれば、ちょうど「中世」の段階に重なる。文献史学研究者は古琉球について、さらにグスク時代、（三山時代）、第一尚氏王朝代、第二尚氏王朝代前期に細分することを試みており、この中の第一尚氏王朝代および第二尚氏王朝代前期の間に、琉球列島の奄美諸島から沖縄諸島、宮古諸島、八重山諸島を版図とする琉球国が成立した。これらの島々の中で、奄美諸島や宮古諸島、八重山諸島は、沖縄諸島の沖縄島に興った勢力による政治的・軍事的征圧を受けて、琉球国の版図に含み込まれた。しかし、これらの島々における歴史的時期区分や、沖縄島に成立した琉球国の下に統合されて行く過程については、まだまだ明確ではない部分が多い。このことはこれまでの琉球史研究では琉球国の王城が置かれた沖縄島を中心に残された記録を手がかりとし、支配下に組み込まれた奄美諸島や宮古・八重山諸島については副次的に取り扱ってきたことに起因する。これらの地域については、文献史学研究による新たな史料の掘り起こしとともに、考古学的調査と研究による文化内容の把握と考古学的文化編年の提示が強く求められるところである。

このような前提が存在するとは言いながらも、琉球史研究および考古学研究がもっとも重視するのは古琉球の段階である。それはこの時期が琉球王国の成立から貿易国家としての最盛期までに相当することから、沖縄県民の関心が高いことによる。言わば、沖縄人（ウチナンチュー）アイデンティティーの拠り所を提供する時期なのである。また、その中でも一際関心が高いのは、現在でも祭祀や信仰の対象として扱われることの多いグスクと、これが登場するグスク時代に関する研究である。

二　グスク論争とその後のグスク研究

琉球史研究では、一九六〇年代から七〇年代にかけて、考古学、人類学、歴史学、地理学、言語学など各分野の研究者を巻き込んだ「グスク論争」が行われた。そこではグスクの定義や分類を巡る論議が重ねられた。しかし、この論争は異なる分野の研究者がそれぞれの立場からの見解を述べあったことから、意見の一致を見ることはなかった（當眞　一九八七ほか）。その後、一九七二年に沖縄の施政権が日本に返還されたことに伴って、今帰仁城や読谷村座喜味城、具志川市安慶名城、勝連城、中城城、首里城、玉城村糸数城、玉城城、知念城、糸満市具志川城などが国指定史跡となり、これらのほとんどで整備を前提とした発掘調査が進められた。この結果、グスクの構造や構築技法、出土遺物、年代的位置付けなどに関する考古学的資料の蓄積と、その分析や検討が飛躍的に進んだ。これを受け、沖縄県教育委員会によるその他のグスクを含む悉皆調査も計画され、一九七七〜八二年度に沖縄本島および周辺離島、一九八八〜九〇年度に宮古諸島、一九九〇〜九三年度に八重山諸島が調査された（沖縄県教育委員会　一九八三・一九九〇・一九九三）。

このような研究状況の進展を受け、安里進はグスク時代の定義と時期区分について自説を述べ、グスクの分類編年案を提示した（安里　一九八七・一九八八）。安里はグスクの基本的な属性には「聖域的性格」と「防禦的性格」の二つがあるとし、後者の防禦的性格を持つグスク安里は前期グスク段階で出現した大規模化と多郭化の方向性を持つグスクが、中期グスクから後期グスク段階で現れる大規模グスクへと発展するとし、このような発展過程を持つ石積グスクを「大型城塞的グスク」と呼んだ。そして、この大型城塞的グスクが一四世紀後半から一五世紀の文献史料に見られる琉球の地域単位である「塞」を支配した「塞官」の居城であると結論付けた。そして、前期グスクから後期グスクまでの間の大型城塞的グスクの大規模化と数の減少傾向は、沖縄の政治的統合の進展に対応すると述べ、これと文献史料に基づく歴史区分と対比させて、前期グスクを三山鼎立期以前、中期グスクを三山鼎立期、後期グスクを第一尚氏琉球王国期、晩期グスクを島津侵略までの琉球王国期に当てている。

安里はこのようなグスク編年を手掛かりとして、これに近藤義郎氏による考古学的時代区分方法論を援用し、大型城塞的グスクが出現する前期グスク段階から晩期グスク段階を「政治的時代」に当て、これをグスク時代と呼び換えた。そして、土器の変化や類須恵器などの登場などによって、前代の貝塚時代後期文化からグスク時代の中から、沖縄本島中頭・島尻の石積みを持つグスクを選んで検討を行っている。その中で、安里は沖縄の石積みグスクの積石技術は野面積みから切石積みへ発達することを述べ、これを手がかりとして、前期グスク（野面積グスク）、中期グスク（野面積・切石積併用グスク）、後期グスク（切石積グスク）に分け、前期グスクに一三～一四世紀、中期グスクに一四世紀後半～一五世紀前葉、後期グスクに一五世紀中葉から一六世紀初頭の年代を与えた。また、切石積グスクでありながら、後期グスクに遅れて一六世紀中葉に構築され、一六世紀後半まで機能する御物城などの一群を晩期グスクとした。安里は石積グスクの変遷の基本的方向は大規模化と多郭化にあるとし、前期グスクでは二〇〇〇～五〇〇〇㎡の中規模グスクと一〇〇〇㎡未満の小規模グスクの二タイプがあり、小規模タイプは全て単郭式、中規模グスクではほとんどが二郭構成であるのに対して、次の中期グスクでは一万～二万㎡クラスのものが現れ、後期グスクでは四万㎡以上にも上る大規模化・多郭化したグスクが出現する一方で、中規模グスクは消滅し、一部一〇〇〇㎡以下の小規模グスクが辛うじて存続することを指摘した。

へ移行しようとする前段階を「生産経済の時代」として、従来のグスク時代から切り離した。一九九六年には、この「生産経済の時代」について、「原グスク時代」と呼ぶことを提唱している（安里 一九九六）。

これに対して、沖縄県内グスクの調査に数多く関わった當眞嗣一はグスクが造られる間をグスク時代と呼び、成立期（初期）、発展期、成熟期、衰退期（終末期）の四期に分類することを提唱した（當眞 一九七九）。當眞は成立期（初期）について、按司あるいはアサが発生した時期で、沖縄諸島の土器編年ではフェンサ城貝塚第Ⅲ層の時期とし、発展期はその上層に当たるフェンサ城貝塚第Ⅱ層期で、海外貿易がかなり活発化する時期に当り、グスクのほとんどがこの時期に築かれたとして、その年代を一三世紀頃に置いた。成熟期は海外貿易が盛んに行われた一四世紀から一五世紀前半頃に比定し、衰退期（終末期）は沖縄全域が統一され、首里が中心となる一五世紀後半から一六世紀前半頃に置いている。ただし、この年代観については一九八五年に在地土器の出土状況を踏まえて一部を修正し、成立期を一三世紀か早くても一二世紀半ば以降、発展期を一四世紀、成熟期を一四世紀後半から一五世紀半ば、衰退期（終末期）は変わらず一五世紀後半から一六世紀前半とした。この際、當眞はそれまでの調査成果に基づいて、グスクの立地と形態、検出される遺構、出土遺物の種類と組み合わせなどについてもまとめるとともに、グスク研究に日本の中世城郭研究に見られる縄張り研究の方法を採用することを試みている（當眞 一九九五）。

當眞の視点はグスクが日本の中世城郭と同様な防禦に配慮した軍事的性格を持つ施設であるという認識に立脚するもので、これ以後、奄美諸島赤木名グスク、名瀬市浦上グスク、伊津部勝グスク、伊平屋島ヤヘーグスク、伊是名島伊是名グスク、伊計島伊計グスク、宮城島泊グスク、津堅島グボウグスク、久高島ティミグスク、座間味村積グスク、シルグスク、渡名喜島スンジャグスク、沖縄島大宜味村根謝銘グスク、名護市親川グスク、嘉陽グスク、西原町幸地グスク、佐敷町佐敷上グスク、知念村井ナーワンダーグスク、久米島具志川城、伊敷索城、宇江城城、塩原グスク、与那覇グスク、山玉グスク、メンダグスク、登武那覇グスク、黒石森グスクなど各地のグスクを対象として、縄張り復元研究を精力的に進めている（當眞　一九九三・一九九四・一九九五・一九九九など）。

その後、當眞はグスクの石積についても所論を発表し、首里城や座喜味城、中城城、勝連城、糸数城、玉城村仲栄真グスク、玉城城、具志頭村具志頭グスク、伊是名グスクなどの石積を比較検討した上で、切石加工による石積（Ⅰ群）と野面積による石積（Ⅱ群）に分けた。Ⅰ群は布積み（A類4類）と相方積み（B類3類）、Ⅱ群は野面積み（C類3類）に細分される。その上でⅡ群がⅠ群に比べて原初的であり、Ⅰ群の場合も布積み（A類）から相方積み（B類）へと発達するものと捉えている。當眞はもっとも原初的なⅡ群2類から1類への画期を一三世紀後半から一四世紀前半、Ⅱ群布積みの最古式であるA―1類の出現を一四世紀中頃、最も発達した相方積みの最古式であるB―1類が一五世紀前半に出現し、一五世紀中頃までには完成したとする年代観を示している。この石積みの成立を念頭においたグスク出現の年代観は、先のグスク時代区分の際に示したグスク成立期の年代観よりも新しく位置付けられることとなる（當眞　一九八八・一九九〇）。

當眞と同様に縄張り研究の視点からグスク研究を進める山本正昭はグスクの平面プランの分析を試み、グスクの緩斜面側一辺のみに石積みを配置した第1類型から、一定空間を石積みがほぼ完全に囲う第2類型（A・B）、石積み囲いを複数組み合わせた第3類型（A・B・C）、主郭の石積み囲いを中心として複雑な石積み囲いを構築する第4類型（A・B）に分類した。その上で、石積み内に構築される礎石、基壇や張り出し施設、當眞による石積み技法の変化などを総合的に検討し、第1類型のグスクを「出現期」として一三世紀末頃、第2類型を「恒常利用確立期」として一四世紀前半頃、第3類型および第4類型Aを「肥大期」として一四世紀後半頃、第4類型Bを「防禦機能拡大期」として一五世紀行以降に位置付けた（山本　一九九九・二〇〇〇）。

三氏に見られるグスクの類型化や編年作業はグスク研究の基礎を提供するものであり、それぞれに論理的な整合性を持っている。しかしながら、類型化や編年の対象となったグスクについて、それぞれの調査状況を確認すれば、グスクの構築から廃棄までの間にどのような推移を経たのかが明らかにされた例はほとんどない。すなわち、グスクの調査ではグスク全域を完全に発掘した例はほとんどなく、年代観や構造についてはグスクの一部の調査成果を前提として導き出された結果に基づくことが一般的に行われているのである。このため、首里城や今帰仁城、座喜味城、勝連城、浦添城などの大型グスクについては、かなりの情報が集められつつあるが、中型・小型のグスクについては、構造や規模、年代的推移過程などについて限られた情報が存在するに過ぎない。したがって、今後のグスク研究の深化のためには、このような個別のグスクに対する精度の高い調査資料の蓄積が欠かせないと考えられる。

ところで、グスクの築造から廃絶までの間の年代を推測するために欠かせない遺物については、大量で良質な貿易陶磁器の存在が注目されてきた。その嚆矢は戦前に刊行された伊東忠太・鎌倉芳太郎両氏による『南海古陶瓷』（伊東・鎌倉　一九三七）であるが、ここ二十数年間のグスクの調査ではさらに膨大な資料の蓄積が進められた。これを踏まえ、沖縄出土の貿易陶磁器について、いくつかの論考を発表したのは金武正紀である。一九八九年金武は一二・一三世紀における沖縄出土の中国陶磁器について、大宰府編年を参考としながら、白磁を玉縁碗（Ⅰ・Ⅱ）・端反碗・櫛目文椀・口折碗・口禿碗と皿・ビロースクタイプ碗（Ⅰ・Ⅱ）、青磁を櫛描文椀・皿、劃花文椀・鎬蓮弁文碗・無文輪花碗・腰折皿・口折皿に分け、この他に青白磁合子、褐釉陶器の分類基準を設けて、それぞれの特徴と年代的位置付けについて述べた。この際、ビロースクタイプとした白磁碗は貿易陶磁器研究史上の初出であり、その後全国的に用いられることとなった（金武　一九八九）。次いで、一九九〇年には一四〜一六世紀の中国陶磁器について述べ、青磁碗を型造り蓮弁文碗・無鎬蓮弁文碗・無文外反碗・玉縁外反碗・雷文帯碗・線刻蓮弁文碗、青磁皿を口折皿・外反皿・稜花皿・直口皿に分類し、それぞれの年代観を与えた（金武　一九九〇）。また、一九九一年には沖縄出土のタイ・ベトナム陶磁器について述べ、タイ産陶磁器には大型褐釉陶器四耳壺・半練土器蓋と身・鉄絵製品、ベトナム産陶磁器には染付・青磁・色絵製品があることを紹介している（金武　一九九一）。金武は二〇〇四年にも沖縄出土のタイ・ベトナム産陶磁器についてまとめ、その後の研究の状況を紹介している（金武　二〇〇四）。

このような分類論上の研究成果が提示されているにも関わらず、これまでのグスクの調査報告では膨大な量の貿易陶磁器について器種や器形の分類ごとに資料を羅列し、これに年代観を記すだけに止まるものが多い。これらの貿易陶磁器資料について、出土した遺構や遺跡ごとに定量分析や定性分析を行い、資料の組成論やこれを踏まえた遺構論を構築するまでにはなかなか進まないのである。

このような中で、一九九四・九五年に実施された首里城京の内跡の発掘調査において、ＳＫ０１と名付けられた土壙内から貿易陶磁器をはじめとする大量の遺物が出土した。これらはほとんどが火を受けており、火災後の一括廃棄物であると判断される。出土遺物の中の貿易陶磁器数は一五〇〇点近くに上るばかりか、復元個体数でも一一〇〇点を越すほどの良好な残存状況を示す。また、その内訳は中国元朝の青花や紅釉、瑠璃釉製品および明朝永楽期（一四〇三〜二四）から宣徳期（一四二六〜三五）頃のものと考えられる青花や青磁、白磁、褐釉陶器、ベトナム産陶磁器、タイ産陶磁器、日本の備前焼製品などからなる。発掘遺構および出土資料の分析と文献史料の検討の結果、これらの資料が一括出土したＳＫ０１は、文献記録に見られる一四五九年に起こった倉庫などの失火による廃棄遺物と判断されている。

その後、首里城京の内ＳＫ０１出土資料については報告書が刊行された（沖縄県教育委員会　一九九八）。また、ここで出土した中国元朝や明朝陶磁器およびベトナム産陶磁器などは、日本国内においても類例を見ない第一級の資料であることから、陶磁器五一八点と金属製品およびガラス小玉を一括して、二〇〇〇（平成一二）年六月二七日付けで国重要文化財の指定を受けた。また、本資料については、専修大学亀井明徳ゼミによる公開ゼミナールが沖縄県立埋蔵文化財センターにて行われ、その位置付けをめぐる検討が行われている（沖縄県立埋蔵文化財センター　二〇〇一）。京の内ＳＫ０１出土一括資料の存在は、個別遺物についての徹底した分析とともに、その資料を集約した上での組成論や出土した遺構、遺跡に関する総合的な検討を行なうことの有効性を明確に示すものであり、今後の調査・研究において倣うところが大きい。

三　奄美諸島の研究

奄美諸島については、先述したようにこの地域のみを対象とする考古学的時期区分や文化編年案がない。一九八九年里山勇廣は奄美の考古学を概観し、旧石器時代、縄文時代、弥生時代相当期、原史期、グスク期という枠組みを提示した（里山　一九八九）。これは基本的に沖縄諸島における考古学編年を援用したものであり、弥生時代相当期の後に原史期を置いたところが異なる。しかし、このことは奄美諸島の歴史においても、沖縄諸島と同様にグスク時代と捉えられる段階が存在することを示すものである。

このような背景もあり、一九八五年沖縄県立博物館で「グスク」をテーマとした特別展を開催した際に、図録の中で奄美諸島の二八グスクを取り上げている（沖縄県立博物館　一九八五）。特別展の開催に先立って、担当者であった名嘉正八郎・知念勇は奄美諸島のグスクを巡り、沖縄のグスクと異なって堀切や土塁、平場などをもつ奄美諸島のグスクの特徴に着目している。その上で、竜郷町戸口ひらき山グスクや名瀬市伊津部勝グスクからカムィヤキや白磁玉縁碗などの遺物が採集されていることを踏まえ、奄美諸島のグスクの中には一二世紀代に遡るグスクが存在する可能性を提示した（名嘉　一九九三）。また、名嘉はこの成果を踏まえ、一九九四年に奄美・沖縄諸島における発生期のグスクと平家伝説との関係にも言及している（名嘉　一九九四）。名嘉・知念の所論は奄美諸島のグスクには一二世紀代に位置付けられるものがあり、その発生は沖縄諸島からの伝播ではなく、ほぼ同時期か、むしろ先行して発生する可能性があることを示した点で、従来の考え方とは大きく異なっていた。

一方、この時期の鹿児島県内では中世城館調査が行われており、奄美の城館についての関心も高まりつつあった。一九八七年に刊行された「鹿児島県中世城館跡調査報告書」（鹿児島県教育委員会　一九八七）では奄美諸島の中世城館として四五例をあげ、五例については略測図を掲載している。これを受け、奄美諸島で発掘調査が行われるグスクも増加し、徳之島天城町玉城遺跡（熊本大学考古学研究室　一九八五）や奄美大島笠利町万屋城遺跡、用安湊（ニャト）城、ウーバルグスク、赤木名グスク遺跡（笠利町教育委員会　一九八六・一九九三・一九九九・二〇〇三）などの報告書が刊行されている。

また、鹿児島県教育委員会による中世城館調査を主導した三木靖も奄美の城館に着目し、奄美諸島の城館に関する研究報告を続けている。一九九九年三木はその一応のまとめを発表（三木　一九九九）しており、「奄美諸島では中世城郭の概念をグスクという」と定義して、その中には本土でいう屋敷や館などを含むことを指摘している。その上で、琉球列島でグスクが成立、発展する様相を概観し、奄美のグスクはグスク社会の発達の中で成長した領主（按司）が自らの領域支配のための城館として築いたものだけではなく、地域住民が外部からの攻撃に備えた避難場所として構築したものがあると述べている。前者のグスクは琉球史において採用されている一般的なグスクの理解論に則っており、後者については藤木久志が提起した戦国時代の民衆が作った城郭に関する理解論（藤木　一九九五）を援用したものと考えられる。そして、これらのグスク、特に後者のグスクが築かれる背景については、各地の按司間の合戦だけではなく、倭寇や沖縄島の勢力、さらには日本本土の勢力による島外からの侵攻に対する対策であった可能性を指摘している。三木はこれらのグスクが築かれた年代を一二世紀から一六世紀までの間とし、奄美の場合は沖縄諸島を中心とする琉球史の展開によってグスクが構築されるだけではなく、日本本土の中世城郭の影響が加わって、奄美諸島独特の構造を持つグスクが成立したと考えている。

このような中、名瀬市（現、奄美市）教育委員会奄美博物館と琉球大学考古学研究室では、一九九五年から名瀬市内のグスク分布調査を実施し、詳細な基礎資料の蓄積に努めている。その成果の一部については、名瀬市教育委員会が一九九八年から二〇〇〇年度までに行った「名瀬市グスク詳細分布調査」の報告書（名瀬市教育委員会　二〇〇一）にまとめられている。報告書において、高梨修は奄美のグスク研究史を概略するとともに、グスクの分布や呼称、立地、構造、年代、歴史的理解などに関わる問題を提起し、これらの解決のためにはグスクに関する詳細な調査資料の蓄積が必要であることを述べている。

奄美諸島のグスクについては、これまで琉球国論の前史の中に織り込まれ、沖縄島で構築されたグスク理解論に添った位置付けがなされてきた。しかし、この二〇年余りの調査・研究によって、奄美諸島のグスクについては、沖縄諸島のグスク理解論の枠組みから離れて、奄美諸島もしくは諸島内の島ごとの歴史理解論の中に位置付ける段階に至っている。名嘉・知念のように沖縄諸島より奄美諸島のグスクが先行して出現する可能性や、三木のように倭寇の来襲や琉球もしくは日本本土からの侵攻に備えるためにグスクが出現したとする考え方が提示され、奄美諸島におけるグスクの性格の多様性が指摘され始めているのである。しかしながら、これらの論議の基礎となる資料については、発掘調査事例を始めとしてまだまだ希薄であり、理解論が先行する傾向にある。今後は高梨の提起にあるような、的確な問題意識に裏付けられた資料の蓄積が求められる。

四　宮古・八重山諸島におけるグスク研究

宮古・八重山諸島におけるグスク研究は、集落遺跡の研究と重なる形で進められつつある。これは宮古・八重山諸島のグスクが集落遺跡と密接に関わっていることによる。その中で、八重山諸島の遺跡について検討した金武は、無土器時代の遺跡は基本的に砂丘地に存在したが、沖縄諸島のグスク時代に相当する段階である新里村期になると丘陵上や平野に移動し、次の中森期になると石垣を持つ遺跡が出現するとともに、貿易陶磁器の出土量が増大するとしている（金武 二〇〇三）。この石垣については、石垣市フルスト原遺跡の整備に伴う発掘調査によって、細胞状に連続した一五基の石垣による屋敷囲いを持つ集落跡が確認されている（下地傑 一九九九）。石垣の幅は二～四メートルで、石垣囲いの内部面積は約二五〇～六〇〇平方メートルを測る。内部には柱坑が数多く見られ、中には炉跡などを持つものもあるが、建物の復元は難しい。中森式土器をはじめ、褐釉陶器や青磁（無文碗・蓮弁文碗・細刻蓮弁文碗など）や白磁、釘などの鉄製品、炭化米・麦などが出土することから、一四世紀代から一五世紀末までの間に形成されたと考えている。このような石垣囲いが出現する背景について、日常的な生活の場でありながら、防備を意識する必要があったことが指摘されている。同様な石垣囲いを持つ集落跡は竹富島新里村西遺跡でも確認されており、隣り合う石垣囲いが幅七〇センチほどの通用門で結ばれるとともに、その中の二号屋敷では九本柱の高床式建物（高倉）を含む三～四棟の建物が確認された（金武 一九九九）。

このような八重山諸島の集落遺跡のあり方について、小野正敏は一四・一五世紀の石垣囲い集落が八重山諸島における地域抗争並びにその後の沖縄諸島勢力との抗争を背景として成立し、その後、一五世紀後半から一六世紀初頭にかけて八重山諸島が沖縄諸島勢力に組み込まれることによって消滅することを指摘している（小野 一九九九）。

八重山諸島の考古学的調査成果に対して、この時期の宮古諸島については、一九八八～九〇年にかけて沖縄県教育委員会によるグスク分布調査が行われ、グスクおよびグスク時代相当の遺跡として平良市一八遺跡、城辺町一五遺跡、上野村四遺跡、下地町九遺跡、伊良部町三遺跡、多良間村七遺跡があげられた。なお、その際に、主要グスクとして平良市オイオキ原遺跡、城辺町箕島（ムイズマ）遺跡、高腰城跡の確認調査状況が掲載された。この他、この時期の遺跡として城辺町大牧遺跡や野城（ヌグスク）遺跡、砂川元島（ウルカムトゥズマ）遺跡（城辺町教育委員会 一九八七・一九八九）、平良市住屋遺跡（平良市教育委員会 一九九九）、上野村新里元島上方台地遺跡および新里東元島遺跡（沖縄県立埋蔵文化財センター 二〇〇二）の調査報告書が刊行されている。しかし、宮古諸島における集落遺跡およびグスク遺跡の動向については、未だ不明確な部分が大きい。

そのような中、下地和宏はこれまでの研究史をまとめ、宮古諸島のグスク時代（土器）を三期に区分した。第Ⅰ期はグスク時代初期に当り、住屋遺跡、野城遺跡、高腰城跡、城辺町保良元島遺跡などがある。一二世紀から一四世紀の年代が推定される。第Ⅱ期の遺跡には砂川元島遺跡、箕島遺跡、新里元島遺跡、オイオキ原遺跡などがあり、宮古諸島全体に遺跡が拡散する。年代的には一四～一五世紀に位置付けられる。第Ⅲ期は一五世紀後半から一七世紀前半頃と推測される（下地 二〇〇三）。

宮古諸島では第Ⅱ期の遺跡の中に、石垣を巡らすものが出現し、年代的には八重山諸島の動向と同様の様相を示すことが知れる。しかしながら、考古学的な資料による歴史復元作業はその端緒に着いた状況にあり、今後の研究の進展が望まれる。

五　今後の課題

本論でも述べて来たとおり、琉球列島におけるグスク研究は沖縄諸島におけるグスク研究を中心に進められ、沖縄諸島で構築されたグスク理解論を周辺地域である奄美諸島や宮古・八重山諸島に適用することが試みられてきた。しかし、奄美諸島や宮古・八重山諸島における調査・研究の進展は、このような傾向を改め、それぞれの諸島ごとのグスク論を構築する動きを生み出しつつある。中でも、奄美諸島においてはグスクの構造や分布、年代などに関する資料の蓄積が進み、後に琉球国が成立する沖縄諸島とは異なった過程を経てグスク的な遺跡が出現する可能性が検討され始めている。このことはこれまで沖縄諸島を中心として構築されてきた琉球国の成立過程に関する理解論、すなわち琉球列島社会の内部発展による琉球国成立論にも大きな影響を与えるものである。近年の奄美諸島における日本の古代から中世段階に関係すると考えられる遺跡・遺物の確認状況（大和書房二〇〇七）とも関連し、内的発展論のみに立脚してきたこれまでのグスクの成立および琉球国の成立に関する研究を見直すことが必要と考えられる。このことは宮古・八重山諸島でも同様であり、この地域では内的発展よりも沖縄島の勢力との関係の緊張化が防御的集落やグスク的遺跡の形成を促した可能性が高い。このような各島々での様相を解明することが、琉球列島におけるグスクとグスク時代の評価を構築することに繋がるものと考えられる。

参考文献

安里進　一九八七「琉球―沖縄の考古学的時代区分をめぐる諸問題（上）」『考古学研究』第34巻第3号

安里進　一九八八「琉球―沖縄の考古学的時代区分をめぐる諸問題（下）」『考古学研究』第34巻第4号

安里進　一九九六「大型グスク出現前夜＝石鍋流通期の琉球列島」『新しい琉球史像―安良城盛昭先生追悼論集―』

伊東忠太・鎌倉芳太郎　一九三七『南海古陶瓷』

沖縄県教育委員会　一九八三「ぐすく　グスク分布調査報告Ⅰ」『沖縄県文化財調査報告書』第53集

沖縄県教育委員会　一九九〇「ぐすく　グスク分布調査報告Ⅱ」『沖縄県文化財調査報告書』第94集

沖縄県教育委員会　一九九三「ぐすく　グスク分布調査報告

Ⅲ」『沖縄県文化財調査報告書』第113集
沖縄県教育委員会　一九九六「首里城跡―京の内跡発掘調査報告書（Ⅰ）―」『沖縄県文化財調査報告書』第132集
沖縄県城辺町教育委員会　一九八七「大牧遺跡・野城遺跡―範囲確認調査報告書」『城辺町文化財調査報告書』第2集
沖縄県城辺町教育委員会　一九八九「砂川元島―個人の土地改良に係る緊急発掘調査―」『城辺町文化財調査報告書』第4集
沖縄県立博物館　一九八五『特別展グスク―グスクが語る古代琉球の歴史とロマン―』図録
沖縄県立埋蔵文化財センター　二〇〇一『亀井明徳公開ゼミナール資料　明初陶瓷器の研究―首里城京の内ＳＫ０１出土陶磁器を資料として―』
沖縄県立埋蔵文化財センター　二〇〇二「新里元島上方台地遺跡・新里東元島遺跡」『沖縄県立埋蔵文化財センター調査報告書』第7集
小野正敏　一九九九「密林に隠された中世八重山の村」『村が語る沖縄の歴史』
鹿児島県教育委員会　一九八七「鹿児島県の中世城館跡―中世城館跡調査報告書―」『鹿児島県埋蔵文化財調査報告書』第43集
笠利町教育委員会　一九八六「城遺跡・下山田遺跡・ケジⅢ遺跡」『笠利町文化財報告書』第8集
笠利町教育委員会　一九九三「用安湊城―主要地方道竜郷・奄美空港線に伴う埋蔵文化財発掘調査報告―」『笠利町文化財報告書』第19集
笠利町教育委員会　一九九九「ウーバルグスク発掘調査報告書」『笠利町文化財報告書』第25集
笠利町教育委員会　二〇〇三「赤木名グスク遺跡」『笠利町文化財報告書』第26集
金武正紀　一九八四「土器→無土器→土器―八重山考古学編年試案」『南島考古』第14号
金武正紀　一九八九「沖縄における12・13世紀の中国陶磁器」『沖縄県立博物館紀要』第15号
金武正紀　一九九〇「沖縄の中国陶磁器」『考古学ジャーナル』第320号
金武正紀　一九九一「沖縄出土のタイ・ベトナム陶磁」『貿易陶磁研究』第11号
金武正紀　一九九九「再発見された八重山の古村落」『村が語る沖縄の歴史』
金武正紀　二〇〇三「先島の歴（原）史時代（スク時代）」『沖縄県史各論編』第2巻（考古）
金武正紀　二〇〇四「沖縄から出土したタイ・ベトナム陶磁」『シンポジウム陶磁器が語る交流―九州・沖縄から出土した東南アジア産陶磁器』
熊本大学文学部考古学研究室　一九八五「玉城遺跡―付　周辺遺跡分布調査」『研究室活動報告』19
里山勇廣　一九八九「奄美諸島・古代概観」『新沖縄文学』第

81号
下地和宏　二〇〇三「宮古諸島の土器」『沖縄県史各論編』第2巻（考古）
下地傑　一九九九「発掘された村・石垣島フルストバル村」『村が語る沖縄の歴史』
大和書房　二〇〇七「古代・中世の奄美・沖縄諸島」『東アジアの古代文化』第130集
高良倉吉　一九八二「古琉球とグスク時代」『地域と文化』第13・14合併号
當眞嗣一　一九七九「沖縄のグスク」『考古資料の見方《遺跡編》』地方史マニュアル5
當眞嗣一　一九八五「考古学上より見た沖縄のグスク」『沖縄県教育委員会文化課紀要』第2号
當眞嗣一　一九九三「グスクの縄張りについて（上）」『沖縄県立博物館紀要』第19号
當眞嗣一　一九九四「グスクの縄張りについて（下）」『沖縄県立博物館紀要』「第20号
當眞嗣一　一九九五「離島の小規模グスクについて」『沖縄県立博物館紀要』第21号
當眞嗣一　一九九九「久米島のグスクについて」『沖縄県教育庁文化課紀要』第15号
當眞嗣一　一九八八「グスクの石積について（上）」『沖縄県教育委員会文化課紀要』第5号
當眞嗣一　一九九〇「グスクの石積について（下）」『沖縄県教育委員会文化課紀要』第6号
名嘉正八郎　一九九三『琉球の城』
名嘉正八郎　一九九四「グスク（城）の姿」『南日本文化研究所叢書』20
名瀬市教育委員会　二〇〇一「奄美大島名瀬市グスク詳細分布調査報告書」『名瀬市文化財叢書』3
平良市教育委員会　一九九九「住屋遺跡（Ⅰ）―庁舎建設に伴う緊急発掘調査報告書―」『平良市埋蔵文化財調査報告書』第4集
三木靖　一九九九「奄美の中世城郭について」『南九州城郭研究』創刊号
山本正昭　一九九九「グスク時代の石積み囲いについての一考察―沖縄本島及びその周辺離島を中心にして―（上）」『南島考古』第18号
山本正昭　二〇〇〇「グスク時代の石積み囲いについての一考察―沖縄本島及びその周辺離島を中心にして―（下）」『南島考古』第19号

コラム10

サハリンの城郭

熊木俊朗

「城郭」に類するような、方形の土塁に囲まれた遺跡（土城）はサハリンにも存在する。最も有名な白主土城はサハリン南端部、クリリオン岬の近くに位置し、宗谷海峡を挟んで北海道と対峙しているが、その存在は近世から知られていた。終戦までの間にはこれに加えて三カ所（アレキサンドロフスク（亜港）土城、馬群譚土城、小能登呂土城）が鳥居龍蔵、伊東信雄、新岡武彦らによって報告され[1]、戦後はさらに四カ所（クリリオン土城、シトルモヴォェ土城、多来加川右岸の土城、マーロ・トィモヴォ土城）が新たに報告ないし再検討されている[2]。すなわち現在、サハリン全土では合計八ヶ所がこの種の遺跡、またはその可能性がある（あるいはあった）ものとして知られている。

新岡は、終戦までに知られた四カ所のうち、詳細不明な小能登呂土城を除く三カ所に共通する特徴として以下の三点を指摘した。すなわち、平野段丘などの平坦地に設けてある、平面形が方形矩形などの四辺形である、外部とは土塁または土塁と空濠を併用して区画し防禦の用に充てる、である。古くから知られるこれら三カ所の土城はすべて一辺が五〇～一〇〇メートル程の規模を有していたらしい。一方、戦後に報告された四カ所はすべて一辺の長さが上記のほぼ半分かそれ以下という小規模なものであり、両者の間には無視できない差がある。その点などから、このような小規模な例については「土城」に含めないとする見解もある[3]。

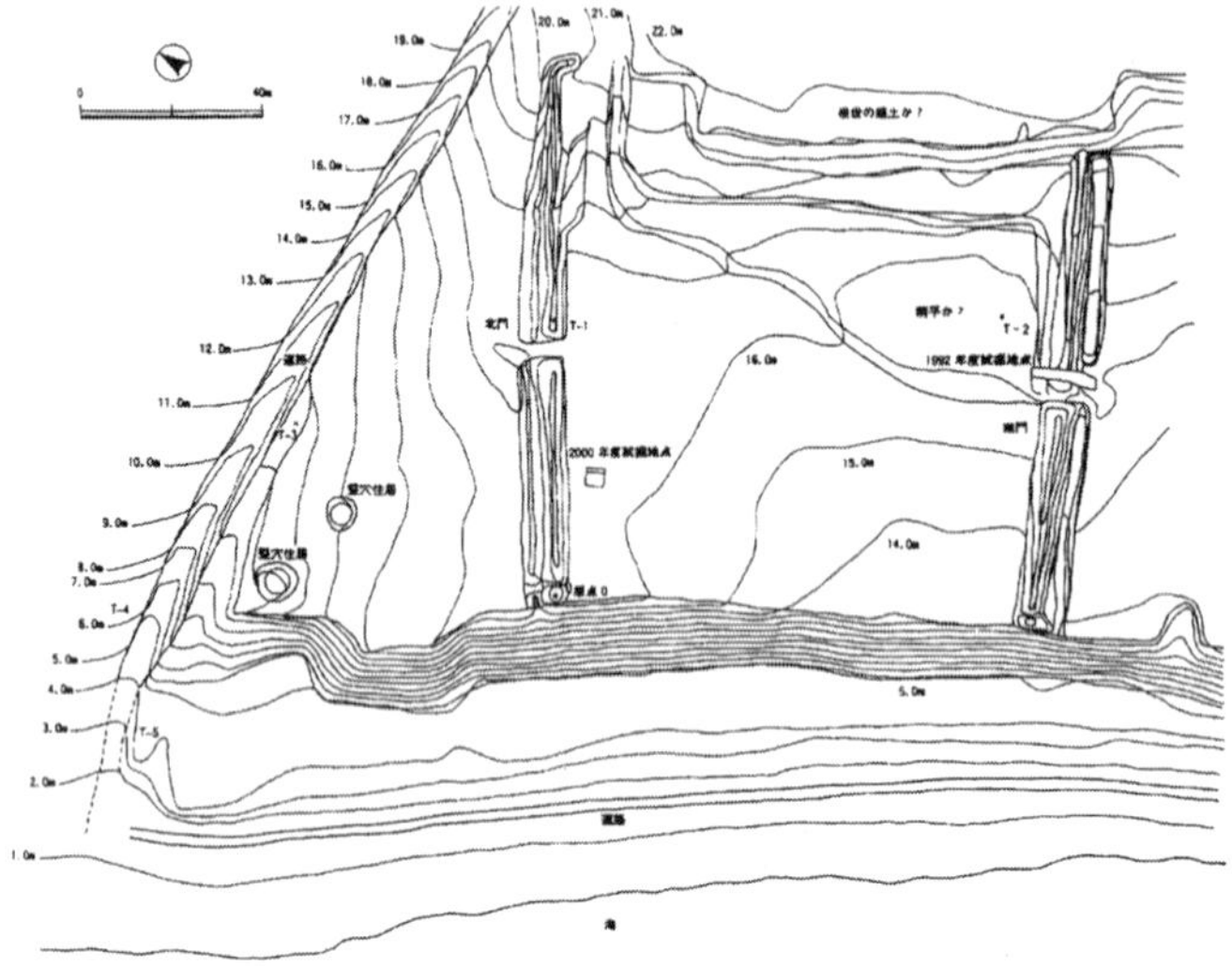

図１　白主土城測量図

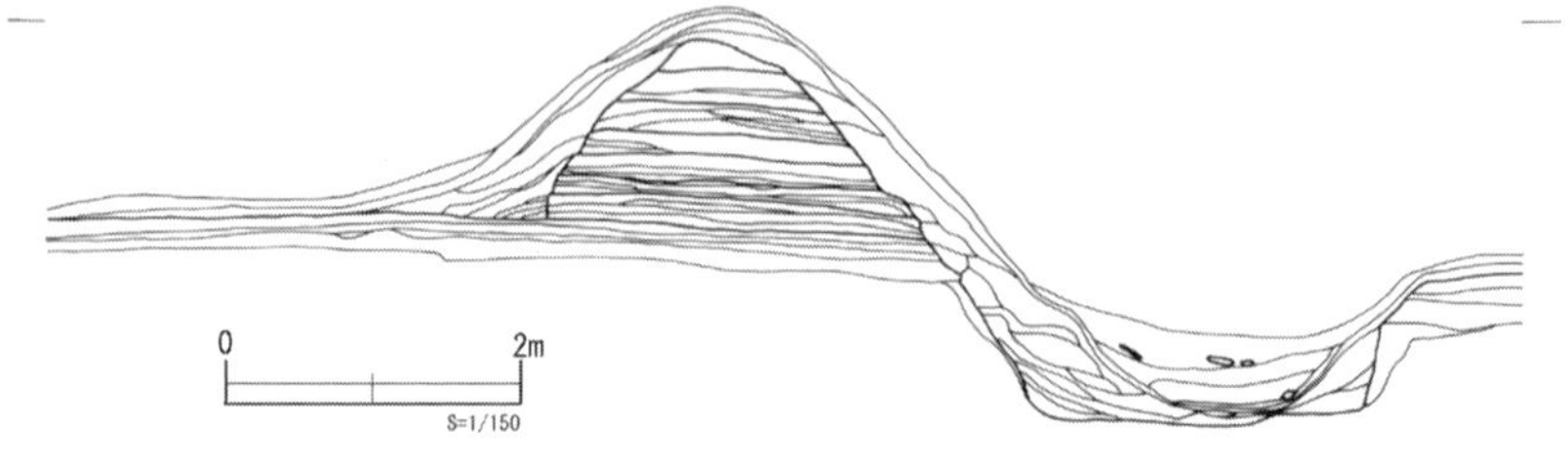

図２　白主土城堀・土塁断面図

　これらの土城については、「支那式土城」という伊東の呼称に表れているとおり、すでに戦前から極東の城郭遺跡との類似が指摘され、大陸系の造営者による建造物である可能性が唱えられてきた。ただし年代については決め手がなく、渤海期から明代に至るまで様々な可能性が示唆されていた。そのような中で最近、白主土城の発掘が中央大学とサハリン総合大学との共同調査として実施され、多くの成果が得られている[4]（図1・図2）。特に土塁や堀に使用された基準尺度や版築技術などの分析から、金代後半～元代にかけての土木・設計技術の影響を受けて構築された可能性が高いことが指摘されており、年代や系譜が具体的に示された例として注目されている。他の土城については、特に終戦までに確認された三カ所がすでに消滅していることもあって検証が難しいが、先述のように規模の小さな例については白主土城とは異なる性格・時期のものである可能性も高く、包括的な調査が求められている。伝播系統論的な観点からみた場合には、極東の城郭遺跡との関係に加え、オホーツク文化期の「壕・塁壁内集落」[5]、東北北部・北海道南部の環壕（防御性）集落、アイヌ文化期のチャシ跡など、形態や構造に類似点のある他の遺構との関連が問題となるかもしれない。しかし現状では各々の形態的・時空間的な隔たりは大きく、直接的な対比は難しい。土城の機能や性格、それらが築造された政治的・社会的な背景を踏まえながら検討を進める必要があろう。

　これらの土城が構築された背景については、極東の城郭遺跡と類似することとあわせて、元のサハリン侵攻や明の支配体制強化など、中世における中国王朝のサハリン進出と関連づけて解釈される場合が多い。具体的な機能や性格については、土城内部で遺構・遺物がほとんど発見されないこともあって現段階では不明とせざるを得ないが、軍事・行政的な側面に加えて、交易の場としての機能を指摘する意見も多くみられる。特に近世蝦夷地のアイヌ交易所である「会所」や、アムール下流域のデレンに存在した満州仮府とイメージが重なるとする指摘は注目されよう[6]。中世におけるアムール下流域・サハリン・北海道の交流に関しては、解明の手がかりがオホーツク文化期や近世のそれと比較してきわめて少ないのが現状であるが、その中にあって土城の研究は重要な意義を有しており、今後の展開が期待される。

註

（1）鳥居龍蔵『人類学及人種学上より見たる北東亜細亜』（岡書院、一九二四年）、伊東信雄「樺太に於ける支那式土城」（『文化』第三巻第一号、一九三六年）、新岡武彦「日本北辺の土城に就いて」（『北海道考古学』第一輯、一九六五年）。

（2）平川善祥・山田悟郎「『白主土城』の現状について」（『一九九〇年度「北の歴史・文化交流研究事業」中間報告』北海道開拓記念館、一九九一年）、I・A・サマリン、O・A・シュービナ「白主土城の現状」（『北海道チャシ学会々報』№47、二〇〇一年）、右代啓視「北東アジアにおけるチャシの起源と位置づけ」（『「北の文化交流史研究事業」研究報告』北海道開拓記念館、二〇〇〇年）。

（3）杉浦重信「南サハリンの小能登呂・馬群譚土城について」（『北方博物館交流』第一四号、二〇〇二年）。

（4）前川要、A・ワシレフスキーほか「サハリン白主土城の研究（3）」（『日本考古学協会第七〇回総会研究発表要旨』二〇〇四年）。

（5）註（2）右代論文。

（6）宇田川洋「北の中近世―サハリンを中心に―」（『中近世史研究と考古学』葛西城発掘三〇周年記念論文集刊行会、二〇〇二年）、その他。

コラム11

契丹城郭の比較研究

――千田嘉博

地球のさまざまな国と地域にはそれぞれの歴史を反映した城郭が築かれた。中東・ヨーロッパ地域ではヨルダン川西岸地区の都市遺跡イェリコが紀元前八〇〇〇年頃に城壁をめぐらして防御したと説明されてきた。しかし現在は雨期の鉄砲水を防いだ壁と評価が修正されている（佐原 一九九六）。しかし農耕がはじまって蓄えが増加すると、人を殺傷するための武器が出現し、堀や土手をめぐらした村が出現した。城郭の歴史もこの頃からはじまったと見て間違いない。

紀元前四〇〇〇年のギリシャ・ディミニ遺跡には石を積み上げた三重の城壁を備え、エーゲ海に浮かぶシロス島にある紀元前三〇〇〇年頃のカストリニ遺跡の城壁には横矢を掛けるための張り出し櫓台だけでなく、鍵の手形に外側に突出した出入り口（out turned entrance）までも備えたことが知られている。それは日本の城郭研究でいう一六世紀後半成立の外枡形出入り口と同じであった（千田 一九九六）。

さらに紀元前三〇〇年〜紀元前三〇年頃のヘレニズム期城郭の発達は、すでにひとつの頂点を極めたというべき整った城郭の防御施設を生み出した。切り石垣による高い城壁、横矢（側面防射）の張り出し櫓、といった城壁の強化方法、外枡形出入り口・馬出し出入り口といった空間と城道の屈曲を組み合わせた複雑系出入り口、囲郭の階層構造など、こののちに地球の歴史のなかでくり返し現れた城郭の防御システムはひと通り出揃ったといってもよいほどである（McNicoll 1997）。

東アジアでは、紀元前四八〇〇年頃の中国・半坡遺跡が幅五〜八メートルの堀をめぐらし、鍵の手形に外側に突出した出入り口を備えていたように、紀元前五〇〇〇年頃までには防御した初源的な都市が出現した。そして紀元前三〇〇〇年頃には版築で築いた本格的な城壁都市が出現した。国家の形成と城郭・城郭都市の成立は密接に関わったのである。

朝鮮半島では韓国・検丹里遺跡に見られるように紀元前一一〇〇年頃に環濠集落が成立し、日本では紀元前一〇〇〇年頃に福岡県那珂環濠集落で環濠をめぐらした初源的な都市が成立した。ここに日本列島における城郭の歴史がはじまったのである。そして紀元後二〇〇年頃の佐賀県吉野ヶ里遺跡では城道を鍵の手形に屈曲させた複雑系の出入り口を使用した（検丹里遺跡、那珂環濠集落、吉野ヶ里遺跡の年代は炭素14年代法の較正年代による）。

城郭は一般的にそれぞれの国や地域の歴史と強く結びつき、それぞれの国や地域固有のものとして評価されがちである。しかし概観してきたように世界のいろいろな時代の城を短期的視点ではなく長期的視点で比較していくと、それぞれの国や地域ごとの固有性が高く思えた城郭に、隠された共通性と城郭構造の進化パターンを見つけることができる。

文字史料の方法から城郭の研究を進めると、無意識にそれぞれの国や地域の歴史に城郭から分かったことを還元しようとしてしまう。日本においても城郭研究はとりわけ武士イメージと結びつき、城＝武士＝日本文化の核、すなわち日本文化の象徴としての城、と固有性が強調されてきた。しかし城郭遺跡の構造研究や空間分析から研究を進めると、そうした一国史観に拘束されずに日本の城郭がもった世界の城との共通性や相対的位置関係を明らかにできる。物質資料の観点から研究を立ち上げ、東アジアの城郭をはじめとした地球上のさまざまな時代の多様な城郭と比較することで、世界史のなかの日本の城郭の特色が、はじめて明らかになる。

（1）城郭防御施設発達の法則性

およそ、いろいろな時代に出現した城郭の防御施設の構造進化は、曲輪群の連結においては、①曲輪群連結方法の求進化として把握できる。城郭のもった個別要素に関わるエレメントの進化は、②囲郭城壁の変化、③出入り口の変化、④軍事的建築の高度化、として分節的に把握される。

①曲輪群連結方法については、一般に(a)並立的連結構造から、(b)求心的連結構造への変化を指摘することができる。城主の権力の求心力と家臣の階層的編成が進むと、城郭構造も求心的、階層的構造へと変化した(千田 二〇〇〇)。

②囲郭の変化については、素材の永久化(たとえば土から石・塼へ)といった構成材料の変化があったが、それぞれの素材の段階に防御方法の複雑化が進んで囲郭を変化させた。概念的に示せば、(a)単純な囲郭、(b)横矢をねらった屈曲や張り出した塔(櫓台/馬面)を付加した囲郭、(c)囲郭の重層化、堀+帯曲輪(zwinger)との組み合わせ、といった進化であった。また特徴的なものとして畝状空堀群(放射土塁群)の出現をあげることができる。

畝状空堀群(放射土塁群)は、土づくりの城郭の最終段階に、斜面に拡張した防御施設として出現した。切岸外(城壁外)の斜面に竪堀と竪土塁を組み合わせて築くのを基本形とした。斜面を登ってくる敵兵を効果的に捕捉するとともに、斜面を敵兵が横移するのを防ぐ機能を担った。畝状空堀群(放射土塁群)は日本では一六世紀に一度だけ現れ、ヨーロッパでは紀元前一世紀と紀元後一一世紀の二回にわたってつくられた。今のところ日本とヨーロッパ以外では発見していない。

③出入り口の変化は、単純出入り口から複雑系出入り口への進化であった。進化の段階を概念的に示せば、(a)単純な出入り口、(b)城道の屈曲をもつ出入り口(くい違い虎口)、(c)城道の屈曲+出入り口と組み合わせた特別な広場をもつ出入り口(甕城・枡形)、となる。そして複雑系出入り口は、外枡形・内枡形、馬出しの三類型に収斂した。

外枡形・内枡形と、馬出しという出入り口形式は、防御と出撃のバランスにもっとも優れた最適解であったと評価できる。だから出入り口の進化はいずれの時代、国と地域においても、外枡形・内枡形と馬出しに到達すると発展が終了した。世界史では紀元前五〇〇〇年頃に初源的な外枡形が成立し、日本では外枡形は紀元後二〇〇年頃にわずかに現れ、紀元後一六世紀の戦国時代に本格的に使われた。地球上でもっとも遅く外枡形が出現したのは紀元後一九世紀のニュージーランド・マオリ族の砦であった。④軍事的建築の高度化は、複数の門の併用や、櫓・天守などの出現として把握できる。建築については時代や国・地域による偏差が大きかった。

このように日本の城郭も、日本の歴史の脈絡ではなく、城郭施設の世界史的な進化の脈絡に位置づけて叙述可能である。地球規模で共通した城郭構造が時代や地域を越えて出現し、それぞれが巨視的に見れば共通した進化過程をたどったことを伝播論で説明することは不可能である。もちろん中国から朝鮮半島へ、といったような伝播はあったことは当然で、一九世紀のニュージーランドにおける外枡形の成立もヨーロッパ人からの教示によるもので明確な伝播例であった。

しかし、たとえば紀元前三〇〇〇年に出現した外枡形を根源として世界に外枡形が広がった、と解釈するような一元的理解は成立しない。基本的にはそれぞれの時代の国や地域で城郭の防御方法を工夫し、その結果、多時的、多元的に共通した防御施設を編み出した、と考えるべきである。このことはある地域で一度獲得された複雑な防御施設も、その必要が薄れると忘れられ、断絶ののち、ふたたび共通した発展過程を経て複雑系防御施設を獲得するというサイクルが世界の各地でくり返されたことを意味する。

日本では城郭の建設に、弥生時代から古墳時代、奈良時代、平安時代末期、中世から近世初頭といった四時期の画期があり、たとえば外枡形は、弥生時代から古墳時代、奈良時代、中世から近世初頭という三つの時期にあった。そして奈良時代以降は、それぞれ過去に同様の工夫があったことを意識することなく、改めて外枡形を生み出していた。城郭の防御施設の発達は、獲得と忘却の繰り返しであったことになる。

それぞれの国や地域において、いつどのような防御施設の組み合わせを実現したか、組み合わせの素材は何か、という点には強い特性があった（だから従来の城郭研究は、基本的に自己完結的となった）。さらに、こうした城郭構造の進化が政治史・社会史とどのようにリンクしたかに、国や地域の固有の歴史を読み解く資料としての城郭遺跡の特性を見出すことができる。だから安易に、ある防御施設の組み合わせの出現と、ある政治・社会構造の実現という歴史的読み取りを、法則的に理解すべきではない。つまり一般法則として、城郭の曲輪群の並立的連結＝連合的権力構造、城郭の曲輪群の求心的連結＝官僚的（独裁的）権力構造というところまではよいとして、そうした法則的理解を踏み込んで活かすには、個別の社会に城を位置づけた個別研究が必要なのである。

図1　ハルブヒン・バルガスの城壁と馬面

（2）契丹城郭の比較研究

先述した分析視点を具体的にモンゴルの契丹土城の防御施設について考えてみよう。ハルブヒン・バルガスは阻卜に備えた契丹の北方防御の拠点で、紀元後一一世紀から一二世紀に機能した（図1）。東西八〇〇メートル、南北七〇〇メートルの規模で方形に囲郭をめぐらした。囲郭は堀＋城壁の組み合わせであり、城壁には馬面（横矢を掛けるための城壁の張り出し）を備えた。出入り口は甕城（外枡形）となっており整った複雑系出入り口となっていた（図2・3）。中国では非常に早くから甕城（外枡形）が成立し、契丹（遼）国の中心であった遼上京、中京や祖

図2　ハルブヒン・バルガスの北甕城

図3　ハルブヒン・バルガスの南甕城

図４　遼上京の城壁

図５　チントルゴイ
（臼杵・千田ほか測量2006-2008年）

図６　チントルゴイの馬面

図７　チントルゴイの甕城

州城などに馬面や外枡形を見ることができる。だからこの場合は、モンゴルにおいて独自に獲得されたというより、伝播的に獲得されたものである（図４）。

チン・トルゴイ・バルガスは一〇〇四年に契丹国が設置した鎮州城に相当する城郭都市と比定され、東西六五〇メートル、南北一二五〇メートルの大きさで、南北に二城が並ぶ形態をとった（図5）。囲郭は堀と城壁の組み合わせで、城壁には馬面を規則的にもった。出入り口はいずれも甕城（外枡形）を備え、先のハルブヒン・バルガスと平面規模は異なるものの共通した防御施設で設計されたことがわかる（図6・図7）。

　ウランヘレム・バルガスはやはり紀元後一一世紀～一二世紀にかけて、阻卜に備えた契丹国の北方防衛の拠点城郭と位置づけられる（図8）。その点では先のハル・ブヒンバルガス、チントルゴイ・バルガスと変わらない。しかし防御施設の組み立ては、ふたつの城と大きく異なっていた。まず囲郭は主城壁直下に帯曲輪（zwinger）を組み合わせていた点に違いがある。つまり堀が主城壁の直下にあるのではなく、帯曲輪を挟んだ先に設置していた（図9）。これは堀と主城壁の間の帯曲輪を置くことで、敵が突入してきたときの進退を阻害し、主城壁から弓矢や弩、投石などを用いて効率的に敵兵を殺傷するための工夫であった。

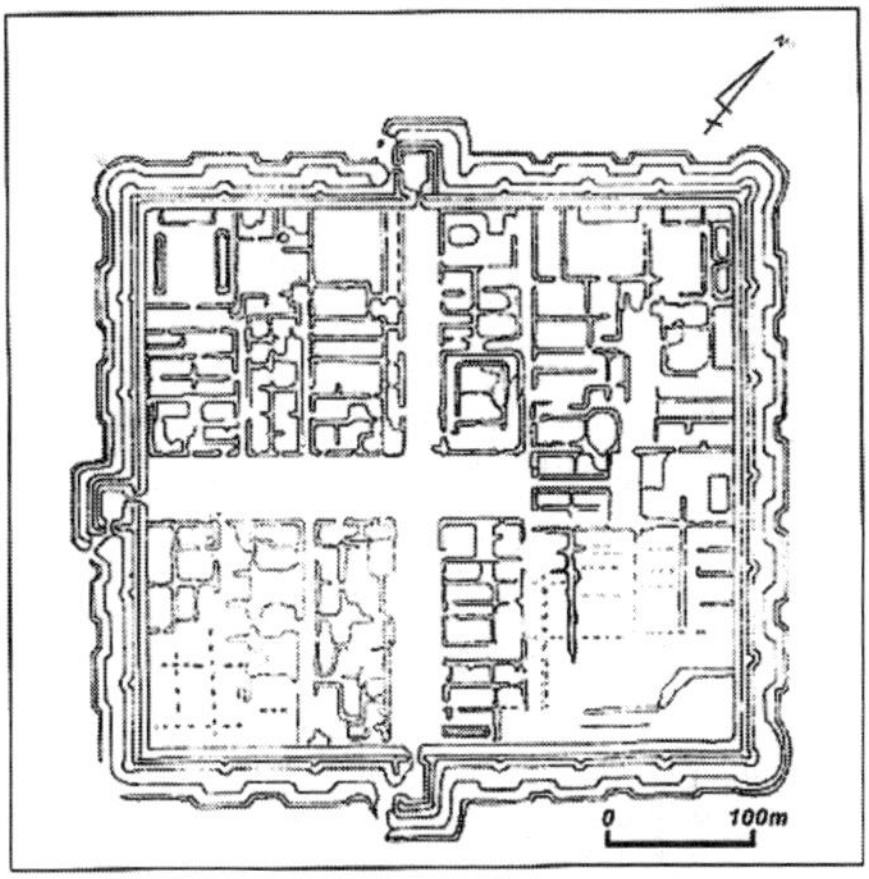

図8　ウランヘルム
（オチル・エンフトルほか：清水訳 2007より）

図9　ウランヘルムの帯曲輪と堀

図10　ウランヘルムの城壁と馬面

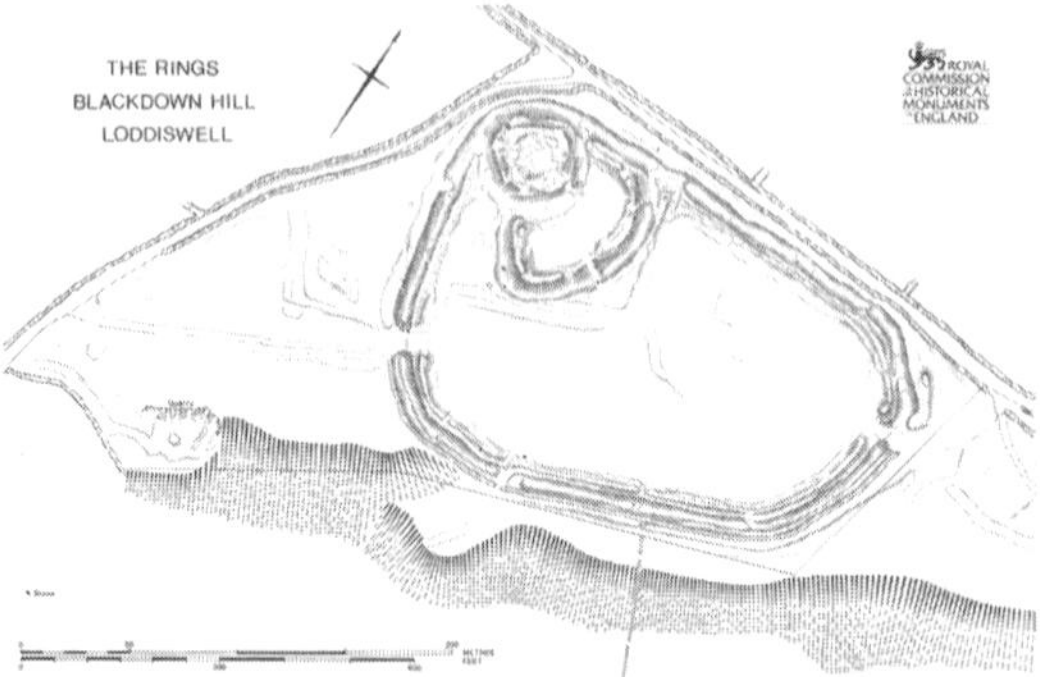

図11　モット・アンド・ベーリー
（HIGHAM and BARKER 1992より）

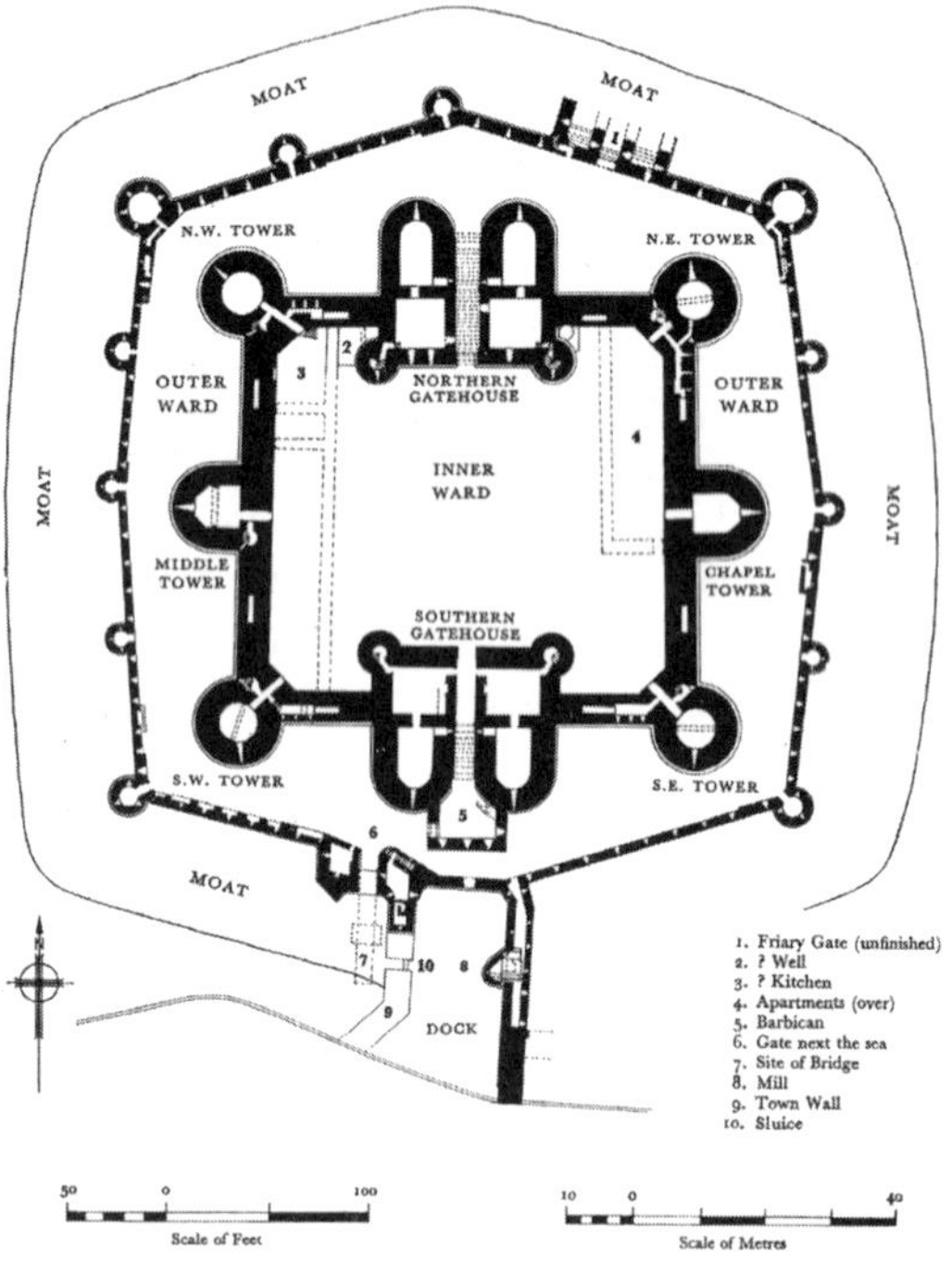

図12　ボーマリス城
（TAYLOR 1986より）

そして主城壁の馬面は、この帯曲輪に向かって張り出したから、馬面上からの攻撃は大きな効果を発揮し得た。また甕城は帯曲輪を越えてその先の堀まで大きく突出していた点も重要な変化であった。甕城が大きく張り出したことで、甕城が出入り口を守る拠点としてだけでなく、それぞれの城壁の防御拠点として機能したのである。一般化して理解すれば、甕城が出入り口防御の施設から、城壁防衛の要であった門塔へと進化したといえる（図10）。甕城が堀底へ横矢を掛ける位置まで突出したことで、主城壁の馬面からの横矢と合わせた二重の横矢システムとなり、この点でも高効率を果たしていた。

　主城壁からの横矢の拠点になった馬面にも構造的な変化を指摘できる。馬面上面が主城壁から一段高くなっていて、馬面が城壁外への防射の陣として機能したことに加え城壁を区分した塔（櫓）を指向したことが明らかなのである。馬面が城壁を一定の長さにパート化したことで、たとえ主城壁の一部が陥落しても、それでその面の城壁がすべて敵に落ちるのではなく、乗っ取りを果たされた城壁を挟んだ両脇の馬面塔から即座に奪還をめざした反撃ができる構造になった。

こうしたウランヘレム・バルガスで確認できる防御の工夫は、この城がハル・ブヒンバルガス、チントルゴイ・バルガスより明らかに進んだ防御施設の組み合わせをもったことを示している。文字史料からの検討では、三つの城の存続期間やそれぞれの城の成立過程の違いを十分明らかにできない。しかし城郭構造の検討からは、三城のうちウランヘレム・バルガスがもっとも洗練され、またもっとも強固な軍事機能を発揮し得たプランであったことがわかる。三城が同時期に存在したことは疑いがなく、城郭構造の検討から役割の分担について推測が可能になったのである。

ウランヘレム・バルガスが達成した防御施設は地球規模の視点から見て、どのように評価できるだろうか。たとえばヨーロッパでは、一一世紀頃はローマ帝国崩壊後の騎士の拠点として現れたモット・アンド・ベーリー型城郭から、十字軍以降の中東の城づくりに影響を受けた新形式の城郭へと変化していく時期にあった（図11）。この過程でヨーロッパの城では主城壁直下の殺傷空間としての帯曲輪が成立し、また一三世紀にエドワードⅠ世がウエールズに築いたボーマリス城（図12）のように、城壁の防御拠点としての門塔（Gatehouse）が機能するようになっていた。

つまり一一世紀のモンゴル高原における契丹城郭は、ヨーロッパの城郭に匹敵する当該期の最先端の城郭構造をもっていたのである。契丹の城郭が中国の影響のもとにできたことを考えると、西と東に共通した防御施設の組み合わせを指向した拮抗する城郭プランが存在したことが見えてきた。モンゴルの土城あるいは契丹の城郭についての世界史的な位置づけはこれまで意識されず、一国史的文脈から評価されてきた。しかし、こうして城郭構造からの分析をすることで、同時代の世界の城郭のなかで契丹の城郭は高く評価できること、さらに今後、世界史的な視野を備えた城郭構造研究の視点から分析を進めるべきなことを明らかにできたと思う。

　主城壁の馬面に甕城を組み合わせるという塁線の防御施設をとった城郭は、文字通りの極東であるロシア沿海州の中世城郭にも広がっていた。契丹城郭の背後には防御施設の組み立てを共有した膨大な城郭がある。モンゴルに残された契丹城郭は、再利用・改修されることなくオリジナルな姿が良好に残されている。契丹城郭の世界史的位置を明らかにすることは、東アジアの中世城郭の特質を理解し、日本の中世城郭が東アジアの城郭のなかでいかに特色のある形態をとったかを解明することに直結している。

引用参考文献

臼杵勲・千田嘉博・前川要　二〇〇六「モンゴル　トーラ川流域の契丹城郭」『考古学研究』第五三巻第三号

千田嘉博　一九九九「織豊系城郭の出入り口」『織豊城郭』第六号

A・オチル、A・エンフトルほか（清水奈都紀訳）二〇〇七「ハル・ブフ城址とトーラ河流域の契丹都市・集落」松田孝一編『内陸アジア諸言語資料の解読によるモンゴルの都市発展と交通に関する総合研究』

McNicoll A.W. 1997 Hellenistic Fortifications from the Aegean to the Euphrates, Oxford Monographs on Classical Archaeology, Clarendon Press.

Higham and Barker, 1992 Timber Castles, Batsford.

Taylor 1986 The Welsh Castles of Edward I, The Hambledon Press.

第五章　領域・境界・集団の形成

第一節　アイヌ化と領域
——北奥アイヌ文化の形成過程を考える——

小野裕子・天野哲也

アイヌ文化形成の諸問題について、筆者の一人である天野はこれまで幾たびか論じたことがあるが（天野　一九九五、二〇〇三a、二〇〇六、二〇〇七）、鉄器保有量に見る擦文期とアイヌ期の著しい格差から（天野二〇〇三b、二〇〇七）、両文化期では生産組織・生産領域のあり方に大きな違いのあることが推定された。それを捉える一つの手掛かりとして、大井晴男が指摘した擦文期とアイヌ期の集落分布の特性（大井　一九八四）に注目し、集落分布に見る「擦文文化の団塊性とアイヌ文化の線列状分散性」を生産方式における違いに求めた。すなわち、擦文期では共同的な生産方式であるのに対し、アイヌ期では「『売れ筋』の産物を求めて各コタンさらには家族単位に分散して生産にいそし」む方式（天野二〇〇六、一二五頁）である。そして、後者の分散的なあり方は、「土地の優先的利用権の設定」を前提として成立すると考えられることから、このような土地とその資源に対する個別的な利用権の確立をもって、擦文文化とアイヌ文化の「画期」とする仮説を持っている。

だが、この「画期」は主として北海道本島における擦文文化とアイヌ文化の比較を通じて導き出されたものである。周知のようにアイヌ集団は北海道本島以外に、東北北部、サハリン、そして千島列島に分布していたが、それらの前身である擦文文化は地域的に様相を異にすることがかなり明らかになっている（天野　一九八七、瀬川　一九九六・一九九七）。したがって、アイヌ文化形成のプロセスにおける「画期」は、地域的な違いを視野に入れて改めて検討する必要がある。

一　「アイヌ」化における地域性

アイヌ集団の主たる分布域としては、上述のように、本州北部、北海道本島、サハリン、そして千島列島が挙げられる。言語学的にも大きく、本州北部を含む北海道、サハリン、千島のアイヌ語に分けられ（金田一　一九二五）、北海道やサハリンではさらに下位の方言の違いが知られている（金田一　一九三〇、服部・知里　一九六〇、浅井　一九七四）。一方、考古学的にアイヌ文化の形成を論じたこれまでの研究では、資料的な制約もあり、アイヌ文化の形成についての研究は専ら北海道本島が中心であった。地域差の問題は、アイヌ化の開始時期についての議論が主であり、アイヌ化のプロセス自体についての地域的な違いを捉えようとする試みはまだ多くない。

擦文式土器の編年、特にその終末期については鉄鍋への転換の状況が未だに明らかではないが、少なくとも東北地方では、北海道に比べ擦文式土器の終焉が一段階早いことは、今日多くの研究者の一致する見解となっている。他方、東北北部における在地製作土器の廃用は、遅くとも一二世紀前半を降らない。東北地方における擦文式土器が、道内における最終段階のもの以前に止まる背景に、東北地方での中世社会の開始が関係していることは疑いない。

近年、女鹿潤哉は津軽など本州アイヌの成立過程の解明に取り組んでいるが（女鹿　二〇〇六a・b）、「本州アイヌ」と北海道アイヌの成立をほぼ同時とする女鹿の見解とは異なり、筆者等はこのような東北北部と北海道の間に見られる土器編年上の格差から、東北北部に知られるアイヌ文化の成立は北海道に先駆けてなされたと考える。このことはアイヌ文化の本質を考える上でも興味深い問題を投げかけると思われる。以下、小論では奥羽地方における「アイヌ化」の問題を考えてみることにしたい。

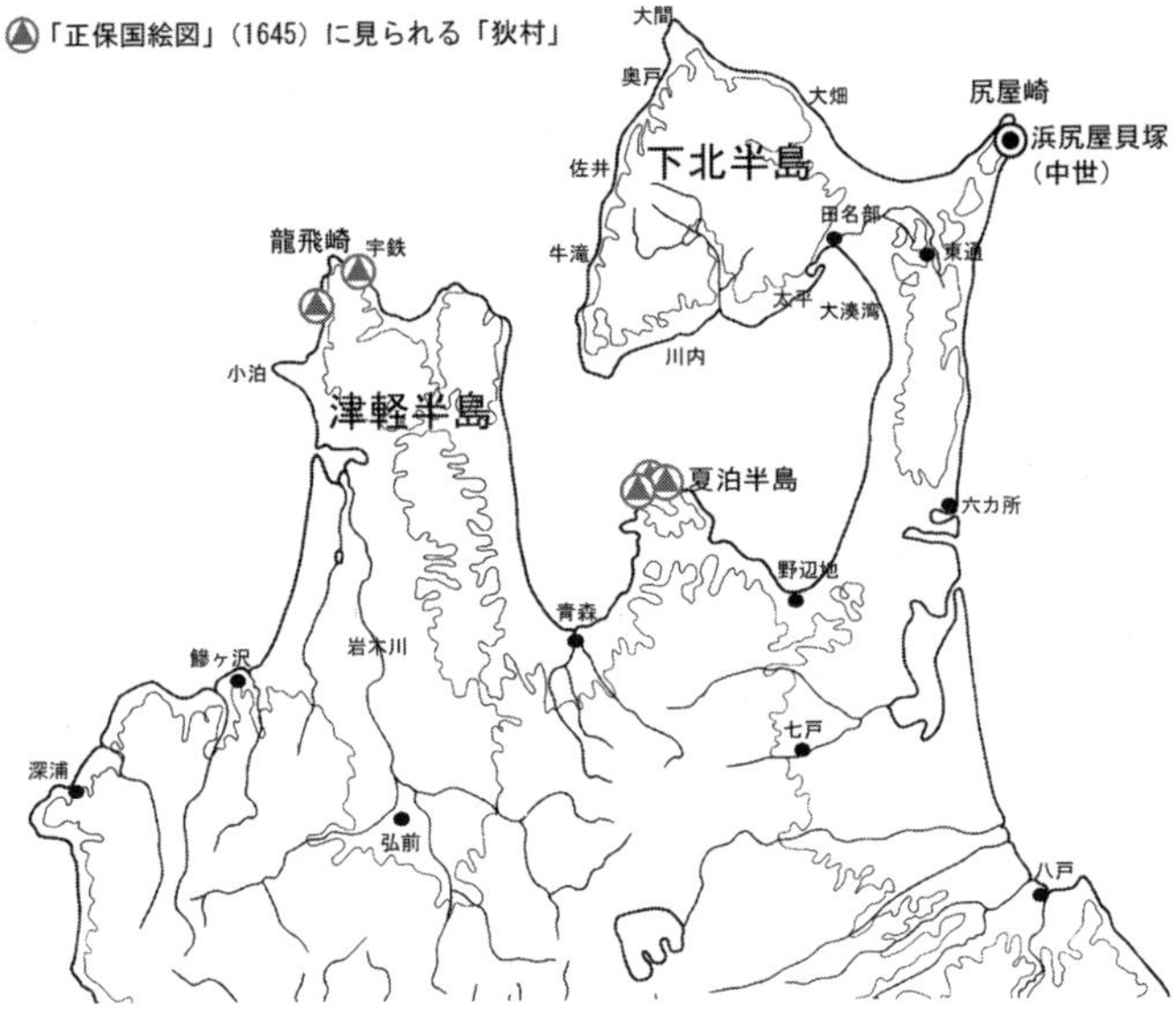

図1　「正保国絵図」（1645）に見る近世アイヌの村落（浪川 1992）と中世アイヌ期の貝塚

二　東北地方北部におけるアイヌの居住域

浪川健治は絵図や文書に示される「狄」、「えぞ」、「蝦夷」の居住の記録を根拠とし、本州北部の津軽半島や夏泊半島、下北半島に近世アイヌ社会・アイヌ民族が存在し、幕藩国家体制の元で「狄」として編成されつつ伝来の生業活動を営んでいたことを詳しく論じている（浪川一九九二）。女鹿も同様の史料に依拠する一方、下北の中・近世の貝塚出土の銛頭、中柄等の骨角製狩猟・漁撈具から、それらの使用者が「アイヌとみなし得る人々であった」として、下北における中・近世のアイヌ社会の実在を説いている。そして津軽においても下北と本質的に異ならないアイヌ社会の存在を認め、それらの成立が、北海道におけるアイヌ社会への変容期である「一二～一三世紀」にほぼ併行する形で起こっていたとする仮説を提起している（女鹿 二〇〇六a・b）。

両者の挙げている本州北部のアイヌ居住地は、近世においては津軽半島や夏泊半島の沿岸部、あるいは下北半島の沿岸部ならびに津軽海峡と陸奥湾を結ぶ田名部低地に分布している。他方、陶磁器から「一四〜一五世紀」に比定されている下北半島東通村浜尻屋貝塚は、クロアワビを主とする貝塚で、得られている魚種や家畜の遺存体から通年居住の漁業集落と考えられているが、擬似餌針やネコ、陶磁器など、非アイヌ文化的なものと、勝山館出土のものと類似する扁平な鹿角製中柄などアイヌ的なものが共に出土している（工藤　一九九九、浜尻屋教育委員会　二〇〇四）。

中世においてこの下北が安藤氏の知行地に含まれていたことは先行研究で明らかにされており（豊田　一九七〇、小口　一九八八）、蝦夷管領としての安藤氏の配下に「えぞ」が含まれていたことも遠藤の指摘の通りである（遠藤　一九七六、四頁）。したがって、浜尻屋貝塚に見られるアイヌ的な遺物は、その操業主体をどう見るかはさておき、女鹿の説くように、安藤氏所領のアイヌが同貝塚において漁撈・採集に関与していた可能性を認めて良いと思われる。同様に、津軽側についても近世アイヌの居住域から見て、これに遡る時期からのアイヌの存在を考えて良いであろうが、目下のところは直接それを窺うことのできる資料がない。アイヌに関する考古学資料のみならず、中世前半期の遺構、遺物群は、それ以前の時期に比べ確認例が著しく少ないことから言えば、東北北部におけるアイヌ文化、殊にその形成期に関わる資料が乏しいことも怪しむに当たらない。

ところで、『日本書紀』斉明天皇五年（六五九）七月三日条にある「道奥蝦夷」男女二名の唐皇帝謁見の記事に見るように、倭国の東北には「蝦夷（えみし）」と呼ばれる人々が存在しており、「伊吉連博徳之書」に具に記されているように、狩猟・採集を基盤とする、習俗を大きく異にする集団とみられていた。国家にとって「蝦夷」とは、倭国が小帝国として自らを整備していく上で不可欠な装置であり、その呼称は、日本列島東北部の王化に浴さない人間達を指す強いイデオロギー色を帯びたものであった（関口　二〇〇四、七六頁）。それゆえ、その実態は、「倭人と異なる文化をもつ人びとを主体にしつつも、多様な人びとを含」（熊谷　二〇〇四、七九頁）むものとする理解が一般的である。これに対し、「考古学的に見る限り、（言語・文化を異にする）〝異族〟」であり、「それこそが（〝北海道島〟における）『擦文文化』『アイヌ文化』の担い手たちにつながるグループだった」

（大井 二〇〇五、二頁）とする異論もある。確かに、考古学的には、少なくとも古墳時代以降、東北北部においては「続縄文式土器」や「擦文式土器」のように、東北地方各地の土師器とは明確に異なる土器群が認められ、それらのうちには在地の製作・使用と考えて良いものが少なからず存在している。これら土器群の製作・使用者が、土師器を伴う製作・使用者と異なることは言うまでもない。そして、北海道では、「続縄文式土器」、「擦文式土器」の製作・使用者は、基本的にはそのまま「アイヌ文化」に繋がってゆく人々であるので[1]、東北北部における「続縄文式土器」、「擦文式土器」の製作・使用者もまたアイヌに繋がる人々として良いだろう。一四世紀半ばの「諏訪大明神絵詞」に描かれている「蝦夷」＝アイヌは（これについては今まで異論はないので同義として良いであろうが）、したがって、東北北部において「続縄文式土器」・「擦文式土器」を製作・使用した集団の子孫ということになろう。

「えみし／えぞ」の認識と実態の問題は、固より史料を読み解く上で重要であるのだが、国家的要請としての「異民族」のイデオロギー的設置は、まったくの虚構の上に設けられたものではなく、習俗・言語を異にする集団の存在を前提にしていることから言えば、実際には「えみし／えぞ」と同族でない人間が意図的あるいは非意図的に含まれる場合があったとしても、等しく「異民族」としての認識に絡め取られていることこそ本質的に重要な点であり、国家による強烈なイデオロギー的色彩を指摘する意味はそこにあろう。

考古学的資料に基づいて「アイヌ化」を検討する場合には、そうした「認識／実態論」とは切り離して考えることが可能であるから「続縄文式土器」・「擦文式土器」を製作・使用した集団の子孫という前提の元に先を急ぐことにしよう。周知のように東北北部における「蝦夷」の居住域は、律令国家による長期の征夷行動の結果、その北辺に縮小されるが、その地域において所謂「アイヌ」文化への変容が起こるとすると、東北北部におけるアイヌ文化の形成を考える上では、それに先立つ古代における彼地の状況を検討することが必要となる。

三　東北北部の古代における地域間の変動

熊田亮介が指摘した元慶の乱に関わる公民逃亡の記事は（熊田 二〇〇三、二五一頁）、近年各方面に波紋を及ぼしている。その反響のひとつとして三浦圭介の論考を取り上げることにしたい。三浦は、元慶二年（八七八）に勃発した乱の折、出羽国内の公民の三分の一が「奥地」に逃亡したとの熊田の指摘に注目し、「津軽地方における七世紀から一二世紀までの全ての古代遺跡について、集落の年代・立地・構造を中心に、生業・在地生産の土器（土師器）等を加えてその様相を把握し、合わせて陸奥・出羽両国の様相と比較」した（三浦 二〇〇七、一九一頁）。その結果、津軽地方の集落は、九世紀中葉から後葉にかけて激増し、「九世紀前半に一一遺跡であったものが九世紀後半には約七倍の七四遺跡」（三浦前出、一九六頁）となり、しかも、津軽地方の遺跡一八三五遺跡のうち、約四三%の七九三遺跡が平安時代の「九世紀後半～一〇世紀前半」のものであった。増加地域は、「陸奥湾沿岸地域、岩木川水系中流域、浅瀬石川・平川流域に集中し、岩木川下流域や日本海沿岸部は比較的少ない」。三浦はそれを、「九世紀後半に集落を新規に営んだ集団は、稲作農耕を行うにあたって、灌漑等において開拓しやすい土地を選地」したためと見ている。

さらに、この増加時期の住居構造と集落構成を「大型竪穴住居を中心に、周囲に一〇数件の単独の一般住居（竪穴住居）を配置するタイプ（A型）」と、「竪穴住居に外周溝が巡るもの、あるいは竪穴住居に掘建柱建物が連結し、さらに外周溝・外周堤が付随する特殊な構造の建物で構成されるタイプ（B型）」に分類した。前者は前代の構造と基本的に同じであるのに対し、後者の「B型」は、「前代の津軽地方には存在しない形態」であり、しかも、出現以後は津軽地方に集中すること、また、北関東や出羽・陸奥国では津軽より古い時期から出現していることから人の移動と見て、その移動の実態に迫るため、「B型」を五つに分類し（図2）、タイプ別に地域的な有無や出現時期を比較した。

a_1類―「c_1類」と共に「B型」で際だって多い。八世紀前半の北関東、八世紀中～九世紀前半の宮城大崎平野、九世紀前～中葉の雄物川中・上流域、九世紀

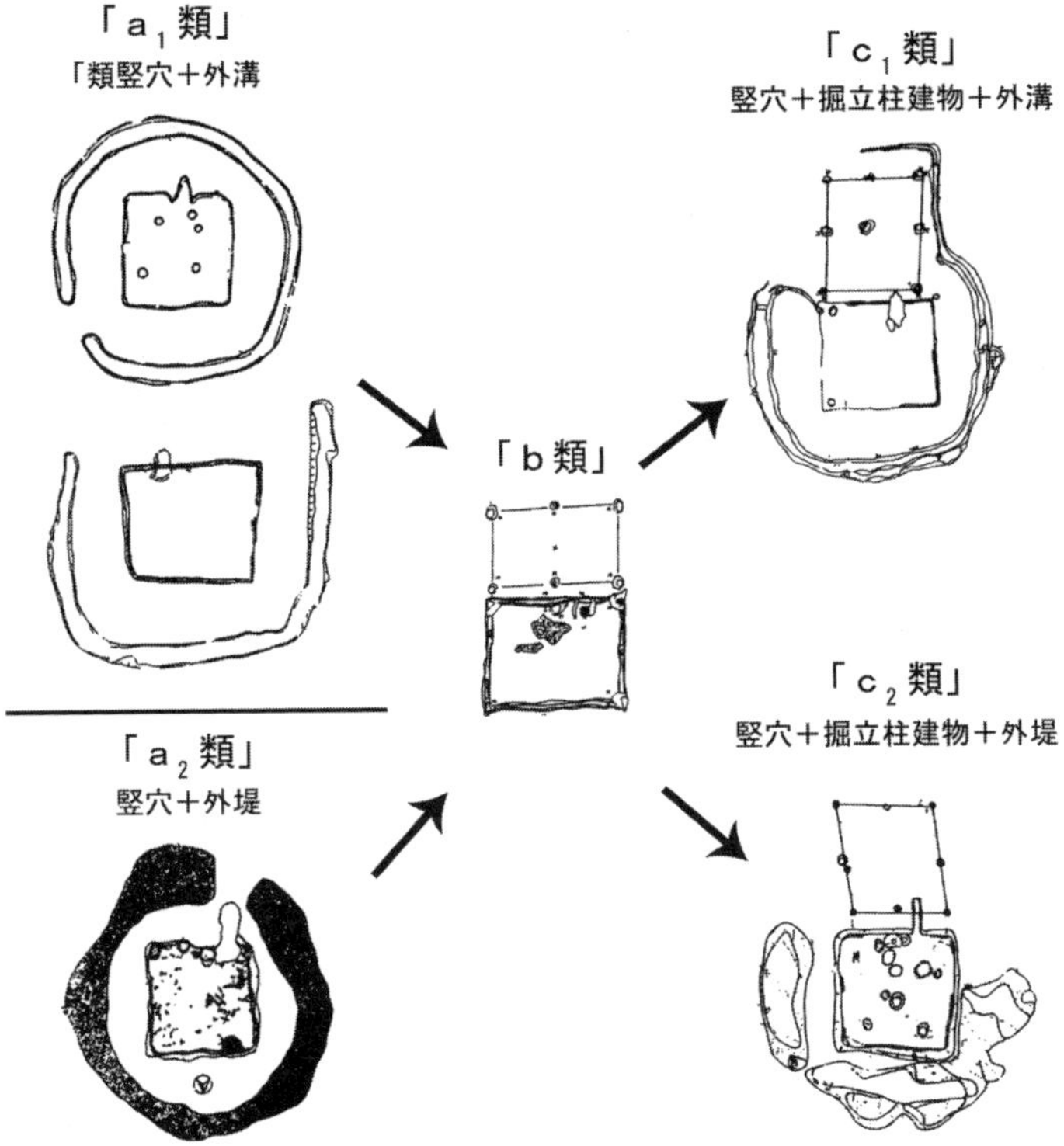

図２　特殊構造住居の分類（三浦 2007に加筆）

中葉から一〇世紀前半にかけ津軽地方へ、「北海道」もこの頃に出現。ただし、米代川流域には認められないことから、雄物川流域から津軽地方へ直接伝播。

a_2類―下北半島太平洋岸と岩木川下流に限定。津軽内陸部には見られない。一〇世紀前半。

b類―「a_1類」同様、八世紀後半以降、北関東を始発とし、陸奥国南部から分布を拡げ、岩手・青森の太平洋側では希薄。青森県域では九世紀後半以降に出現するのに対し、米代川流域では一〇世紀前半以降に下流域から中・上流域へと分布。したがって、津軽地方への拡大は、雄物川流域から米代川を飛び越えて入った可能性が高い。

c_1類―津軽地方の陸奥湾沿岸青森平野側低位丘陵と岩木川中流域に集中。

他は米代川中流域のみ。九世紀後半から一〇世紀前半まで。津軽内陸部で「a_1類」と「b類」から独自に発達。ただし、津軽の日本海側では「b類」に限られ、米代川下流域との強い関係が認められる。

c_2類―六ヶ所村、野辺地など上北にのみ見られる。一〇世紀後半〜一一世紀。「b類」から独自に発達。

このように、竪穴住居における特殊構造を通して、八世紀前半の北関東に発した住居構造の影響が、陸奥、出羽、津軽と次第に波及する状況が明らかになると同時に、個々の地域間の異同が把握できたことの意義は大きい。これにより、津軽地方には、雄物川流域と米代川流域からの二つの流入経路があり、前者からの人の移住は九世紀後半に生じ、岩木川中流域や陸奥湾沿岸を主な対象とする相当規模のものであったことが判明した。これは熊田が指摘した元慶の乱に先立つ「公民」の奥地への逃亡記事と符合する。他方、米代川流域からの移住はこれらに半世紀ほど遅れて生じ、その流入先が津軽日本海側に限定されていたことも明らかとなった。また、上北地域など青森県の太平洋側は、陸奥湾や岩木川流域とは基本的に独立した動きをしていたことが確認できた。このことは氏の土器群の研究からも支持される。津軽の土器は、九世紀前葉以降、一〇世紀前葉にかけ雄物川流域の影響が強く、これに対して、奥入瀬川左岸には北陸由来の砲弾型丸底甕が津軽と同様分布するが、すぐ南の馬淵川流域には見られず、後者が北上川流域の影響下にあることが明らかになっている（三浦前出、二〇〇八頁）。

さて、青森県域を中心とする王朝国家期の地域間の動態は、アイヌ化の問題を考える上できわめて重要な意味を持つ。既述のように考古学的資料によりこれを追求しようとするなら、我々は東北北部における「続縄文式土器」・「擦文式土器」の製作使用者の末裔を対象としなければならないが、中世資料の検出が困難な状況にあるとすれば、それにやや遡る段階、すなわち「擦文式土器」を伴う遺跡群と、三浦が明らかにした古代後葉の地域間の動態との関わりを検討することが必要である。

四　古代後葉における東北北部の「擦文式土器」製作・使用者の生活拠点

図3は、齋藤淳の東北北部における擦文式土器の集成

と（齋藤 二〇〇二）、「区画集落」や「低地・生産遺跡」を生業の側面から分析した成果（齋藤 二〇〇七）に、三浦の特殊構造住居「B型」の細別を合わせて反映したものである。なお、齋藤は「区画集落」をいわゆる「防御性集落」と同義に扱っているが、井出靖夫が「環壕集落」として挙げているものと比べると（井出 二〇〇七）、かなりその数が多い。すべての遺跡名が挙げられていないので、井出のものと詳細に比較できないが、井出の場合は既報告の遺跡を、齋藤の場合は、分布・試掘調査などによる確認段階の遺跡も含めていると見ておく。時期については、齋藤は「一〇世紀後葉～一一世紀」、井出は「十・十一世紀」を充てている。

なお、三浦の先の特殊構造住居は、五分類のうち「b類」に「十一世紀」にわたる事例がある以外は、ほぼすべて「十世紀前半」を下限としているようで、中でも津軽地方に集中する「c_1類」は、三浦のいう「防御性集落」の時代、「十世紀後半から十一世紀には存在しない」（三浦 二〇〇七、二〇六頁）という。したがって、同図の「区画集落」のうち特殊構造の住居をもつものはすべて「b類」で、ほぼ米代川流域に集中的に残る以外は、上北の一部に僅かに認められるだけになっていたと理解しておく。

さて、「区画集落」の出現に関して重要な点は、九世紀後半から一〇世紀前半にかけて生じた相当規模の青森県域への人の移住が終息し、地域社会に定着する中で「区画集落」が出現したとされることで、前代のような人の移動による影響は、これを「防御施設」と見る見ないの如何に関わらず、指摘されていない。したがって、少なくとも「区画集落」の消滅する古代末までは、九世紀後半以降に生じた東北北部における地域間の大規模な人口変動が、基本的に保持されたとして良いだろう。

図3に見るように、「区画集落」の分布は岩木川流域、陸奥湾岸、上北、下北田名部通り、そして八戸周辺に分けられるが、これらのうち「擦文式土器」の稠密な分布と重なるブロックは岩木川流域、陸奥湾岸、下北田名部、かたや八戸周辺や馬淵川流域ではいずれの時期の擦文式土器の分布も見られない。これに関して三浦は、同流域における集落数の激減や集落全体が火災を被っている遺跡などを挙げ、宝亀五年（七七四）に始まった「三十八年戦争」やその後の「内国移配」により馬淵川流域にあっ

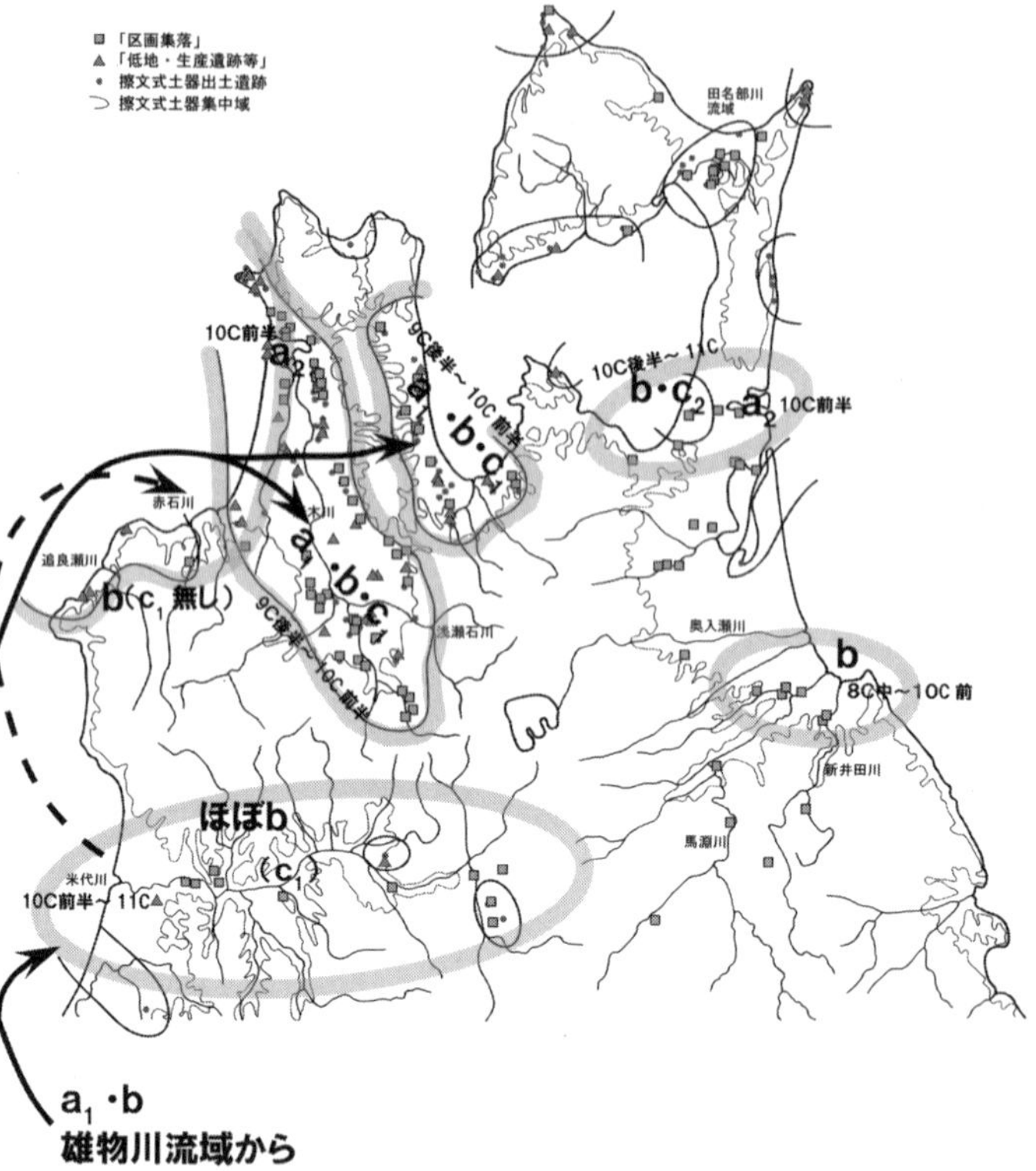

図３　東北北部の地域間変動と「擦文式土器」出土遺跡ならびに「区画集落」（齋藤2001・2007，三浦2007より作制）

た蝦夷集団が壊滅的な打撃を受けた可能性を示唆している（三浦前出、一九五頁）が、あり得る想定だろう。その場合、同流域におけるその後形成される新たな集落は、前代の蝦夷集団・社会とは関係をもたない移住者が配置されたと考えられる。同流域の「区画集落」や土師器に見られる陸奥国やそれ以南の北関東的な特色もこれを裏付ける。したがって、馬淵川流域においては、「蝦夷」からアイヌへの変容は起こりえない。以下ではこの枠組みの中で、東北北部における「アイヌ化」の問題を検討する。

齋藤は東北北部出土の擦文式土器の時期別分布図を作制しているが（齋藤 二〇〇二）、それによれば「Ⅴ類」・「Ⅳ類」では岩木川流域、また「Ⅲ類」では陸奥湾周辺に顕著な集中を見せ、その出土数も圧倒的に多いのに対し、「Ⅰ類」・「Ⅱ類」は陸奥湾湾奥部や津軽平野西側に散点的に見られるのみである。これらは、B－Tmとの関係から「九世紀後葉以降」に位置づけられており、まさに人口動態の激変期に併行する。齋藤の言う「Ⅴ類」・「Ⅳ類」とは、早くに佐藤達夫が「北海道・青森」の「土師器」（佐藤 一九七二、四六七頁）として扱ったものである。天野はこれを「Ⅵ群」として「Ⅰ群」から直接生じた「擦文式土器」の地方差群のひとつとした（天野 一九八七、五三二頁）。近年では大井が「津軽道南型擦文土器」（大井 二〇〇四、七六五頁）と呼び、瀬川は擦文と土師器のいずれにも属さない「青苗文化」（瀬川 二〇〇五、三八頁）として位置づけている。我々の立場は、すでに述べたように「続縄文式土器」・「擦文式土器」の製作・使用者の末裔を「アイヌ」とするので、これら「Ⅴ類」・「Ⅳ類」を「擦文式土器」の「地方差」の一群として位置づけ、「(天野) Ⅵ群」と同義とする。なお、「同Ⅰ群」の位置づけについては再定義が必要であるが(2)、東北北部における「多条沈線」を持つタイプを「同Ⅰ群」の「東北型」とすれば、結果的には「同Ⅰ群（東北型）」→「同Ⅵ群」へという天野の見通しは妥当なものである。

図3では出土擦文式土器を時期分けせず示してあるが、上記のように岩木川流域では「Ⅴ類」・「Ⅳ類」が、陸奥湾周辺には「Ⅲ類」が集中的に分布する。両者は双方のエリアにも分布を伸ばしているが、「Ⅲ類」では岩木川上流域の「区画集落」集中域にはほとんど見られない。また、「Ⅴ類」・「Ⅳ類」では、「Ⅴ類」のみが陸奥湾側に僅かに出土するのみで、「Ⅳ類」は見られない。岩木川流域と陸奥湾沿岸の「区画集落」は、全体としては北関東発、陸奥・出羽経由で入った「a_1・b類」が、津軽内で「c_1」と言う独自タイプを生み出し、これが盛行する地域としてほぼ同じ特徴・時間幅を持つ。また、「Ⅲ類」と「Ⅴ・Ⅳ類」は僅かながら融合タイプが知られており（瀬川 一九九六、小野 二〇〇七）、時間的に一部併行することが明らかであるので、このような擦文式土器の分布の偏りは、明らかにその製作・使用者側に地域的な選択が働いていることを意味する(3)。

天野がすでに指摘しているように、東北北部において擦文式土器を主体とする竪穴住居址はきわめて僅かで、しかも下北半島に限られることから（天野 一九八七、五三五頁)、岩木川流域や陸奥湾周辺の多数の擦文土器は、「区画集落」内に(逗留はしても)生活の本拠を持たない、外部からの来訪者であったことが知られる。その目的もすでに指摘されているように、鉄製品や穀類を含む交易(天野同上、五三八頁)であったことは出土遺物から疑いない。ただ、その生活の本拠に関して、本論との関係でもう少し考えてみることにしたい。

岩木川流域や陸奥湾周辺、下北半島などでは、既述のように「区画集落」の分布と「Ⅳ類・Ⅴ類」の「擦文式土器」の出土遺跡はかなり良い対応を示すが、それ以外に「低地・生産遺跡」における「擦文式土器」の分布が見て取れる。齋藤はこれら「低地・生産遺跡」で明確な竪穴住居を伴わず、竪穴遺構・井戸跡があり、土器や鍛冶関連遺物を伴う遺跡があることを指摘しているが、「区画集落」においても井戸跡や鍛冶関連の遺構や遺物が伴うことから見ると、岩木川下流左岸に見るようなこれら遺跡は、まさに「擦文式土器」を伴う集団の生活拠点と見ることが可能だろう。

また、齋藤や三浦が指摘するように、「区画集落」は基本的にその生業基盤を水田稲作や畑作においているとすると、津軽半島日本海側や下北半島海岸部に位置する「低地・生産遺跡」は、立地上漁撈を柱とすると見られる点で異質である。岩木川河口部の農耕非適地における「区画集落」では交易が、また上北の非農耕適地では馬産が柱となる場合もあったことは、認めて良いかもしれない。しかし、海岸部に点在する「生産遺跡」は「区画集落」と分布を異にする傾向が明らかで、しかもそこに「擦文式土器」を伴うものが相当数あることから推定すると、これら海岸部の「生産遺跡」は、むしろ擦文文化の集団のものと見てよいのではあるまいか。

道内でのように、擦文文化の遺物のみからなる遺跡がないことを、すべて土師器集団の遺跡とすることはおそらく適切ではない。また、「区画」の意味が異なる可能性は強いが、道南部に見られる「区画」を伴う集落が擦文文化のものであることを踏まえると、漁撈や採集、あるいは畑作適地には「擦文式土器」を伴う集団の「区画集落」も含まれている可能性があろう。

他方、陸奥湾西岸では、背後に丘陵を控え可耕地面積としては岩木川流域とは比べるべくもない地域に「区画集落」が林立している。これらの場合は交易拠点としての立地として良いだろう。殊に「Ⅲ類」の「擦文式土器」が集中する地域であることから、明らかに道内の「擦文集団」、それも馬蹄形囲繞貼付文土器で明らかにされた（豊田　一九八七）、石狩苫小牧低地帯から胆振・日高にかけての地域の「擦文集団」との交易の場所となっていたことが知られる。豊田の指摘するように、馬蹄形囲繞貼付文を持つ土器には道内とやや異なる意匠をもつものがあり、「Ⅲ類」の集中出土地域である陸奥湾西岸周辺で製作されていた可能性がある。この場合、模倣製作するのは基本的には東北北部の「擦文集団」として良いと思われる。同様に、「Ⅰ類」、「Ⅱ類」の擦文式土器は、下北半島あるいは岩木川下流域や岩木山西麓にも少数ながら見られるが、東北北部で模倣されたと見られるものが比較的多いので、陸奥湾から下北にかけての沿岸部には、「天野Ⅵ群」に示される岩木川流域を主要分布圏とする東北北部「擦文集団」とは別の、道内の「擦文集団」との関係が深い擦文集団が居住していたとして良いだろう。

　このように見てくると、特殊構造住居に示される出羽側からの移住者の流入と、その後の「区画集落」への変貌の過程においても、東北北部にあった「擦文集団」は、その出土分布状況からは、これら土師器を伴う農耕・交易民と日常的に接触していたことが読み取れる。それは別の見方をすると、岩木川流域、殊に本流沿いのエリアは狩猟採集民であった東北北部の擦文集団にとって、基本的に利用度の低い場所であり、水田稲作のための適地として移住者に占拠されても深刻な影響がなかったためと思われる。逆に低地や海岸部における彼らの生産場所は、「区画集落」の経営者達にとっては支障にならず、そのことが、ひとつの流域を二つの集団の生活の場として利用することを可能にしていたものと思われる。陸奥湾周辺の場合は、「区画集落」側には交易拠点としての利用であり、その間隙を縫うように「擦文式土器」を伴う遺跡が残されている状況からは、海浜や低位丘陵先端部での生業活動と競合しなかったことが窺える。下北半島においては、「区画集落」が集中する田名部通を除き、擦文集団」が専ら利用できる場所であったらしい。齋藤の研究によれば、田名部は上北太平洋岸よりは遙かに気候条件がよく、近世においては稗田や畜産による高い生産性をもつ地域であったことが指摘されている（齋藤二〇〇七、二六四頁）。以上から、この東北北部における「擦文文化」の生業に関わると見られる遺跡群は、下北半島から陸奥湾周辺、津軽半島西側の西浜から艫作崎にかけては沿岸部に多く残され、岩木川流域では下流部低地や岩木山西麓に存在していたようである。

五　東北北部における「アイヌ化」

冒頭において、道内の擦文文化からアイヌ文化への転換には、擦文期の共同的な生産方式から、「『売れ筋』の産物を求めて各コタンさらには家族単位に分散して生産にいそし」む方式への変化があり、それには「土地の優先的利用権の設定」が前提となると述べ、このような土地とその資源に対する個別的な利用権の確立をもって、擦文文化とアイヌ文化の「画期」とする仮説を提示した。

対するに、これまで論じてきたように、東北北部における「擦文文化」終末段階には、十勝あるいは日高に見られるような河川流域を単位とする領域確保は遺跡群のあり方としては確認できなかった。そうしたあり方が可能と思われる馬淵川流域は、九世紀にかかる以前にそこにあった「蝦夷」社会は完全に崩壊し、陸奥国等からの移住者が居住する地へと変貌していた。残された地域においては、九世紀後半以降に出羽国雄物川流域や遅れて米代川流域からの多数の移住者が、水田稲作適地を中心に集落を形成し、合わせて在地「擦文集団」との交易関係を打ち立てている状況が浮かんできた。

東北北部の「擦文集団」の生業基盤は、その遺跡立地からみて漁撈・採集・狩猟であり、遺跡によっては雑穀栽培や鍛冶も行っていたと見られる。それが多数の農耕民が生活圏に流入し、村落を設けて定着したことにより、従来は城柵へ出向いて饗給を通じて入手していた品々が、移民との直接的かつ日常的な交易の場が出現したことにより容易に入手できる可能性が開けた。こうした出羽国からの移民の出現に伴い杢沢遺跡に見るような製錬や五所川原における須恵器窯の操業開始など、東北北部の「蝦夷」社会は急激な発展を遂げたと考えられるが、そこには「区画集落」を営む農耕・交易民との日常的な交易が生活に深く関わる状況が出現していたと言えよう。そしてその過程で中世アイヌへの変容が進んでいったと考えられる。

そこで改めて海岸部における「擦文文化」の生産遺跡の分布をみると（図3参照）、ある程度の距離をもって残されていることが見て取れる。これが前浜における漁場と関連している可能性は十分考えられる。

浪川によれば近世津軽においては、アイヌのレプン・イウォル（海の漁場）が領主による承認という形に変質してはいたものの、現存していたことを述べている（浪川 一九九二、八〇頁）。『弘前藩庁日記』一七〇四年（元禄一七）二月一日七条には、一七世紀から一八世紀にかけ、龍飛崎一帯に排他的・独占的な鮫漁のための津軽アイヌの漁場があったことが記載されている。鮫漁の対象はアブラツノザメで、肝臓から照明用の鮫油を採取し、これを上納して、前借りしていた飯米などの必要経費を返済する仕組みであった。キムン・イウォル（山の狩漁撈採取場）や河川における鮭漁は、この時点ではすでにアイヌの手から奪われて和人に分配されていたが、他にアイヌの所持する船による海運への参加＝小廻と畑作が生活を支えるものであったという。

古代末の東北北部においては、海岸部の「擦文式土器」を伴う生産遺跡が、レプン・イウォルと関連して残されたものであることを推定するに止まるが、中世期の浜尻屋貝塚におけるクロアワビの集中採取に見るように、鮑にたいする需要を前提としながら、近世俵物におけるような規格性をもった採取が未熟な段階が中世においてもまだ見られるとすれば、古代末の貝塚も同様の内容を持つかもしれない。今後の貝塚の検出に期待したい。

キムン・イウォルについては具体的なデータがないため、その存在を推定するに止まるが、狩猟や採集、薪の採集などで移民との間に競合は起こりえただろうし、河川における漁場についても、岩木川流域では魚止めなどの設置は移民進出後は難しくなった可能性があろう。

一二世紀前葉にはこれら東北北部の地にも郡郷制が施行され、北奥地域も「区画集落」の消滅など再編が生じるが、この過程において農民は租税徴収の対象となったと推定されるので、東北北部の「擦文集団」の持っていた各種のイウォルは農民による侵食をさらに受けた可能性がある。近世において確認される「狄村」が僅かに五カ所に激減してしまった原因は、かれらが生きるために必要なイウォルを和人が奪ったことが大きい。最終的には漁撈と廻送、そして畑作でかろうじて命脈を保つような過酷な状況に追い込まれた原因は、すでに内国化開始段階の郡郷制施行時期に始まっていたとすることができよう。

〈後記〉　脱稿後、関根達人の「本州アイヌの生業・習俗と北奥社会」（『北方社会史の視座』第1巻所収、清文堂、二〇〇七）を知った。本稿では十分に論じることができなかった青森県化の本州アイヌの考古学遺跡を生業・習俗の面から丁寧に復元しようとした労作である。これらを踏まえて本州北辺におけるアイヌ文化形成の問題を追及するのが、筆者等に課せられた今後の課題である。

註

（1）　アイヌ集団、ことに道東部のそれに、オホーツク集団が遺伝学的に関与していたことは、考古学のみならず、形質人類学・DNA分析からも近年具体的に推定されるようになってきたが（Moyseyev 2006, 増田・佐藤 二〇〇六、石田 二〇〇六）、オホーツク文化の形成当初に生じた北海道の続縄文集団との接触が、従来考えられてきたような、単なる物質的影響に止まるものであったか否かについて、現在我々は疑いを持っている。これに関しては別稿を準備中であるので、機会を改め論じることにしたい。

（2）　天野編年の問題点の一部については筆者の一人である小野が指摘を行っているが、「天野1群」を含めた全体的な再定義が必要である（小野 二〇〇七）。

（3）　大井氏のように、「Ⅲ類」をこれら「区画集落」に伴う土師器に遅れる時間的位置を考える意見もある（大井 二〇〇四）。その場合でも、「区画集落」の存続自体に岩木川流域と陸奥湾側で大きな時間差を持つことは考えなくて良いだろう。

引用文献

Asai Toru 1974 "Classification of Dialects: Cluster Analysis of Ainu Dialects." 『北方文化研究』八、四五～一三三頁

天野哲也　一九八七　「本州北端部は擦文文化圏にふくまれるか」『考古学と地域文化』同志社大学考古学シリーズⅢ、五二九～五四四頁（二〇〇八『古代の海洋民オホーツク人の世界―アイヌ文化をさかのぼる』雄山閣出版に載録）

天野哲也　一九九五　「アイヌ文化の形成―現状と課題―」考古学研究会四十周年記念論集『展望考古学』二三二～二三九頁

天野哲也　二〇〇三a　「十～十六世紀列島北部サハリン―アムールランドの考古学」前川　要編『中世総合資料学の提唱　中世考古学の現状と課題』新人物往来社、七二～八二頁

天野哲也　二〇〇三b　「北海道島に鉄器はどれくらい輸入されたか?―アイヌ期との比較において―」『クマ祭りの起源』雄山閣出版、一四三～一五七頁

天野哲也　二〇〇六「アイヌ文化形成の諸問題—歴史教育におけるアイヌ文化の意味」天野哲也・臼杵勲・菊池俊彦編『北方世界の交流と変容　中世の北東アジアと日本列島』一二一～一三三頁
天野哲也　二〇〇七「考古学からみたアイヌ民族史」澤登寛聡・小口雅史編『アイヌ文化の成立と変容—交易と交流を中心として—』法政大学国際日本学研究所、三七～五二頁
井出靖夫　二〇〇七「十・十一世紀東北北部における集落区画の意義」天野哲也・小野裕子編『古代蝦夷からアイヌへ』吉川弘文館、二一九～二三九頁
遠藤　巖　一九七六「中世子かの東夷成敗権について」『松前藩と松前』九、一～二三頁
大井晴男　一九八四「擦文文化といわゆる『アイヌ文化』の関係について」『北方文化研究』一五、一～二〇一頁
大井晴男　二〇〇四『アイヌ前史の研究』吉川弘文館
大井晴男　二〇〇五「『俘囚』について」『日本歴史』六九〇号、一～一七頁
小口雅史　一九八八「津軽安藤氏の虚像と実像」『津軽十三湊の人文・自然科学的総合研究』昭和六二年度教育学内特別経費報告書、弘前大学、五～三三
小口雅史　一九九五「津軽安藤氏の歴史とその研究」小口雅史編『津軽安藤氏と北方世界』河出書房新社　一二～七二頁
小野裕子　二〇〇七「擦文文化の時間軸の検討—道央、北部日本海沿岸域と東北北部の関係—」前川要編『北東アジア交流史研究』塙書房、二四一～二六八頁
金田一京助　一九二五『アイヌの研究』外書房、東京、一二七頁
工藤竹久編著　一九九九『東通村史—遺跡発掘調査報告書編—』東通村教育委員会
熊谷公男　二〇〇四年「『蝦夷の歴史的位置づけ』に関する見解」『シンポジウム　蝦夷からアイヌへ』文部科学省科学研究費補助金特定領域研究(2)（代表　中央大学　前川要）『中世考古学の総合的研究—学融合を目指した新領域創生—』新領域創生部門A—01「中世日本列島北部からサハリンにおける民族の形成過程の解明—市場経済圏拡大の観点から」（研究代表者　北海道大学　天野哲也」七九～八〇頁
熊田亮介　二〇〇三『古代国家と東北』吉川弘文館
齋藤　淳　二〇〇一「津軽海峡域における古代土器の変遷について」『青森大学考古学研究所研究紀要』四、一～二九頁
齋藤　淳　二〇〇二「本州における擦文土器の変遷と分布について」『海と考古学とロマン』市川金丸先生古希記念献呈論文集、二六七～二八三頁
齋藤　淳　二〇〇七「北奥における生業活動の地域性について」天野哲也・小野裕子編『古代蝦夷からアイヌへ』吉川弘文館、二四〇～二八六頁
瀬川拓郎　一九九六「擦文文化の終焉—日本海沿岸集団の形成と日本海交易の展開—」『物質文化』六一、一～一九頁
瀬川拓郎　一九九七「擦文時代における交易体制の展開」『北

海道考古学』三三、一九～二六頁
瀬川拓郎　二〇〇五　『アイヌエコシステムの考古学』北海道出版企画センター
関口　明　二〇〇四　「蝦夷」の歴史的位置づけ—文献からの検討—」『シンポジウム　蝦夷からアイヌへ』文部科学省科学研究費補助金特定領域研究（2）（代表　中央大学　前川要）『中世考古学の総合的研究—学融合を目指した新領域創生—』新領域創生部門A—01「中世日本列島北部からサハリンにおける民族の形成過程の解明—市場経済圏拡大の観点から」（研究代表者　北海道大学　天野哲也」　七五～七八頁
豊田　武　一九七〇　「東北地方における北条氏の所領」『東北大学日本文化研究所研究報告』別巻七所収
豊田宏良　一九八七　「C　擦文土器」櫻井清彦・菊池徹夫編『蓬田大館』早稲田大学文学部考古学研究室報告、二二一～二三三頁
豊田宏良　一九八七　「擦文土器にみる貼付囲繞文様の分布—馬蹄形押捺文を中心として—」『遡航』五、五九～八二頁
浪川健治　一九九二　『近世日本と北方社会』三省堂
浜尻屋教育委員会　二〇〇四　『浜尻屋貝塚—平成一二年度～一四年度発掘調査報告書—』
服部四郎・知里真志保　一九六〇　「アイヌ語諸方言の基礎語彙統計学的研究」『民族學研究』二四巻四号、三〇七～三四二頁
服部四郎編　一九六四　『アイヌ語方言辞典』岩波書店
三浦圭介　「津軽地方における古代社会の変質とその様相—特に九世紀後半から十世紀前半にかけての変質について—」『古代蝦夷からアイヌへ』天野哲也・小野裕子編、吉川弘文館、一九〇～二一八頁
女鹿潤哉　二〇〇三　『古代「えみし」社会の成立とその系統的位置付け』『岩手県立博物館研究報告書』一八
女鹿潤哉　二〇〇六a　「下北アイヌ社会の成立過程についての研究」『岩手県立博物館研究報告』二十三、一～四四頁
女鹿潤哉　二〇〇六b　「下北アイヌ社会の成立についての一考察」『北海道考古学』四二、九三～一〇八頁

第二節　琉球諸島人の成立

土肥直美

琉球諸島人の成り立ちは、近年の人類学研究の進展により、これまで考えられていたよりも遙かにダイナミックな過程を経て形成されたことが明らかになってきている。特に、農耕社会に移行したグスク時代（中世）以降は周辺地域との活発な交流が続き、当然の結果として、琉球人の形質にも新たな遺伝子の流入を示す特徴が認められるようになる。貝塚時代人がどのような過程を経て現代の琉球諸島人へと変化していったのか、まだまだ解明されていない課題は多いが、以下に、人類学から見た琉球諸島人、ここでは主に沖縄人に焦点を当ててその成り立ちを概観する。

一　琉球諸島人研究の歴史

琉球人の研究は明治時代における日本本土からの南島探検やそれによってもたらされた資料の報告から始まっている。琉球人の系譜を論じた先駆者としては、鳥居龍蔵やドイツの医学者ベルツ等が挙げられるが、彼等は、多毛などの生体的特徴や考古学的知見を総合して、琉球とアイヌの類似を指摘している[1]。人骨の研究では、笹森儀助の南島探検によってもたらされた頭骨を足立文太郎が報告したのがはじめである[2]。足立は計測値を日本人や朝鮮人のものと比較することによって詳細な分析を行っ

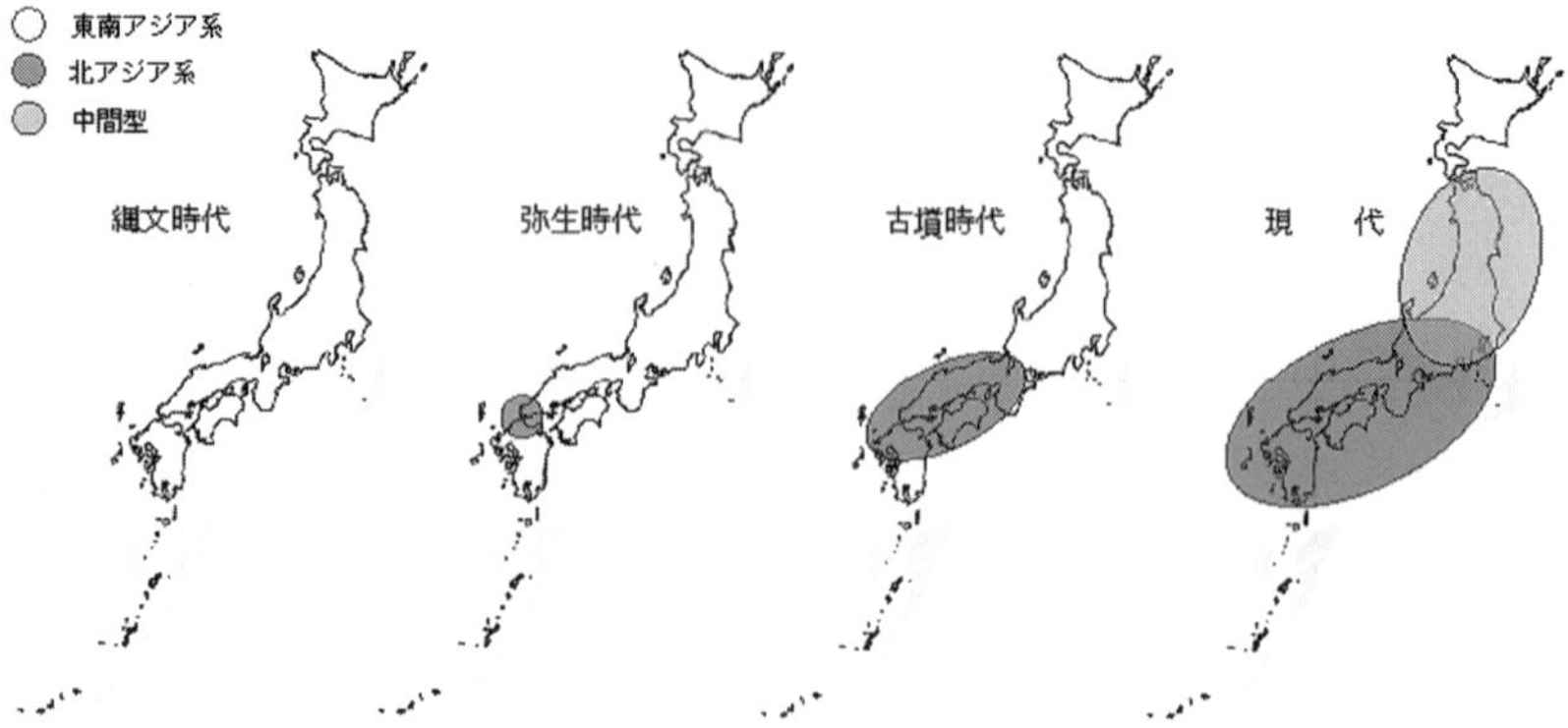

図１　縄文系、渡来系の集団の時代別分布（埴原1999より改変）

ている。一九二九年には、金関丈夫が那覇市城嶽貝塚出土の大腿骨について、また、今帰仁村運天港の現代人骨について報告している[3]。金関丈夫とその門下生は、その後も琉球列島の人類学研究に深く関わり続け、民俗学や考古学に対しても多大な影響を与えたことは周知の通りである。その後、人類学では手掌紋や指紋、生体の計測や観察等、生体学的研究が盛んに行われ、東京大学の須田昭義が過去の研究成果を総括し、琉球人は日本人の一地方型に過ぎないという結論を出している[4]。一九七〇年から行われた九学会連合による大規模な沖縄地域の調査[5]や、京都大学の池田次郎と多賀谷昭による研究結果も[6]、アイヌと琉球に共通の特徴は認められるものの、同時に日本人集団とも類似するというものだった。その後の人類学研究では、現代日本人の成立に外来の遺伝子の影響を考える必要があるかないか、すなわち、「渡来混血説」の金関丈夫と「変形説・小進化説」の鈴木尚による有名な「日本人の起源論争」が続き、その中で、沖縄が特に脚光を浴びることはなかった。起源論争に関しては、人骨のデータや遺伝学のデータなどが蓄積されたことから、今では、大陸からの遺伝的影響があったとする考えは広く受け入れられている。そして、最近では、埴原和郎が混血説をさらに発展させて「日本列島人の二重構造モデル」を提唱している(7)(図1)。

これまでの起源論がおもに日本の中心部に焦点を当てて議論したのに対して、埴原は北海道や南西諸島、アジアの周辺地域にまで枠を広げている点でさらに分かりやすいモデルになっている。二重構造モデルにおける沖縄人の位置づけは以下のようである。つまり、琉球列島の人たちは日本列島の辺縁部に隔離された集団で、渡来人の影響をほとんど受けなかったために、もともと日本列島の全域に住んでいた縄文人の特徴を現代まで持ち続けている。また、同様の理由から縄文人の特徴をもっている北海道のアイヌと近縁である。

しかし、沖縄の出土人骨を調べた結果は、北海道のアイヌと沖縄人の形質の間にはかなりの違いがあり、また、沖縄の貝塚時代人と近現代人の形質にもかなりの違いがあるというものだった(8)。貝塚時代人は全体にサイズが小さく顔の高さも低い。また、上から見た頭の長さが短く幅が大きいため、頭の形は強い短頭傾向を示す。一方、近世から現代の人たちは、顔の高さがやや高くなり、全体に平坦な顔つきをしている。頭の形も貝塚時代人に比べると長くなっている。どちらかというと、日本本土や大陸系の人びとに近い特徴を持つことが分かってきた。島々の中で隔離され、外部からの遺伝的影響を受けなかった集団という理解だけでは説明がつかないのである。また、先島諸島の先史時代人がまったく分からないという課題も残されている。

二　琉球諸島出土の人骨とその特徴

1　先史時代

旧石器時代人骨を除いて、沖縄県内で確認されている先史時代人骨は沖縄本島およびその周辺地域から出土したもので、現在のところ、宮古・八重山地域からはまったく発見されていない。

縄文時代の人骨は、具志川島岩立遺跡群、北谷町クマヤ洞穴遺跡、宜野湾市安座間原第1遺跡、うるま市仲原遺跡、久米島大原貝塚などから出土している。また、弥生～平安時代に相当する人骨は、読谷村木綿原遺跡、大当原遺跡、宜野湾市真志喜安座間原第2遺跡などから出土している。

資料数の問題などがあるため、縄文〜弥生・平安相当期人骨を合わせて先史時代人の形質的特徴を見てみると以下のようになる。先島諸島では、まだ保存良好な先史時代人骨が見つかっていないので、以下の特徴は、沖縄諸島の先史時代人に関するものである。先島諸島が沖縄諸島と同じ文化圏に入るのは、グスク時代になってからといわれており、先史時代の琉球列島には南北で形質の地域差があったことが予想されるが、現在のところは不明である。

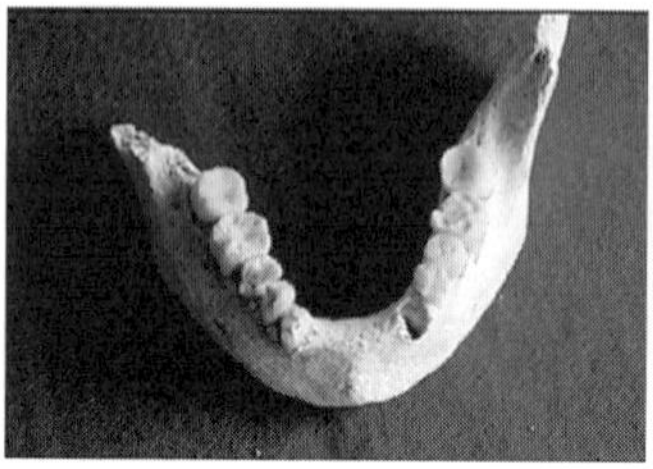

図４　下顎切歯の抜歯（古座間味遺跡下顎骨Ａ）

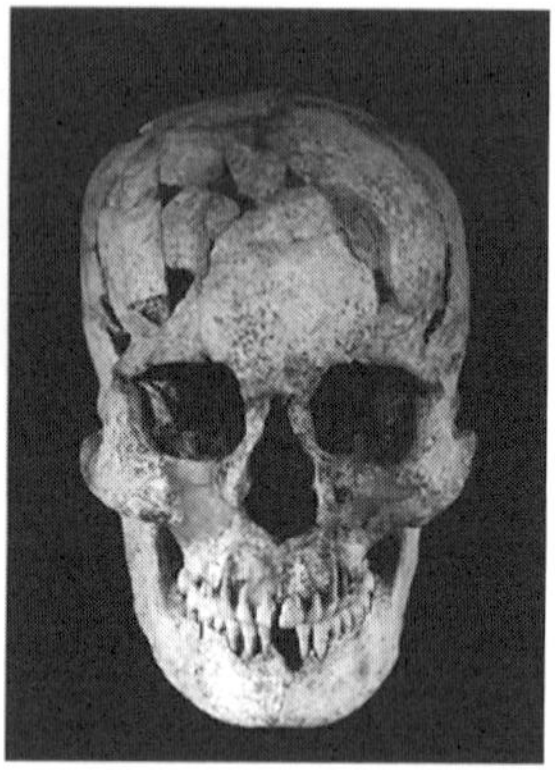

図２　仲原１号住居址人骨（女性）

頭蓋骨の特徴　沖縄の先史時代人頭蓋の最大の特徴は全体的にサイズが小さく強い短頭性を示すことである。この傾向は特に女性に強く認められる。しかしながら、頭形には遺跡によって、また、同一遺跡内においてもか

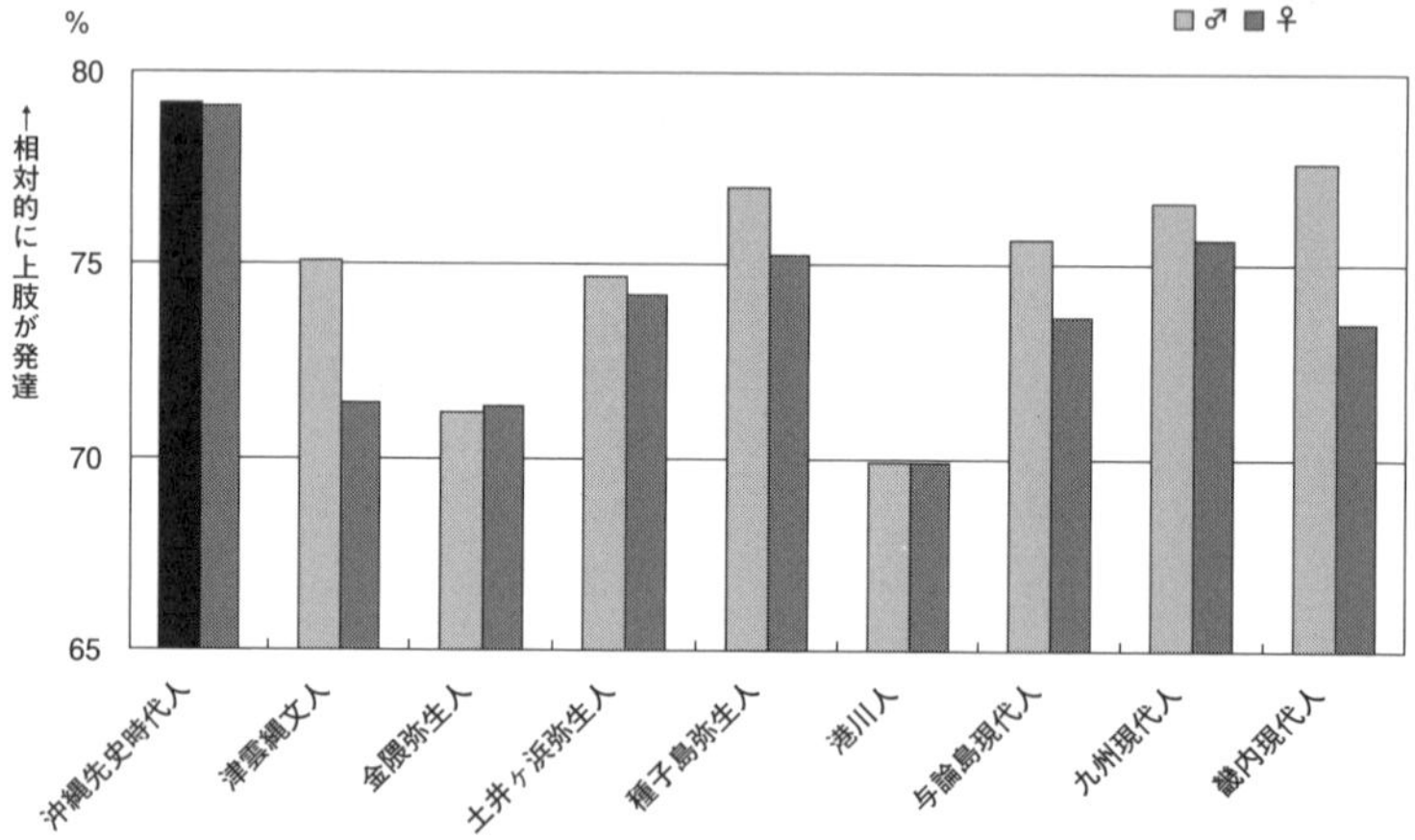

図３　四肢骨示数の比較（上腕骨最小周／大腿骨中央周）

なりの変異があり、短頭傾向も広田弥生人や奄美諸島の弥生人ほど強くないという報告もある。顔面部の特徴は顔の高さが低く、相対的に横幅の広い丸顔、つまり低・広顔傾向を示す（図２）。また、眼窩は横長の長方形に近い形をしている。また、比較的彫りの深い顔立ちは、日本本土の縄文人と共通する特徴である。(8)

四肢骨の特徴　日本本土の縄文人は大腿骨や脛骨の断面形が前後方向に長く、いわゆる柱状大腿骨や扁平脛骨が多く見られることが知られている。これらは本土縄文人の生活形態に関係があると考えられているが、一方で、その縄文人に似ているといわれる港川人では大腿骨の柱状性も脛骨の扁平性も弱いことが知られている。沖縄の先史時代人は、四肢の末端に近い部分（前腕や下腿）の長さが相対的に長いという点では縄文人と共通するが、大腿骨の柱状性、脛骨の扁平性が弱い点では違っている。さらに、沖縄先史時代人は、全体に小柄ではあるが、上肢が良く発達している（図３）。このような特徴は、海を生活の舞台とする漁民にみられる特徴といわれており、沖縄のような低緯度地帯ではほとんどみられないという外耳道骨腫が、10％を越す頻度で出現することも、沖縄先史時代人と海との関係を強く支持している。(9)

四肢骨の長さから求められる先史時代人男性の推定身長は平均値が一五五センチ程度である。これは、本土縄文人の約一五九センチ、渡来系の弥生人の一六三〜一六四センチに比べて、著しく低身長である。

風習的抜歯　沖縄縄文時代人に見られる抜歯形式でもっとも一般的なものは下顎の切歯を二本あるいは四本抜去するタイプである（図４）。しかしながら、その他にも上顎側切歯を抜くものや中切歯を抜くものなどがあることが報告されている。(10)

２　グスク時代

日本の歴史区分で中世に相当するグスク時代の人骨出土は極端に少ない。現在までに発見されている墓地そのものが少ない上に、出土した人骨の保存状態も悪い。しかし、先史時代の人骨には先島地方が空白という大問題があったのに比べると、この時代の資料は先島諸島でも発見されており、沖縄人研究に大きな進展をもたらしている。

人骨の出土した遺跡は、沖縄諸島では那覇市銘苅古墓

図6　波照間島大泊浜遺跡人骨

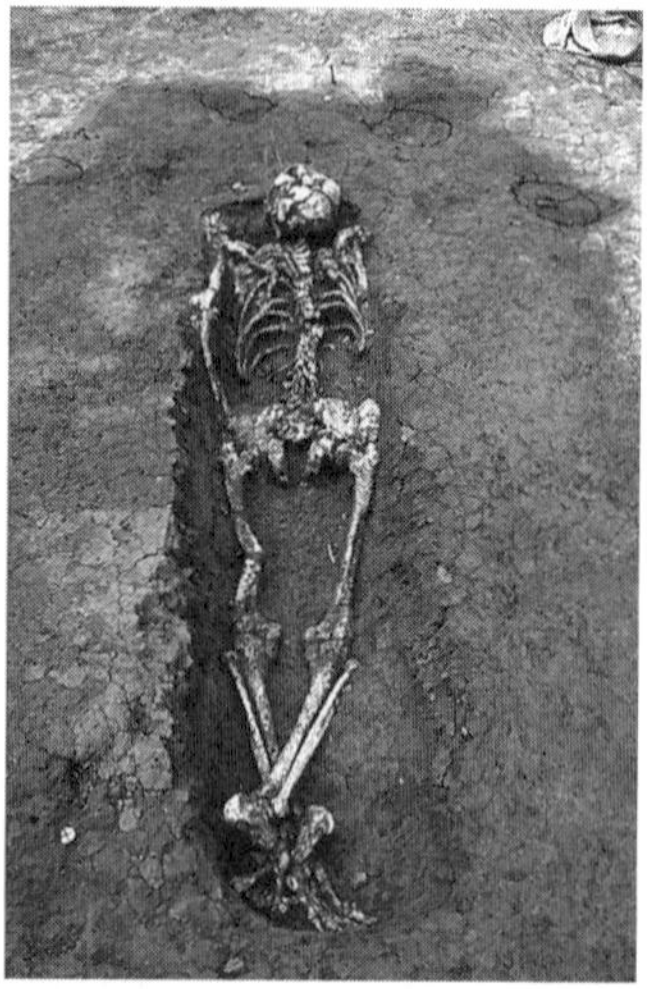

図5　那覇市安謝前東原遺跡人骨

図7　発掘時の「浦添ようどれ」

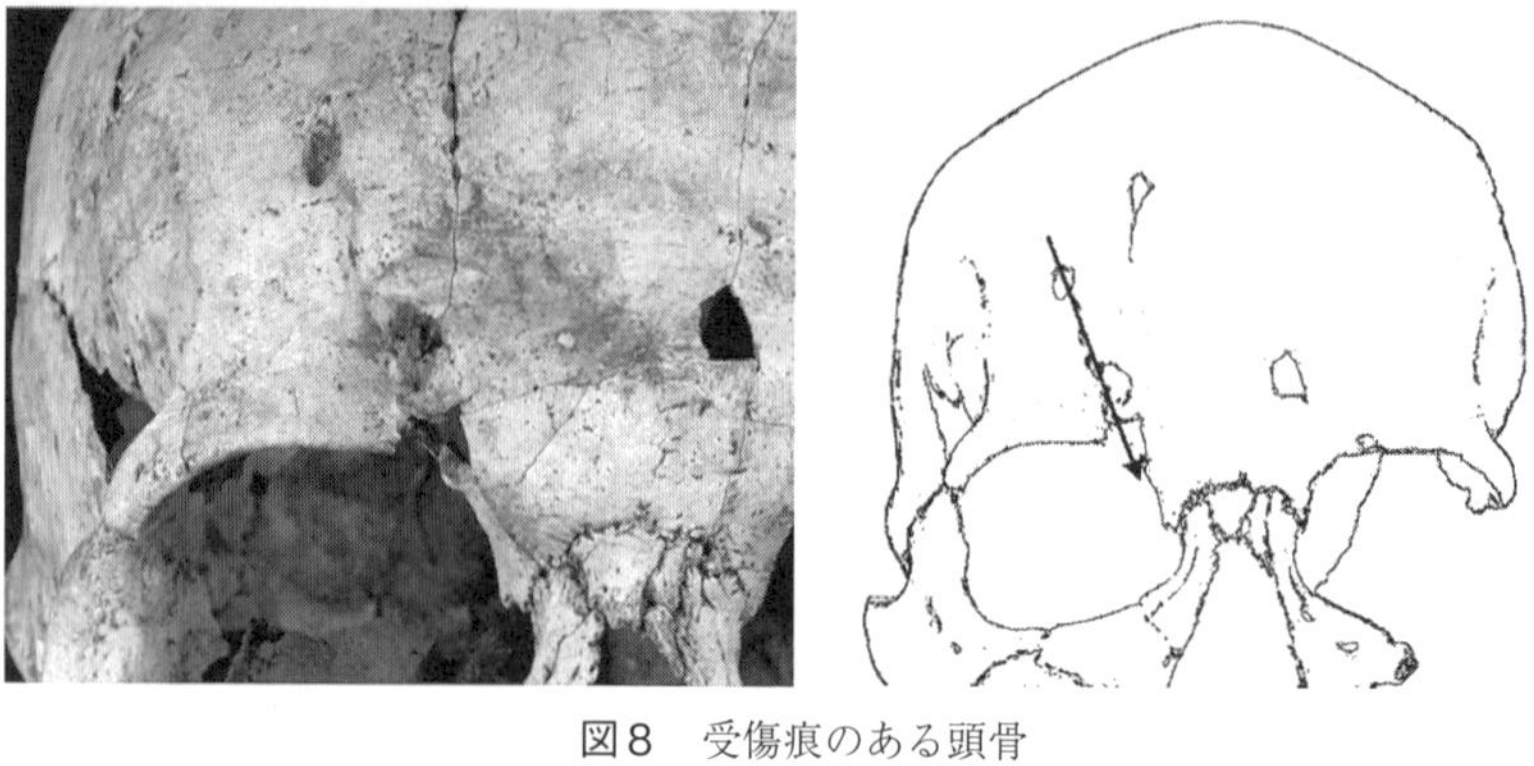

図8　受傷痕のある頭骨

群、ナカンダカリヤマ古墓群、安謝前東原遺跡（図5）、浦添市浦添城跡、勝連城跡、宜野湾市伊佐前原遺跡、北谷町後兼久原遺跡など、先島諸島では宮古島住屋遺跡、石垣島蔵元跡遺跡、波照間島大泊浜遺跡（図6）などがある。

本土日本の中世人として最もよく知られているのは鎌倉材木座出土の人骨である[11]。彼等が示す形質の特徴は独特で、頭を上から見た形が細長く（長頭）、顔面は平坦で著しい突顎（出っ歯）傾向がある。不思議なことに、このような特徴は多少の地域差はあっても、ほぼ日本全国の中世人に認められる。そこで、琉球諸島中世人がどのような特徴を持つかが非常に注目されるのだが、実は、上記の沖縄同時代人骨にもこのような中世的な特徴が見て取れるのである。日本本土そして沖縄でも共有されるこれらの中世的特徴は当時の人々の交流を考える上で、重要な示唆を与えているように思われる。

初期琉球王家の墓「浦添ようどれ」の出土の人骨　国指定史跡浦添城跡整備事業の一環として二〇〇二年度から、浦添市教育委員会による「浦添ようどれ」の復元のための発掘調査が行われ多数の人骨が出土した（図7）。「浦添ようどれ」は中山王英祖と第二尚氏七代目尚寧王が葬られた墓と言われており、琉球王国の成立を解明する情報が得られるのではと、墓室内の人骨調査には特に大きな関心が寄せられた。上述のように、人骨の特徴がグスク時代の前後で大きく変化しており、現代沖縄人の特徴は、以前に考えられていたよりずっと本土日本人に近いことが明らかになってきたが、いつ頃どのようにして変わったかという点については、今のところ良く分かっていない。「浦添ようどれ」人骨のルーツは、このような人類学の課題を解明する上でも、重要な手がかりを提供し得るものと思われた。そこで、骨形態、遺伝子等からの総合的な調査分析が行われた。国立科学博物館の篠田謙一による mtDNA の分析結果は、「浦添ようどれ」の mtDNA が本土日本、琉球、朝鮮半島に少なく、中国南部から東南アジアに多い「ハプロタイプF」に分類されるという大変興味深いものだった[12]。mtDNA は母系に限って遺伝するので、初期琉球王家の少なくとも一人は母方が中国南部や東南アジアに由来することを示している。ところが、復元された成人男性の頭骨には、典型的な中世日本人の特徴とされる強い歯槽性の突顎（いわゆる反っ歯、出っ歯のこと）が認められた[12]。まだ、どちらも一例のみの結果ではあるが、東アジア諸国との活発な交易を通して築かれた琉球王国を象徴しているようで興味深い。

受傷痕のある頭骨　首里城右掖門西方内郭石積内の岩陰から出土した男性人骨に、これまでに沖縄では見られなかった興味深い所見があった。男性の年齢は30代から四〇代くらいと推定され、顔面の高径が低い点など貝塚時代人の特徴も認められたが、突顎傾向を示すなど、中世人的な特徴も持っていた。そして、特筆すべき事項として、右前額部に刀創によると思われる受傷痕が認められた[13]（図８）。このような例は戦いで死んだ武士を葬ったとされる鎌倉材木座や由比ヶ浜南遺跡出土の中世人骨に多く見られている。右掖門の人骨は鎌倉の中世人とほぼ同時代に属しており、琉球諸島においても、背景にこのような緊張した社会があったことは十分に考えられることである。

３　近世〜現代

近世から現代にかけての人骨資料は豊富である。琉球諸島の至る所に残されている古墓（一般的には風葬墓とも呼ばれる）に葬られている人骨のほとんどがそうである。これまでに調査されているもののうち、主要なものをあげると、那覇市新都心地区古墓群、南城市玉城の古墓、久米島ヤッチのガマ古墓（図９）、宮古島長墓、西表島上原古墓群などがある。特に玉城古墓の人骨調査は、彫が深いといわれていた沖縄の人が、実は予想に反して平坦な顔をしていることを初めて明らかにし、沖縄とアイヌの関係を見直すきっかけを作った点で、大変意義深いものとなった。

図９　ヤッチのガマ（調査前）

三　骨からみえる琉球諸島人の歴史

これまでに得られている人骨の情報から見える琉球諸島人の成り立ちについて、現時点での成果をまとめてみたい。

形質の時代差　これまでの人骨研究から、琉球諸島においては形質的な時代差があることが明らかになってきた。各時代、各地域の頭蓋計測値を、周辺集団のそれと比較した。比較に用いた方法は、頭蓋計測値九項目による主成分分析法である。九項目の中から抽出された二つの主成分について、それぞれの得点を二次元のグラフで表すと図10のようになる。図の上方はサイズが大きく、下方は小さくなる。また、右側は顔が面長、左側は顔が低くなる傾向を示している。図の左下方には、サイズが小さく低顔の特徴を持つ、南西諸島の先史時代人が集まっているのに対して、グスク時代（中世）以後の沖縄集団は他の日本人集団とともに右側に集まっている。グスク時代以後の沖縄人は全体的にサイズが大きくなり、また、沖縄先史時代人や縄文系の集団に比べると、顔がやや細長くなっている。この違いは、渡来系と縄文系の違いにも匹敵し、現代の沖縄人と本土日本人との差よりも大きいことが分かる。つまり、沖縄の現代人の特徴はグスク時代（中世）までは連続しているといえるが、グスク時代と先史時代との間には明らかな時代差が認めら

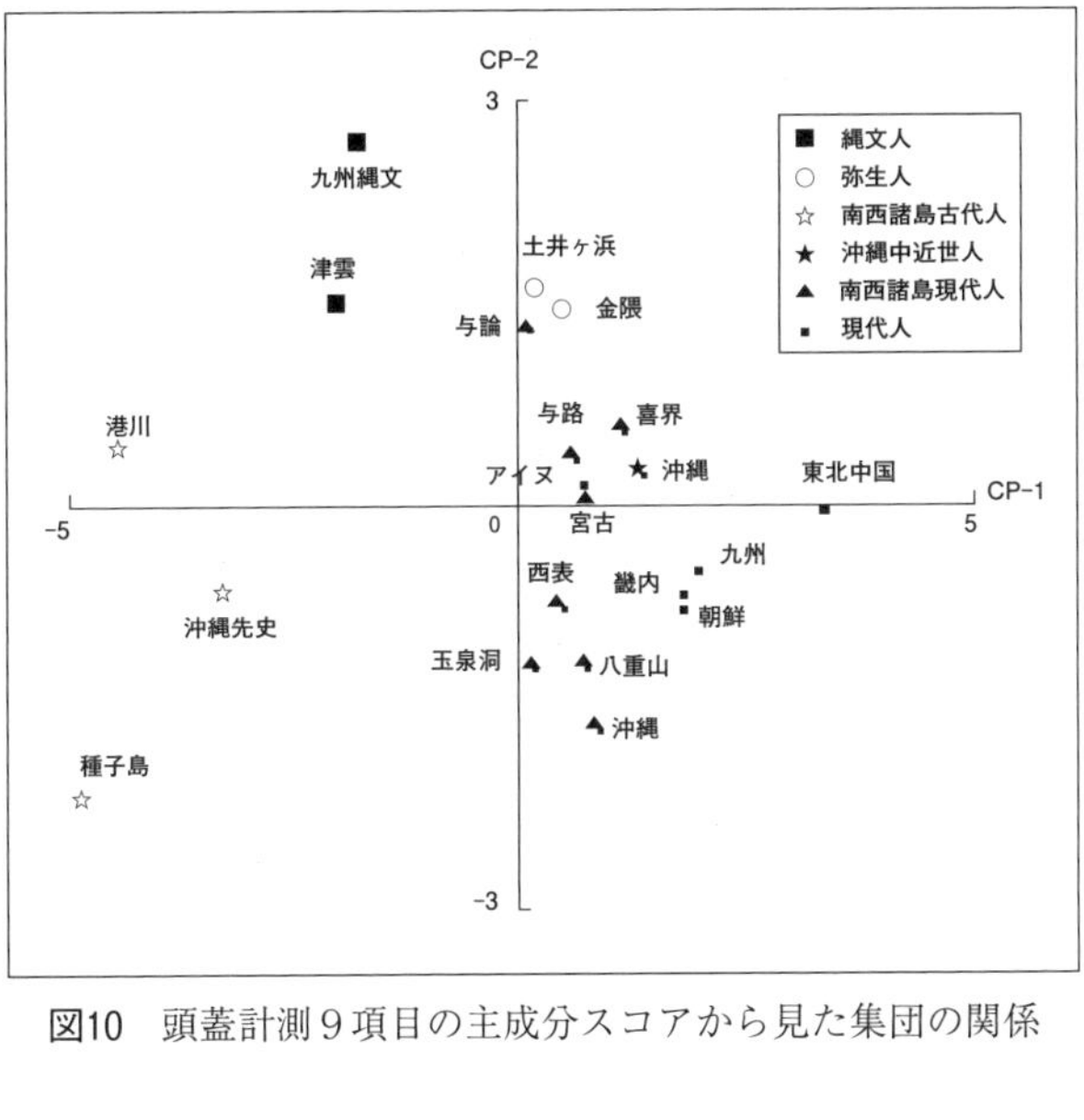

図10　頭蓋計測９項目の主成分スコアから見た集団の関係

れるのである。一般的に、形質の変化をもたらす要因としては、文化的な変化に伴う生活環境の変化、人の移動に伴う遺伝子の流入、あるいはそれらの相互作用などが考えられる。グスク時代は、文化的に大きな画期であると同時に、日本本土や中国大陸をも含めた人の移動が盛んな時代だったといわれており、それらが、形質の時代変化をもたらすほどのものだったことは十分に考えられることである。

形質の地域差　一方、沖縄諸島と先島諸島が同一の文化圏を形成したのは、グスク時代になってからだといわれており、それ以前の沖縄には南北で、まったく別の文化圏が形成されていたと考えられている。したがって、形質的にも地域差があった可能性は高い。しかしながら、図10の結果からは、宮古の現代人も沖縄の現代人も、全体としては、日本人集団の中に含まれており、多少の地域差はあるものの、その違いは時代差ほど大きなものではないようである。先島の先史時代人の形質が不明であるため、先史時代にどのような地域差があったのか、もしあったとすれば、なぜ、それが現代人では小さくなったのかなど、先島の人類学は、まだまだ不明な点が多い。

地域差を知る一つの手がかりとしては、現時点では先島で最も古い資料である波照間島大泊浜出土のグスク時代女性の形質的特徴が注目される(14)。

図11は、頭蓋計測値9項目(女性)を用いて、集団間の類似度を計算し、樹状図で示したものである。比較には先島の立地を考慮して、台湾とフィリピンのデータも加えてある。波照間毛原とあるのは、時代は不明であるが、同じ波照間島から出土した人骨である。比較集団が十分ではないので、系統関係まで議論することはできないが、グスク時代の波照間島の女性が、琉球列島北

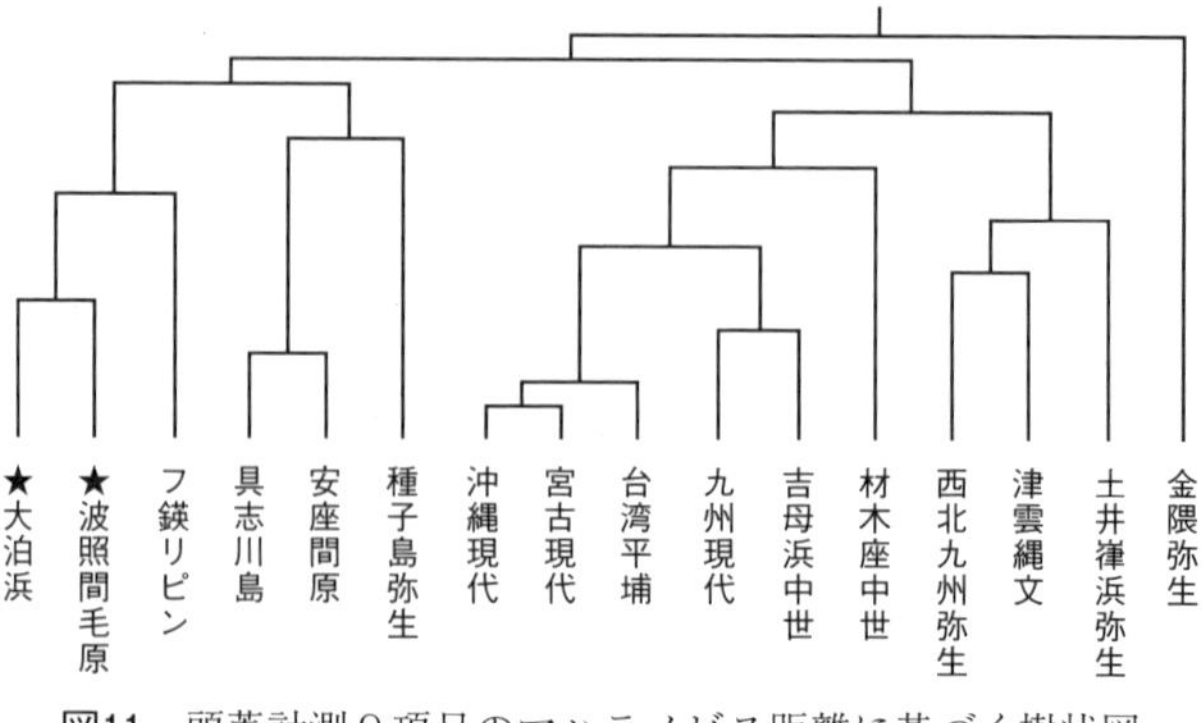

図11　頭蓋計測9項目のマハラノビス距離に基づく樹状図

部の先史時代人、そしてフィリピン集団と同じグループを形成するということは、大変興味深い結果である。文化的にはまったく異なっていたにもかかわらず、先島と沖縄の先史時代人は共通の特徴を持っており、それがグスク時代の女性に受け継がれていた、そして、さらに貝斧に代表される文化を共有していたフィリピンとも共通する特徴を持っていたことが、一つの可能性として示唆される。さらに、グスク時代以降、先島の形質も沖縄や他の日本人集団に近くなっていったが、その変化の過程は沖縄諸島よりも遅れて進行した可能性が考えられないだろうか。

四　まとめと課題

以上が、現時点で人骨からみえる琉球諸島人の歴史である。沖縄の出土人骨を調べた結果は、北海道のアイヌと沖縄人の形質の間にはかなりの違いがあり、また、沖縄の先史時代人と近現代人の形質にもかなりの違いがあるというものだった。先史時代人は全体にサイズが小さく顔の高さも低い。また、上から見た頭の長さが短く幅が大きいため、頭の形は強い短頭傾向を示す。一方、近世から現代の人たちは、顔の高さがやや高くなり、全体に平坦な顔つきをしている。どちらかというと、日本本土や大陸系の人びとに近い特徴を持つことが分かってきた。島々の中で隔離され、外部からの遺伝的影響を受けなかった隔離された集団という理解では説明がつかないのである。むしろ、周辺地域との積極的な交流を通して形成されてきたのが琉球諸島人であるという方が相応しいように思われる。

今後は、さらに周辺地域、特に九州や大陸からの遺伝子の影響がなかったかどうか、また、農耕の開始に伴う生活環境の変化が骨格にどのような影響を及ぼしたのか、さらに、島嶼という地理的特殊性の問題などが、解明されなければならないだろう。先島諸島の先史時代人がまったく分からないという課題も残されている。また、最大の課題としては、港川人以降一万年以上もの空白の解明が残されている。

註

（1）　BAELZ E 1911 Liukiu Insuler, die Aino und andere Kaukasierahnlich Rasse in Ostasiens. Kor-Bl. Anthrop. Ges., 42 pp.187-191

（2）足立文太郎　一八九五「琉球与那国岩洞中の一頭蓋」『東京人類学雑誌』10　四六六—四七二頁

（3）金関丈夫　一九二九「沖縄県那覇市城岳貝塚より発見せる人骨大腿骨に就いて」『人類誌』四四—六頁
金関丈夫　一九二九「琉球国頭群運天港に於いて得たる現代沖縄人人骨の人類学」『人類誌』四四—八頁

（4）須田昭義　一九五〇「人類学からみた琉球人」『民族学研究』15　二三—三〇頁

（5）九学会連合沖縄調査委員会　一九七六「沖縄—自然・文化・社会—」第2篇『沖縄のヒト』弘文堂

（6）TAGAYA A and IKEDA J 1976 A Multivariate analysis of the cranial measurements of the Ryukyu Islanders (male). J. Anthrop. Soc. Nippon 84(3) pp.204-229.

（7）Hanihara K 1991 Dual structure model for the population history of the Japanese. Japan Review 2, pp. 1-33.
（埴原和郎　一九九五『日本人の成り立ち』人文書院）

（8）Dodo Y, Doi N, Kondo O 2000 Flatness of facial skeletons of Ryukyuans. Anthropol Sci 108 pp.183-198. Dodo Y, Doi N, Kondo O 1998 Ainu and Ryukyuan cranial nonmetric variation: Evidence which disputes the Ainu-Ryukyu common origin theory. Anthropological Science 106, pp. 99-120.
土肥直美　一九九八「南西諸島人骨格の形質人類学的考察—骨からみた南西諸島の人びと」琉球大学医学部附属地域医療研究センター編『沖縄の歴史と医療史』九州大学出版会　八九—一〇三頁
土肥直美　二〇〇三「人骨からみた沖縄の歴史」財団法人沖縄県文化振興会公文書館史料編集室編『沖縄県史 各論編2　考古』沖縄県教育委員会　五七五—六一〇頁

（9）土肥直美、泉水　奏、瑞慶覧朝盛、譜久嶺忠彦　二〇〇〇「骨からみた沖縄先史時代人の生活」高宮廣衞先生古稀記念論集刊行会編『琉球・東アジアの人と文化』（下巻）、高宮廣衞先生古稀記念論集刊行会、四三一—四四八頁

（10）松下孝幸・太田純二　一九九三「沖縄県具志川島遺跡群出土の古人骨」『具志川島遺跡群』伊是名村文化財調査報告書第9集、伊是名村教育委員会、二一五—二四四頁

（11）鈴木尚・林都志夫・田辺義一・佐倉朔　一九五六「頭骨の形質」『鎌倉材木座発見の中世遺跡とその人骨』岩波書店　七五—一四八頁

（12）浦添市教育委員会　二〇〇三『浦添ようどれ石厨子と遺骨の分析結果について』浦添市教育委員会

（13）土肥直美・譜久嶺忠彦　二〇〇三「人骨」『首里城跡—右掖門及び周辺地区発掘調査報告書』沖縄県立埋蔵文化財センター　一五一—一五七頁

（14）安里進・春成秀爾編　二〇〇一『沖縄県大泊貝塚　平成一二年度文部科学省科学研究費補助金特定領域研究A（一）』

第五章　領域・境界・集団の形成

第三節　耶懶完顔部の軌跡
――大女真金国から大真国へと至る沿海地方一女真集団の歩み――

井黒　忍

北東アジアという「辺境」に興起した大女真金国[1]は、同地域に散居した女真・渤海の諸集団を統合し、キタイ・宋両帝国の大半の領域を奪取した。北東アジアから華北地域にまたがる領域を史上初めて同一の版図に組み込んだ大女真金国の歴史研究にとって、質・量の両面で『金史』が最重要資料であることは言を待たない。特に女真の統合から建国に至る道程については、その他の関連史料が稀少であるという状況にも左右され、『金史』が記す安出虎水完顔部から見た勢力拡大の過程に多くの研究が集中してきた。

その一方で、女真統合の名のもとに、安出虎水完顔部に吸収、併合されていくその他の女真諸集団の姿は資料の中に埋没し看過されてきた。中でも、辺境の中のさらなる辺境とでも言うべき日本海沿岸地域（これより沿海地方と呼ぶ）の女真集団に関しては、資料自体の稀少さと安出虎水完顔部中心の記述といった二重の資料的制限を被ることで、彼らの果たした役割に注意が注がれることはきわめて稀となり、これにより画一的な女真のイメージが形成されたとも言えよう。

その具体的な例として、外山軍治は北東アジアの地理環境を南部の平野地帯、東部から朝鮮半島北部に連なる森林地帯、西部の興安嶺東麓に展開する草原地帯に三分割し、そこに居住した人々を生業の面からそれぞれ農耕民、狩猟民、遊牧民の三種に分類した。さらに、安出虎水完顔部を森林地帯に居住した狩猟民である生女真の代表格とみなし、女真興起の過程をその他の農耕民・遊牧民地域への拡大と捉えたのである(2)。

しかしながら、近年の考古学調査と学術交流の進展により、ロシア沿海州・中華人民共和国黒龍江省・吉林省にまたがる沿海地方において、一一～一三世紀の様々な遺跡・遺物が発見され、日本海・オホーツク海に注ぐ各河川に沿って大小様々なレベルの女真時代の城址が存在することが明らかとなった(3)。これら沿海の諸地域は、海上および内陸河川交通によって結ばれたと考えられるが、海や河川との密接な関わりこそ北東アジアの歴史を特徴づける点であり、森林・山岳・沿海域といった地理環境の違いからも女真を森林地帯の狩猟民とするひとくくりの理解では捉えきれないことは明かである。

筆者はこれまで、北東アジア出土の官印資料の集成を行い、地域的・時代的分布を検討してきたが、その過程において、いくつかの興味深い事例を確認し得た。その一例として、一九九五年にN・G・アルテミエヴァを代表とするロシア科学アカデミー極東支部歴史考古民族研究所の調査隊が、ウスリースクから南へ二一キロ、ラズドーリナヤ川を越えたウティオスノーエ村クラスノヤロフスコエ古城において一点の官印を発見した。その官印は一辺が七・五センチ、直方鈕・青銅製で、印面には「耶懶猛安之印」の漢字六字が九疊篆を用いて陽刻（朱文）にて彫り込まれ、背面右側に「天泰七年十二月」、左側に「少府監造」、側面に「耶懶千戸之印」の銘款が刻されるというものである(4)。

本稿では、この「耶懶猛安之印」に見える耶懶、或いは耶懶完顔部と呼ばれた沿海地方女真集団の動向に着目し、女真の統合および大女真金国建国時において、いかに彼らが女真、完顔部という認識のもとに安出虎水完顔部政権に帰属していくのか、さらにはその後、彼らは女真集団としていかなる歩みを辿ったのかという観点から考察を進めることとする。すなわち、耶懶完顔部という沿海地方の一女真集団の軌跡から、一一世紀より一三世紀に至る北東アジア・東アジア地域の歴史を照射することが本稿のねらいであり、そこから「女真」、「完顔部」という認識の変遷過程が明らかとなるであろう。

一　大女真金国の建国と耶懶完顔部

耶懶完顔部とは、耶懶水（ハンカ湖に源を発し南流して日本海に注ぐパルチザンスカヤ川、蘇城河とも表記される）流域に拠った女真集団を指し、[5] 安出虎水完顔部を中核とした大女真金国の建国に多大な功績を果たした人々である。文献史料における初出は、『金史』巻一・世紀の冒頭に見え、安出虎水完顔部の始祖函普の弟、保活里の子孫とされる。また、完顔氏を称する中には広い意味での皇室を意味する「宗室」に加えて、「同姓完顔」と「異姓完顔」の二種が存在し、後者が皇室との血縁関係を有さない完顔部の構成員を指すのに対して、前者は遠い親族（疎族）と位置づけられ、その代表格として耶懶完顔部が挙げられる。[6]

一一世紀初頭より、安出虎水流域に拠って勢力を強めつつあった完顔部の周囲には、その強大化を阻止せんとする敵対勢力が存在した。『金史』巻一および巻六七には、活剌渾水（呼蘭河：松花江支流）紇石烈部の臘醅・麻産兄弟、阿跋斯水（牡丹江中流）温都部の烏春、統門水（図們江）と渾蠢水（琿春河）の合流地に拠る烏古論部の留可、蘇浜水（綏芬河）烏古論部の敵古徳らとの熾烈な戦いの模様が詳細に記される。これら諸集団は互いに連携を取り合い、安出虎水完顔部を南北から挟撃する形でその包囲網を縮めていく。こうした中、安出虎水完顔部の強力な支持勢力として登場するのが耶懶完顔部であった。彼らの安出虎水完顔部への帰属に関しては、昭祖石魯の時代に、蘇浜・耶懶の地に始めて進出した安出虎水完顔部が、その子の景祖烏古廼の時代に白山・耶海・統門・土骨論・五国といった諸部を服属させる文脈の中で語られる事績である。

『金史』巻七〇・石土門伝には、より詳細な経緯が記される。耶懶完顔部の部長であった直离海は保活里四世の子孫を名乗り、これまで疎遠であった安出虎水完顔部への帰属を求め使節として部人の邈孫を派遣する。この度の使節派遣の背景には、景祖烏古廼時代において本格化した周辺諸部への圧力の強化という状況が存在しており、耶懶完顔部の生き残り策としての安出虎水完顔部への帰属という意図は明確である。ただし、これが一方的服属という形をとることなく、安出虎水完顔部の内部においても、彼らを同族の完顔部であるという認識が受け入れられた点に注目すべきである。その背景としては、安出虎水完顔部を包囲せんとする牡丹江・図們江流域の敵対勢力をその背後から脅かす形で出現した強力な同盟軍という耶懶完顔部の位置づけが、彼らを自らの血を分けた同族として受容する環境を生み出したと考えられる。(7)

同族を唱う両集団の親近性は、帰属の後にさらなる深まりを見せる。飢饉に襲われた耶懶完顔部に対して、景祖は石魯（後の世祖）を派遣して牛馬を含む支援物資を送り届ける。この際、病に罹った石魯を日夜付ききりで看病したのが直离海の子の石土門（神徒門）であり、石魯の帰還の際には、彼ら両人は互いに手を取り合い、他日の友好を期した。これこそが後の太祖阿骨打（石魯の第二子）と石土門・迪古乃兄弟との連携を示唆する布石となるとともに、耶懶完顔部と安出虎水完顔部の協力関係が、両集団の首長間の個人的親近性に基礎を置くという性格を規定するものとなった。

阿骨打時代において、耶懶完顔部との提携関係はより一層の強固さを加えていく。石土門の弟阿斯懣の葬儀に際して、耶懶完顔部人が一同に会する中、阿骨打が官属を引き連れてこの葬儀に出向くとともに、対キタイ挙兵案を持ちかけた。阿骨打は迪古乃（完顔忠）に肩を寄せ、今回の耶懶訪問の理由は対キタイ挙兵の可否を迪古乃に問うためだと述べた上で、すでに有名無実化しつつあったキタイ帝国の内実を語り、「君以為何如」と迪古乃の意見を尋ねる。また「大金故左丞相金源郡貞憲王完顔公神道碑」（完顔希尹神道碑）によれば、この葬儀に際して、阿骨打は宗幹・宗翰・完顔希尹を率いて耶懶に向かい、石土門・迪古乃兄弟と対キタイ戦争の策を議し、その了解を取りつけるや、すぐさま翌年に挙兵し寧江州包囲に至ることとなる。

ここで阿骨打の同行者とされる宗幹・宗翰・完顔希尹ら三名こそ、当時の安出虎水完顔部の政戦両面における最重要スタッフであり、謀臣・猛将として阿骨打を支えた建国期最大の功労者達である。いわば、安出虎水完顔部政権の首脳部そのものが阿城より遥かに離れた耶懶の地に赴き、(8)石土門・迪古乃兄弟と起兵の策を議したこととなるのである。(9)その他の集団に対しては類を見ないこうした阿骨打の姿勢からは、耶懶完顔部に寄せる信頼感が窺えるとともに、その一方で大女真金国への協力、具体的な形での軍事力の供出を迫るといった現実的意図を読み取ることができよう。

阿骨打の要請に応え、挙兵に合わせて行われた耶懶での徴兵に応じた迪古乃は奉聖州を陥落させ、燕京の北の守りである得勝口を奪取するという戦功を挙げる。また、耶懶路孛菫として一族を束ねる兄の石土門が三百人の兵士を率いて呉乞買が留守を預かる阿城の護衛を果たし、その子習室が余睹谷において天祚帝を捕獲するなど、対キタイ戦争に際して耶懶完顔部は攻守両面における大いなる活躍を見せることとなる。

二　綏芬河流域への移住

直离海からその子石土門へと世襲された耶懶完顔部の部長職たる耶懶路都孛菫の地位は、大女真金国建国の後には石土門に代わり弟の迪古乃を都孛菫に任じるという措置が採られるものの、同一家系による世襲特権は維持されていく。その後、天会二年（一一二四）に至り、耶懶完顔部を率いて蘇浜水流域への移住が命じられ、これより耶懶完顔部の本拠地は綏芬河流域の中心都市であった双城子（ウスリースク）一帯に移される。この度の耶懶完顔部の移住は、地味の肥え、良馬の産地としても知られるとともに、全女真統一の過程において敵対勢力の基盤となった蘇浜水流域を同族として信頼を寄せる耶懶完顔部の新たな根拠地とすることで、国家の根幹である北東アジアの南方防衛を彼らに委ねたものと考えられる。

さらに、天会一四年（一一三六）における迪古乃死去の後、熙宗の天眷年間に至り、石土門の子思敬に押懶（耶懶と同音）路万戸の世襲が認められ、世襲謀克が授けられる。熙宗朝において、思敬はその侍従を務め、皇位をめぐる政争と宗室粛正に際して、反熙宗勢力の中心人物である太宗の長子宗磐と宗雋を捕らえるという任を担った。すでに太宗呉乞買時代より宗幹の麾下に属した思敬は、石魯や阿骨打以来続く安出虎水完顔部歴代首長との密接な関係性を背景に、皇帝権の確立を目指す熙宗やその義父として実権を握る宗幹の忠実な側近としての役割を担ったのである。こうした状況を反映して、熙宗朝において、思敬は工部尚書を皮切りに、親衛軍の長官である殿前都点検、さらに吏部尚書といった中央政府の要職を歴任することとなる。

しかしながら、海陵王による政権奪取により思敬への評価は一転し、いったんは尚書右丞に任じられるものの、その後は真定尹・益都尹・慶陽尹といった地方官の職を転々とする。こうした思敬への対応は、海陵王政権下における宗室・女真族抑圧という大勢とも合致するものであり、耶懶完顔部に対しても万戸という耶懶完顔部を掌握する根幹的な地位が廃止され蘇濱路節度使への変換がなされた。この度の変更は単なる名称の変化に止まらず、それまでの世襲職としての女真集団を束ねる万戸から、任期を有する一般地方官職への変更という重大な意味を有した施策であった。

その後の世宗によるクーデターの際の耶懶完顔部の動きは明確ではないものの、即位直後にはすでに遼陽政権に速頻路より徴発された人々が帰属していたことが確認できる。また、大定二年（一一二六）には、思敬が西南路招討使に任じられ、すぐさま北路都統、後に元帥右都監として当時の最重要課題であったキタイの大反乱鎮圧に差し向けられ、反乱軍を率いた窩斡を捕らえるなど世宗政権の確立に重要な役割を果たした。また、耶懶完顔部に対しては、海陵王時代になされた蘇浜路節度使への名称変更を見直し、再度耶懶節度使とせんとの提案がなされる。世宗は司治移転に関しては裁可せず、蘇浜水移住後の旧耶懶完顔部の中でも、石土門の直接管理下に置かれた「親管猛安」を耶懶完顔部の子孫が世襲する場合に限り、その故地である耶懶の名を復活させることで、耶懶完顔部の大女真金国建国に果たした役割を再評価するとの方針が取られる。

世宗による耶懶完顔部への再評価は、海陵王による中都への遷都および対南宋進攻、皇室の粛正といった強引な政治手法によって引き起こされた女真集団の瓦解を食い止め、その再統合を図る意図を示すものである。こうした措置は、大女真金国建国期の勲臣二一人の肖像画を衍慶宮に配し、太祖の功績を記念した女真文・漢文合璧の「大金得勝陀頌碑」を勅撰・立石したことと同一線上に位置づけられるものであろう。

また、耶懶完顔部に関しても、迪古乃の神道碑がウスリースク近郊に立石されたが、これも完顔婁室神道碑や完顔希尹神道碑の立石と同じく建国の勲臣を表彰し、女真の結合を強めるための措置であった[補注]。二一人の衍慶宮功臣の内、耶懶完顔部からは迪古乃と習室の二人が名を連ね、これに次ぐランクである亜次功臣には石土門が含まれた。耶懶完顔部以外の衍慶宮功臣の内訳は、明確に皇室との繋がりが確認できる者が一四人、この他に安出虎水完顔部と血縁関係を有する「宗室子」として銀朮可と斡魯古の二人、さらに異姓完顔と呼ばれる安出虎水完顔部人の完顔婁室、これに旧キタイ治下の燕京の名族劉彦宗と韓企先の二人となる。劉・韓の二人を除いては、いずれも安出虎水完顔部の構成員であり、耶懶完顔部を除いてはその他の女真集団から選出された人物は見えない。同じく始祖兄弟の子孫を名乗りながらも、一人も選出されることがなかった曷蘇館の女真集団とは明確な対比をなすものであり、世宗政権における耶懶完顔部の位置づけを如実に示すものである。

三　沿海地方女真集団の海事能力

耶懶完顔部を含む沿海地方の女真集団の人的特徴を考える上で注目すべきは東女真との関係である。東女真とは、東北方面より高麗を襲撃し続けた集団であり、彼らは時に百艘にも及ぶ大船団を率いて高麗臨海部を寇略した。東女真に関して検証を行った池内宏は、その集団を城川江流域の咸興平原に居住する女真集団と限定した[10]が、高麗から見て同じく東北方に位置し、天然の良港であるナホトカ湾を擁する耶懶完顔部がリマン海流の流れる海岸線に沿って南下し、海賊行為を行った可能性を否定することはできない。むしろ、古代より北海道やサハリンなどとの海上交流を担った同地域の人々が、金代に至りその技術を喪失していたとは考えにくく、しばしば高麗を襲撃した東女真の人々の中には、南は咸興平原より北はロシア沿海州に及ぶ地域に展開した沿海地方の人々が含まれていたと考えるべきであろう[11]。

これまで、ほとんど言及されることがなかった女真の水軍に関して、熊克の『中興小紀』巻三・建炎二年（一一二八）六月戊午条に興味深い記事が見える[12]。同年三月、高麗を経由して金に赴き靖康の変の折に拉致された徽宗と欽宗の返還を求めるという自らの発案が認められた楊応誠は、大金高麗国信使に任じられ、杭州より海路高麗へと赴いた。ただし、すでに大女真金国への臣属姿勢を明確化していた高麗にとって、自国を仲介とする宋と金の通交には明らかな危険が予想され、婉曲にその提案を拒否する。その中でしばしば高麗を海路にて襲撃した東女真の伝統を継承する女真水軍の強力さが語られ、金では両浙攻撃を意図した造船作業が目下進行中であるとの情報を伝える。

また、『高麗史』巻一五・仁宗世家六年（一一二八）八月庚午条には、高麗側の楊応誠に対する返答の内容がより詳細に記録される。これによれば、もし高麗を仲介として使節を送ったならば、その返礼を口実として海路使節を派遣するに違いなく、これにより宋東南沿海部の形勢を把握した大女真金国は必ず戦艦を揃えて南方に迫るとともに、北からは陸路軍隊を派遣し、南北挟撃の形で宋を攻撃するに至るだろうとの予測を示すのである。

これが金と宋との通行を阻害せんとする高麗側の言い分であることを考慮すれば、女真水軍の脅威を煽るこの返答内容は、いささか割り引いて考える必要がある。とは言え、二年後の天会八年（一一三〇）には江南に逃れた高宗を追って、一時は杭州までも陥落させた金軍が明州より海上に逃れた高宗を一五〇キロあまりもの航海を行い追撃し温州にまで追いつめるという事件が起こる。さらに失敗には終わったものの、後の海陵王の南宋攻撃に際して、浙東道水軍都統制蘇保衡に率いられた海軍が山東沖を南下し、海路臨安の襲撃を企画するなど[13]、まさに仁宗が憂慮した事態を現実化させた女真の海軍力を寡少評価することはできない。

彼ら沿海地方女真集団の海事能力を物語るものとして、その造船技術を挙げることができよう。後一条天皇の寛仁三年（一〇一九）、刀伊の入寇の名で知られる女真水軍の九州寇略の際に、彼らの用いた船は大きいもので全長二一メートルを超え、五〇〜六〇人の乗船人員を有するというものであった。さらに、川崎保はスーチャン（蘇城）川流域のシャイガ山城より出土した銀牌と『吾妻鏡』に載せられる銀牌との類似性に着目し、日本における中世出土銭、特に金銭の分析を通して、沿海州から直接日本海側の港湾に至るルートの重要性に言及する。また、『吾妻鏡』に記載される著名な貞応二年（一二二三）越後国寺泊浦への「高麗人」漂着が、全長三〇メートルを超える女真船であった可能性を指摘するなど[14]、渤海時代から引き続き沿海地方の女真集団が高い海事技術の水準を維持していたことを裏付けるものと言えよう。
内陸部に位置する安出虎水完顔部が本来的にこうした造船および海事技術を有していたとは考えにくい。高麗側が語るように金の水軍は沿海部に居住した耶懶完顔部らの東女真以来の技術・伝統を継承して形成されたものであろう。こうした見解は、小嶋芳孝が渤海時代の考察の中で、沿海州南部を領域に取り込むことで、初めて渤海が航海術を手に入れたとする理解とも通底するものである。(15)沿海地方における耶懶完顔部の存在意義は、北東アジアの後背地を制御するとともに、海路・陸路にて高麗の動きを牽制するという地理的役割に加え、人的特徴とも言える伝統的な海事能力にあったと考えられよう。

四　「耶懶猛安之印」が語るもの

一貫して安出虎水完顔部を支える同族集団としての役割を担い続けた耶懶完顔部が自らの位置づけとしての女真、あるいは宗室完顔部の一員という意識を有したであろうことは、思敬の提言によって女真人進士科が設置されるとともに、親王府官に対して女真字を学習させることを提言するといった女真文化の保護に対する積極的な姿勢からも窺える。

しかしながら、世宗朝以降、中原王朝への傾斜の中で、大女真金国は女真統合の国家としての性格を喪失しつつあった。こうした中、耶懶完顔部を含む女真集団に対する見直しが図られるのは、一三世紀初頭より始まるモンゴル帝国の本格的な華北侵攻という危機に直面した後のことである。『金史』巻一二三・完顔賽不伝によれば、完顔賽不は保活里の子孫、すなわち耶懶完顔部の世系に連なる人物であり、本来は宗族としての扱いを受けるべき身分であった。しかし、賽不へと至る途中で宗譜から彼の名が脱落していたため、元光二年（一二二三）に至り、皇室および宗室関連の事務をつかさどる大睦親府に宗譜への再登録が命じられた。

これによれば、世宗朝以降の段階において、彼ら耶懶完顔部を宗室の一員とする認識が失われていたこととなり、開封への遷都の後、改めて女真集団に対する評価の見直しが図られたこととなる。これはすでに杉山正明が述べるように、モンゴル軍の華北制圧と金国の開封への遷都という危機的状況の中で、金国は文字通りのジュシェン政権へ傾斜したという見解を裏付ける事例と言えよう。[16]

この度の耶懶完顔部に対する宗族としての再認識は、大女真金国建国期、さらには第二次建国期とも称すべき世宗朝におけるものとは明らかに異なる意味を有する。すでに北東アジアの実質的支配権を喪失した中で行われた耶懶完顔部の宗譜への再登録は、もはや彼らの有する地理的・人的重要性に由来するものではなく、女真再結集を訴え、これを確認する行為へと変容したと考えられるのである。

こうした女真の再結集という動向は、河南に逼塞した大女真金国政権内に限ってのみ見られた現象ではなかった。ほぼ同時期に金を見限って遼東に自立した女真人、蒲鮮万奴の動向からも同様の性格を窺うことができる。[17] 咸平府を根拠地として遼東に自立したキタイ勢力耶律留哥征討のため、遼東宣撫使として派遣された蒲鮮万奴は留哥との戦闘敗退後、自らも遼東の地において自立を果たし、一二一五年には天王と称し、国号を大真、年号を天泰と定める。万奴のもとには喩吉、斡都、麻渾ら一一猛安が来帰するなど、すでに大女真金国の実質的な支配を喪失した北東アジアの情勢、さらに自らの国家―大女真金国が潰えゆくという危機感の中で、同族の再結集を目指すという意識が女真集団の中に高まり、その時代状況の中で万奴が「大女真」としての大真を国号とするに至るのである。

また、万奴は完顔姓を名乗り天王と自称したとされるが、この天王の称号に関しては『類編長安志』巻八・辨惑に、華北各地に移動した女真集団は、猛安・謀克を単位として寨と呼ばれる居住地を建設し、各寨では軍神としての北極神を祀り、真武像・天王像を安置したとされる。北極神、天王信仰の来源としては、北東アジアに広く見られるシャーマニズムとの関係、あるいは仏教との関連性が窺えるが[18]、女真人の信仰対象であった軍神としての天王を自称し、さらに皇室に連なる完顔姓を名乗ることで、大女真金国の正式な後継者と自らを位置づけ、女真再結集の中心として求心力を強めんとするねらいがあったと言える。

婆速路・上京攻撃の失敗の後、万奴政権にとって新たな根拠地となったのが沿海地方であった。すでに述べたように、綏芬河流域のクラスノヤロフスコエ古城において、天泰七年の紀年を有する「耶懶猛安之印」が発見されたことは、耶懶完顔部が大真国に帰属するとともに、引き続き同地域に拠点を有する一大勢力であり続けたことを物語る。加えて、大真国の都が置かれたとされる開元の位置に関しても、有力な見解として綏芬河流域とする説が存在し、これによれば耶懶完顔部の居住地こそが大真国の中心として機能したこととなる。もはや末期的症状を見せた大女真金国政権と同様に、女真の再結集を図る万奴政権にとって、皇室に直結するとともに、長らく沿海地方に基盤を有する建国以来の名門集団とも言える耶懶完顔部は、まさに女真統合のシンボルとして恰好の存在意義を有する女真集団であったと言えよう。

おわりに

耶懶完顔部の歩みに見られるように、北東アジア沿海地方の女真集団は、彼らの有する地理的・人的な戦略的価値ゆえに、宗室の一門として安出虎水完顔部に認識され、自らも皇室を支える女真集団としての役割を果たしていく。しかしながら、国家の東アジアへの重心の傾斜とともに宗室の一員としての認識は薄れていく。その後、滅亡に瀕する中、あるいは北東アジアにおける新たな女真政権樹立の中で、彼らの有する価値は女真統合のシンボルとして変容を遂げることとなった。彼ら耶懶完顔部の歩みと評価の推移は、大女真金国の名のもとに、北東アジアの女真を統合することで成立した安出虎水完顔部政権のその他女真集団に対する認識、さらには自らの政権の性格に対する認識の変化を率直に反映したものであったと言えよう。

註

（1）　これまで金朝、あるいは金国と称された当該国家の名称に関しては、古松崇志が『高麗史』に見える記述より正式には大女真金国であることを明確に指摘した。さらに、北東アジアにおける大女真金国建国への道筋を、渤海をも包み込む「大女真主義」という視点から辿ることで、『金史』巻一・世紀および巻二・太祖本紀の記載内容を整合的に解釈することを可能とした。筆者も古松説に賛同するものであり、本稿ではその名称を大女真金国と表記する。古松崇志「女真開国伝説の形成―『金史』世紀の研究」内山勝利編『論集「古典の世界像」』平成一〇～一四年度　文部科学省研究費補助金特定領域研究（A）一一八「古典学の再

構築」研究成果報告集V、A〇四「古典の世界像」調整班研究報告、「古典学の再構築」総括班、神戸、二〇〇三年。

(2)　外山軍治「女真の興起と遼宋との関係」『金朝史研究』東洋史研究叢刊一三、同朋舎出版、京都、一九六四年。

(3)　ロシア沿海州において発掘された城址の中には、河川からの水門や船着き場を有する事例が報告されている。木山克彦・布施和洋「ロシア沿海地方金・東夏代城址遺跡の調査」『北東アジア中世遺跡の考古学的研究：平成一五・一六年度研究成果報告書』札幌学院大学人文学部、江別、二〇〇五年。

(4)　同印の発掘に至る経緯およびその詳細に関しては、Артемьева Н.Г., Ивлиев А.Л., Новые эпиграфические находки из Уссурийска , *Российская археология*. 2000, № 2. を参照されたい。

(5)　耶懶水の比定をめぐっては、これまで様々な見解が提出されてきた。詳細は拙稿「耶懶と耶懶水―ロシア沿海地方の歴史的地名比定に向けて―」『北東アジア中世遺跡の考古学的研究：平成一五・一六年度研究成果報告書』札幌学院大学人文学部、江別、二〇〇五年を参照されたい。

(6)　完顔部の氏族構成に関しては、松浦茂「金代女真氏族の構成について―『金史』百官志にみえる封号の規定をめぐって―」『東洋史研究』第三六巻第四号、一九七八年を参照されたい。

(7)　増井寛也は両集団の同族関係について、「金室は政治的結合の所産として、石土門一族とすすんで系譜を合致させようと企てさえしている」として、安出虎水完顔部側からの耶懶完顔部取り込みという姿勢を示唆する。増井寛也「初期完顔氏政権とその基礎的構造」『立命館文学』四一八～四二一号、三田村博士古稀記念東洋史論叢、一九八〇年。

(8)　阿斯懣の葬儀挙行の地は明記されないものの、耶懶完顔部人が一同に会したことから、耶懶完顔部の本拠地であったパルチザンスカヤ川流域であったと考えられる。

(9)　『三朝北盟会編』巻三によれば、対遼挙兵の意を固めた阿骨打に対して宗翰(粘罕)はその時期尚早なるを指摘し、まずは準備段階として隣国の制圧を進言する。そこで対象となったのが「東瀕・西渤二海部族」であり、これが「東の瀕海の部族」と「西の渤海部族」を意味し、時期的に見て、前者こそが耶懶完顔部に相当する。

(10)　池内宏「高麗朝に於ける東女真の海寇」『満鮮史研究：中世第二冊』座右宝刊会、東京、一九三七年。

(11)　王崇実はポシェット湾・ピーター湾付近に居住した女真集団の航海・海賊行為を指摘するが、これこそが、同様の自然条件を有するナホトカ湾周辺における女真集団の関与を物語るものと言えよう。王崇実「図們江、綏芬河中下游古代居民的近海捕撈与遠航活動」、李澍田（主編）『東疆研究論集』長白叢書研究系列一二、吉林文史出版社、長春、一九九二年。

(12)　管見の限り、同資料を用いた最も早期の研究は、三上次男「高麗仁宗朝における麗宋関係」（『金史研究三：金代政治・社会の研究』中央公論美術出版社、東京、一九七三年所収。なお、初出は『池内博士還暦記念東洋史論叢』座右宝刊行会、東京、一九四〇）であるが、これも女真の水軍という視点から取り上げられたものではない。女真すなわち騎馬軍団という構図は、あくまで安出虎水完顔部を代表とする内陸部の女真集団の姿である。

(13)　王崇実の研究によれば、蘇保衡に率いられ山東を出発し沿海部を南下した水軍の中にポシェット湾・大ピーター湾付近の女真人が参加したとされ、さらにモンゴル時代クビライ朝に行われた日本遠征に際して、彼らが舵工・水手として加わったとされる。前掲注11王論文を参照。

(14)　川崎保「『吾妻鏡』異国船寺泊浦漂着記事の考古学的考察」『信濃』第五四巻第九号、二〇〇二年。

(15)　小嶋芳孝「日本海の島々と靺鞨・渤海の交流」村井章介・佐藤信・吉田信之編『境界の日本史』山川出版社、東京、一九九七年。

(16)　杉山正明『耶律楚材とその時代』中国歴史人物選第八巻、白帝社、東京、一九九六年。

(17)　女真集団以外にも、遼東に自立政権をうち立てた耶律留哥や耶厮不といったキタイ集団、さらに漢族政権の成立を意味する漢興皇帝を自称した錦州の張致政権など、モンゴル帝国と大女真金国の狭間で、支配の真空地帯に位置した遼東・遼西地域には諸種の自立政権が乱立した。これらも蒲鮮万奴の大真国と同様に、同族の再結集という時代状況の中で考察すべきものであろう。

(18)　「朝鮮慶源郡女真国書碑」の名で知られる女真文磨崖碑によれば、仏寺の建立に際して、曷懶路と速頻路の女真の間で資金提供を通した交流がなされている。蒲鮮万奴の天王号自称の背景には、渤海以来の沿海地方における仏教の広まりと女真集団における広範な受容という問題が存在すると考えられる。

（補注）　脱稿後、二〇〇三年に黒龍江省阿城市大嶺郷吉興屯海溝河北岸の山腹にて発見された残碑が完顔斡魯の神道碑であることが明らかとなった。王久宇・王鍇「阿城金代貴族墓碑的発現和考証」（『北方文物』二〇〇七年　第四期）によれば、その建碑年代は完顔希尹碑および完顔忠碑と同じ大定年間とされる。なお、同碑は現在、阿城市の金上京博物館に陳列される。

コラム12

モンゴル帝国とチンカイ屯田——村岡　倫

モンゴル高原の統一を果たし、一二〇六年に即位したチンギス・カンは、その後、一二一二年に功臣チンカイ（田鎮海）に命じてアルタイ山脈の北麓に軍事基地を開かせた。いわゆるチンカイ屯田である（漢籍史料では、「鎮海屯田」あるいは「称海屯田」と表記される）。その一角にはチンカイの居城も築かれ、チンカイ城と呼ばれ、後にチンギス・カンの中央アジア遠征の拠点となり、第五代クビライ即位後は、中央アジアの反クビライ勢力に対する最前線基地となるなど、モンゴル＝元朝史において重要な意義を持った。

チンカイ屯田の位置に関して、具体的な記述を残すのは『長春真人西遊記』のみであった。『長春真人西遊記』とは、当時、金朝支配下の北中国で隆盛を極めていた道教の一派、全真教の指導者である長春真人が、西征途上のチンギス・カンに召喚され、モンゴル高原から中央アジアへと旅をした際の旅行記で、同行した弟子の一人が記したものである。長春一行は、中央アジアへの往路の一二二一年と復路の一二二三年の二度、チンカイの地を訪れている。これまでに数多くの研究者が、『長春真人西遊記』の記述を頼りに、チンカイ屯田の位置を想定し、様々な見解を提示してきたが、モンゴル人研究者以外の説のほとんどが、現地調査に基づかない机上の推論にしかすぎず、どれも定説になるには至らなかった。

二〇〇一年、チンカイ屯田の発見を目的に、日本・モンゴル共同調査隊がアルタイ地方に入った。日本側のメンバーは、松田孝一（大阪国際大学）を隊長に、松川節（大谷大学）、白石典之（新潟大学）、そして私も調査隊に加えていただいた。

調査の結果、ゴビアルタイ県シャルガ郡内には広範囲にわたる農耕地の跡が存在し、そこからは、一二・一三世紀の土器や磁器片が多数発見された。その中でも特に中国河南地方鈞窯産の磁器片一片の発見は重要であった。帰国後、専門家の方々に鑑定していただいたところ、それは、間違いなく一二世紀後半から一三世紀初頭にかけて作られたものであるという。まさしく、チンギス・カンと同時代のものであった。また、『長春真人西遊記』に記されるチンカイ屯田周辺の地理的記述と、シャルガの農耕地跡周辺の景観とが一致しているということもわかった。しかし、この時は残念ながらチンカイ城と思われる城郭は発見できなかったが、後に、シャルガ地域の航空写真を何枚か手に入れ分析したところ、その中の一枚に、農耕地跡の東約一キロの地点に明らかに人工と思われる城址が写っていた。

その後、城址の発見も含めた再調査の機会にはなかなか恵まれなかったが、二〇〇四年、本特定領域研究の公募班として我々の計画研究が採択され、三年ぶりに、再調査の機会を得ることになった。二〇〇四年の調査では、実際に城址を確認できた。壁の高さは二メートル弱、一辺が約二〇〇メートルのほぼ正方形である。この土城址からも、多くの土器・陶磁器・鉄器・鉄片が発見された。しかし、われわれを最も驚喜させたのは、前回、農耕地跡で発見した鈞窯産の磁器片と同種のものが、大量に散乱していたことである。城址は白石の提案で、この辺りの地名から「ハルザン・シレグ遺跡」と名付けることになった。これがチンカイ城であることはほぼ間違いあるまい。松田、松川、私の三人は文献史学が専門、白石は考古学者である。チンカイ城の発見は、史料研究と考古学的な実地調査が結びついて初めて可能となったものである。まさしく学融合の成果と言えよう。

では、なぜチンカイ城は、この地に建設されたのであろうか。実はハルザン・シレグ遺跡では、モンゴル時代以前の遺物も多数発見されている。とすると、チンカイ城はモンゴル時代になって初めて築かれたものではなく、もっと古い時代からあったものをチンカイが再利用したということになる。チンカイの出自については、様々な説がとなえられているが、その中で、ウイグル人、しかも、旧西ウイグル王国出身の商人の一族とする説が最も有力であろう。ウイグル人は、もともとモンゴル高原にいたトルコ系の遊牧民であり、八世紀半ばに突厥から政権を奪って隆盛を極めたが、九世紀半ばにには、今度は自分たちが北方のキルギスの攻撃を受けて崩壊した。その後、彼らの一部は中央アジアの東部天山地方に新たな国家、西ウイグル王国（天山ウイグル王国）を建国し、天山地方のシルクロード交易の経路を押さえた。この王国に属する商人たちは、その貿易網を掌握し、王国は交易の利潤によって栄えることになる。その後、一二世紀前半、東方からやってきたキタイ・遼王朝の皇族、耶律大石がカラハン朝を倒して立てたカラ・キタイ（西遼）に服属することになった。しかし、一三世紀初頭、西ウイグル王国はカラ・キタイから離れ、自ら進んでモンゴルに服属する道を選んだ。

当時のウイグル王バルチュク・アルト・テギン自らが、チンギス・カンのケルレン河流域の大オルド（現在のアウラガ遺跡）を訪れたのは一二一一年のことであった。チンカイ屯田建設の前年である。この二つの出来事は決して無関係ではあるまい。チンカイ自身はそれよりも前からチンギス・カンに仕えていたが、バルチュクの帰順を機に、モンゴルとウイグル本国とを結ぶ要の地に、軍事基地を建設することをチンギス・カンに任されたのであろう。

長春真人一行の旅は、チンカイの先導のもとに行なわれている。チンカイはモンゴル高原からアルタイ山脈を越えて、天山地方へ、そして西征中のチンギス・カンが駐屯するヒンドゥークシュ山麓までのルートを熟知していた。この経路は、旧西ウイグル王国を経由する交易路にほかならない。いわゆる「シルクロード」と言えば、西方からオアシス・ルートを通って、中国へ向かう道がすぐさま連想されるが、モンゴル高原へも、ウイグル・ネットワークと称するべき商業ネットワークと情報網が伸びていた。チンカイ屯田の地はまさにそのルート上に位置しており、ウイグル人チンカイの起用は、その拠点を確保するという狙いがあったと考えられる。

これまで、チンギス・カンがどのような経路で西征を行なったのか、必ずしも明確ではなかった。しかし、長春真人は、彼を追う形で旅をしたはずであり、だとすれば、一行のたどった経路こそ、チンギス・カン西征の経路そのものだったと考えてよいだろう。ウイグルの商業ネットワーク拠点の確保は、モンゴルにとって、交易の利潤を手にするだけでなく、その経路をたどって西方へと拡大して行く足場を築いたことにもなった。

チンカイ屯田建設時、モンゴルは金朝への侵攻中でもあった。その遠征で捕らえた工匠や農民などは早速チンカイの地に送られ、それぞれ生産に当たった。『長春真人西遊記』によれば、長春一行が訪れた一二二一年には、彼らはその職責を全うしており、チンカイ屯田は軍事基地としての機能を十分に果たしていたようである。モンゴルは、一二一八年にはナイマンの王子クチュルクに簒奪されていたカラ・キタイを滅ぼし、さらには西方のホラズム朝への遠征を敢行する。チンカイ屯田はその遠征を後方から支えた。

しかし、得をしたのはモンゴルだけではない。交易ルート上にいくつも国が存在するというのは、遠隔地交易にたずさわる商人にとってはマイナスである。国境を越える時には危険がつきまとうし、商品に莫大な関税がかかることもある。その意味では、より強大で広域を支配する国家の出現は、彼らにとってもプラスになることである。モンゴル帝国の拡大は、交易によって支えられたウイグル王国やウイグル商人にとっても望ましいことであった。彼らはモンゴルの支配に期待を寄せ、そしてモンゴルと一体化することを望んだ。ウイグルの帰順とチンカイ屯田の建設は、後にユーラシアに広大な帝国を築き上げるモンゴルにとって、一大転機となった出来事だったのである。

実は、我々のチンカイ屯田調査に関しては大きな課題が残った。白石によれば、ハルザン・シレグ遺跡の土城は、遺物などから考えると、遅くても元代前期、一三世紀後葉には廃絶されたという。また、我々が二〇〇一年、二〇〇四年に調査した他の地点からも、屯田が置かれていたとされる一四世紀代の陶磁器は出土しなかった。つまり、残念ながら我々の調査した地域には、元代中・後期に使われたと漢籍史料が記すチンカイ屯田はなかったということになる。

ハルザン・シレグ遺跡がチンカイ城であることは確かであっても、チンカイ屯田そのものの比定にはさらなる現地調査が必要なようだ。シャルガ河流域の農耕可能であった地域は広範囲にわたっている。我々がまだ調査していない地点も多く、その中に、目指すチンカイ屯田の跡がある可能性は高い。今後も文献史学者と考古学者の協力は欠かせない。

コラム13

カンボジアの中世日本町

杉山洋・佐藤由似

カンボジアの日本町は現在の首都プノンペンとその北方二六キロ程にあるポニャ・ルー地域に存在していた。文部科学省科学研究費補助金により、二〇〇四～二〇〇七年度にポニャ・ルー地域において発掘調査を、アンコール・ワット十字回廊の日本人墨書調査を行った。中世末から近世初頭にかけてカンボジアを訪れた日本人の足跡を辿りたい。

ポニャ・ルー地域は、ポスト・アンコール期の王都ロンヴェーク、ウドン地域近郊に位置し、一六～一七世紀頃にかけて日本町や中国町等の外国人居留地が存在していたと考えられている。日本町の位置についても岩生成一が当時のオランダ文献を基にした詳細な研究を行っている（岩生一九六六）。それによるとオランダ商館はプノンペンから二五・六キロ北のトンレサップ川から流れる一支流沿いにあり、日本町はその北側に位置していたという。

文献に登場する日本町の初現は一五九六年で、この時すでに三〇〇人もの日本人が居住していた。日本町に居住していた日本人は、その多くが貿易業に従事し重要な役職を務めていたという。在住日本人の中にはキリシタンも多く含まれ、一七世紀前半にはポニャ・ルーに教会堂も建立されたが、一六六七年のオランダ商館の撤退以降、日本町の記録も途絶えることとなった。

現在のポニャ・ルー地域はトンレサップ川沿いに高床式の民家が建ち並び、オランダ商館跡推定地にはパゴダが建てられ、地上からは日本町に関する確たる遺構は認められな

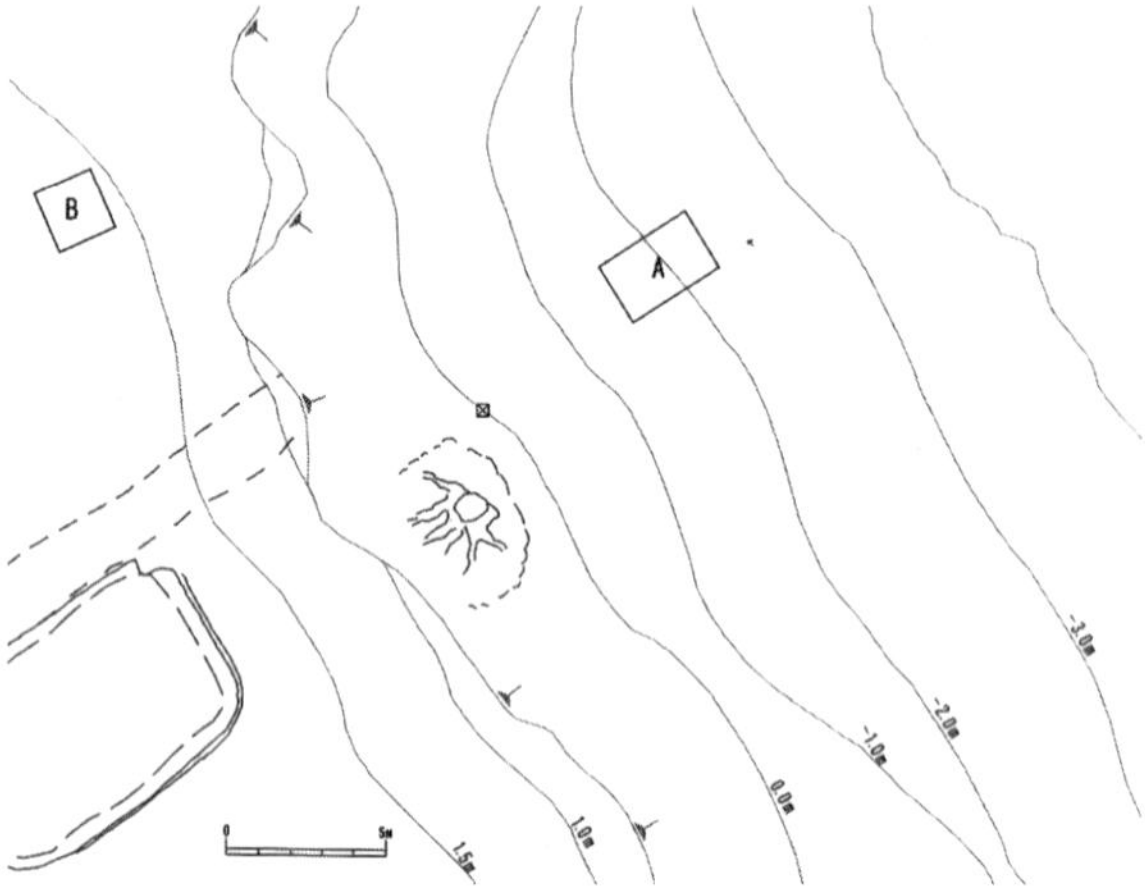

図１　河口地点トレンチ位置図

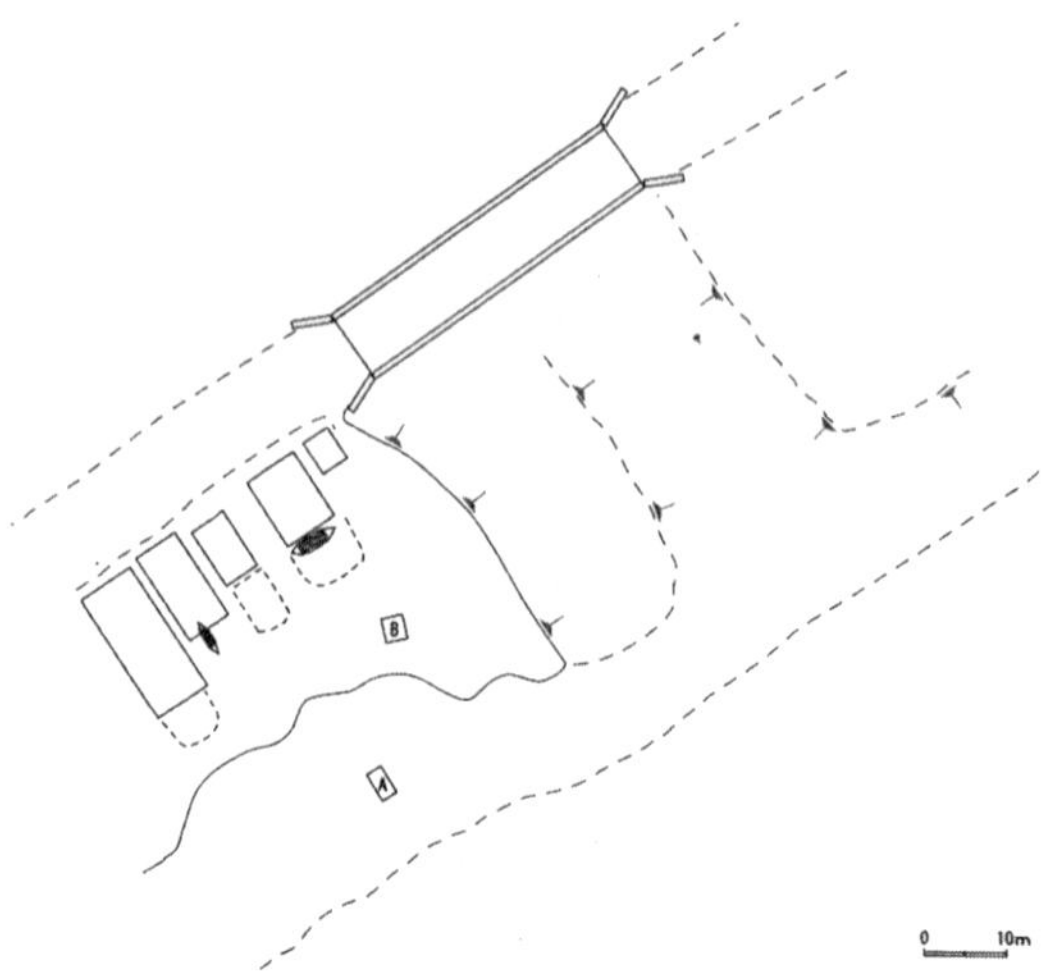

図２　河口地点調査地周辺図

い。しかしトンレサップ川沿いに遺物が大量に分布する地点を確認し、最も多くの遺物が分布していたストゥン・クラン・ボンレイ河口地点（以後、河口地点）と、写真記録の残るポニャ・ルーの教会跡地点（以後、教会跡地点）の二か所の発掘調査を行った。

調査では、教会跡地点に設定したトレンチよりフランス植民地時代建立と思しき教会の床面や基礎を確認した。遺物に関しては河口地点と教会跡地点より合計五七九点の遺物が出土し、主なものとして中国陶磁、肥前磁器のほか在地土器、瓦、ベトナム陶器を確認した。中国陶磁では景徳鎮、漳州、福建産を中心とした青花碗・皿が大半を占め、他にも鉢や散蓮華など様々な器種が検出されている。また肥前磁器も六点と少数ではあるが、一六六〇～八〇年代の雲龍荒磯文碗片や一六五〇～六〇年代の青磁大皿片など特徴的な製品を検出した。総じて見ると一六～一九世紀にかけての幅広い年代の遺物を確認したが、その組成に特徴的な傾向を認めることができた。一六世紀中頃を初現とし、一七世紀中頃～後半にかけて景徳鎮産製品が大勢を占め、ほぼ同時期に少数ながら肥前磁器も確認した。一八世紀にはかわって福建周辺産製品が急増し、一九世紀には中国陶磁の全体量が減少するという傾向がみられた。

　これらの遺物の年代観から中国の海禁令や日本の鎖国といった貿易事情の変化を想定することができる。すなわち、一七世紀後半の海禁令以

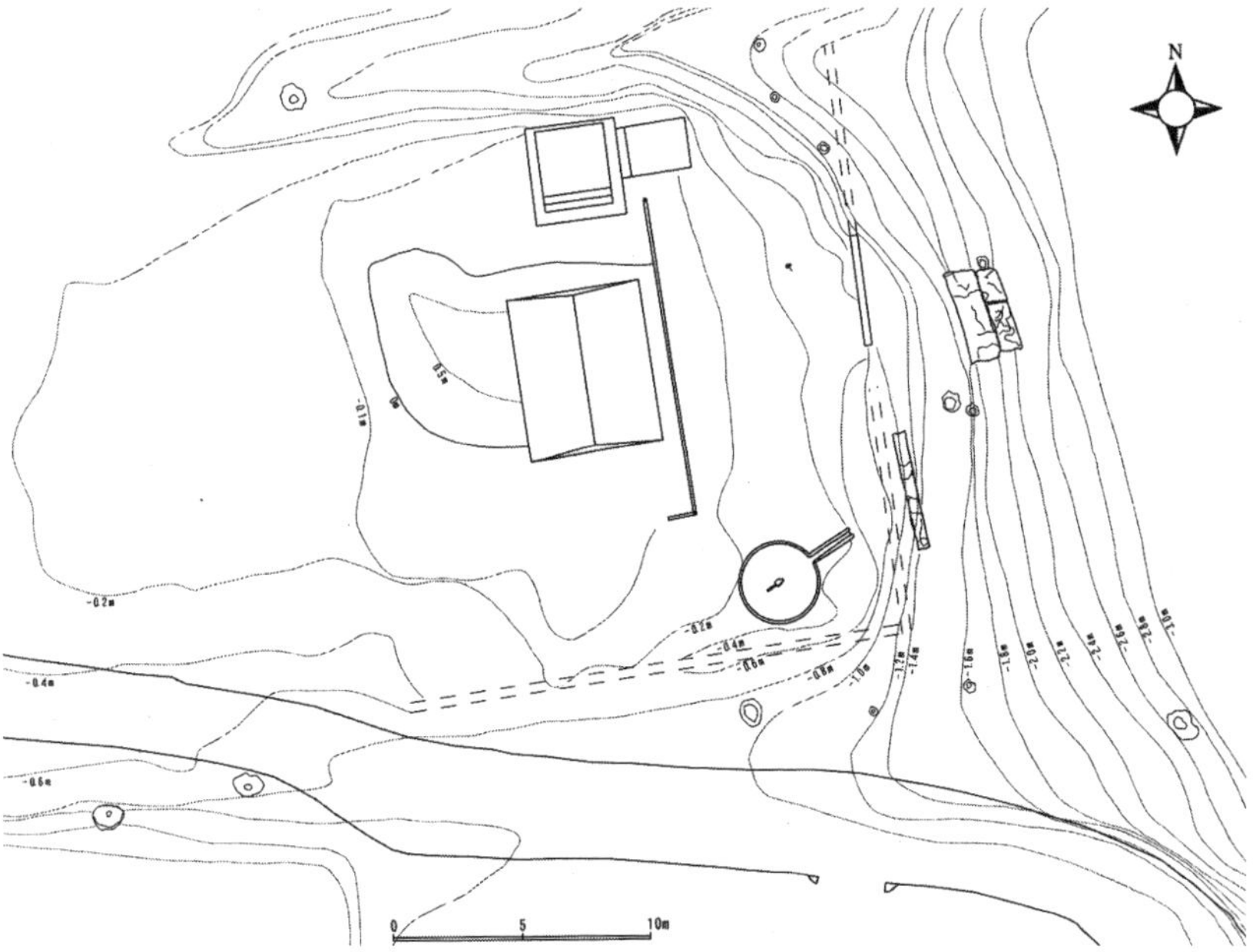

図３　教会推定地点地形測量図

図４　日本町の発掘

前には景徳鎮を中心とした製品が出土し、その後一七世紀末の展海令により貿易が再開されると福建地域からの製品が増大した可能性が考えられるのである。この海禁令で輸出量が減少した中国陶磁器にかわり、アジアの陶磁器市場で急進したのが肥前磁器である。この時期、肥前磁器は東南アジアにとどまらず世界各地へ輸出されている。実際、当地域からも少量ではあるが当該時期にあたる肥前磁器が出土している。

当時はカンボジアで産出する香辛料や皮革等を求めて日本船をはじめとした各国船が王都ウドンを訪れたのであろう。カンボジア国内で大小様々な河川港があったと考えられるが、ポニャ・ルー地域は王都ウドンに最も近い河川港の役割を果たしていた可能性が考えられよう。

この日本町とほぼ同時期に日本からカンボジアを訪れた日本人が存在している。寛永九（一六三二）年、肥州之住人藤原之朝臣森本右近太夫一房が母の菩提を弔うためにアンコール・ワットを参拝し、四体の仏像を奉納したという旨の墨書を十字回廊の石柱等に書き残した。このような日本人墨書が一四箇所にわたり残っているが、ポル・ポト時代にペンキで塗り潰されたものや、経年変化による剥落のため解読が困難なものも多い。調査では、奈良文化財研究所歴史研究室室長吉川聡氏の参加を得て、墨書の赤外線写真撮影による知見も交えて、先学による釈文の補訂を行った。

今回の調査で約四〇〇年以上前のカンボジアと日本の繋がりの一端を追究できたのではないかと考える。中世末から近世初頭にかけて日本から遥々カンボジアの地に辿り着いた日本人の足跡を今後も追い続けていきたい。

参考文献

岩生成一　一九六六『南洋日本町の研究』岩波書店
杉山洋他編　二〇〇八『カンボジアにおける中世遺跡と日本人町の研究』

コラム14

物は見かけによらぬもの

―― 深澤　百合子

物は見かけによらぬもの・物質文化のコンテキストを読む

民族形成とか民族接触のダイナミズムをいかに物質文化から読み取るかということは考古学において興味ある課題である。人間集団を物質文化に比定し民族として呼称することは非常に魅力的ではあるが、実は考古学のなかでは一番難解な課題で、それゆえに考古学研究の方法論や解釈論が問われることになる。そこで物質文化の読み方についてまず考えてみよう。

物の使われ方はひとつではない。物はいろいろな意味をもっており、ひとつの共通した社会の中ではその意味が共有されることになるが、異なる社会ではその物のもつ社会的意味が異なり、違った取り扱いをされる。これが物を解釈するのが難しい理由である。つまり、見た目には同じに見える物なのだが、そのもつ意味や使われ方は同じではなく、その違いを見極め、ひとつの社会の中での物のありかたを理解しなければ、その物の本来の意味はわからないということになる。

したがって、物から異なる集団を選別しようとするとき、物がどちらの集団に属して使用されていたかを見分けるためには、その物の見た目だけを見ているのでは集団が選別できないことになる。

つまり、その文化の中での、物の意味や役割がわからなければ、それを使用した人たち、その行為を行った人たちの考えや意図は読めないことになる。人間の行為はその考えや意図によって、それぞれの文化内である意味やある役割を持っている。だから、それを理解するためには、その物がおかれた社会や文化のコンテキストが理解できないと難しい。その社会や文化の中で同じ意味となる共通コードを探り出すために、それぞれのコンテキストを理解する必要がある。

　このようなコンテキストを探る方法を使用し、共通コードを見つけ出すことができれば、文化概念の異なる人間集団を物質文化から民族として探りだすことが可能になるのではないかと考えられる。あるひとつの社会において、いろいろな物の存在意味を考え、その意味のありかたに、文化概念まで語れる共通する物が読みとれるのかを考えようというわけである。

物質文化と民族　アイヌ文化の例

　アイヌ民族の例で考えてみよう。アイヌ文化には日本製の和産物がたくさんある。日本文化とアイヌ文化の両文化が長期間にわたって接触してきた関係をよく示し、交易などによって和人社会からもたらされた物である。それらの品々はアイヌ文化の中に入るとかならずしも和人社会で使用されていた意味と同じようには使用されない。

　具体的な例として貨幣がある。和人社会で金銭的な価値を持つ貨幣は、アイヌ社会に入るとタマサイと呼ばれるアイヌの女性の首飾りの装飾品の一部に使用される。貨幣経済外の社会ではお金としての価値は失われ、物の社会的意味が変化し、アイヌ民族の中での独特な意味が生じる。その意味は和人社会の中で使用されていた時の意味とは異なる。このことからいえることは、外見上は物として同じ物に見えても、異なる民族では異なる使用方法があるということである。実は、この貨幣は社会の中でもっと複雑な役割を演じるので、さらに複雑な分析が可能ではあるが、貨幣の出土をもって、即、和人が使用した物と結論づけるわけにはいかないということがわかる。北海道においては中世の武具もいくつか出土するが、この和製武具の存在を即、和人集団の存在と結びつけられるわけではない。

　このように物としては同じ物に見えても、その物のもつ意味はそれぞれの集団の中で異なることを理解しないと、物質文化から異なる集団、民族を選別し読み取ることは難しい。手掛かりを幾重にも見つけ出し、ひとつだけではなくあらゆる方法で分析し、吟味が必要になる。このような読み取りをしながら、遺物の出土状況を発掘調査から読み取る必要がある。

民族接触のコンテキスト

いかに民族が形成されるかを考えるにあたり、その形成過程において自民族を認識し民族的集団として認識するには、常に周辺に存在する他の集団を意識することが考えられる。それら異なる集団との緊張関係の中において、みずからのアイデンティティーが形成され、民族の形成過程においてみられる現象であると考えられる。

いくつかの地域でこのような民族形成過程に見られる民族接触のコンテキストを比較分析してみると、民族の形成、民族を特定する手段について理解できるだろう。たとえばヨーロッパ古代においては、ローマ帝国の存在が古代ヨーロッパの民族アイデンティティーの形成に大きな影響を与えたと考えられる。ローマ帝国拡大と周辺諸民族の接触関係は、ローマ帝国を通じて諸民族形成の存在を明確化させ、対比させることができる。また、物質文化研究にとっても、周辺諸民族のローマ化現象を物質の変化からとらえることができることや、社会変容の過程として説明が可能となる点で、物質文化にみる民族形成について興味深い研究ができる地域である。特に最終的にローマ化されなかった地域の周辺諸民族の接触関係を対象として、その地域においての諸民族形成に焦点をあて、さらに時間軸上、その形成においてヨーロッパ古代から中世につながるような民族形成のダイナミズムが具体的に考察できそうな地域を特定するとブリテン島北部があげられる。

文字社会と無文字社会

このような古代ローマ帝国と周辺民族の接触関係は、文字社会であるローマ帝国に対して、無文字社会の周辺諸民族という接触関係の構図で読み取れる。

たとえば、スコットランドの民族形成の過程において、ローマ帝国のブリテン島南部支配、さらに北部への拡大は、民族形成に大きく影響した。スコット人のカレドニアンにおいての勢力は、ローマに対峙していたピクト人を滅亡させ、スコットランド全土に拡大する。北からはバイキングの攻撃、南部にはローマ化したブリトン人が存在している。ローマ帝国撤退後は、アングル人、サクソン人が登場する過程で、スコット人のアイデンティティーが明確になる。この過程は英国鉄器時代の部族社会から中世社会へと移行する時間軸のなかで、スコットランド民族形成のダイナミズムとして理解することができる。それは大陸において古代ローマ帝国に組み入れられた諸民族のアイデンティティー形成のありかたとは異なると考えられる。

　スコットランドとは文化、言語、歴史的コンテキストは異なるにもかかわらず、日本列島北部の東北、北海道における、古代から中世にかけての民族形成のダイナミズムを考える時、類似する状況を読み取ることが可能と思われる。

　文字社会の律令国家の断片的史料によって描かれる、無文字社会の東北えみしや異類のみしはせの姿、物質文化から認識する擦文人、オホーツク人の接触関係も含め、その後、民族としてのアイデンティティーが形成されアイヌ文化への形成のダイナミズムはスコットランドの状況と似ている。

　さらに興味深いことには、ローマ側の記述が、つまり、文字社会が無文字社会の民族を記述する時、その野蛮性を強調して表現する手法が類似している。たとえば、毛深いとか、ゲリラ的攻撃が得意であるとか記される。あるいは考古学の解釈方法において、発掘された遺物をその社会的コンテキストで解釈しようとすることなどに、類似する点が認められる。このことは、物質文化の解釈論の問題として指摘することができる。

課題

　このような民族形成過程に見られる民族接触のコンテキストを比較分析する切口は、研究対象として歴史学では比較することは意味をもたず、英国史や日本史からでは試みられることはないだろう。文化人類学では時間軸において、民族形成の過程まで深められない。したがって物質文化をあつかう考古学からの民族形成解明だからこそ興味深い意味をもつ検討課題である。物質文化からの民族形成解明は、あらたな考古学方法論のステップアップにつながるところが興味深い。

研究の総括と評価

周縁からのまなざし

鈴木靖民

研究の眼目

この論集は、「はじめに」で編者が述べるように、日本列島の北方・南方の周縁地域（世界）の様相から東アジア全体を再考察し、各国史・各地域史の枠を超えた新たな歴史観の形成を試みようとすることを眼目とする。対象とする時代は主に一〇～一七世紀である。

これまでの東アジア史研究では、中国・日本列島中央部など、主として政治・経済・文化などの中心地からの視点より歴史叙述がなされてきたが、それに対してここでは逆に周縁地域を論究することによって、周縁全体の共通性と地域ごとの差異、独自性を中心地とのかかわりで明らかにしていくことを謳っている。

その目的を達成するために、この論集では五章からなる多数の個別テーマの論文・コラムを通して、考古学を主とし、文献史学・文化財科学・人類学・情報科学などの協業による「学融合的」研究の展開によって、新たな史料・資料の掘り起こしが目論まれている。もともと文部科学省科学研究費補助金特定領域研究の「中世考古学の総合研究」による学融合を目指した新領域創生のための研究活動の成果をもとにするものの一環である。研究プロジェクトのメンバーには、すでに『北東アジア交流史研究―古代と中世―』（塙書房）という日本や諸外国の研究者による類似した課題の業績があり、そこでは北東アジア各地の研究が環日本海世界のなかで強く関連し合っていることが強調されている。したがって、この論集では二九名の最前線の日本研究者だけの協同でそれを継承・発展させようとするものであるともいえよう。

東アジアの視点

まず、この論集は「東アジア」を銘打っていることが注目される。東アジア史と称しても、原始・古代以来現在に至るまでの長い時系列が存在し、東アジアの空間や範囲をどこまでと区切って対象とするかという点で、歴史学・考古学ではまだ共通認識が得られていない漠然としたものであろう。日本で東アジアないし東アジア世界を語る時、歴史学に限らないであろうが、日本を主体に置き、中国・朝鮮半島をその範囲に含む場合が多い。だが、中国・韓国などではそれぞれの側から東アジア諸国・諸地域との関係に対して接近する。また北東アジアと称してアジア大陸北東部にまで広げて解釈することもある。ロシア沿海地方の歴史学・考古学研究者の間では、ことさら東アジアとか北東アジアと声高に主張することはなく、地域の歴史研究の一環として行われている。この違いは、それぞれの国・地域の研究環境や抱える現代的課題と無関係でないと思われる。

私は本来日本古代史を専攻し、特に日本列島周縁地域や中国・朝鮮半島・ロシア沿海地方との関係史、交流史研究に従事しているが、併せて新羅・百済・高句麗・加耶・渤海などそれぞれの歴史、あるいは朝鮮半島・中国各地にある遺跡や碑文・石刻など史料・資料の調査・研究にも種々手を染めてきた。ただしその多くはいわば古代に属するもので、例えば中国山東の現地調査では唐代以降の宋・遼・金代の資料を目にすることも少なくないが、中世について取り組んだことはない。

この論集は古代に溯る言及が希にあるものの、ほぼいわゆる中世の時代を取り扱って構成されている。この点で私は門外漢に近いが、この論集の扱う内容の広さ、深さが魅力的な特色として認められる。すなわち列島周縁の地域社会、その弧状列島を取り巻く北方・南方の社会、さらに大海を超えてモンゴルやロシアや中国南海、カンボジアなどの歴史にも渉って、東アジアの枠にとらわれることなく中世の問題が積極的に追究されており、そこに窺われる編者の研究の企画力、構想力、研究者間の組織力も驚嘆に値する。この論集は、上述の『北東アジア交流史研究─古代と中世─』に並び、かつ南方を視野に収める幅広さではそれを凌駕している。古代史に関する限り、この種の広範、かつ多様に迫った史書は、現在まで日本・中国・韓国・ロシアのどこでもおそらく存在しないであろう。もしあるとしても、中国の冊封体制論に代表される国際秩序論、藩属体制論などであろうが、それが東アジア各地域の総体や相互関係を過不足なく説明するきめ細かなものとはみなされていない。

この論集は、日本の歴史や文化の形成・展開を東アジアとの絡みで意識したり、東アジアの歴史のなかに位置付けようとしたりすることは元より、上述のごとく東アジア史をどう具体的に捉えるべきか、東アジアの周縁世界という一定の集団性・共同性などを通有する政治・経済・文化などのムーブメントが歴史的事実によってどう裏付けられるのか、という興味深く、重要な課題をいくつも提示し、その解答をもなかに包摂することが予測されるのである。

このように、この論集は東アジア各地の中世史を考察するが、全般を通して、東アジアの広域にまたがる多彩な歴史像が鏤められている点に特長がある。各種の問題がこもごも、全体として壮大なインパクトをもって迫ってくる。ただし、全体が概論風の、または重要なワンポイントに絞った個別論文を集合して組み立てられているので、いわば総花的であり、どちらかといえば資料分析や実証に紙幅を費やするというコンクリートな性格ではない。地域や対象が多岐に及ぶという特徴は、反面で個別分散した史実や論理の発信の連続という嫌いが否めず、全体を収斂させて、その主張するところを確実に受信するには、やや困難を覚えることにもなる。

周縁の性格

この論集の多くの論考が東アジア史のなかでも重視するのは、周縁地域において生じた数々の史実の摘出であり究明であって、新たな知見ももちろん少なくない。当然、いずれも一国史の枠組みを遥かに超えて、システム論への志向が強く感じられる。

以下に収載される個別の論考で論点となっている主な事柄を、私の関心にしたがってメモ風に掲げてみよう。

①金（大女真金国）・東夏（東女真）代の海と水系による交通および城郭の分布とその瓦・中国陶磁器の流通

機能、②九世紀後葉以後の青森県五所川原産須恵器の在地社会内需要と北海道への非交易品としての供給、③青森・北海道の須恵器と琉球列島のカムィヤキの生産・流通という南北双方の周縁に共通する歴史現象、④一二世紀以後の北海道の土器文化の終焉から鉄鍋文化の成立に表われる生活・文化の変容、⑤ロシア・アムール下流域と沿海地方での金・東夏代の土器の衰退に代わる中国陶磁器や鉄鍋の普及と支配層の流通網への関与などの政治・経済的背景、⑥北海道の擦文文化・オホーツク文化期の鷲羽採集に伴う道東への地域進出・開発、⑦銭貨の多国間流通、銭貨の装飾品への転用に見られる国家・地域による社会的意味・役割の変化、⑧オホーツク文化の熊送り儀礼とアイヌ文化への移行過程、北東北での擦文文化からアイヌ文化への変化、アイヌ化⑨北海道のチャシ・館、琉球諸島のグスクの対比、ロシア・サハリン・沿海地方、中国の女真、モンゴルの契丹の各城郭の軍事・行政機能、都市的機能、住民集団の分布、⑩中心と周縁での人の移動、民族接触、定着による遠距離間の信仰・文化の伝播、民族（民族集団）形成。

これらは個々に論じられた成果であるが、相互に関連する問題を秘める場合が少なくない。例えば、②は考古資料によって周縁内部、周縁各地間の生産と流通という関係のありようが提起されるだけでなく、北海道の貯蔵用の壺甕出土から交易説を否定するので、津軽などから北海道への移民を示唆する。また③だけでなく、⑩の移動にも直接関係する。③の徳之島でのカムィヤキの生産と琉球列島各地への普及は、一一世紀以降の琉球国の版図の形成に先取り的に対応すること、この陶器製作の技術導入や流通は日本本土から高麗へと広がりを有することなど、さらに高麗瓦の流通にも当てはまり得る琉球を中心軸に据えた歴史理解が示される。④の北海道の鉄鍋受容はアイヌ文化の成立に絡むが、製作地、搬出先の本州との系譜を追って、生産・流通を考えるなど、従来の年代論、プロセス論から大きく踏み込んだ周縁をめぐる尖端の論が開陳されている。

③⑨の北海道と琉球列島での陶器、城郭の出現という共通現象の指摘は、この論集で目指す周縁の共通性の解明にとって最も留意される事柄であるが、それ以上の国家・周縁にかかわらせた議論はほとんど窺われない。

このように、この論集は東アジアの中世国家・領域・

集団を、周縁、特にそこでの生産・流通というキーコンセプトを使って分析し、その方法は考古学に依拠するものが圧倒的に多い。日本列島の北方も南方も、さらに中国・ロシアなども該地域の生産・流通に関する文献や文字資料は僅かしかなく、無文字社会を含む地域である。しかしその結果、上に概要を記した通り、現在この分野を代表する研究者が総力を挙げて様々な史実を集中して掘り起こし、その意義が追究されており、実に貴重な収穫が数多く存在するといわねばならない。この点を最大限に高く評価したい。

一方、この論集で手薄なのは、主題に挙げられる国家へのアプローチであろう。冒頭にも述べたように、中国・日本列島の中心としての国家を周縁地域の歴史事実から照射してその歴史的相対化を図るのが狙いであるが、それは余り果たされず、なお課題として残されたと思われる。国家の手を離れた銭貨の東アジアへの広がりなどは考えるべきことが多い。また周縁ないし辺境、境界に対する事実を踏まえた本質論、そのための広義の交通や都市を正面に見据えた議論が描き出されてもよかったのではないか。交通については、物資、人、集団、情報、技術の移動・交流の論考があるが、東アジア全体のシステム論のためには、交通と国家や権力による制度・組織・管理などとの関係をもう少し論及して欲しい。

都市について私が想起するのは、ロシアの考古学・文化人類学者ニコライ・クラーディン氏の近年のモンゴル国家形成論である(N. Kradin, Nomadic Empires in Evolutionary Perspective "The Early State Its Alternatives and Analogues" 2004, Russia)。クラーディン氏は、モンゴル人の上位複雑首長制社会からウゲディイ・ハン時代の初期国家への転換に際して、統治機構の複雑化により遊牧国家の擬似農耕国家化を進め、支配エリートの都市定住化が行われるとした。国家の社会統合に都市形成を要件の一つとする見解は、中国東北部やロシア沿海地方、サハリン・北海道などの遊牧・狩猟・漁労社会における山城、城郭などの経営拠点と周辺、それに交通の関係と密接な都市的機能を考える場合にも、中国・日本国家との国際的契機などの諸関係ともども、併せみることも有益であろうと思わせる。

研究の総括と評価から少し離れるが、私は近年、日本列島周縁・境界という特殊な地域それ自体が持つダイナミズムの実態を、周縁内部、周縁各地・各集団間の共存、協業、分業と社会の階層化、統合という問題から、古代・中世初期の奄美・南九州、北海道・北東北のそれぞれをフィールドにして考え出している（例えば「城久遺跡群と古代南島社会」『古代中世の境界領域』古志書院、「北海道」『古代史の舞台』岩波書店）。この論集での周縁論と対比でき、リンクするところがあろう。この議論には近代以降の国家・国境の概念を排した周縁・境界の意味の捉え直しが必須であることはもちろんである。

国家・中世概念

さらにこの論集の構成は様々な目配りが利いて巧みであり、編者の工夫の程が知られる。だが、東アジアというからには、朝鮮半島の高麗の都市・港湾と交通、陶器の生産・流通、高麗をめぐる中国・女真・日本などとの物資の交易や人の移動も不可欠の問題であった。契丹（遼）の寺院・仏像のほか、その高麗・日本との間の仏教交流についても思想、イデオロギー導入の問題として扱って欲しかった。それに中世国家についてである。考古学の方法を用いた国家論、ないし国家像の復元には困難がすこぶる多いけれども、学際的、学融合的な研究を志向する以上、編者などがリードして、周縁と国家の歴史的関係に十分考慮した、文献史学、人類学をも動員してあたう限りの模索を経た提言なり展望なりがまとまった形で示唆されてもよかったと思われる。

次に中世の語にこだわると、一〇世紀から一七世紀頃までを日本史の時間的尺度で漠然と中世と呼ぶのでなく、東アジア史、世界史にとって中世とは何かに対する言及があってしかるべきであろう。例えば、中国東北部・朝鮮半島北部・ロシア沿海地方に存在した渤海国に対する時代区分が、日本では同時代の奈良・平安時代と同様に古代と規定するのに対し、ロシアでは女真とともに中世とされている。この問題への接近に関しては、日本では日本中世史の相対的認識が前提となる。日本史では中世概念のファクターとして、社会経済システム、政治体制、分権・分立的、在地に始まる社会変動、在地勢力としての武士から民衆への変化、布教を中心とする宗教信仰、古代以来の未開的要素などが挙げられるであろう。日本史にとっては、列島周縁、アジア各地の歴史とその性格を見極め、それらとの関係や比較を意識しながら、東アジア、広くはアジアのなかの日本史という歴史の捉え方、見方を確立することが求められる。つまりこの論集においても、東アジアでの汎用性だけにとどまらず、世界史をも念頭に置いた時代観、時代区分を歴史具体的な調査・研究を通して練磨しなければならないであろう。そのためには、この論集での課題も日本の研究だけでなく、当然関連する中国・韓国・北朝鮮・ロシア・モンゴルなどの研究者を交えて議論を続けるべきものであると思われる。

おわりに

この論集の共同研究の豊かな成果を発展させて、これ以後、比較史的方法だけでなく、あらためて東アジア規模の生産と流通、その基盤となる農耕・遊牧・狩猟・漁労の様態をはじめ集団、社会などにかかわる大小様々な課題を連鎖、総合させ、しかもその全体を貫く地域（領域）・集団・国家の形成ないし構造というような、前近代東アジア（北東アジア）地域史・交流史を見通した壮大な構想、理論仮説の提起が試みられることを切に期待したい。その曙光は明らかに見えているのである。

執筆者一覧（五十音順）

天野哲也（あまの・てつや）
1947年京都府生。北海道大学大学院文学研究科博士課程単位取得退学。現在、北海道大学総合博物館・理学研究院教授。

井黒　忍（いぐろ・しのぶ）
1974年福井県生。京都大学大学院文学研究科博士後期課程単位認定退学、博士（文学）。現在、京都大学非常勤講師。

池田榮史（いけだ・よしふみ）
1955年熊本県生。國學院大學大学院文学研究科博士課程前期修了。現在、琉球大学法文学部教授。

五十川伸矢（いそがわ・しんや）
1950年兵庫県生。京都大学大学院文学研究科博士後期課程中退。現在、京都橘大学現代ビジネス学部教授。

植田信太郎（うえだ・しんたろう）
現在、東京大学大学院理学系研究科教授。

上原　静（うえはら・しずか）
1952年沖縄県生。沖縄国際大学大学院地域研究科修士課程修了。現在、沖縄国際大学総合文化学部教授。

右代啓視（うしろ・ひろし）
1959年北海道生。駒澤大学文学部歴史学科考古学専攻。現在、北海道開拓記念館学芸員。

臼杵　勲（うすき・いさお）
1959年北海道生。筑波大学大学院博士課程歴史人類学研究科単位取得退学、博士（歴史学）。現在、札幌学院大学人文学部教授。

小田寛貴（おだ・ひろたか）
1970年愛知県生。名古屋大学大学院理学研究科博士課程（前期課程）化学専攻修了、博士（理学）。現在、名古屋大学年代測定総合研究センター助教。

小野哲也（おの・てつや）
1974年東京都生。北海道大学大学院文学研究科博士課程中退。現在、標津町ポー川史跡自然公園学芸員。

小野裕子（おの・ひろこ）
1953年北海道生。北海道大学大学院文学研究科博士課程単位取得退学。現在、北海道大学総合博物館学術研究員。

亀井明徳（かめい・めいとく）
1939年東京府生。九州大学大学院文学研究科修士課程修了。現在、専修大学文学部教授。文学博士。

木山克彦（きやま・かつひこ）
1975年兵庫県生。北海道大学大学院文学研究科博士後期課程修了、博士（文学）。現在、北海道大学スラブ研究センター博士研究員。

熊木俊朗（くまき・としあき）
1967年東京都生。東京大学大学院人文社会系研究科修士課程修了、博士（文学）。現在、東京大学大学院人文社会系研究科准教授（附属常呂実習施設勤務）。

後藤雅彦（ごとう・まさひこ）
1965年神奈川県生。國學院大學大学院文学研究科博士課程後期修了、博士（歴史学）。現在、琉球大学法文学部准教授。

笹田朋孝（ささだ・ともたか）
1978年広島県生。東京大学大学院人文社会系研究科博士課程修了、博士（文学）。現在、愛媛大学上級研究員センター（東アジア古代鉄文化研究センター）上級研究員。

佐藤由似（さとう・ゆに）
1981年岐阜県生。早稲田大学大学院文学研究科修士課程修了。修士（文学）。現在、独立行政法人国立文化財機構奈良文化財研究所企画調整部国際遺跡研究室カンボジアプロジェクト担当スタッフ。

白石典之（しらいし・のりゆき）
1963年群馬県生。筑波大学大学院歴史・人類学研究科博士課程退学、博士（文学）。現在、新潟大学超域研究機構教授。

杉山　洋（すぎやま・ひろし）
1956年愛知県生。名古屋大学大学院文学研究科博士前期課程修了。博士（文学）。現在、独立行政法人国立文化財機構奈良文化財研究所企画調整部国際遺跡研究室長。

鈴木靖民（すずき・やすたみ）
1941年北海道生。國學院大學大学院文学研究科博士課程修了、文学博士。現在、國學院大學文学部教授・大学院委員長。

鈴木康之（すずき・やすゆき）
1959年愛知県生。広島大学大学院文学研究科博士課程後期単位取得退学、博士（文学）。現在、広島県立歴史博物館主任学芸員。

瀬川拓郎（せがわ・たくろう）
1958年北海道生。岡山大学法文学部卒業、博士（文学、総合研究大学院大学）。現在、旭川市博物科学館副館長（博物館担当）。

千田嘉博（せんだ・よしひろ）

1963年愛知県生。奈良大学文学部文化財学科卒業。博士（文学）大阪大学。現在、奈良大学文学部文化財学科教授。

武田和哉（たけだ・かずや）

1965年愛媛県生。立命館大学大学院文学研究科博士前期課程修了。現在、奈良市教育委員会奈良市埋蔵文化財調査センター技術職員。

土肥直美（どい・なおみ）

1945年生。九州大学理学部卒業。現在、琉球大学医学部准教授。

中澤寛将（なかさわ・ひろまさ）

1981年青森県生。現在、中央大学大学院文学研究科日本史学専攻博士後期課程、日本学術振興会特別研究員（DC1）。

中村和之（なかむら・かずゆき）

1956年北海道生。北海道大学文学部史学科卒業。現在、函館工業高等専門学校副校長・教授。

深澤百合子（ふかさわ・ゆりこ）

1951年東京都生。ケンブリッジ大学大学院修了。PhD（考古学）。現在、東北大学大学院国際文化研究科教授。

藤原崇人（ふじわら・たかと）

1973年大阪府生。大谷大学大学院文学研究科博士後期課程満期退学。現在、大谷大学真宗総合研究所協同研究員。

三宅俊彦（みやけ・としひこ）

1967年千葉県生。國學院大學文学研究科博士課程後期修了、博士（歴史学）。現在、専修大学兼任講師。

村岡　倫（むらおか・ひとし）

1957年北海道生。龍谷大学大学院文学研究科博士後期課程満期退学。現在、龍谷大学文学部教授。

王　　瀝（わん・りー）

現在、中国科学院遺伝発生生物学研究所教授。

中世東《ちゅうせいひがし》アジアの周縁世界《しゅうえんせかい》

2009年11月30日発行

編　者　天野哲也
　　　　池田榮史
　　　　臼杵　勲
発行者　山脇洋亮
印　刷　藤原印刷㈱
製　本　協栄製本㈱

発行所　東京都千代田区飯田橋
　　　　4-4-8 東京中央ビル内　㈱同成社
　　　　TEL 03-3239-1467　振替 00140-0-20618

ISBN978-4-88621-505-5 C3022